AF339153

BIBLIOTHÈQUE DE L'ENSEIGNEMENT TECHNIQUE

LE DESSIN

ET

LA COMPOSITION DÉCORATIVE

APPLIQUÉS AUX INDUSTRIES D'ART

TEXTE ET DESSINS

PAR

Edme COUTY

CHEF DES ATELIERS DE DÉCORATION A LA MANUFACTURE NATIONALE DE SÈVRES

Nouveau tirage

PARIS

DUNOD, ÉDITEUR

47 ET 49, QUAI DES GRANDS-AUGUSTINS (VIᴱ)

1922

LE DESSIN

ET

LA COMPOSITION DÉCORATIVE

APPLIQUÉS AUX INDUSTRIES D'ART

BIBLIOTHÈQUE DE L'ENSEIGNEMENT TECHNIQUE

SECTION COMMERCIALE

First Book of Business English.
Fred and Maud (Premier livre d'anglais usuel).
Across the Channel (Second livre d'anglais usuel).
Round the World (Troisième livre d'anglais usuel).
Primer curso de lengua castellana.
Segundo curso de lengua castellana.
Vade-mecum español del comerciante.
Allemand commercial.
Notions de Physique.
Cours de Chimie.
Eléments de Marchandises. — T. I. Bois, Matériaux, etc.
   —   —   T. II. Métallurgie, Métaux.
   —   —   T. III. Produits chimiques.
   —   —   T. IV. Matières alimentaires.
   —   —   T. V. Matières grasses, textiles et
                        diverses.
Essais chimiques des marchandises.
Cours de Géographie commerciale.
Notions de commerce.
Précis de Législation usuelle et commerciale.
Morceaux choisis.

SECTION INDUSTRIELLE

Cours d'Arithmétique.
Problèmes et Exercices d'Arithmétique avec solutions.
Eléments d'Algèbre.
Cours de Géométrie, T. I.
      —   T. II.
Géométrie descriptive appliquée au dessin (3ᵉ édition).
Eléments de Physique (6ᵉ édition).
Cours de Chimie industrielle.
Cours de Mécanique industrielle, T. I. (2ᵉ édition).
    —   —   T. II.   —
    —   —   T. III.   —
Cours d'Electricité industrielle (2ᵉ édition).
Travaux pratiques d'Electricité industrielle. T. I. Mesures. —
T. II. Machines électriques. — T. III. Installations intérieures.
— T. IV. Usines génératrices, Transformateurs, Canalisations.
Technologie. T. I. Bois : généralités.
    —   T. II. Bois : travail mécanique.
Géographie industrielle.
Cours d'Histoire contemporaine, T. I.
    —   —   T. II.
Législation ouvrière et industrielle.
Hygiène générale et industrielle.
Chimie à l'usage des candidats aux Ecoles nationales d'Arts et Métiers.
Mécanique   —   —
Physique   —   —

BIBLIOTHEQUE DE L'ENSEIGNEMENT TECHNIQUE

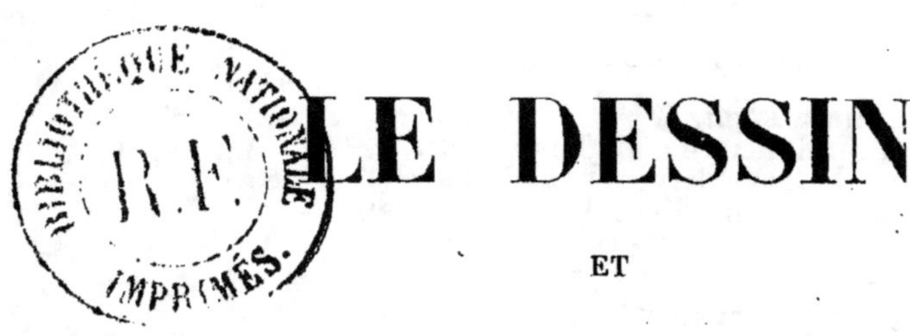

LE DESSIN

ET

LA COMPOSITION DÉCORATIVE

APPLIQUÉS AUX INDUSTRIES D'ART

TEXTE ET DESSINS

PAR

Edme COUTY

CHEF DES ATELIERS DE DÉCORATION A LA MANUFACTURE NATIONALE DE SÈVRES

Nouveau tirage

PARIS

DUNOD, ÉDITEUR

47 ET 49, QUAI DES GRANDS-AUGUSTINS (VIᴱ)

1922

INTRODUCTION

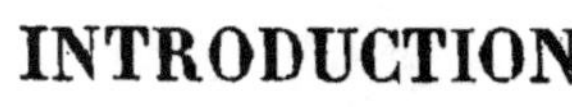

Cet ouvrage a pour but l'exposé des notions d'ordre et
de méthode que doit comporter l'étude rationnelle des
principes du Dessin et de la Composition décorative, en
vue de leur application aux industries d'art.

Ces principes sont communs à tous les métiers qui
dérivent des arts graphiques et plastiques ; leur application varie selon les matières employées.

Le Dessin n'est pas seulement un art d' « agrément »,
comme on l'a considéré longtemps dans l'éducation de la
jeunesse ; c'est aussi, et surtout, une science indispensable à la pratique des industries d'art.

Sa connaissance permet de reproduire plus facilement
et plus fidèlement, en une matière déterminée, un modèle dont le caractère est mieux compris ; de noter avec
précision des idées d'art que l'observation et l'expérience
professionnelles suggèrent ; d'en garder un souvenir durable, ou de les communiquer, sous une forme rendue
immédiatement compréhensible pour tous, par le moyen
le plus rapidement et exactement descriptif qui soit.

La Composition décorative n'est pas, comme on le croit
souvent, œuvre de simple fantaisie, d'imagination indi-
viduelle et d'invention spontanée.

Elle repose sur des principes de logique et d'harmonie

dont la réalité est indiscutable, parce qu'ils ont été observés par des générations d'artistes, créateurs de formes et de décors, les plus éloignés les uns des autres par le temps et l'espace, et, en conséquence, de mentalités très différentes. L'étude de ces principes ne porte aucune atteinte à l'originalité et à la liberté intellectuelle de l'artiste ; car, loin de gêner son imagination, elle évite, au contraire, les hésitations et les essais inutiles, source des inquiétudes stériles. Elle garantit contre l'incohérence qui guette les tentatives accomplies en toute naïveté d'ignorance des lois élémentaires de la logique d'art, auxquelles il est impossible de se soustraire.

C'est pourquoi il importe de donner à ceux qui commencent l'étude de la composition des notions d'ordre et de méthode qu'ils utilisent ensuite, selon leurs facultés individuelles, l'art n'ayant pas de limites d'expression.

L'œuvre de décoration consiste à ajouter la beauté à la forme simple, logique et rudimentaire d'un objet de destination déterminée.

L'impression de beauté décorative doit résulter d'une action esthétique parallèle à celle de la raison qui conçoit l'objet pour sa destination.

Le dessinateur inventeur de modèle, doit acquérir assez de science industrielle pour pouvoir indiquer, par son projet, les matières spécialement choisies pour sa réalisation, et déterminer, avec précision, leur appropriation et les moyens d'exécution les plus pratiques pour en utiliser les qualités, dans les meilleures conditions possibles, et à tous les points de vue, au profit de la destination de l'objet.

Il doit être, en un mot, un architecte d'objets usuels.

L'art décoratif et ornemental est, en son ensemble,

une petite architecture, suite logique de la grande, dont il dépend essentiellement d'ailleurs, et dont il suit les mêmes lois. Un meuble est une petite maison, une table un petit piédestal, une coupe, une petite vasque.

Le dessinateur doit avoir l'ingéniosité des moyens propres à utiliser les qualités de matière et d'en indiquer les conditions de possibilités d'emploi. Il faut qu'il *pense* sa composition en réalisation matérielle et que sa mentalité soit assez développée dans le sens pratique, pour qu'il ne considère pas cette composition comme une simple image au caractère d'art de laquelle toutes les concessions de pratique sont permises.

Certes, lorsqu'il cherche à fixer une idée d'art, il ne doit pas penser immédiatement à la réalisation, car cette préoccupation immédiate gênerait la libre éclosion de cette idée et en affaiblirait le caractère. Mais, dès qu'il la considère sous l'aspect d'une réalisation possible, il doit immédiatement mettre en œuvre sa science pratique acquise pour plier son idée première aux exigences de sa réalisation matérielle. Et il n'y a que lui qui puisse faire ce travail, devant quoi beaucoup reculent en le confiant à plus expérimentés qu'eux. C'est une erreur, car un autre conservera difficilement aux qualités premières de l'idée leur caractère d'art, dont l'atténuation ou la suppression même enlèvera toute valeur à leur œuvre.

Il y a donc deux mentalités à considérer et à développer parallèlement chez l'étudiant décorateur : l'idée d'art et la conscience des réalités pratiques. La première comporte tous les rêves et toutes les fantaisies d'imagination ; la seconde n'admet aucun manque de précision.

La réalisation en la matière doit exprimer le sentiment et le mystère de l'art avec la précision de l'utilité. C'est une question de gymnastique intellectuelle, dont nous avons essayé d'exposer la théorie rationnelle.

Dans la première partie, nous avons cherché à démontrer la nécessité d'une éducation préparatoire, en imitation, un peu différente de celle que l'on donne, généralement, aux peintres et aux sculpteurs, et nous avons insisté sur le développement de la mémoire et du raisonnement analytique, qui doit être, selon nous, absolument parallèle à celui de la justesse de vision et de l'habileté graphique et plastique.

Dans la seconde partie, nous nous sommes efforcés de ramener méthodiquement, à leur expression démonstrative la plus simple, des principes de composition généralement basés sur un empirisme, dont nous sommes loin de vouloir diminuer ici la haute valeur pédagogique, mais auquel nous préférerions, cependant, une méthode que l'on pourrait appeler plus scientifique, si cette épithète ne nous semblait véritablement trop prétentieuse pour le modeste essai que nous présentons ici.

Dans la troisième partie, nous avons essayé de faire comprendre le lien indissoluble de toutes les matières, de tous les procédés et de toutes les industries à quelques principes communs de logique et d'art, quant aux différentes techniques de la réalisation des objets au point de vue pratique et décoratif.

Nous sommes bien loin de penser que nous ayons résumé un enseignement complet, car il faudrait un livre entier pour chaque technique; et quant aux principes de la composition, nous n'avons pas voulu répéter ici ce que d'autres ont déjà dit magistralement, parce que les principes d'art émanant de la raison sont immuables. Nous nous sommes bornés à indiquer aux jeunes maîtres et à ceux que l'étude des arts décoratifs intéresse à un point de vue quelconque, le moyen de s'engager, sans trop craindre de s'y égarer, dans les merveilleux labyrinthes de l'idéal jardin de l'ornement ; d'y contempler les fleurs de rêve qui attireront plus particulièrement leurs regards, en raison de la mystérieuse loi d'affinité de certaines formes et de certaines colorations avec nos aspirations instinctives ; et d'exprimer leurs sensations, devant l'éternelle nature, selon leur tempérament, leur science professionnelle et le goût de leur temps.

Nous avons seulement voulu créer un lien entre toutes les théories éparses de l'art décoratif, et combler quelques lacunes, notamment dans l'enseignement de la couleur dont la science incomplète autorise un empirisme trop confiant.

Si nous ne sommes pas parvenus à nous expliquer clairement, nous aurons au moins laissé entrevoir, nous l'espérons, que l'art de la couleur n'est pas tout simplement le produit d'un don naturel, mais qu'il exige, comme celui de la forme, une étude très spéciale et méthodique.

En un mot, nous n'avons pas eu la prétention de découvrir des vérités nouvelles, et nous avons tenté, seulement, « d'apprendre à apprendre » celles déjà connues, qui sont d'ailleurs plus que suffisantes lorsqu'on veut s'en servir pour bien travailler. Mais on n'enseigne pas l'art dans un livre. On peut seulement en guider l'étude par des conseils de méthode dans le travail.

Si, pour en rendre l'exposé plus clair, nous avons divisé notre étude en trois parties, il n'en faut pas conclure que chacune d'elles soit entièrement distincte des deux autres. Elles ont, au contraire, des liens de connexité si étroits que les enseignements comportés par chacune devraient être, selon nous, simultanés et parallèlement progressifs, depuis le point de départ le plus élémentaire des exercices graphiques primaires de simple imitation, jusqu'au degré supérieur des abstractions de la composition décorative.

Notre livre est, en ce cas, avant tout, par son texte et les abstractions qu'il renferme, *le livre du maître;* mais il est, en même temps, par les dessins qui commentent ce texte, *le livre de l'élève;* en ce sens que ces dessins représentent, pour lui, un enseignement progressif, muet mais visible, et dégagé des idées abstraites qu'il ne pourrait comprendre encore.

LE DESSIN

ET

LA COMPOSITION DÉCORATIVE

PRÉLIMINAIRES

L'IMITATION ET L'INVENTION

Le dessin est le moyen matériel le plus rapide et le mieux adapté pour représenter les objets naturels et ceux créés par la main de l'homme, dans les différents aspects sous lesquels ils apparaissent à nos yeux.

Il sert à fixer les impressions que perçoit notre cerveau par le sens de la vue, et les idées que notre imagination nous suggère dans le même ordre de sensation.

Il y a donc deux sortes de dessin : *le dessin d'imitation* et le *dessin d'imagination* ou *d'invention*.

Le dessin d'imitation résulte du souvenir plus ou moins prolongé d'une vision matérielle quelconque. Il a pour objet la copie exacte de la chose vue, dont il est, pour ainsi dire, la lecture et l'écriture. Il comprend la représentation graphique de la figure humaine et animale, des végétaux, des minéraux, et des créations de la main de l'homme, telles que les monuments de l'architecture, les objets usuels ou autres, en un mot de toutes les manifestations *visibles* de la vie naturelle et sociale.

Le dessin d'*invention* est beaucoup plus complexe, car il semble être la notation graphique d'une vision cérébrale, interne et spontanée, et peut aussi bien être l'évocation et l'imitation inconscientes de souvenirs lointains transfigurés par leur imprécision même. Il comprend d'ailleurs, également, la représentation des mêmes éléments que le dessin d'imitation. Mais cette représentation résulte alors d'un choix préalable et d'un groupement arbitrairement adoptés — en vue d'une harmonie préconçue ou intuitive — qui caractérisent ce que l'on appelle la *composition*.

En pédagogie, l'enseignement du dessin d'imitation précède celui du dessin d'invention qu'on appelle « composition décorative ». Peut-être ces deux enseignements, ainsi rendus distincts, devraient-ils être simultanés et parallèles en leur progression. Quoi qu'il en soit, l'imitation doit être *préparatoire* à l'invention ; c'est-à-dire que les principes doivent en être conçus et appliqués dans ce caractère et dans ce but pour l'éducation de tous ceux qui se destinent à la pratique des industries d'art. Mais il faut que son enseignement soit un peu différent de celui que reçoit généralement un architecte, un sculpteur ou un peintre, car un décorateur, en contemplant les phénomènes de la Nature et de la Vie qui lui suggèrent tous les sentiments, toutes les idées et toutes les formules de son art, doit pouvoir *penser*, à la fois, en architecte, en sculpteur et en peintre.

PREMIÈRE PARTIE

L'IMITATION

ENSEIGNEMENT DU DESSIN PRÉPARATOIRE
A LA COMPOSITION DÉCORATIVE

La vision, le souvenir et la réalisation de l'image. — L'action de dessiner comporte trois phases successives et distinctes : la vision, le souvenir et la représentation graphique de l'image.

Regarder un objet et reporter tout de suite les yeux sur une feuille de papier pour y reproduire son image, constitue, quelque court qu'il soit, un acte de mémoire. Des trois efforts successifs qu'exige un dessin d'imitation — effort de l'œil pour voir, de la mémoire pour retenir et de la main pour tracer — celui de la mémoire est le plus grand, parce qu'il est plus cérébral. On peut même considérer la mémoire comme la base du dessin. C'est elle qui relie l'œil à la main, c'est-à-dire la faculté de vision à celle de l'imitation graphique qui ne pourrait exister sans un souvenir précis de l'image.

Parmi les élèves certains sujets possèdent l'une ou l'autre de ces trois facultés à l'état d'aptitude naturelle. Quelques-uns voient juste, mais exécutent maladroitement ; d'autres ont une habileté de main quelquefois surprenante pour le peu d'expérience acquise, mais la mémoire leur manque, et leurs dessins ressemblent à des calligraphies sans intérêt ; d'autres, enfin, ont un don de mémoire trop facile qui les fait regarder trop vite, voir incomplètement et se contenter d'une copie sommaire. Ceux-là sont les plus rares et passent pour être plus particulièrement doués.

L'enseignement du dessin d'imitation a pour but de développer ces trois aptitudes en les amenant, par une série d'états relativement progressifs, à l'unité parfaite qui caractérise l'art du dessin.

Il y a pour cela deux moyens. D'abord l'exercice *physique*, — pour ainsi dire — des trois facultés mises en action. Quand on regarde fixement, avec une volontaire attention, un objet quelconque, et que l'on ferme subitement les yeux, après un instant d'observation, on revoit pendant quelque temps encore l'apparence de cet objet comme si elle avait été subitement enfermée entre l'œil et la paupière. L'image ainsi créée est très fugitive et s'évanouit généralement aussitôt que l'on rouvre les yeux ; mais pas assez rapidement, cependant, pour que l'on n'ait, avec un peu d'habitude, le temps de la dessiner. Il n'y a là qu'un phénomène physique provoqué par la volonté de voir, mais sans qu'il en résulte un effort intellectuel appréciable. Le cerveau se comporte en cette circonstance ni plus ni moins que comme une plaque photographique impressionnée par les rayons lumineux. Cependant la répétition fréquente de ce phénomène sensibilise progressivement et presque inconsciemment le sens de la vue.

Or, le même phénomène physique se produit quand l'élève porte alternativement et rapidement les yeux sur son modèle et sur son papier pour essayer de fixer l'image de ce qu'il voit; car il n'accomplit, dans ce cas, qu'un acte de mémoire passive, ou plutôt une série d'actes très nombreux, mais isolés, quoique très fréquemment répétés dans un laps de temps très court. Il s'ensuit qu'il regarde très peu chaque fois et ne se souvient que d'une faible partie de ce qu'il voit, et, encore sommairement. Pour arriver, dans ces conditions, à un résultat d'imitation appréciable, il lui faut recommencer sans cesse cette série de petits efforts d'attention visuelle, de mémoire incertaine et de tâtonnements graphiques. Il en résulte, au bout de peu de temps, une fatigue dont il ne se rend pas compte, précisément parce qu'elle entraîne un amoindrissement des trois facultés. Et comme le travail de la main est celui qui exige le minimum de l'effort cérébral total, il éprouve du plaisir à s'y abandonner tout naturellement ; créant ainsi, sans le savoir, un déséquilibre entre l'énergie visuelle de l'œil et du cerveau et l'habitude de la main. L'emploi unique de ce premier moyen est donc insuffisant, et il faut le compléter par un autre.

Le second moyen de développer les trois aptitudes en un accord permanent consiste à indiquer à l'élève une méthode de vérification constante de ses facultés instinctives et à lui apprendre à séparer les trois actes de vision, de mémoire et d'imitation, de façon qu'il puisse, avec moins d'effort, concentrer sur chacun un maximum d'attention.

Cette méthode est basée sur l'analyse de l'objet que l'on se propose d'imiter. Cette analyse a pour but la découverte des particularités fondamentales de la chose vue et de leur rapport avec l'optique dont la connaissance, acquise par une observation attentive et raisonnée, permettra d'en prolonger le *souvenir conscient* au delà de la limite de sensibilité visuelle et d'impression physique ; car le cerveau gardera l'empreinte d'autant plus précise de l'image que l'analyse logique en aura assuré, pour l'esprit, la vérité scientifique. L'élève continuera ainsi à voir *cérébralement* l'objet bien après qu'il aura cessé de le regarder physiquement, parce que l'analyse de sa complexité d'aspect et la connaissance des lois d'optique auxquelles son apparence est soumise, lui auront prouvé que l'objet ne peut être vu que de telle ou telle façon en telle ou telle condition.

Le dessin d'imitation doit être plus un acte d'intelligence que de sensibilité, et la qualité de la méthode d'enseignement réside dans ce que l'on fait *penser* à l'élève à propos de ce qu'il voit ou de ce que l'on lui fait voir. En d'autres termes, cette méthode consiste à lui expliquer les raisons de l'impression qu'il éprouve et à lui faire comprendre pourquoi il ne peut l'éprouver qu'ainsi et non autrement ; car quand on commence à dessiner, on regarde sans savoir si on voit *juste* ou *faux*.

Il est bien entendu qu'en matière d'éducation d'art il faut respecter l'idiosyncrasie de l'élève ; le charme de la naïveté étant la fleur du sentiment individuel, mais nous devons considérer les *éléments* du dessin comme une science, je ne dis pas exacte, mais d'exactitude, dont le professeur doit savoir imposer à l'élève les principes dont la connaissance lui est indispensable, mais sans atrophier ses qualités d'aptitude naturelle. C'est là, de sa part, une question de tact, et tant vaut le professeur, tant vaut la méthode ; mais cette question de tact ne se pose qu'après une longue période d'enseignement élémentaire, d'abord uniquement basé sur la raison.

L'enseignement du dessin d'imitation peut se résumer en trois mots : lecture, souvenir, écriture.

La méthode à suivre en commençant consiste donc à séparer les trois actes de vision, de mémoire et d'imitation.

L'œil doit regarder attentivement et longtemps. La première action intellectuelle exercée sur la vision est la comparaison de l'ensemble de la chose vue avec ses parties dominantes tendant à la découverte et à la précision de leurs analogies et de leurs contrastes. La lecture d'une forme est donc un acte de vision objective et analytique. Le cerveau doit, ensuite, s'imprégner lentement de l'image que l'esprit a analysée, appréciée et précisée jusqu'à ce que la main puisse la dessiner pendant que l'œil la revoit, pour ainsi dire « intérieurement ».

Une mnémonique, basée sur une théorie de la prolongation du souvenir visuel par l'observation analytique devrait occuper une place très importante dans la pédagogie du dessin. Car le souvenir précis et durable peut, seul, permettre d'exprimer le mouvement des formes naturelles en action, ainsi que les effets fugitifs de la lumière et de la couleur. La nature ne pose pas, et l'étude de tout ce qui se meut et se modifie constitue la partie la plus intéressante de l'art d'observation.

Si donc l'utilité d'une mnémotechnie ne paraît pas discutable quant au dessin d'imitation, elle apparaît alors indispensable s'il s'agit d'une méthode préparatoire au dessin d'invention, ainsi que nous le verrons dans la seconde partie de cet ouvrage, qui traite de la composition. Car le décorateur doit, pour composer en vue d'une réalisation matérielle, faire subir à l'élément naturel choisi des modifications plus ou moins profondes pour l'amener jusqu'à l'état harmonieux complet qui caractérise la qualité de sa fonction décorative adéquate au but proposé. Or il ne peut, en ce cas, se contenter de simples études directes et documentaires d'après nature — comme ferait un peintre. Il lui faut acquérir la mémoire *prolongée* des formes et des couleurs *vues* pour ne pas être gêné dans les transpositions successives qu'il doit leur faire subir jusqu'à leur appropriation définitive.

L'enseignement du dessin préparatoire à la composition décorative doit donc compléter l'observation directe et, pour ainsi dire, « photographique » de la nature, par l'étude des moyens mnémotechniques propres à habituer l'esprit à voir « cérébralement » les formes et les couleurs et à les « penser » dans toutes les modifications passagères qu'elles peuvent subir soit — pour les formes — dans leurs mouvements propres et leurs aspects perspectifs ; soit — pour les couleurs — dans leurs modulations et leurs éclairements.

Et, en terminant sur ce sujet, allons tout de suite au-devant d'une objection possible. Un préjugé courant dans l'enseignement condamne tout dessin prétendant à l'imitation qui n'est pas directement exécuté *d'après nature*. On traite même ce genre de travail avec un certain mépris en se servant de l'expression « dessiner de chic ». Or, il ne faut pas du tout confondre mémoire et *chic*, car c'est justement, ou à peu près, tout le contraire. Le chic consiste à exécuter l'image d'une chose imparfaitement observée avec des prétentions d'exactitude et des habiletés de métier bien supérieure à la précision et à la sincérité du souvenir. Tandis que « dessiner de mémoire » n'est que développer logiquement et normalement une faculté déjà utilisée, qui est nécessaire, indispensable, et la plus importante de toutes dans la pratique du dessin.

Si la lecture de la vision a été précisée par le raisonnement et l'analyse, si le souvenir a été prolongé par l'exercice et la science ainsi acquises, l'imitation graphique ne sera plus qu'une habitude matérielle contractée et dirigée par le goût de l'ordre et de la clarté. Le tracé de l'image ne sera plus qu'un acte d'écriture subordonné que l'on accomplira avec

d'autant plus de souplesse·et de précision que le travail cérébral préparatoire aura été plus complet.

L'imitation se compose donc de trois actes : la vision, le
souvenir et la réalisation de l'image ; et l'effort d'attention
peut être réparti en trois phases se rapportant à ces trois
actes : l'analyse de la vision, la mnémotechnie du souvenir
et la technique de l'exécution.

Ces principes sont applicables à l'imitation de tout ce qui
est visible dans la nature et dans la vie.

Les objets se présentent à nos yeux selon des lois physiques
absolues dont les effets se reproduisent toujours identiques et
en rapport avec les conditions dans lesquelles nous les voyons.
Ces lois sont celles de l'optique. Elles sont de deux sortes,
celles qui régissent l'aspect de l'objet selon la place qu'il occupe par rapport à notre œil, ce sont celles de la perspective ;
et celles qui régissent l'aspect de l'objet d'après la lumière
qu'il reçoit et celle qu'il renvoie, ce sont les lois du clair-
obscur, de la couleur et de la luminosité. Étudier ces lois
dans la mesure où elles peuvent être suffisamment connues
pour s'expliquer à nos yeux, au moins logiquement, c'est
aider beaucoup la justesse plus ou moins instinctive de la
vision et la faculté plus ou moins naturelle du souvenir.

Lorsque l'on veut reproduire en dessin un objet quelconque,
on doit donc, d'abord, rechercher, en le regardant attentivement, quelles sont les lois qui en régissent l'aspect, et se
servir de leur application logique pour en obtenir le plus de
certitude possible quant à la vérité de son image.

Nous allons essayer de résumer les généralités sur lesquelles
doit porter cette observation précédant le dessin proprement
dit, et que l'on pourrait appeler « Vision analytique ».

Imitation concrète et imitation abstraite. — Les objets
naturels ou créés par la main de l'homme apparaissent à nos
yeux sous un aspect général d'ensemble que notre esprit peut
décomposer, par abstraction, en quatre aspects distincts :
leur *forme*, leur *clair-obscur*, leur *coloration* et leur *luminosité*.

On appelle forme d'un objet la configuration déterminée par l'apparence extérieure de sa matière.

Son clair-obscur est l'effet produit par l'ombre et la lumière sur les parties plus ou moins saillantes ou rentrantes de sa forme.

Sa coloration est la somme des couleurs qu'il renvoie.

Sa luminosité résulte de l'intensité de lumière qu'il réfléchit.

Mais aucun de ces quatre aspects distincts ne constitue un terme simple ; car, de même que la forme de l'objet se modifie chaque fois que l'œil du spectateur est déplacé par rapport à lui, ou inversement ; de même son clair-obscur varie selon la direction des rayons lumineux qui l'éclairent. Sa coloration change selon la qualité de la lumière ambiante et la réflexion des couleurs environnantes. Quant à sa luminosité, elle résulte de la qualité de la matière et des différences d'éclairement.

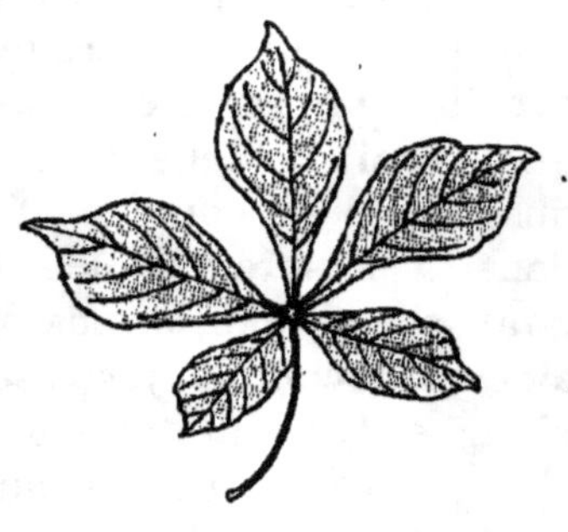

Fig. 1.

Prenons un exémple dans la nature : une branche de marronnier se détachant sur le fond du ciel. Cueillons d'abord une des feuilles, aplatissons-la légèrement et posons-la devant nous sur un carré de papier (*fig.* 1).

Son contour apparaîtra précis, sa coloration nette et simple sur le fond, et nous aurons ainsi une idée aussi complète que possible de sa réalité.

Cueillons une autre feuille et tournons-la sous nos yeux dans tous les sens. A chacune des différentes positions qu'elle occupera par rapport à notre œil correspondra un contour différent (*fig.* 2). Regardons maintenant la branche sur le ciel. Autant de feuilles, presque autant d'effets différents de clair-obscur. Quant à la coloration, on observera que les feuilles situées en avant, éclairées directement par en haut, sont d'un ton gris bleu ; que celles du fond, éclairées par transparence, sont teintées en vert jaune, tandis que les feuilles du centre, dans l'ombre, sont colorées en vert roux noir.

Même variété pour la luminosité. Les feuilles du fond, transparentes, sont d'une intensité moyenne entre les plus lumineuses — celles éclairées d'en haut, en avant — et les plus sombres — celles du centre placées dans l'ombre (*fig.* 3).

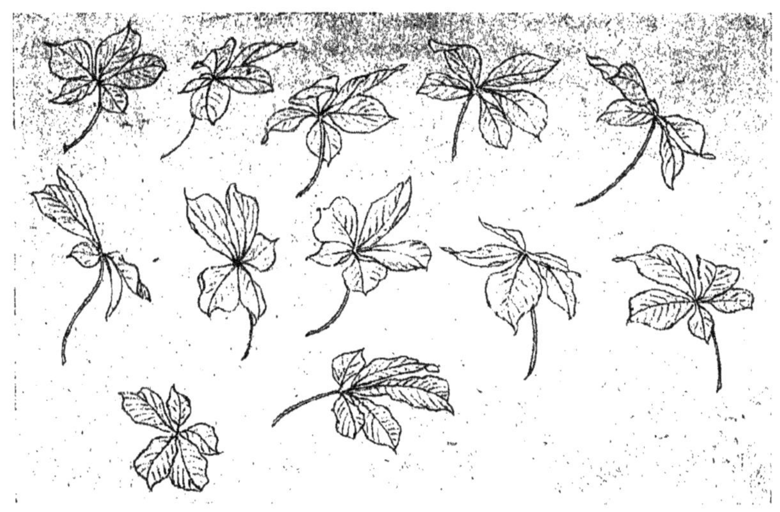

FIG. 2.

On voit ainsi que les quatre termes de l'aspect général d'un objet peuvent changer indépendamment les uns des autres, et que leurs variations modifient chaque fois l'ensemble de cet aspect en une succession d'apparences souvent très différentes. La vision matérielle d'un objet n'a donc aucun caractère de permanence, et le dessin d'imitation ne peut en représenter qu'un des états passagers dont l'impression sera plus ou moins puissante selon le talent du dessinateur, mais ne renseignera jamais complètement sur la réalité de l'objet dont la connaissance définitive ne peut résulter que d'une analyse de l'esprit.

Il y a donc deux sortes d'imitation : l'imitation *concrète* et l'imitation *abstraite*.

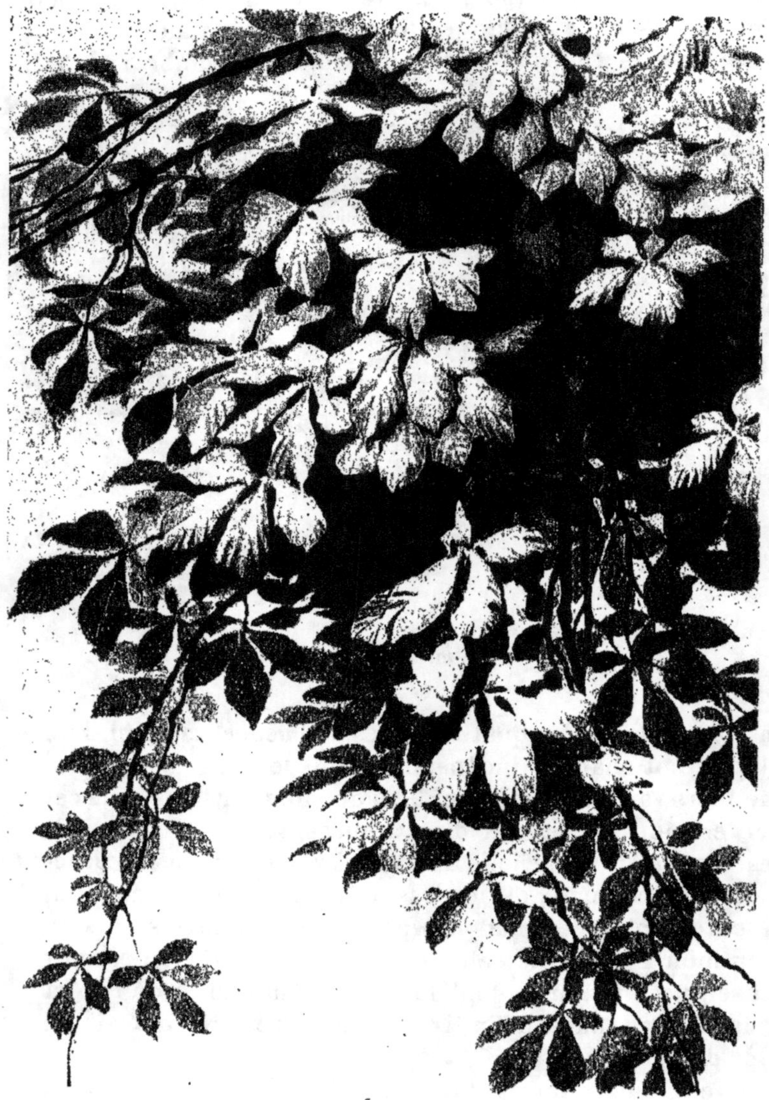

Fig. 3.

La première ne nous montre l'objet que sous une de ses faces et dans une ambiance momentanée, tandis que la seconde en fixe définitivement le caractère permanent de stabilité complète et immuable, dégagée de toute ambiance. La première a pour expression le dessin d'imitation proprement dit, tandis que la seconde résulte du *dessin d'analyse*, qui est la base scientifique de tout dessin d'art.

C'est le dessin anatomique pour la figure humaine et des animaux, botanique pour les végétaux ; c'est la perspective pour tout ce que nous voyons. C'est le dessin géométrique et linéaire pour l'architecture, l'ornement et les arts industriels et décoratifs.

La reproduction graphique de ce que nous voyons ou imaginons ne pourrait atteindre un degré suffisant de perfection sans le secours d'une science acquise par l'*analyse*. Le sens de la vue dirigé par l'instinct seul nous tromperait certainement s'il n'était surveillé et guidé par le raisonnement. Il suffit de regarder les fautes commises dans les dessins des époques d'art primitives ou, simplement, ceux des enfants, pour se convaincre que le charme de la naïveté la plus séduisante ne peut, cependant, faire oublier l'ignorance des lois d'optique et de logique découvertes par l'esprit humain.

Au dessin *d'imitation*, il faut donc associer le dessin *analytique*, qui le complète en lui assurant une base scientifique indispensable.

Le dessin analytique n'est pas en soi un but d'expression définitive, mais il est un moyen de contrôle dans les arts d'imitation, et la base même des arts d'abstraction et de composition.

Aussi son enseignement et celui de l'art auquel il s'applique doivent-ils toujours rester parallèles et simultanés dans leurs états progressifs. C'est ainsi que l'élève se rendra bien compte de son utilité pratique, immédiate et constante et ne le considérera pas comme une entité négligeable.

Le dessin analytique est la science même du dessin d'art ; mais il ne faut prendre à la science que ce qu'il est indispensable de lui demander, sans exagérer l'importance du moyen, et encombrer le cerveau de connaissances spéciales trop complètes dont la plus grande partie devient quelquefois étrangère au sujet en dépassant le but d'application directe et immédiate.

LA FORME

Il y a deux sortes de formes : les formes planes et les formes en relief. Les formes planes ont deux dimensions : la hauteur et la largeur. Leur configuration est linéaire, angulée, courbée ou ondulée. Dans la nature, elles ne sont visibles que par leur coloration qui en limite les contours. Ce sont des taches de couleur telles que nous en voyons sur les feuilles, les fleurs, sur les marbres, les ailes des papillons, les plumes des oiseaux, la peau et la fourrure

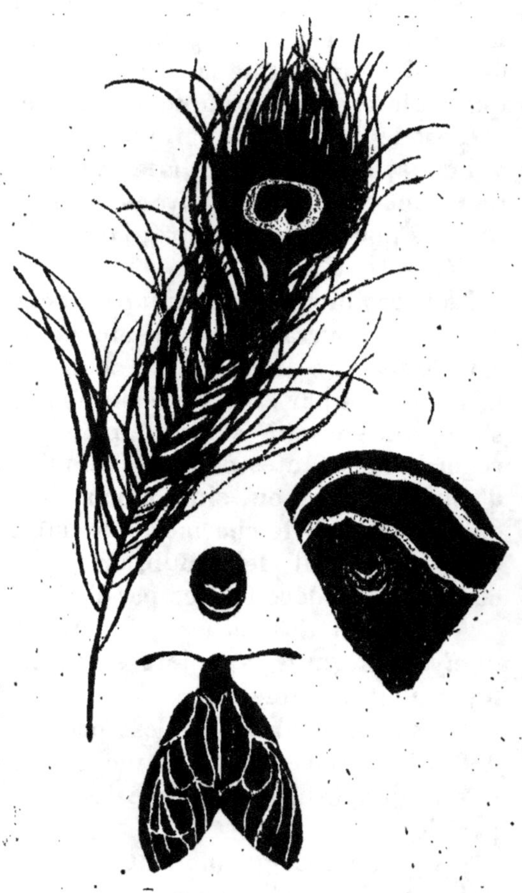

Fig. 4.

des animaux, etc. (*fig.* 4) ; ce sont, dans un autre ordre, les figures géométriques, linéaires et ornementales, les représentations graphiques abstraites imaginées et réalisées par l'esprit et la main de l'homme (*fig.* 5 et 6).

Toute forme saillante prend le nom de relief. .Les formes en relief ont trois dimensions : la hauteur, la largeur et l'épaisseur en saillie ou en profondeur. Leur configuration est linéaire, angulée, courbée ou modelée. Elles sont en plein, haut, demi ou bas relief par rapport à une surface unie.

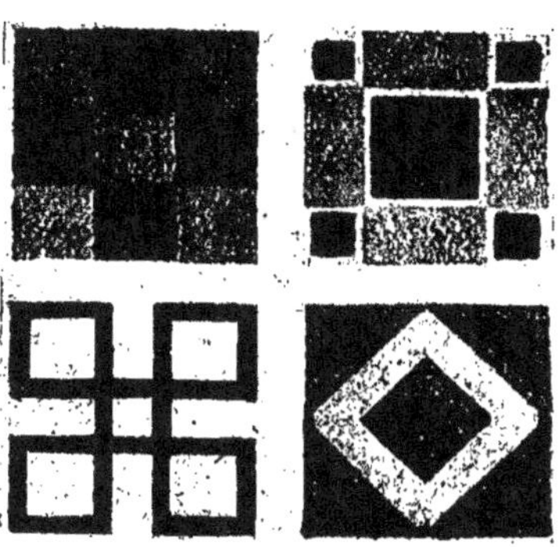

FIG. 5.

Le *modelé* est la qualité d'ensemble des parties saillantes et rentrantes, rondes ou plates, et plus particulièrement mamelonnées d'un corps solide.

Abstraction faite de l'effet résultant de la lumière qu'il reçoit et qu'il renvoie, un objet nous apparaît encore sous la forme de son *contour*, qui le différencie des autres objets environnants.

Dans la nature toute forme a un contour, même celle des objets d'apparence la plus mouvante, fugitive et changeante, tels que la fumée (*fig.* 7), les nuages (*fig.* 8) et les vagues de la mer (*fig.* 9).

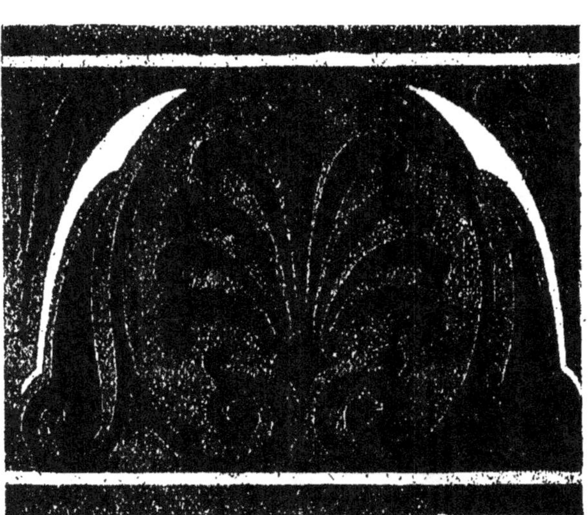

FIG. 6.

En exprimant ce contour par une simple ligne, nous obtenons le maximum de simplification expressive avec le minimum d'effort graphique.

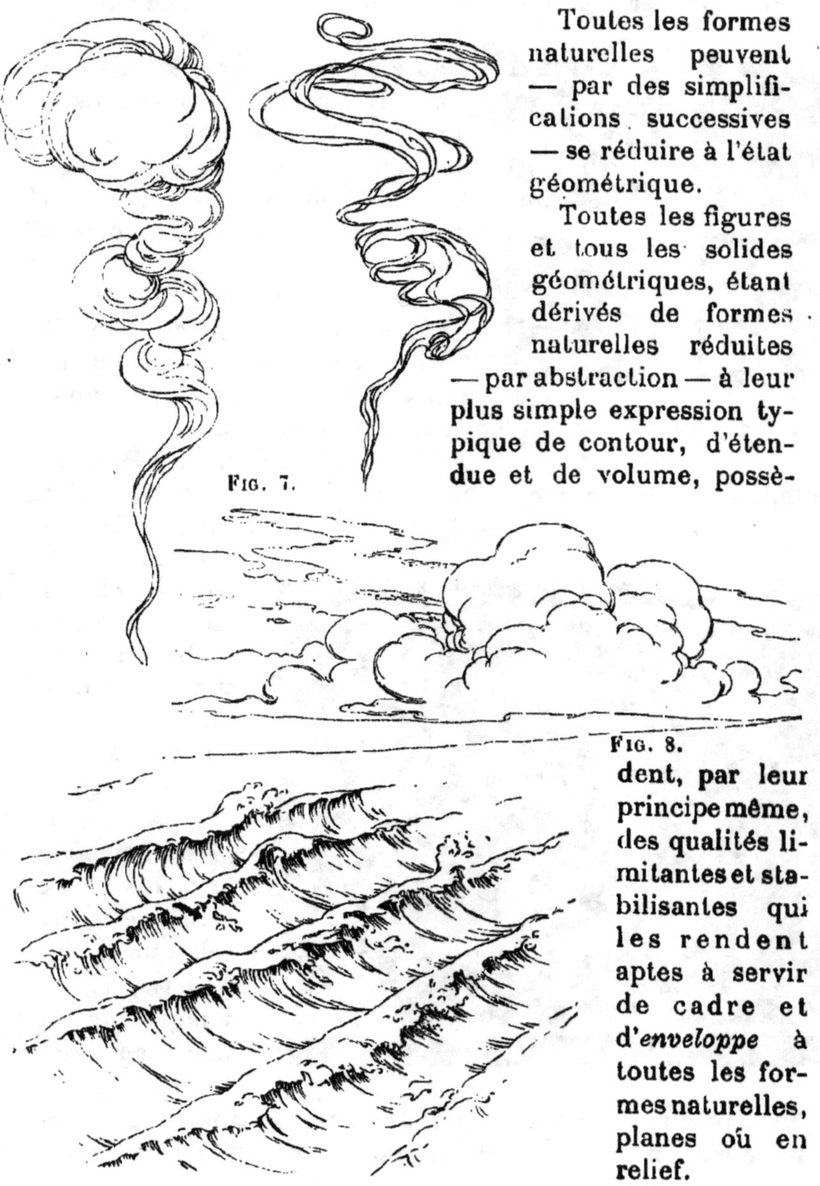

Fig. 7.

Fig. 8.

Fig. 9.

Toutes les formes naturelles peuvent — par des simplifications successives — se réduire à l'état géométrique.

Toutes les figures et tous les solides géométriques, étant dérivés de formes naturelles réduites — par abstraction — à leur plus simple expression typique de contour, d'étendue et de volume, possèdent, par leur principe même, des qualités limitantes et stabilisantes qui les rendent aptes à servir de cadre et d'*enveloppe* à toutes les formes naturelles, planes oú en relief.

Toutes les formes planes peuvent donc — chacune selon son caractère — être encadrées dans une figure géométrique, soit dans un carré, un rectangle, un losange, un polygone, une circonférence, une ellipse, un ovale, ou une figure composée de plusieurs de ces figures élémentaires.

Toutes les formes en relief peuvent donc — chacune selon son caractère — être contenues dans une forme géométrique, soit dans un cube, un parallélipipède, une pyramide, un polyèdre, un cylindre, une sphère, un cône, un ovoïde, ou dans une forme composée de plusieurs de ces solides élémentaires.

Les formes planes courbées, composées, peuvent donc être inscrites dans des figures géométriques, droites et angulées composées des figures élémentaires.

Les formes en relief courbées, composées, peuvent donc être contenues dans des solides géométriques droits et angulés composés des solides élémentaires.

Les figures géométriques élémentaires courbées peuvent être logiquement inscrites dans des figures géométriques élémentaires droites et angulées, telle une circonférence dans un carré, une ellipse dans un rectangle (*fig.* 10).

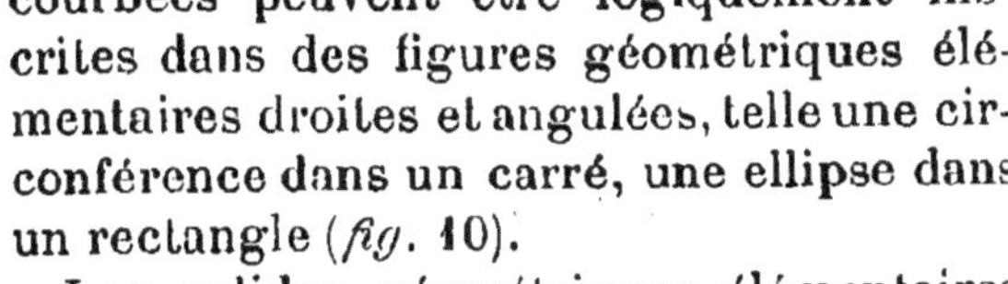

Fig. 10.

Les solides géométriques élémentaires courbés peuvent être logiquement contenus dans des solides géométriques élémentaires droits et angulés, tel un cylindre dans un parallélipipède, un cône dans une pyramide (*fig.* 11), une sphère dans un cube, un ovoïde dans un parallélipipède (*fig.* 12).

Cette simplification de la forme est la base même du dessin. Elle permet à l'observateur de dégager le caractère général d'un contour en le

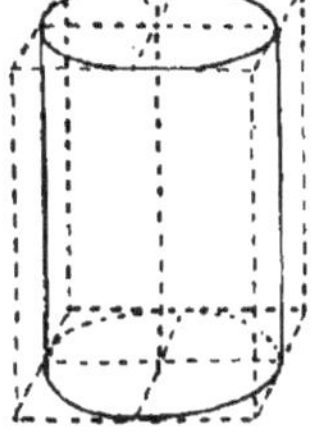
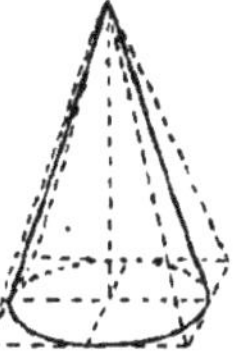

Fig. 11.

ramenant à sa plus simple expression et d'en tracer la synthèse linéaire dans laquelle viennent ensuite logiquement s'inscrire, par ordre d'importance typique, les détails intégrants.

Il y a deux façons de considérer et d'imiter les contours d'un objet :

1° Sous un de leurs aspects momentanés résultant de la place qu'ils occupent dans

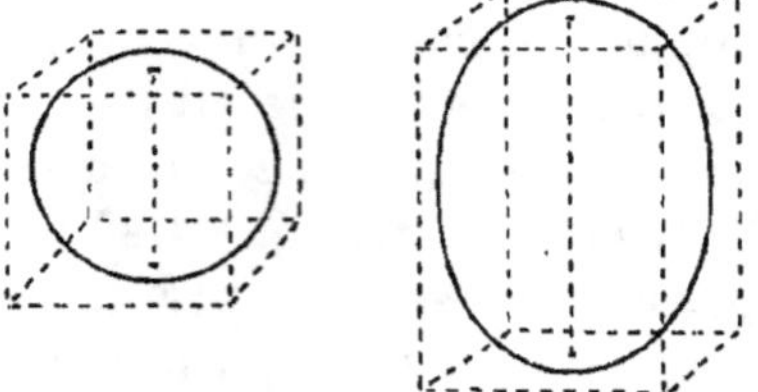

Fig. 12.

l'espace par rapport à notre œil ou inversement, et dans les dimensions et les directions linéaires fictives résultant de leur distance et de leur situation par rapport à notre œil. C'est ce qu'on appelle *en perspective* (A, *fig*. 13 et 14);

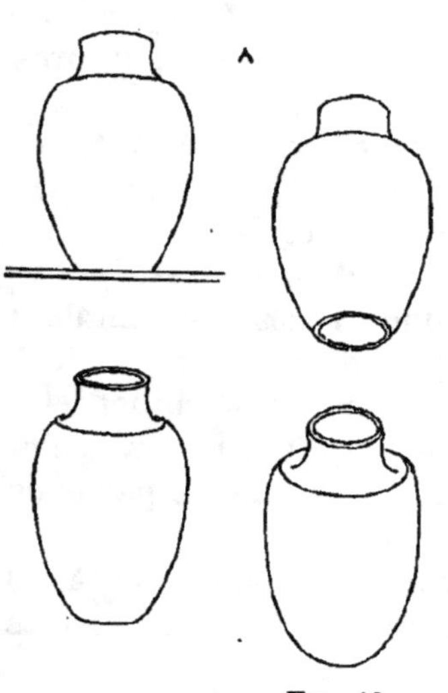

Fig. 13.

2° Successivement sous toutes leurs faces, comme si notre œil se trouvait à la fois et en même temps sur tous les points des contours. C'est ce qu'on appelle *en géométral* (B, *fig*. 13 et 14).

La perspective représente plusieurs faces de l'objet à la fois, et peut, par conséquent, donner une idée d'ensemble de sa configuration géné-

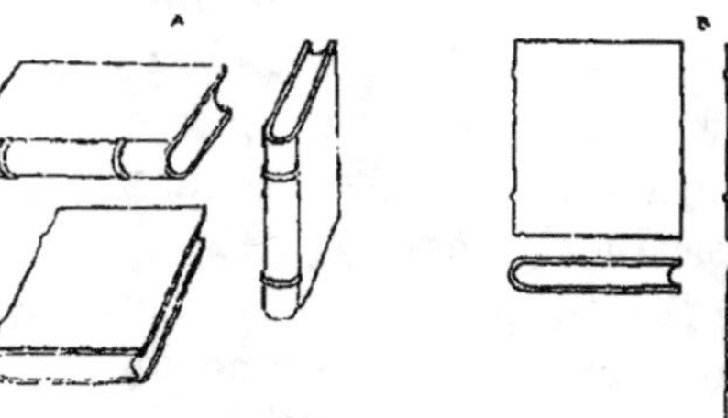

Fig. 14.

rale, mais sans aucune *exactitude* de contour et de dimension, dans le sens strict du mot.

Le géométral ne représente qu'une face de l'objet à la fois, et il faut plusieurs dessins successifs des différentes faces pour constituer l'ensemble complet ; mais les rapports de dimension et de direction linéaires entre les contours des différentes faces sont rigoureusement exacts et constants.

La configuration d'un contour est composée de deux éléments, les directions et les dimensions linéaires. Les rapports de ces deux éléments entre eux constituent les identités, les contrastes et les analogies de mouvement et de proportion qui déterminent le caractère du contour.

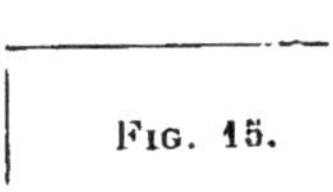

FIG. 15.

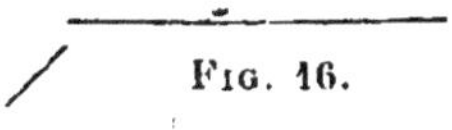

FIG. 16.

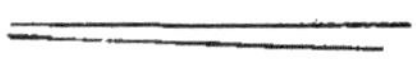

FIG. 17.

C'est l'appréciation *à vue* des identités, des analogies et des contrastes de ces directions et de ces dimensions qui constitue le principe initial du dessin d'imitation.

Exemples : 1° contraste de direction et de dimension (*fig.* 15).

2° Contraste accentué de dimension et de direction (*fig.* 16).

3° Contraste peu accentué ou analogie de direction et de dimension (*fig.* 17).

Dans un carré, il y a contraste absolu de direction et identité de dimension entre les deux horizontales et les deux verticales (*fig.* 18).

Dans un rectangle il y a contraste de direction et de dimension entre les deux horizontales et les deux verticales (*fig.* 19).

Dans un triangle équilatéral, il y a contraste de direction linéaire entre les trois côtés, mais il n'y a pas contraste de dimensions, les trois côtés étant égaux (*fig.* 20).

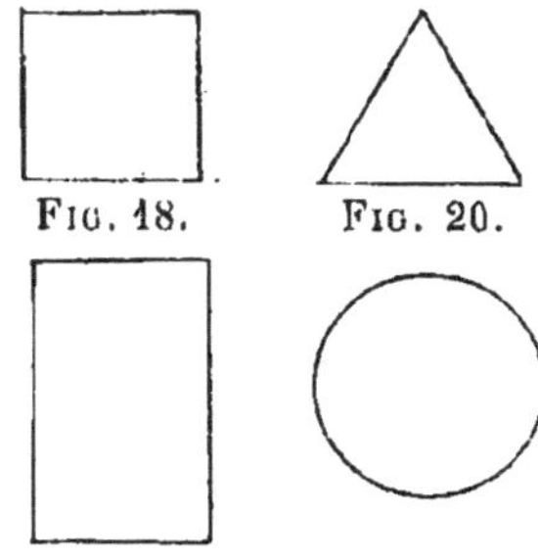

FIG. 18.

FIG. 20.

FIG. 19.

FIG. 21.

Dans une circonférence, il n'y a aucun contraste de direction et de dimension (*fig.* 21).

Dans une ellipse, il n'y a aucun contraste de direction,

mais il y a contraste de dimension entre la hauteur verticale

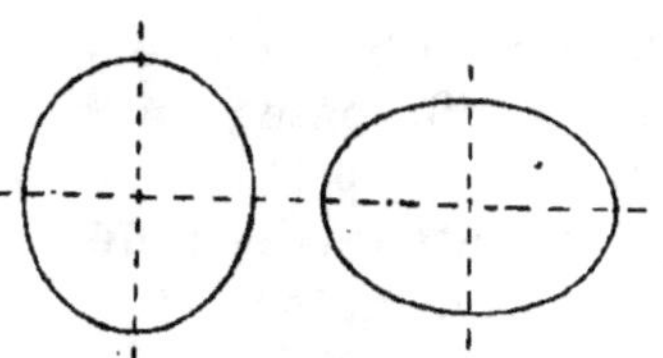

Fig. 22.

et la largeur ho-
rizontale ou in-
versement (*fig.*
22).

On apprécie *à
vue* le contraste
de deux direc-
tions linéaires en
comparant l'angle que forment entre elles
les deux lignes
par rapport à un
angle droit *ima-
ginaire* (*fig.* 23).

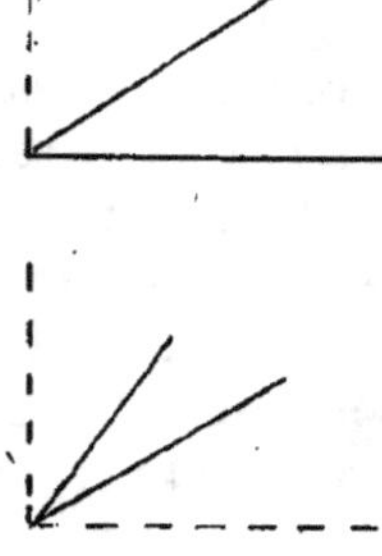

Fig. 23.

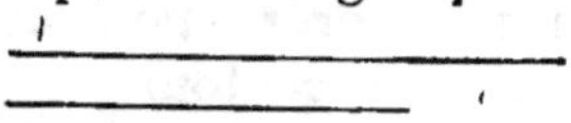

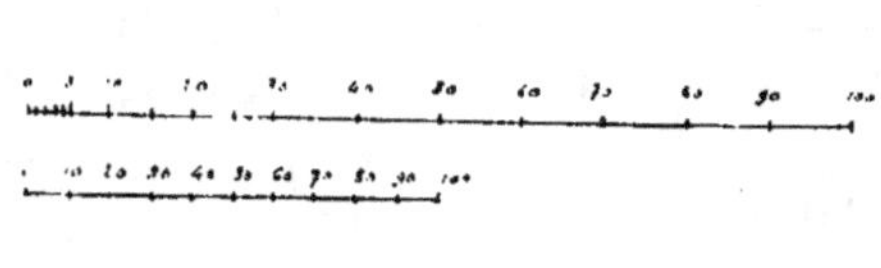

Fig. 24.

On apprécie *à vue* le contraste de deux dimensions linéaires
en cherchant à voir combien de fois la plus petite longueur
peut être contenue dans la plus grande (*fig.* 24).

L'appréciation « en perspective » des contrastes et des analogies de dimensions et de directions linéaires qui déterminent
le mouvement et la proportion d'un contour ne peut se faire
qu'*à vue* et *au jugé :* c'est une imitation *concrète.*

L'appréciation « en géométral » des contrastes et des analogies de dimensions et de directions linéaires qui déterminent
le mouvement et la proportion d'un contour ne peut se faire
que par mensuration.

Cette mensuration se reproduit sur le dessin soit en grandeur réelle, soit dans
des dimensions exacte-
ment proportionnelles à
la grandeur réelle —
augmentée ou réduite
— au moyen d'une
échelle de proportion.

Fig. 25.

C'est ce qu'on appelle dessiner « en géométral et à l'échelle »
(*fig.* 25).

Cette échelle est proportionnelle au mètre, 25 millimètres
ou 10 centimètres pour mètre, par exemple, ou toute autre

proportion exigée par les nécessités de réalisation. C'est une imitation abstraite.

Dans l'appréciation à vue et au jugé des directions linéaires, l'angle droit représente le point fixe de comparaison de tous les contrastes, et le parallélisme de deux lignes représente le point fixe de comparaison de toutes les analogies. Plus deux mouvements linéaires se rapprochent du parallélisme, plus ils sont analogues; plus ils s'en éloignent pour se rapprocher de l'angle droit, plus ils forment contraste. Ce contraste paraît même s'accentuer lorsque les deux mouvements dépassent l'angle droit, mais comme aussitôt ils se rapprochent en sens inverse du parallélisme, le contraste diminue et l'analogie recommence.

En réalité, toute la science du dessin *à vue* repose sur l'appréciation au *jugé* de la mesure des angles.

Il faut, pour mesurer ainsi un angle, rapporter sa configuration, par la pensée, à un angle droit imaginaire tracé à côté de lui, par l'œil, dans l'espace, et rapporter, toujours par la pensée, les deux directions linéaires de cet angle au parallélisme de deux lignes imaginaires tracées à côté de chacune d'elles, par l'œil, dans l'espace. Ce qui revient, en résumé, à encadrer toute forme à apprécier à *vue*, dans un carré imaginaire tracé par l'œil dans l'espace.

L'effort vers la justesse d'appréciation sera soutenu par la science de la perspective, et comme on sait que les formes courbées s'inscrivent en dessin dans les formes angulées, toute la science de la perspective se réduira à la connaissance des lois qui régissent la déformation de deux mouvements linéaires contractants et de deux mouvements linéaires parallèles, en résumé à la perspective d'un carré; tout le reste n'étant qu'application pratique de ce principe initial.

La perspective. — La science de la perspective apprend à reproduire l'image des objets en relief en rabattant tous leurs plans de profondeur sur un seul plan vertical représenté par le tableau ou la feuille de papier sur laquelle on dessine. La perspective résulte de phénomènes d'optique très clairement démon-

trés par un appareil très simple, qu'on appelle la vitre de Léo-
nard de Vinci, parce qu'il en parle dans ses écrits. Il se compose d'une vitre verticale perpendiculairement placée sur une plan-chette horizontale munie d'un oculaire destiné à empêcher l'œil de se déplacer pendant qu'il regarde

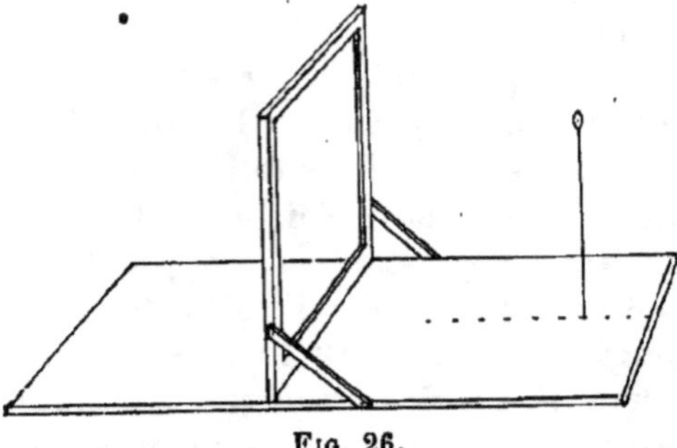

Fig. 26.

les objets à travers la vitre. Les objets en relief ainsi regar-dés semblent venir se fixer sur la vitre, leurs plans de profondeur y étant représentés par des directions li-néaires spéciales qu'il suffit de dessiner sur la vitre en les cal-quant au trait, comme on ferait d'un dessin ou d'une peinture pla-

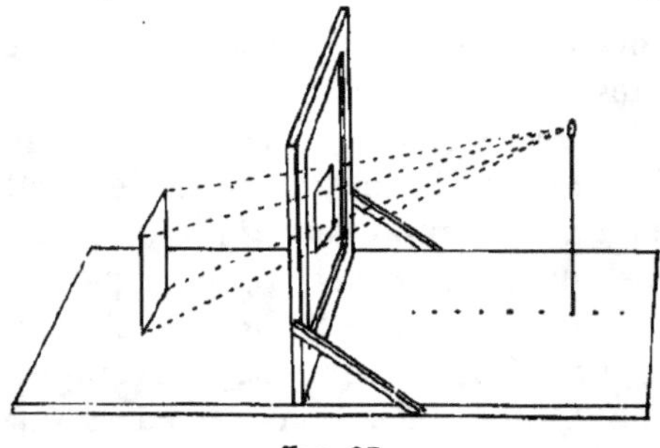

Fig. 27.

cée sous un papier transparent (*fig.* 26, 27, 28).

On réalise ainsi une image exacte d'un des aspects momentanés des objets. Et lorsque l'on a obtenu, par ce procédé purement mé-canique, un certain nombre d'images, on s'aperçoit que les mêmes phénomènes optiques de déforma-

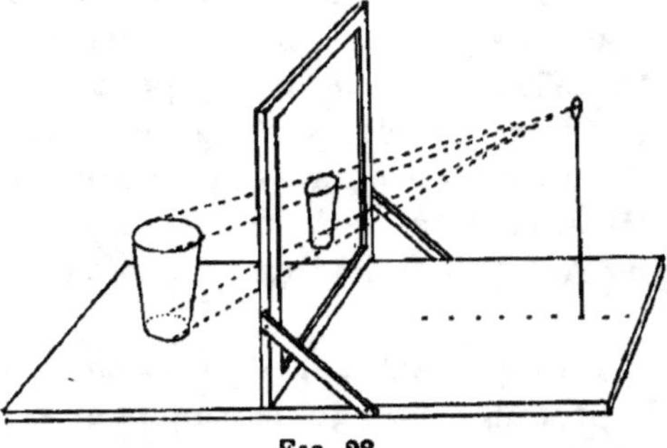

Fig. 28.

tion des directions linéaires normales se reproduisent régu-

lièrement et infailliblement. C'est la théorie de ces phénomènes qui compose la science de la perspective.

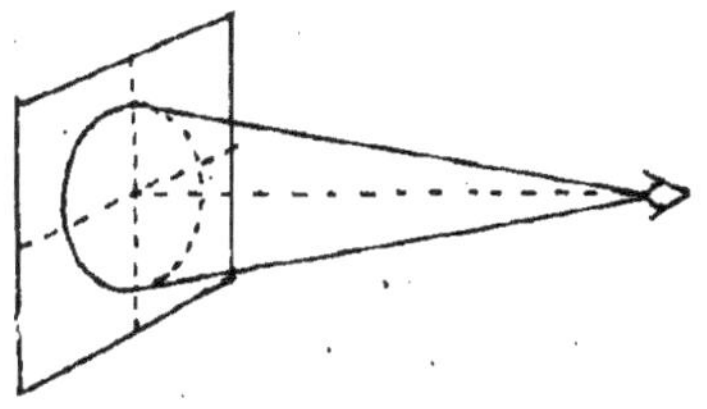
Fig. 29.

Le principe de la vision est représenté par un cône dont la pointe part de l'œil et qui va s'élargissant jusqu'à la limite de sa faculté de vision (*fig.* 29).

Si on interpose une vitre dans ce cône, entre les objets et l'œil, on comprendra tout de suite que plus l'œil est éloigné des

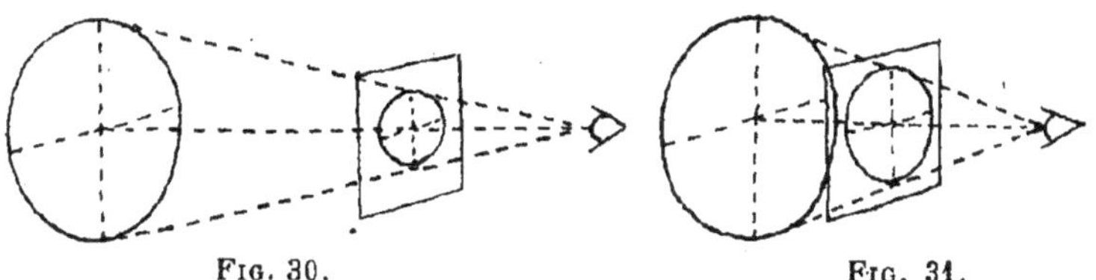
Fig. 30.   Fig. 31.

objets, plus leur image paraît petite dans la vitre (*fig.* 30), et plus l'œil est rapproché des objets, plus leur image paraît grande (*fig.* 31); et aussi pourquoi les parties les plus éloignées d'un objet paraissent plus petites que les parties les plus rapprochées.

Une ligne imaginaire horizontale partant de l'œil du spectateur et formant l'axe du cône traverse la vitre en un point qu'on nomme point de vue ; on nomme ligne d'horizon la ligne horizontale perpendiculaire tracée de ce point sur la vitre (*fig.* 32).

C'est de la hauteur de cette ligne d'horizon dans la vitre — et par conséquent de la hauteur de l'œil par rapport aux objets qu'il regarde à travers la vitre — que

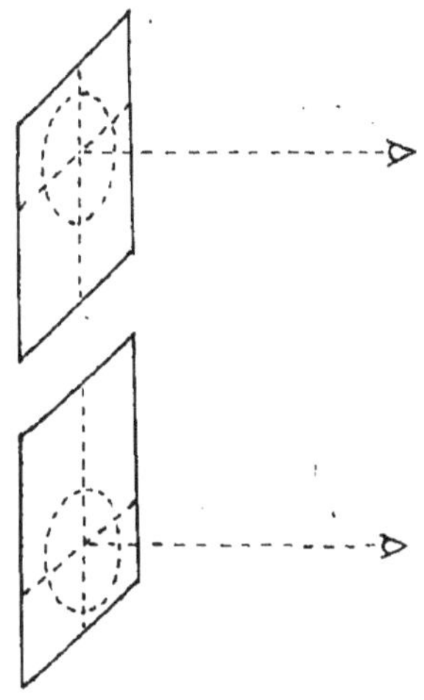
Fig. 32.

dépendent les directions linéaires des plans de profondeur (*fig.* 33).

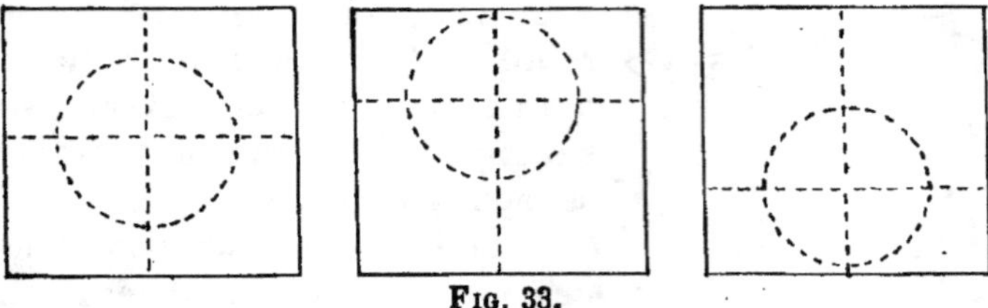

FIG. 33.

Les lignes parallèles situées dans l'espace perpendiculairement à la vitre, se réunissent toutes au point de vue (*fig.* 34).

Les lignes parallèles, situées dans l'espace, dans un plan parallèle au **plan de la vitre**, restent **parallèles** en perspective (*fig.* 35).

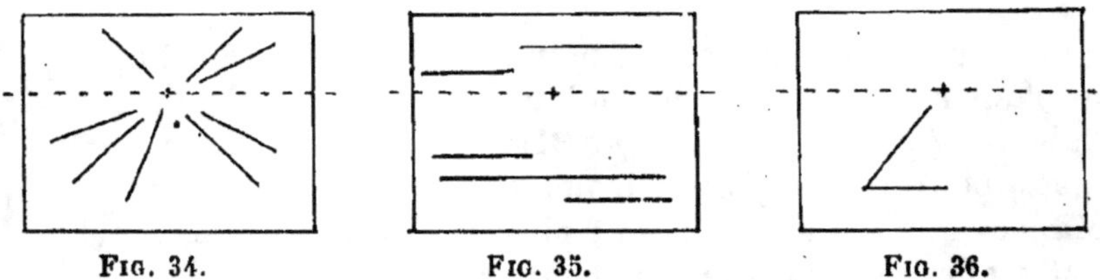

FIG. 34.   FIG. 35.   FIG. 36.

Si un angle droit a un de ses côtés parallèle à la vitre, l'autre côté se dirigera vers le point de vue.

Inversement, si un angle droit a un de ses côtés dirigé vers le point de vue, l'autre côté sera forcément parallèle au plan de la vitre (*fig.* 36).

Les lignes parallèles non perpendiculaires à la vitre se réunissent toutes en un même point sur la ligne d'horizon. Ce point peut être situé en dedans ou en dehors de la vitre selon l'angle de la direction linéaire par rapport au cadre de la vitre (*fig.* 37).

Les deux directions linéaires d'un angle — dont aucun des côtés n'est parallèle à la vitre — ont chacune un point de concours sur la ligne d'horizon. On les appelle des points de fuite (*fig.* 38).

Les deux directions linéaires d'un angle étant déterminées à vue et au jugé, les directions linéaires des angles semblables se réunissent aux deux mêmes points (*fig.* 39).

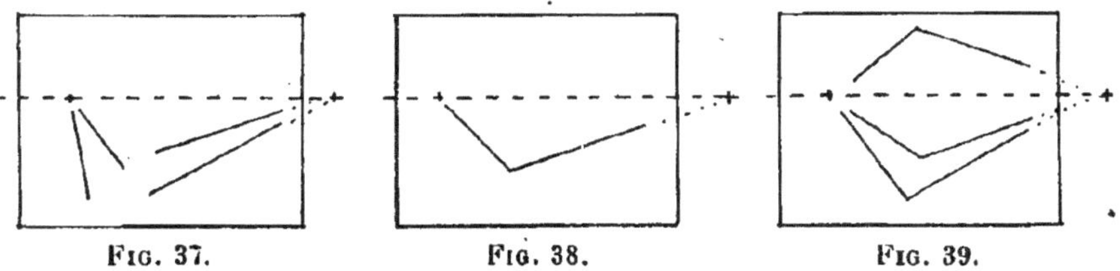

Fig. 37.   Fig. 38.   Fig. 39.

La profondeur d'un plan étant déterminée à vue et au jugé par un angle, les autres profondeurs semblables sont déter-

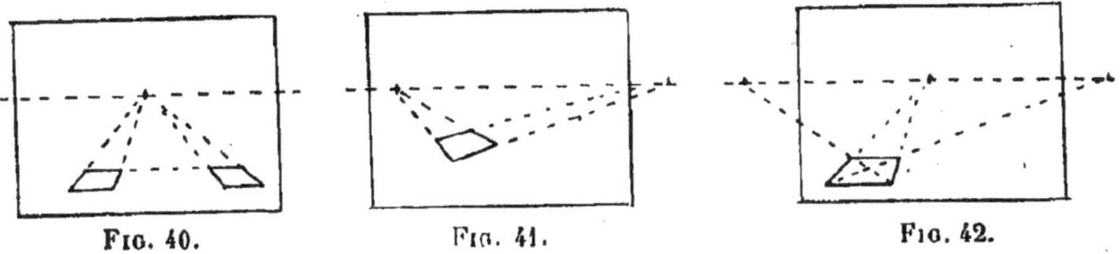

Fig. 40.   Fig. 41.   Fig. 42.

minées par la rencontre des parallèles à chacune des directions de cet angle (*fig.* 40 et 41).

Un carré étant déterminé à vue et au jugé en largeur et en profondeur, si l'on y trace intérieurement les deux diagonales et si on

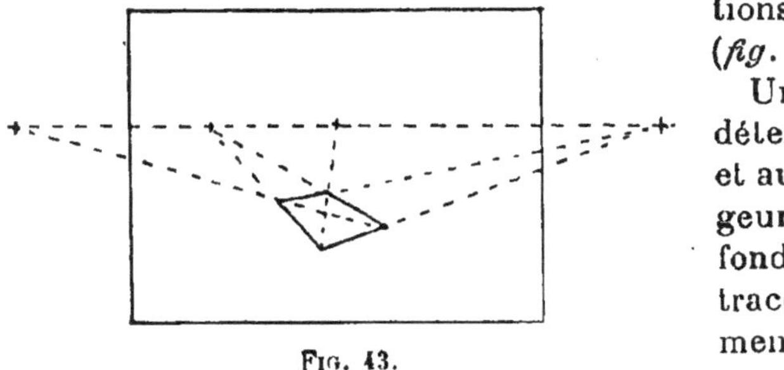

Fig. 43.

les prolonge jusqu'à la ligne d'horizon, on obtient les deux points de concours de toutes les lignes dirigées à 45°, c'est-à-dire les diagonales de tous les angles droits (*fig.* 42 et 43).

Les profondeurs égales se tracent en reportant la distance
initiale sur la ligne
de base de la vitre,
en la répétant au-
tant de fois qu'on
le désire et en me-
nant à l'horizon au-
tant de diagonales
parallèles qu'il est
nécessaire (*fig.* 44
et 45).

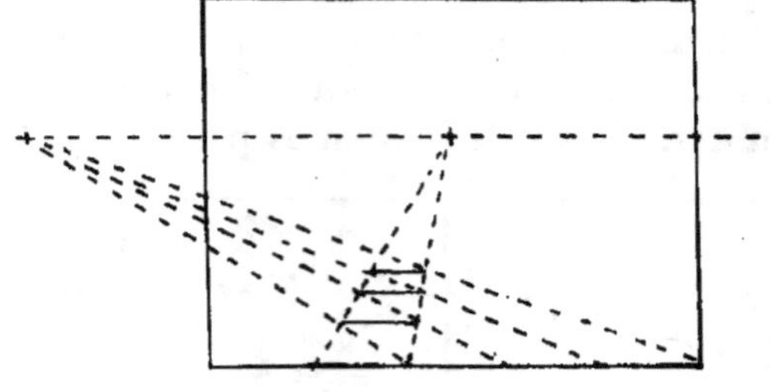

Fig. 44.

Les directions linéaires verticales parallèles ne subissent

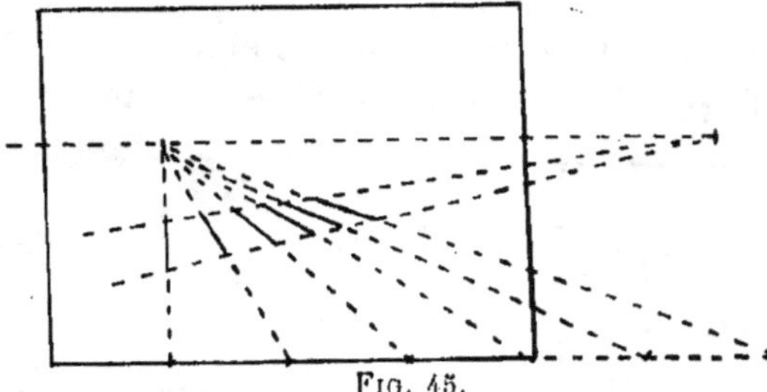

Fig. 45.

pas de déforma-
tion perspec-
tive, à moins que
l'objet ne soit de
très haute di-
mension,   trop
près des yeux,
et qu'on soit ob-
ligé de les lever

pour les voir en entier. C'est un cas anormal qui se présente
quand on est placé en dessous d'une
haute architecture (*fig.* 46).

Dans les cas normaux, il suffit de
déterminer à vue et au jugé la première dimension de hauteur, et les
suivantes semblables diminuent progressivement et proportionnellement
en raison de l'inclinaison vers le point
de concours d'une perpendiculaire
directrice (*fig.* 47, 48 et 49).

Les directions linéaires parallèles
de plans inclinés se réunissent en un
même point sub ou sous-horizontal
déterminé sur la ligne d'horizon par

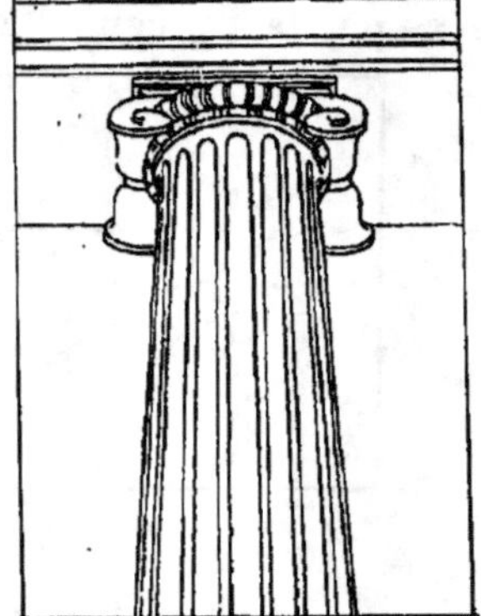

Fig. 46.

une première inclinaison tracée à vue et au jugé (*fig.* 50).

La perspective des lignes courbes s'obtient en les inscri·

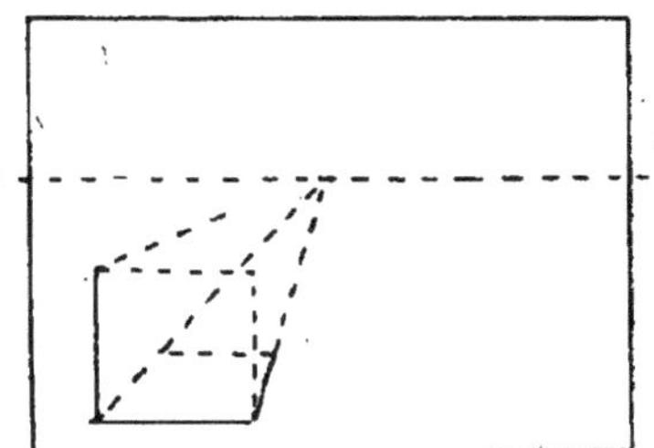

Fig. 47.

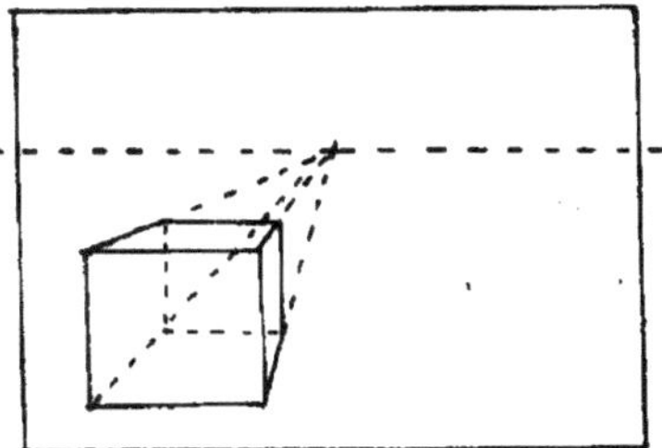

Fig. 48.

vant dans des directions linéaires angulées (*fig.* 51, 52 et 53).

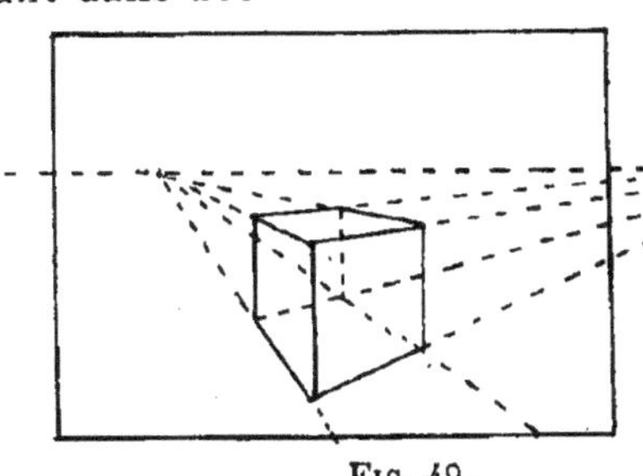

Fig. 49.

Tous les contours à plan circulaire sont tracés, en élévation, sur le diamètre parallèle à la vitre, et les principaux cercles sont inscrits dans des carrés dont les diagonales se croisent au centre de ce diamètre (*fig.* 54 et 55).

La même opération se

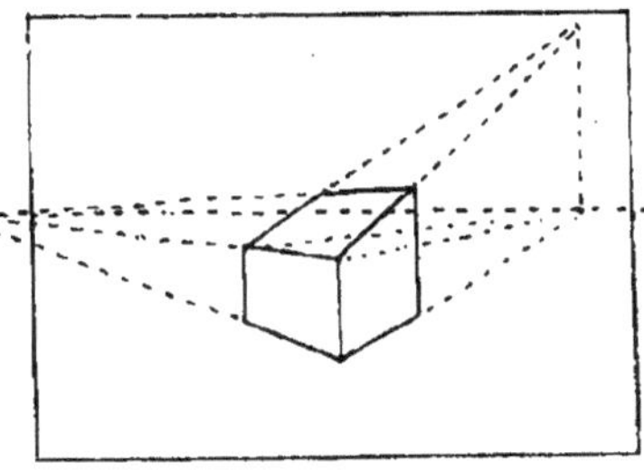

Fig. 50.

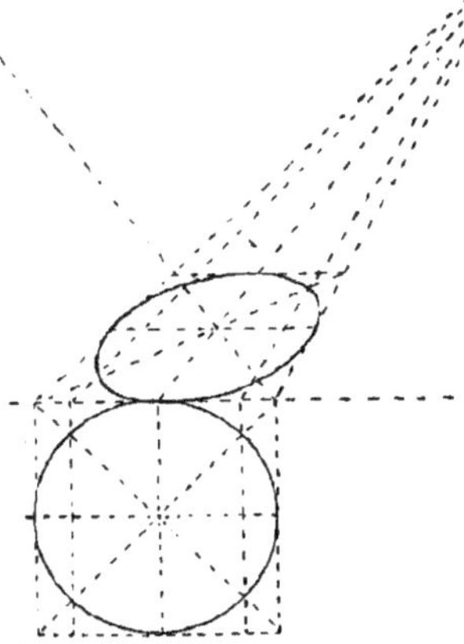

Fig. 51.

fait sur un des deux diamètres perpendiculaires aux carrés

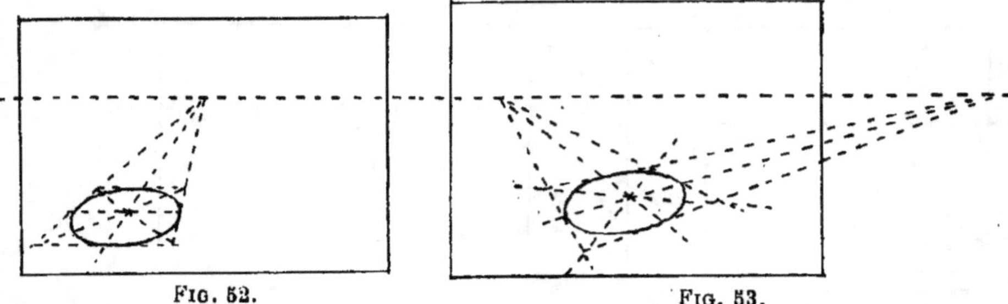

Fig. 52.   Fig. 53.

quand l'un des deux n'est pas parallèle à la vitre, c'est-à-dire quand il y a deux points de fuite (*fig.* 56).

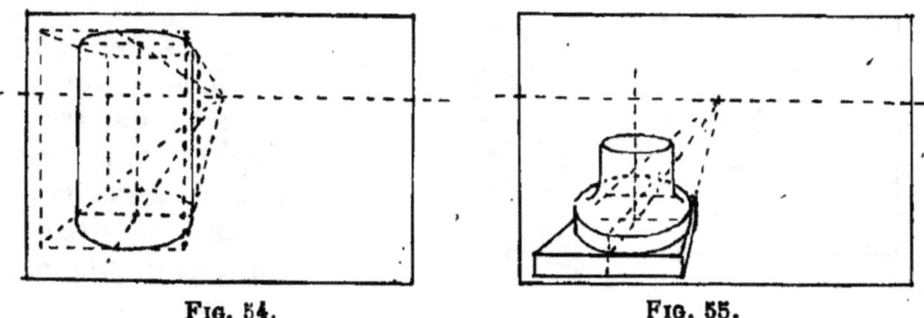

Fig. 54.   Fig. 55.

Plus une forme est placée au-dessous ou au-dessus de la ligne d'horizon, plus son plan de profondeur se développe par rapport à notre œil. Plus une forme est placée près de la ligne d'horizon, plus son plan de profondeur se rétrécit jusqu'à

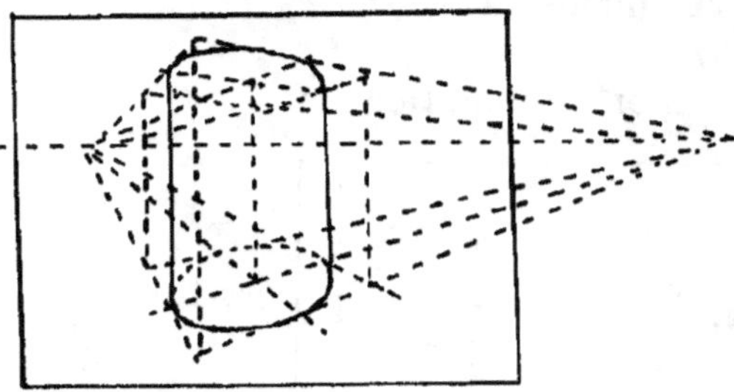

Fig. 56.

disparaître complètement lorsqu'il est situé dans le plan même de l'horizon (*fig.* 57, 58 et 59).

Plus une forme est placée de côté — à gauche ou à droite — par rapport à notre œil, plus son plan vertical de profondeur se développe (*fig*. 60).

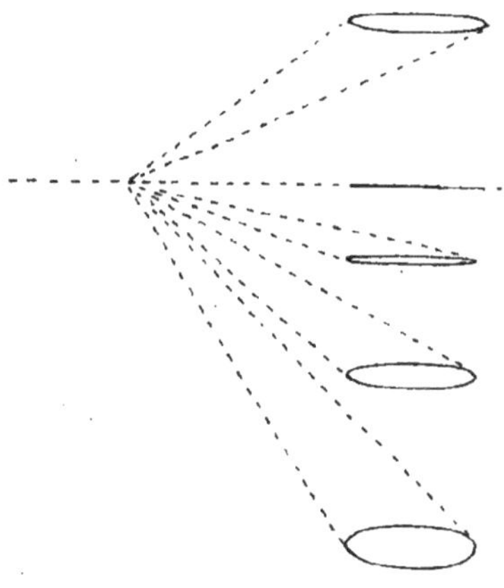

Fig. 57.

Plus elle est rapprochée de l'œil, plus son plan vertical de profondeur se rétrécit, jusqu'à disparaître complètement quand il se trouve situé sur l'axe même du point de vue (*fig*. 60).

Un contour de forme plane ne subit aucune déformation perspective autre que la diminution proportionnelle résultant de son éloignement par rapport à l'œil,

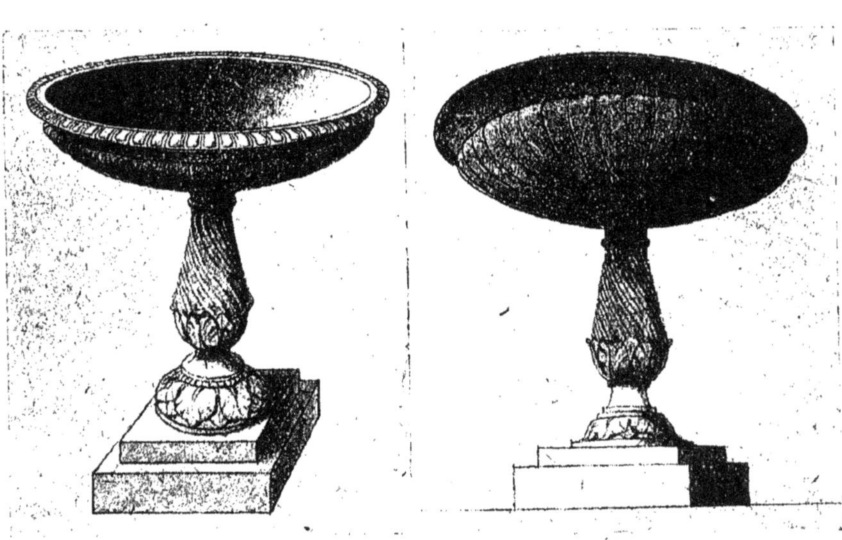

Fig. 58.   Fig. 59.

pourvu qu'il soit situé dans un plan parallèle à celui de la vitre ; autrement il subit toutes les déformations analogues à celles de la forme en relief à laquelle il est associé (*fig.* 61).

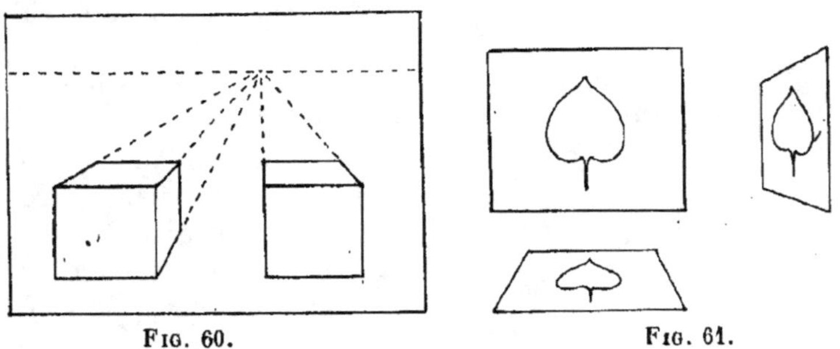

FIG. 60.
FIG. 61.

On comprendra qu'il faudrait un livre pour expliquer en détail les règles de la perspective et démontrer chaque cas spécial. Nous avons essayé de résumer les principes initiaux ; mais il faut, pour les bien comprendre, les développer en une série d'applications pratiques et surtout dessiner d'après nature. C'est la seule façon d'acquérir le sentiment du relief et de la déformation de la forme soumise aux lois inéluctables de l'optique. La perspective est basée sur une théorie très simple, mais elle exige beaucoup de pratique.

Elle offre cet avantage qu'elle est une science exacte ; on ne peut se tromper sans s'en apercevoir, car une direction linéaire implique une ou plusieurs autres directions correspondantes et, si l'une est fausse, les autres ne peuvent être justes par rapport à elle.

Le géométral. — La reproduction d'un objet en *géométral* comporte, en principe, les imitations successives du même contour vu par-dessous et par-dessus ou *plans* ; vu de face sur tous ses côtés dans le sens vertical, ou *élévations en façade, de profil et postérieure ;* vu dans sa construction interne, horizontalement et verticalement, ou *coupes verticales, coupes horizontales, transversales et longitudinales.*

Le nombre de ces imitations successives n'est pas limité,

car elles ont pour but de renseigner absolument et complète-
tement sur l'état constitutif de l'objet sans qu'aucun détail en
soit omis. Le nombre des élévations, des profils, des plans et
des coupes varie donc selon la simplicité ou la complexité des
contours de la forme à exprimer.

Les images des contours de hauteur, largeur et profondeur
ou épaisseur sont représentées dans la même proportion, de
façon qu'elles concordent entre elles en rapport constant de
dimensions d'ensemble et de détail. Elles sont les unes par
rapport aux autres des *projections* de la même image. Il y a
donc, pour chaque image successive de l'objet, un contour
externe qui est son contour propre, et d'autres contours
internes ou intégrants, qui sont les projections des contours
externes des autres images. Le contour dominant est celui
du plan — ou image de la base horizontale de l'objet — qui
détermine la disposition générale de l'ensemble, et des contours des différentes parties de l'élévation (*fig.* 62).

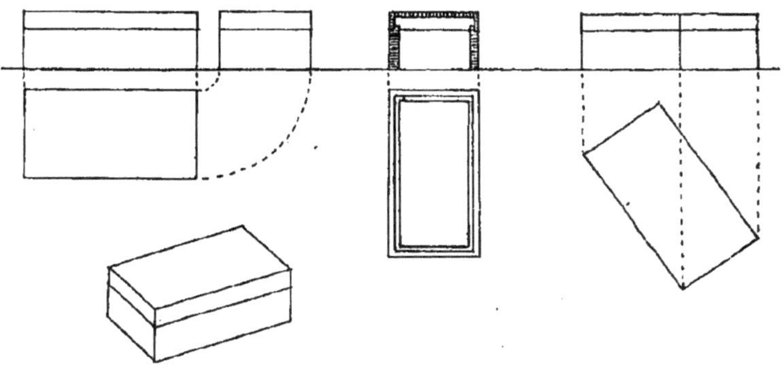

Fig. 62.

Lorsque le contour du plan est droit et angulé à 90° sur
tous les côtés — c'est-à-dire rectangulaire — les contours des
élévations concordantes ne subissent aucune déformation;
mais il n'en est pas de même lorsque le plan est circulaire ou
ovale, en totalité ou en partie seulement. La projection en
élévation ne représente plus alors l'étendue du contour
externe du plan, et les contours internes de ce plan se

trouvent déformés dans celui de l'élévation correspondante. Il en est de même, d'ailleurs, en sens inverse, lorsque les courbes du contour de l'élévation sont trop accentuées dans le sens horizontal (*fig.* 63 et 64).

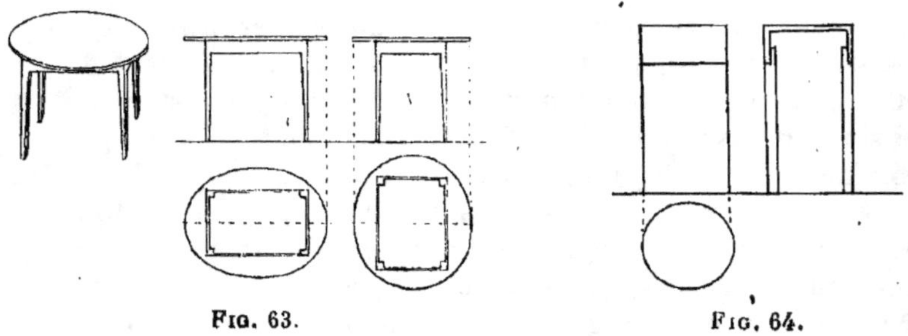

FIG. 63.   FIG. 64.

Il faut, alors, pour obvier à cette déformation, et si l'on veut obtenir le contour normal et exact des détails internes déformés, faire ce qu'on appelle le *développement* de la surface dont les dimensions sont modifiées par la projection.

Ce développement se fait facilement et normalement quand l'un des contours du plan ou de l'élévation est droit et angulé et l'autre courbé, parce que le contour droit est tout développé et qu'il suffit de mesurer le contour courbé avec un mètre souple ou un curvimètre pour en *étendre* la courbe sur une ligne droite (*fig.* 65). Mais, lorsque les contours du plan et de l'élévation sont également courbés, la forme est alors *indéveloppable*; et, si l'on veut quand même indiquer, sur une surface plane, la dimension et la forme

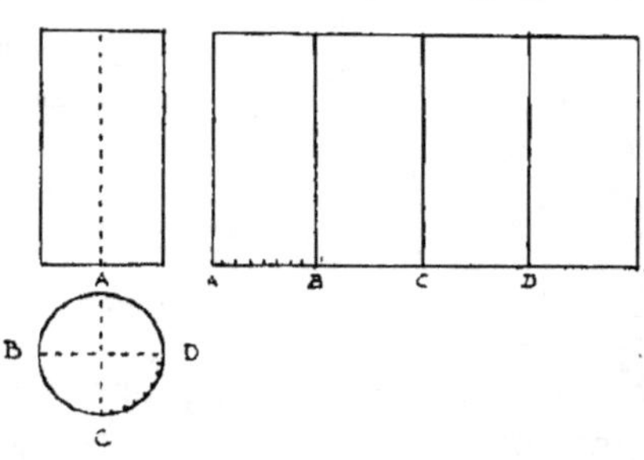

FIG. 65.

exacte des contours internes de chaque projection, il faut avoir recours à un procédé à peu près identique à celui employé pour les surfaces droites et courbées, mais qui ne donne alors qu'une indication approximative, suffisante dans la pratique, mais non d'exactitude absolue.

Ce procédé consiste à diviser le plan de la surface à développer en plusieurs parties égales — pour répartir entre chacune la différence de rapport linéaire — de mesurer, au mètre souple ou au curvimètre, chacune des courbes de ces parties en plan et en élévation, et de les reporter *à plat* sur des axes correspondants à ceux des projections. On obtiendra ainsi deux, trois, quatre parties égales — ou plus — de développement, sur lesquelles on pourra indiquer les détails internes en leur dimension réelle ou proportionnellement réelle s'ils sont à une échelle grandie ou réduite. Si ces détails se répètent semblables, et dans le sens du contour externe, comme il arrive quelquefois, selon un principe de symétrie que nous étudierons plus loin, le raccord s'effectue facilement, mais si les détails ne se répètent pas en rapport direct avec le sens des divisions du développement, on ne peut en obtenir qu'une exactitude approximative, qui suffit, dans la pratique, pour pouvoir les reporter sur le relief de la forme, mais sans cependant les y *ajuster* complètement, parce que, nous le répétons, ces formes sont géométriquement indéveloppables (*fig.* 66).

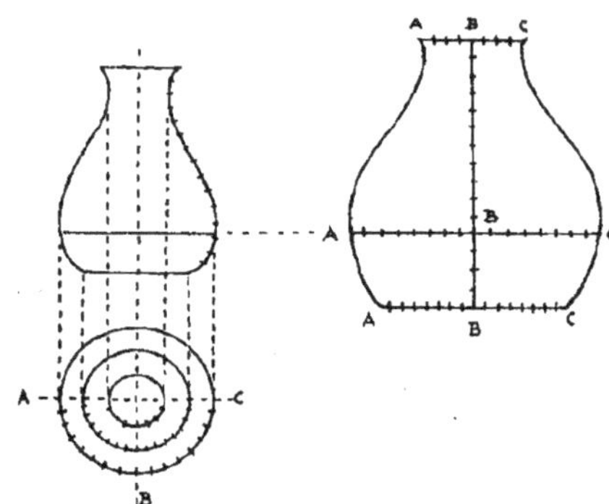

Fig. 66.

Comme pour la perspective, nous ne pouvons donner de la théorie du géométral qu'un résumé rapide. C'est par l'étude pratique qu'on pourra comprendre ces deux procédés d'imitation qui se complètent l'un par l'autre en vue de leur application au dessin d'*invention*, qui doit tout exprimer pour la réalisation matérielle. On peut, d'après un géométral, reconstituer un ou plusieurs des aspects perspectifs d'un objet. Il suffit pour cela de déterminer, selon l'effet qu'on veut produire, la distance et la hauteur de l'œil du spectateur par

rapport au tableau et à l'objet que l'on veut représenter et de dessiner la perspective des plans horizontaux et des élévations verticales dont les intersections de directions linéaires détermineront les points perspectifs des contours vus sous l'angle volontairement choisi (*fig.* 67).

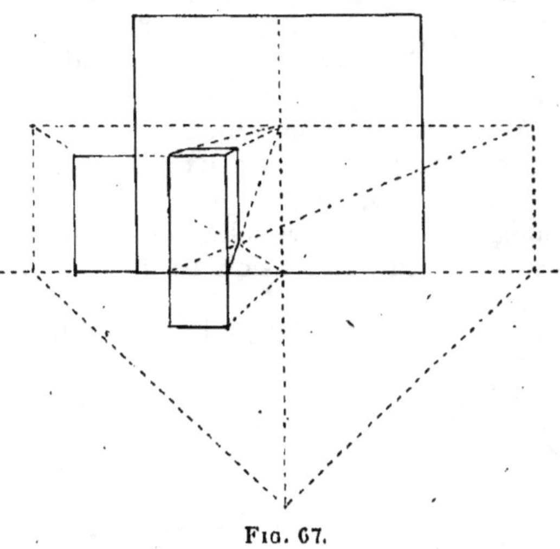

Fig. 67.

Ce procédé, qui est mathématique, est d'un emploi utile quand on veut se rendre compte d'un aspect que le géométral n'explique pas suffisamment, et faire ainsi mieux comprendre l'ensemble ou le détail d'une composition.

LE CLAIR-OBSCUR

Nous avons exprimé, jusqu'ici, les formes par des *tracés* de contours, mais c'est une convention d'art graphique, car, dans la nature, il n'y a pas de trait. Tous les contours se détachent les uns des autres par la coloration et le *clair-obscur*. Abstraction faite de la couleur, que nous étudierons plus tard, tout objet s'isole encore des autres et exprime ses reliefs et ses modelés par des ombres, des pénombres et des lumières.

L'effet que produit la lumière en éclairant les surfaces unies ou modelées qu'elle frappe, et en laissant dans l'ombre celles qu'elle ne frappe pas, constitue ce qu'on appelle le *clair-obscur*.

On distingue deux sortes de lumière, la lumière directe A et la lumière reflétée B (*fig*. 68).

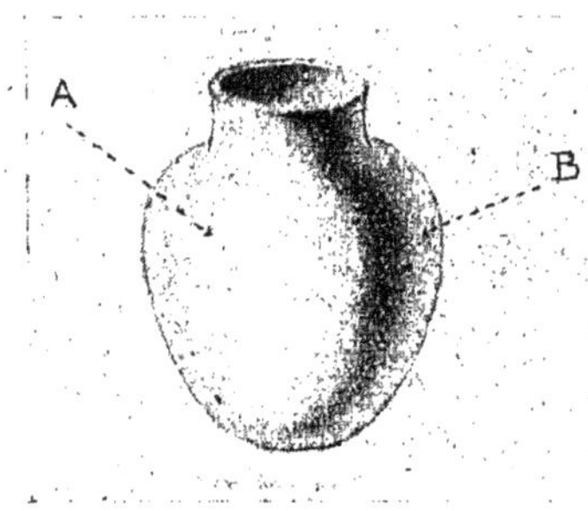

Fig. 68.

On distingue deux sortes d'ombres : les *ombres propres*, celles que les reliefs ou les modelés d'un objet produisent sur certaines parties de lui-même en interceptant les rayons lumineux (A, *fig*. 69) et les *ombres portées*, celles que le contour externe ou silhouette d'un objet produit, en totalité ou en partie, sur un ou plusieurs objets en interceptant les rayons lumineux qui pourraient les éclairer (B, *fig*. 69).

Le clair-obscur est composé de deux éléments : la forme des ombres et leur intensité relative.

L'étendue et le contour des ombres sont déterminés par la direction des rayons lumineux et leur rencontre avec les différents points du contour qu'ils éclairent.

La direction des ombres dans le plan vertical et dans le plan horizontal dépend de la place occupée par l'objet en rapport avec le foyer lumineux qui l'éclaire.

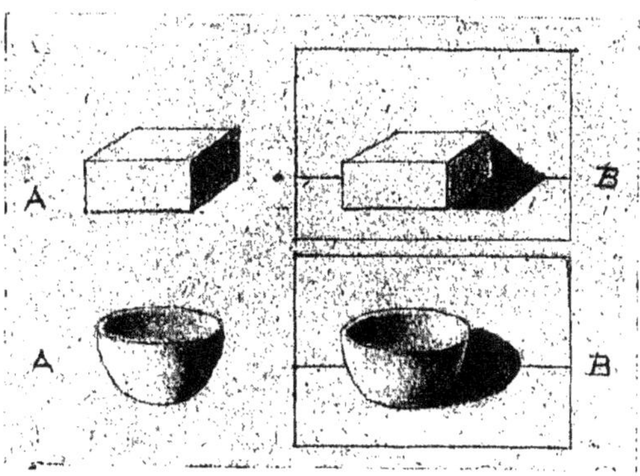

Fig. 69.

L'intensité relative des ombres est déterminée par la qualité de la lumière reçue et celle des reliefs ou des modelés qui la reçoivent.

Les différences d'intensité des ombres constituent ce qu'on appelle les *valeurs* de clair-obscur.

Les valeurs de clair-obscur forment une progression ininterrompue allant de la clarté la plus vive à l'ombre la plus profonde, et sont exprimées en dessin par une échelle de teintes graduées du blanc au noir (*fig.* 70).

Chaque valeur, considérée isolément, représente donc une intensité relativement correspondante à un des degrés de l'échelle. Nous disons « relativement », parce que le blanc et le noir dont nous disposons en dessin pour exprimer les valeurs sont beaucoup moins intenses que le blanc et le noir extrêmes des couleurs naturelles. Il y a donc, entre notre blanc et notre noir du dessin et le blanc et le noir de la nature, progression analogique, mais pas identique.

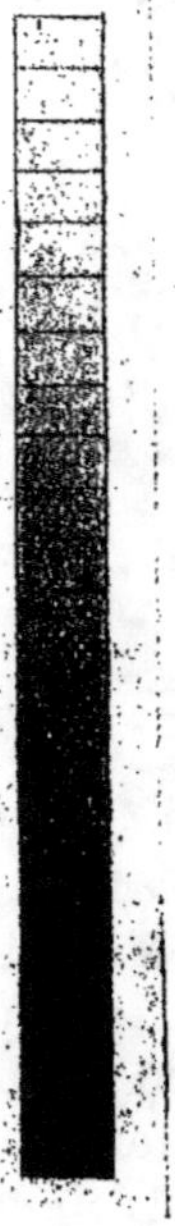

Si la lumière est *éclatante*, la direction des rayons lumineux est très distincte, les contours des ombres sont très précis ; les valeurs sont séparées les unes des autres par d'assez grands intervalles, les ombres et les lumières ne sont *pas fondues* (*fig.* 71).

Si la lumière est *diffuse*, comme celle d'un temps gris et nuageux, la direction des rayons lumineux est peu distincte, les contours des ombres sont indécis, les valeurs sont rapprochées les unes des autres par très peu ou pas d'intervalles ; les ombres et les lumières sont *fondues* (*fig.* 72).

Fig. 70.

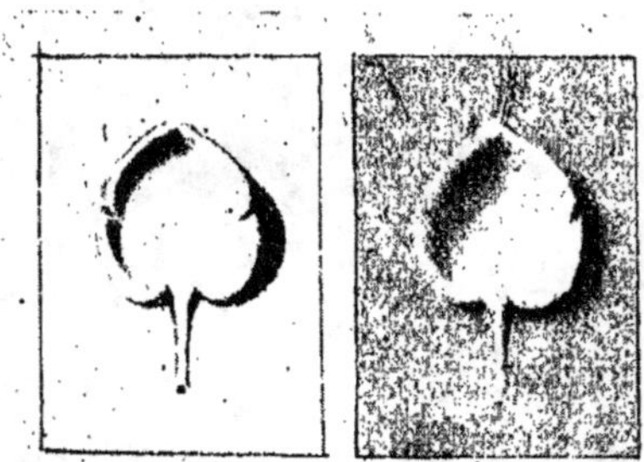

Fig. 71.   Fig. 72.

Les valeurs peuvent se répartir en quatre zones principales : les valeurs de *lumière* L, qui sont les parties les plus éclairées ; les valeurs de *pénombres* P, demi-teintes intermédiaires entre la lumière et l'ombre, parties sur lesquelles la lumière ne frappe pas directement, et qui sont voilées d'une ombre légère ; les valeurs *d'ombres* O, parties où la lumière ne frappe pas du tout; et les valeurs de *reflets* R, parties de l'ombre où un peu de lumière est indirectement renvoyée par les parties éclairées, soit de l'objet lui-même, en raison de sa forme, soit des objets environnants (*fig.* 73).

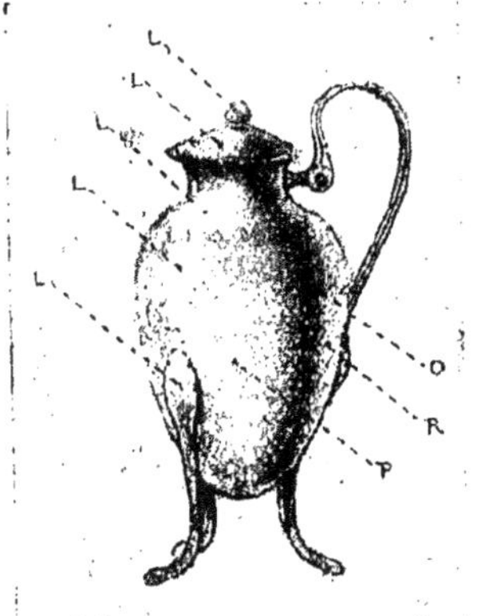

Fig. 73.

Il y a deux sortes de lumières : la lumière solaire ou lunaire, ou lumière naturelle, et la lumière artificielle — celle d'une lampe ou d'une bougie, par exemple.

Les rayons du soleil, en raison de la distance et du diamètre de foyer, sont considérés comme étant parallèles entre eux, et formant par conséquent cylindre (*fig.* 74). Les rayons d'une lampe ou d'une bougie partent d'un point unique et forment un cône (*fig.* 75).

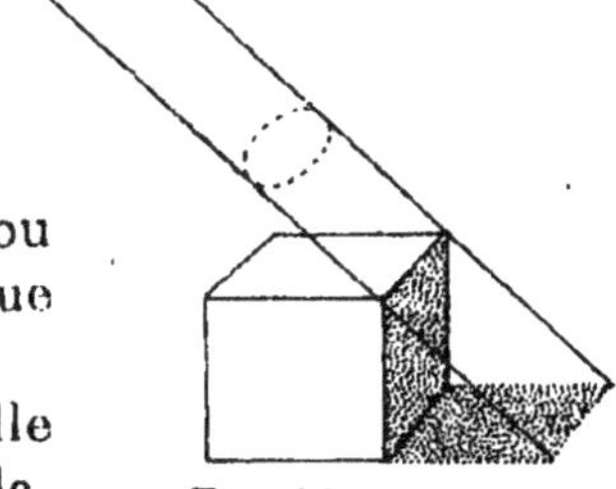

Fig. 74.

La lumière artificielle et la lumière naturelle, en pleine clarté, provoquent chacune un tracé différent, mais précis des ombres, tel qu'il peut être déterminé en dessin, mathématiquement, en perspective et en géométral.

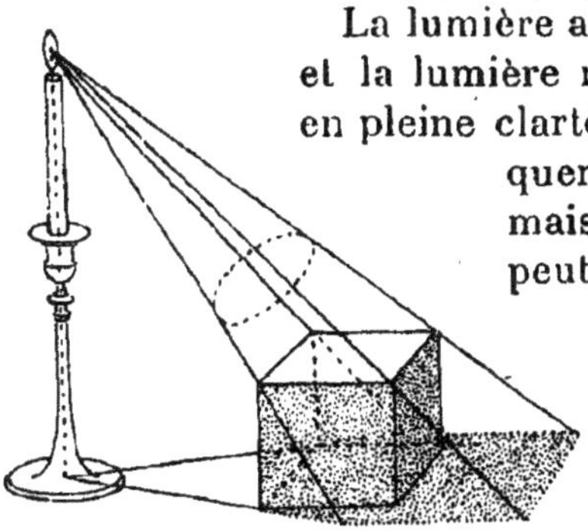

En géométral — et surtout dans les dessins d'architecture — on trace souvent les ombres avec une inclinaison à

Fig. 75.

45° des rayons lumineux parallèles, parce qu'ils indiquent

ainsi, exactement, en dimensions et comme contours d'ombres, les profils des saillies qui les produisent (*fig.* 76).

Le tracé géométrique détermine la forme exacte de l'ombre, mais ne peut en indiquer l'intensité relative, qui en est la *couleur*, et dont l'appréciation n'est possible qu'à vue et au jugé. L'étude du clair-obscur produit par la lumière diffuse présente un intérêt des plus grands. Les objets nous apparaissent beaucoup plus souvent éclairés par la lumière diffuse, car, même le soir, la multiplicité des foyers de lumière artificielle enlève toute précision et surtout toute sécheresse aux ombres qu'elle produit, en créant des pénombres nombreuses.

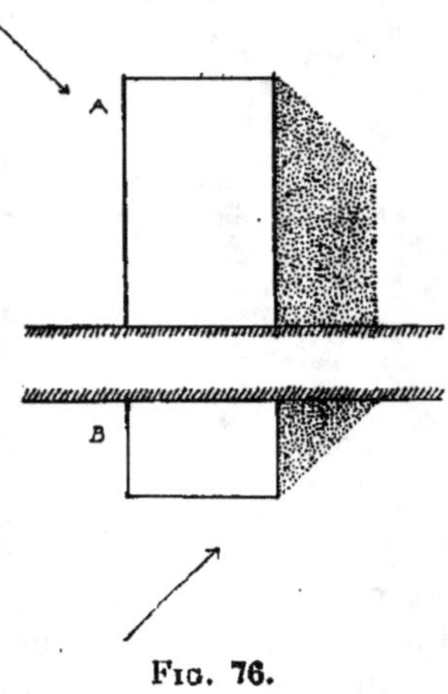

Fig. 76.

, La diversité des valeurs de clair-obscur que produit la lumière diffuse forme une sorte de coloration monochrome de l'effet le plus puissant ou le plus délicat, suivant le caractère et la disposition des reliefs et des modelés qui la déterminent en arrêtant les rayons lumineux.

La connaissance du clair-obscur — qui ne peut s'acquérir que par l'imitation — est donc des plus utiles au décorateur. Elle développera en lui le sentiment des valeurs qui lui permettra d'indiquer plus tard, dans ses compositions, suivant certains principes d'harmonie, le caractère des reliefs et des modelés qu'il aura à fixer en raison d'un effet à produire par des directions linéaires de contours plus ou moins analogues et contrastés, et selon des lumières ambiantes et des éclairements prévus.

LA COULEUR

L'imitation, par la couleur, des objets représentés dans l'atmosphère ambiante est du domaine de l'art de la peinture. La composition en couleur, tendant à représenter un objet ou un ensemble d'objets sous un aspect de vérité naturelle, de réalisme exact ou même relatif, est encore du domaine de l'art de la peinture. C'est de l'*imitation* par souvenir et imagination ; mais le décor des objets par des colorations abstraites appartient à l'enluminure. Et nous entendons par là, non seulement le décor en coloration abstraite obtenue par les procédés de la peinture, mais aussi par les colorations naturelles ou artificielles de toutes les matières employées par les industries d'art.

L'art de la peinture tente de donner l'illusion d'une réalité exacte ou poétisée, tandis que l'enluminure cherche à colorer harmonieusement les différentes parties d'un ensemble uniquement pour charmer les yeux, sans esprit d'imitation et tentative d'illusion de réalité.

L'imitation, par la couleur, des saillies et des creux d'une sculpture, l'imitation, par la couleur, des veines d'un marbre ou d'un bois appartiennent à l'art de la peinture, tandis que les tons qui recouvrent les saillies et les creux d'une sculpture ou d'un objet en relief quelconque, les tons qui n'ont d'autre but que de colorer une surface en harmonie avec ce qui l'entoure, sont des enluminures.

Les tons de l'enluminure sont plats, superposés, juxtaposés ou dégradés en modulations, suivant les possibilités de matières et de procédés.

L'enluminure étend quelquefois ses effets jusqu'à une certaine imitation du modelé de clair-obscur, mais sans recherche d'une illusion de réalité ; et les ombres et les lumières, figurées sur des tons locaux plats, n'ont d'autre but qu'un enrichissement décoratif de la coloration cherchée.

L'art de la peinture, en tant qu'imitation, est basé sur la

science des lois de physique qui régissent les phénomènes naturels de la coloration des corps, et leur application passive à la figuration de ces phénomènes, par les procédés matériels dont nous disposons pour en reproduire l'image.

L'art de l'enluminure est un art de composition basé sur la connaissance de certaines règles de disposition, dans le groupement des couleurs. Ces règles résultent de la science des lois de physique qui régissent les phénomènes naturels de la coloration des corps; et nous les appliquons dans nos recherches d'harmonies polychromes, parce que l'expérience nous a prouvé que les résultats de leur application procurent à nos yeux des sensations agréables que nous n'éprouvons pas quand elles n'ont pas été appliquées.

L'étude de la couleur peut être divisée en trois parties. La première comprend la théorie de l'imitation des colorations naturelles, et se rapporte aux arts du dessin d'imitation et de la peinture ; la seconde comprend la théorie de l'harmonie des couleurs et se rapporte à la composition décorative ; la troisième comprend l'application des théories d'imitation et d'harmonie au décor de la matière par les couleurs naturelles et artificielles, et se rapporte aux industries d'art.

On sait que la lumière blanche est composée de rayons colorés classés en six catégories correspondantes aux zones du spectre solaire, les violets, les bleus, les verts, les jaunes, les orangés et les rouges.

Ces rayons viennent frapper les corps qui, selon qu'ils sont opaques ou transparents, n'en réfléchissent ou n'en laissent passer que quelques-uns. C'est ce phénomène qui constitue la coloration propre des corps, qu'on appelle la *couleur locale*. Mais cette couleur locale ne nous apparaît jamais à l'état de pureté complète. Elle est toujours mélangée aux couleurs du clair-obscur, de la tonalité et des contrastes.

Les ombres, les pénombres et les reflets qui composent le clair-obscur ne sont pas, comme dans l'abstraction synthétique d'un dessin, des valeurs monochromes claires ou foncées; ce sont, dans la nature, des couleurs différentes de la couleur locale.

La tonalité est formée par l'ensemble des colorations ambiantes qui enveloppent la couleur locale des corps.

Au dehors, c'est la coloration de l'atmosphère où domine celle du ciel ; au dedans, c'est la somme des colorations de la lumière pénétrante, des murailles qui limitent l'espace, et des différents objets contenus dans cette espace.

Les contrastes sont des phénomènes optiques de deux sortes :
Ceux qui résultent de la faculté que possède chaque couleur d'éclaircir — si elle est foncée — ou de foncer — si elle est claire — les couleurs voisines ;

Ceux qui résultent de la faculté que possède chaque couleur de colorer les surfaces voisines par une autre couleur qu'on appelle sa *complémentaire* (¹).

La reproduction, en peinture, d'une coloration naturelle est donc purement fictive en tant qu'exactitude, et l'effet qui en résulte est non *identique*, mais *analogue*, à celui de la nature.

Cependant la recherche de cette analogie implique celle des lois naturelles, selon lesquelles des conditions semblables font se reproduire des effets identiques, et il faut, pour découvrir ces lois, ordonner tout d'abord les sensations confuses d'une vision inexpérimentée.

Pour cela, l'étude de la couleur ne doit pas être limitée à la simple figuration d'une impression éprouvée par l'œil et immédiatement fixée en son aspect momentané. Ce procédé d'éducation développe les facultés instinctives de perception et d'appréciation, et il a pu suffire à bien des peintres qui sont devenus bons coloristes ; mais pour un décorateur, appelé à composer des harmonies il faut le compléter par une méthode raisonnée et basée sur certains principes que nous pouvons considérer, sinon comme ayant une base scientifique bien exactement démontrée, tout au moins comme étant logiques en leur application pratique.

Le sentiment de la couleur n'est pas, comme beaucoup le pensent, un *don* réservé à quelques privilégiés. La couleur

(¹) Nous renvoyons aux ouvrages spéciaux pour les explications scientifiques de ces phénomènes physiques qui nous entraîneraient trop loin.

s'étudie comme la forme, et le sentiment peut en être développé ou accru par une discipline de l'esprit.

De tous ces phénomènes décrits et expliqués dans des ouvrages scientifiques spéciaux nous ne pouvons ici que constater la matérialité en concluant qu'ils rendent l'appréciation et l'imitation des colorations naturelles extrêmement délicates et subtiles ; d'autant que, pour reproduire les tons de la nature qui sont innombrables, l'artiste ne dispose que d'un nombre très restreint de couleurs pigments qui ne se rapportent nullement en intensité aux couleurs naturelles, et dont les mélanges donnent parfois des résultats tout à fait différents.

L'imitation de la couleur doit être à la fois *concrète* et *abstraite*.

Concrète, elle est analogue à celle de la forme vue en perspective. Elle a pour but l'image des colorations naturelles vues dans leurs aspects momentanés, dans une ambiance spéciale où elles s'altèrent réciproquement en se mélangeant les unes avec les autres.

Abstraite, elle est analogue à celle de la forme vue en géométral. Elle a pour but l'observation des couleurs isolées de toute ambiance, considérées chacune sous son aspect permanent et dans ses rapports avec les autres.

Le tort que l'on a, dans l'étude de la couleur, est de chercher à reproduire les tons que l'on voit avant de savoir si réellement on peut les reproduire tels qu'on les voit; de là des hésitations, des recherches troublantes et décourageantes qu'il serait facile d'éviter avec un peu de méthode. Et la recherche des lois qui régissent la couleur naturelle serait bien plus aisée, et la théorie en deviendrait bien plus claire, si, au lieu de peiner devant la nature, on procédait d'abord par « abstraction », en employant comme élément de recherche les couleurs pigments, dont la classification méthodique, en correspondant par analogie à celle des couleurs naturelles, nous serait d'un grand secours pour la direction de nos observations d'après nature ; et aussi, pour la détermination de certains principes d'harmonie qui forment la base de la composition polychromique décorative.

La méthode à suivre est l'étude complète, préalable à tout essai d'imitation, de l'étendue des ressources qu'offre la technique de la couleur. En un mot c'est l'étude des couleurs pigments, considérées dans leurs modulations et leurs gammes et dans leurs facultés d'expression des phénomènes de la couleur naturelle. C'est ce que l'on pourrait appeler le « solfège » et « l'harmonie » de la couleur abstraite. Cette méthode est très simple et n'a aucune prétention à la rigueur scientifique; mais elle est pratique, ce qui n'est pas une qualité négligeable, surtout quand il s'agit de développer des facultés de jugement qui auront à s'exercer sans pouvoir s'appuyer jamais sur une certitude mathématique, comme, par exemple, pour la perspective linéaire qui est juste ou fausse, sans aucun état intermédiaire.

Disposons sur une bande horizontale à intervalles égaux les

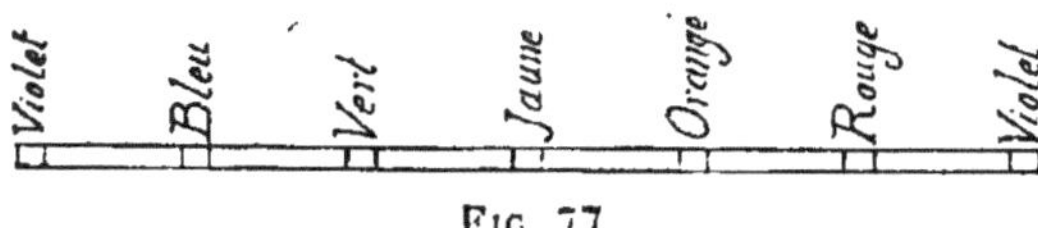

Fic. 77.

six couleurs pigments, analogues aux six couleurs du spectre : violet, bleu, vert, jaune, orangé, rouge, et ajoutons un intervalle allant du rouge au violet, lequel limitera, des deux côtés de la bande, le champ des couleurs pures que nous pouvons réaliser en pigments (*fig.* 77).

Dans l'intervalle qui sépare chacune d'elles, mélangeons les couleurs deux par deux en proportion progressive de l'une à l'autre, de façon qu'elles se fondent en une dégradation constante ; et nous créerons ainsi une *modulation* indéfinie d'une couleur à l'autre, et sans solution de continuité dans l'ensemble (*fig.* 78).

Traçons alors, à une certaine distance au-dessous de cette bande colorée, une autre bande complètement noire, et, au-dessus, à la même distance, une autre bande complètement blanche. Mélangeons en proportion progressive chacune des couleurs, de façon qu'elle se fonde en bas en une dégradation constante jusqu'au noir J, et en haut jusqu'au blanc V. Nous obtiendrons ainsi, pour chacune, une échelle de *valeurs*, lesquelles

formeront en bas des gammes de bruns et en haut des gammes de gris colorés (*fig*. 79).

On constate que, dans les lignes horizontales de modulation et dans les lignes verticales de gammes de valeurs du blanc au noir, il n'est pas possible d'avoir, pour toutes les cou-

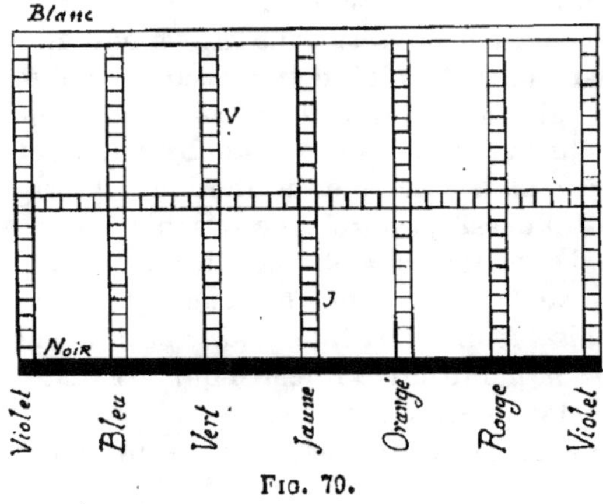

Fig. 79.

leurs, le même nombre de degrés. Nous avons établi une similitude de division, pour le principe, mais qui ne répond pas à la réalité, parce que les couleurs moins lumineuses — les violets, les bleus, les verts bleus — arrivent beaucoup plus vite au noir, ou aux couleurs sombres de gauche, que les couleurs plus lumineuses — les jaunes, les orangés, les rouges et

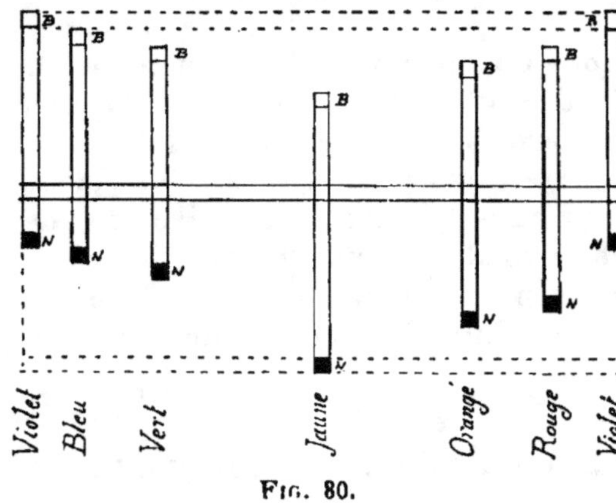

Fig. 80.

les verts jaunes — qui ont beaucoup plus d'étendue en modulations de couleurs, et en valeurs monochromes du noir au blanc (*fig*. 80). On constate également que la gamme des gris est beaucoup plus étendue que celle des bruns ; une couleur mère arrivant — à part les jaunes, les jaunes orangés et les jaunes verts — plus vite au noir qu'au blanc. En d'autres termes, les intervalles de gradation — qui sont conventionnellement réguliers — sont beaucoup plus nombreux de la couleur mère au blanc, que de cette même couleur mère au noir, d'une part, et entre les couleurs lumineuses ou chaudes qu'entre les couleurs obscures ou froides, d'autre part. Le principe de la régularité des divisions a donc l'avantage de nous prouver les irrégularités naturelles de la gradation des couleurs.

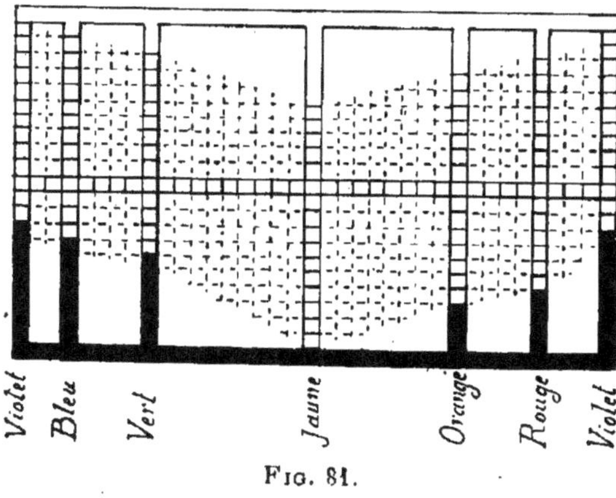

Fig. 81.

La figure 81 représente l'échelle proportionnelle des intervalles de modulation en couleurs et en valeurs. Les divisions en lignes brisées représentent les tons intermédiaires qui suivent, entre chaque couleur fondamentale une dégradation proportion-

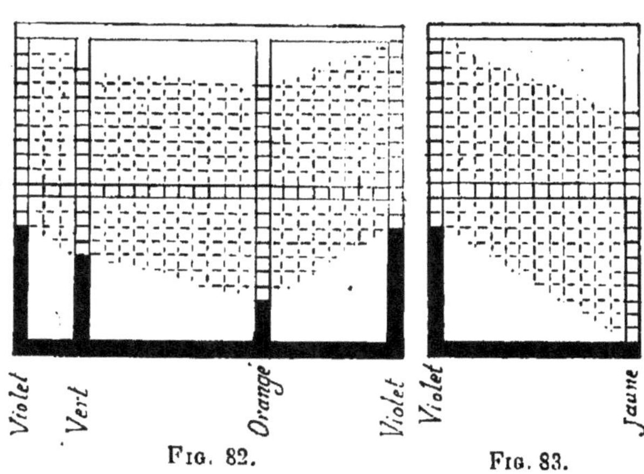

Fig. 82.   Fig. 83.

tionnellement croissante et décroissante en couleur et en valeur.

Mais, avec ce tableau, la série des tons et des modulations ne serait pas complète.

Il nous faudra encore *moduler* du violet au vert, du vert à l'orangé et de l'orangé au violet (*fig.* 82), puis du violet au jaune (*fig.* 83), du vert au rouge (*fig.* 84), et de l'orangé au bleu (*fig.* 85), et obtenir, pour chacune de ces modulations, les échelles de valeurs du noir au blanc, pour avoir enfin sous les yeux toute la série de tons que nous pouvons créer avec les couleurs pigments. Il est à remarquer que ces échelles de modulations de couleur à couleur, et de valeurs des mêmes tons du noir au blanc, donnent une impression très différente que celle du premier tableau. Les colorations sont plus sourdes, plus basses, moins lumineuses, même dans les parties claires, que celles du premier tableau, dans les parties foncées.

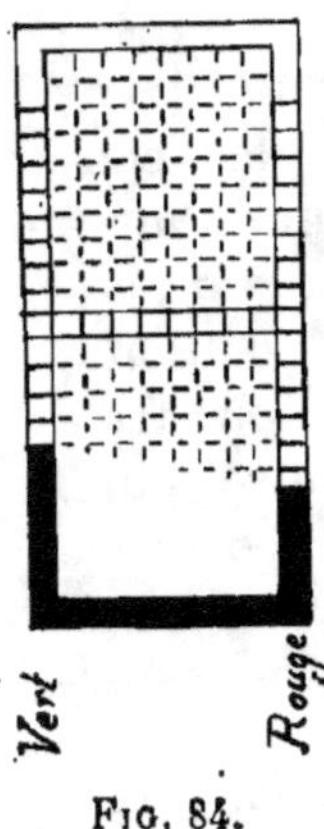

Fig. 84.

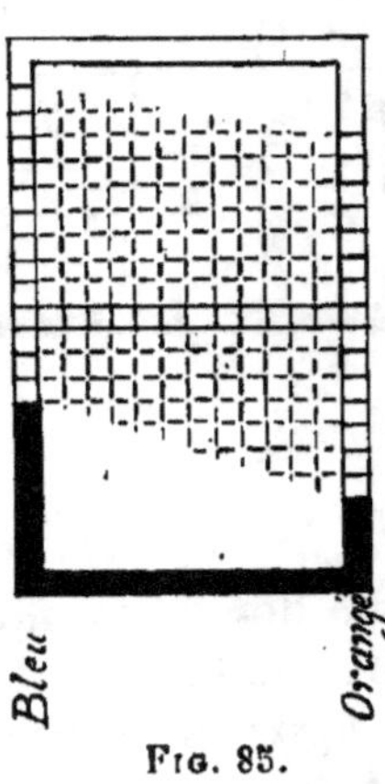

Fig. 85.

Pour bien faire comprendre l'impression produite, on pourrait comparer le premier tableau aux gammes majeures de la musique, et les tableaux suivants aux gammes mineures.

On a ainsi cinq tableaux, ou palettes, de modulations et de gammes d'un caractère très différent chacun, mais qui ne représentent pas encore, cependant, par analogie, tous les tons que nos yeux voient dans la nature, parce qu'il manque l'enveloppement des tonalités ambiantes qui en modifie la coloration abstraite.

Dans les cinq tableaux que nous venons de donner, la tonalité enveloppante est le blanc absolu, pour la partie supérieure des gris, et le noir absolu, pour la partie inférieure des bruns. Mais ces deux tonalités sont abstraites ; elles n'existent pas dans la nature ; car la plus grande lumière solaire, frappant sur un mur blanc,le colore en blanc légèrement orangé, et le noir — qui ne pourrait être qu'une tonalité artificiellement obtenue — se colorant toujours d'une teinte voisine ou complémentaire.

Or, supposons qu'une gamme de jaune X, au lieu d'être enveloppée dans la tonalité absolue blanche A (*fig.* 86), soit enveloppée dans une tonalité de bleu X, B (*fig.* 86) ; l'unité de lumière de cette tonalité cessera immédiatement d'être le blanc, pour devenir le bleu X, C (*fig.* 86), qui sera la couleur tonale, et qu'aucun des degrés de la gamme de jaune ne pourra dépasser en lumière. L'unité de lumière sera bleu X au lieu d'être blanc, et aucune teinte plus claire que ce bleu X ne pourra exister dans l'ensemble de cette tonalité à moins d'en sortir pour entrer dans une autre. Car, de même qu'il y a modulation entre les couleurs d'une même tonalité, il y a également modulation entre les tonalités différentes. Et ces tonalités sont fort nombreuses, car elles sont égales en nombre à celui de tous les tons contenus dans les cinq tableaux de modulations et de gammes que nous avons formés.

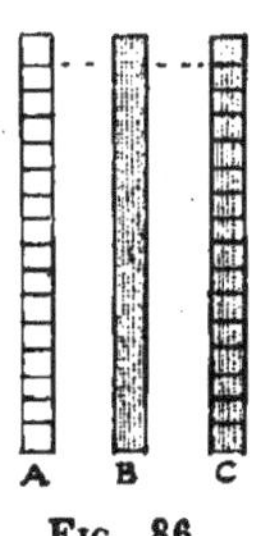

Fig. 86.

Si donc on avait la patience de prendre chacun de ces tons comme unité de lumière, et d'y amener du noir tous les autres tons les uns après les autres, on constituerait un tableau complet de toutes les tonalités réalisables en couleurs pigments.

Les couleurs pigments peuvent se réduire à trois, en principe : le jaune, le rouge et le bleu, puisqu'avec elles seules et le blanc et le noir, on peut créer toutes les autres. Mais ceci n'est qu'une théorie, car les mélanges de ces trois couleurs ne donnent pas exactement l'intensité et la qualité de la couleur absolue, selon la nature chimique des pigments que l'on emploie pour la réaliser. C'est ainsi qu'un orangé fait avec un jaune et un rouge, un vert fait avec un bleu et un jaune, un violet fait avec un rouge et un bleu représenteront ou ne représenteront pas l'orangé, le vert et le violet *absolus*, selon qu'ils seront composés avec tel ou tel rouge, bleu, ou jaune.

C'est donc une question de procédé matériel qui n'a rien à voir avec la méthode ; que l'on emploie un composé ou un pigment pur pour réaliser les couleurs absolues, peu importe, pourvu que l'on réalise le rouge qui ne soit ni violet ni orangé, le bleu qui ne soit ni violet ni vert, le jaune qui ne soit ni vert ni orangé ; et, par réciprocité, le violet qui ne soit ni bleu ni rouge, l'orangé qui ne soit ni rouge ni jaune, et le vert qui ne soit ni jaune ni bleu.

Et il en sera de même pour les tons intermédiaires de modulation, qui devront satisfaire avant tout la vue en leurs dégradations obtenues par le moyen matériel qui conviendra le mieux pour donner l'impression de pureté à toutes les couleurs. Ceci dit, tout en conseillant de choisir les pigments nécessaires en nombre aussi restreint que possible, pour ne pas compliquer les difficultés des gradations qu'il est impossible de réaliser autrement qu'à la vue et au jugé.

Ce procédé, nous le répétons, n'a aucun caractère scientifique ; mais l'étude de ces tableaux de modulations et de gammes, logiquement dressés d'après le pouvoir colorant des pigments dont nous disposons pour imiter les colorations naturelles, nous aidera à créer une méthode d'observation des phénomènes physiques dont la constatation présenterait pour nous beaucoup plus de difficulté, si nous n'avions pas, pour guider nos observations et étayer nos raisonnements, des références et des points de repère empêchant notre vision instinctive de trop s'égarer dans des recherches qui, ne reposant sur aucun principe de méthode, n'auraient d'autres solutions que les effets du hasard. C'est malheureusement ce qui se produit trop souvent dans l'étude de la couleur.

Nous n'avons pas la prétention de donner, dans les figures que nous avons tracées, des tableaux définitifs, et *ne varietur* en proportion, des modulations d'une couleur à une autre. Nous avons voulu donner, simplement, une indication visible d'après laquelle le lecteur pourra réaliser lui-même les colorations, s'il veut bien comprendre la théorie d'étude que nous exposons.

Les intervalles d'une couleur à une autre ne sont pas limités en nombre, comme ceux des notes dans le solfège. Le langage des couleurs n'est pas formé comme celui des sons dans la musique. La différence appréciable entre deux tons d'une même couleur, ou de plusieurs couleurs dépend de l'œil du spectateur qui est plus ou moins sensible, soit naturellement, soit par expérience.

Il suffit de savoir que, pour apprécier facilement la différence qui existe entre deux tons, en apparence semblables, il est nécessaire qu'ils occupent, chacun, les mêmes dimensions d'étendue dans la même configuration d'espace, et que cet espace ne soit pas trop restreint. Nous conseillons, pour la réalisation pratique des théories émises dans notre étude, des espaces carrés de 2 à 3 centimètres.

Les phénomènes physiques de la couleur.

La coloration *concrète* d'un objet est celle sous l'aspect de laquelle il nous apparaît dans l'atmosphère ambiante. Elle est composée de la couleur propre de l'objet, ou couleur locale, modifiée par la tonalité ambiante, les lumières et les ombres, les pénombres et les reflets dont l'objet s'éclaire et s'assombrit soi-même, par parties, selon sa forme ; de la direction sur lui des rayons lumineux, de la quantité de la lumière reçue, et des tons des objets voisins qu'il réfléchit en raison du pouvoir plus ou moins réfléchissant de sa matière et de sa coloration locale.

Plus la coloration propre d'un objet est claire, plus la matière en est brillante et polie, plus elle localise les points de lumière et d'ombre sur ses contours, et plus elle réfléchit les couleurs environnantes. Plus la coloration d'un objet est foncée, plus sa matière est mate et opaque, plus elle disperse sur ses contours la lumière et l'ombre ; moins elle réfléchit les couleurs environnantes. C'est entre ces deux extrêmes que se placent tous les aspects si différents de celui de leur couleur locale que prennent, pour nos yeux, tous les objets, sous l'influence de l'éclairage dans lequel ils sont placés et des colorations qui les environnent.

Ces aspects sont momentanés et sont modifiés perpétuellement par les changements d'éclairage et les colorations environnantes.

Un objet ne nous apparaît donc sous sa couleur locale que par un effort de notre esprit d'analyse ; par ce que, dans la nature, cette couleur locale ne peut être abstraite des colorations ambiantes qui la modifient sans cesse. Nous parvenons, mais approximativement, à dégager de ces colorations concrètes si instables, la couleur permanente de la matière de l'objet ; mais *nous ne pouvons pas la voir réellement*, puisqu'elle subit, sans cesse, les altérations des colorations étrangères environnantes, dont il est *impossible* de l'abstraire., Car il faudrait, pour cela, plonger l'objet dans une obscurité complète : ce qui n'est pas un moyen d'analyse à recommander.

La coloration propre ou locale d'un objet est monochrome ou polychrome. La coloration monochrome est altérée, c'est à-dire modifiée, par les colorations ambiantes et environnantes selon sa qualité propre. La coloration polychrome est altérée, en son ensemble, selon la qualité propre de chacun des éléments colorants qui la composent, et qui subissent des altérations différentes pour les mêmes causes. On voit combien l'appréciation d'un ton d'après nature est subtile et délicate.

Le ton local, le ton d'ombre et le ton de lumière. — La lumière, en frappant sur la forme d'un objet, décolore sa couleur locale en la faisant remonter d'autant plus vers les tons clairs que la matière de l'objet est plus brillante et polie. C'est ainsi que la lumière d'un objet brillant et poli, dont la couleur locale sera bleu ou rouge ou vert foncés, par exemple, sera plus claire et lumineuse que celle d'un objet mat dont la couleur locale sera gris bleu, gris rose ou gris vert très clairs, ou même blancs. Mettons, par exemple, une feuille de papier blanc à côté d'un vase en porcelaine ou en verre bleu, rouge ou vert foncés ; le blanc de la feuille de papier paraîtra gris à côté de la lumière du vase, qui pourtant ne sera pas blanche, mais teintée selon la couleur locale. Mais c'est un effet de luminosité qui la fait paraître plus blanche que le blanc du papier, et que nous ne pouvons rendre, en peinture, que par addition de blanc, mais non de blanc pur, parce que dans la nature, les tons ne subissent pas, en lumière et en ombre, la décoloration et la surcoloration que les tons analogues subissent sur les tableaux que nous avons dressés.

Dans la nature, la coloration d'un ton local en lumière suit une progression non verticale ascendante vers le blanc, mais une direction oblique ascendante vers la complémentaire de ce ton local, en passant par une série de tons intermédiaires de plus en plus clairs et modulant de plus en plus vers le ton complémentaire le plus clair.

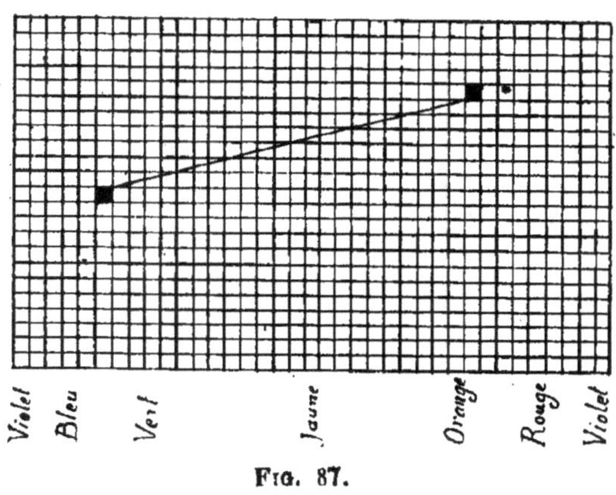

Fig. 87.

Ainsi le ton local d'un objet vert bleu ne se décolorera pas dans la lumière en ce même ton plus mêlé de blanc, mais en un ton dont la hauteur, dans la direction oblique vers la complémentaire, variera selon le degré de luminosité de la matière de l'objet. Si cette matière est très brillante et polie, l'oblique pourra monter du ton local. vert bleu jusqu'en haut du rouge orangé blanc complémentaire (*fig.* 87).

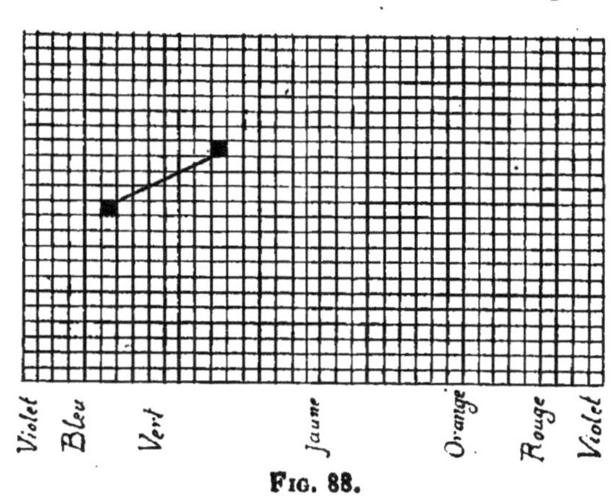

Fig. 88.

Si la matière est mate, l'oblique ne montera du ton local vert bleu que jusqu'à un vert jaune (*fig.* 88).

Il en sera de même pour un objet dont le ton local sera rouge violet; mais l'oblique partie du ton local montera en sens inverse de celle partie du vert, c'est-à-dire vers le jaune vert blanc, qui sera le complémentaire du ton rouge violet. Si l'objet est de matière très brillante et polie, l'oblique ira jusqu'au ton contrastant le plus haut (*fig.* 89).

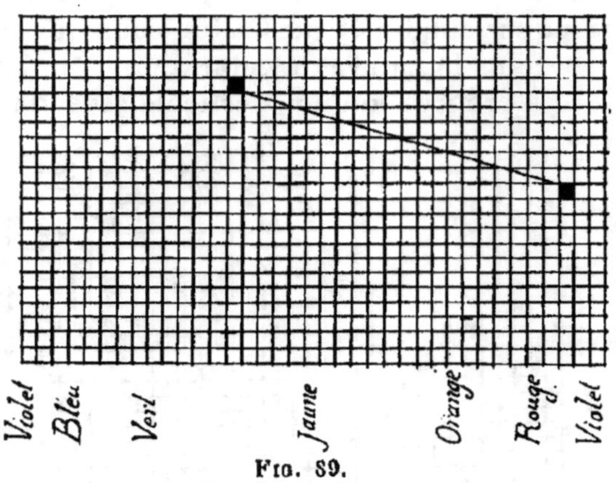

Fig. 89.

Si la matière est mate, l'oblique s'arrêtera, dans son ascendance, à un ton rouge ou jaune orangé (*fig.* 90).

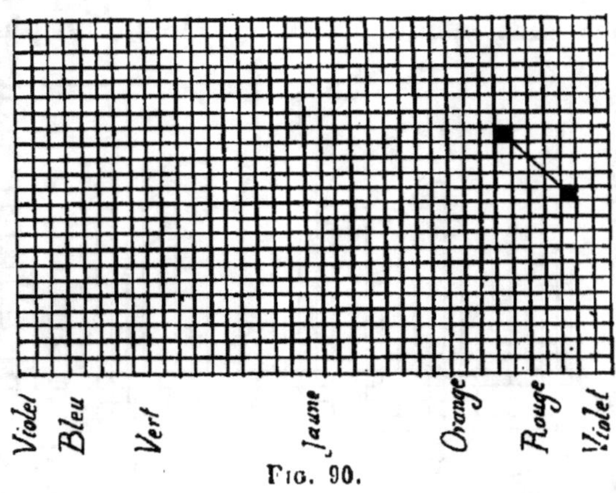

Fig. 90.

Le principe est toujours le même, quel que soit le ton local de l'objet; seul le nombre d'intervalles de la modulation varie selon la luminosité de matière.

Le même principe est applicable à la coloration de l'ombre d'un ton local, dont on trouve le ton d'ombre sur la prolongation descendante de l'oblique menée du ton local au ton le plus blanc complémentaire. Ainsi l'ombre d'un objet de ton local vert bleu pourra descendre jusqu'au bleu noir, et théoriquement, jusqu'à un violet noir (*fig.* 91); l'ombre d'un ton local rouge violet pourra descendre jusqu'à un violet noir; mais, dans les deux cas, le violet noir ne pourra pas être dépassé parce que notre œil ne voit pas de couleur au delà (*fig.* 92).

Plus la lumière qui éclaire un objet est vive, plus les tons de lumière tes forment contras avec les tons d'ombre. Ce contraste peut aller jusqu'au ton complémentaire. Ainsi, lorsque le plein soleil frappe directement un mur blanc, il le colore en blanc légèrement orangé, et l'ombre portée sur ce même mur blanc est colorée très franchement en violet bleu complémentaire du jaune orangé.

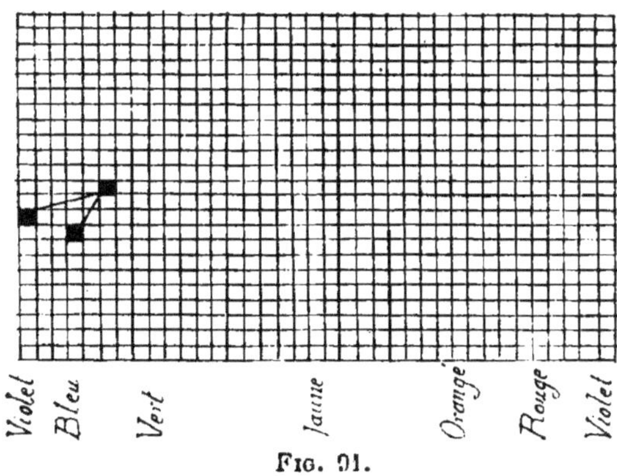

Fig. 91.

Plus la lumière qui éclaire un objet est voilée et diffuse, plus les tons de lumière se rapprochent des tons d'ombre et, moins la lumière se localise sur les matières brillantes et polies. Ainsi,

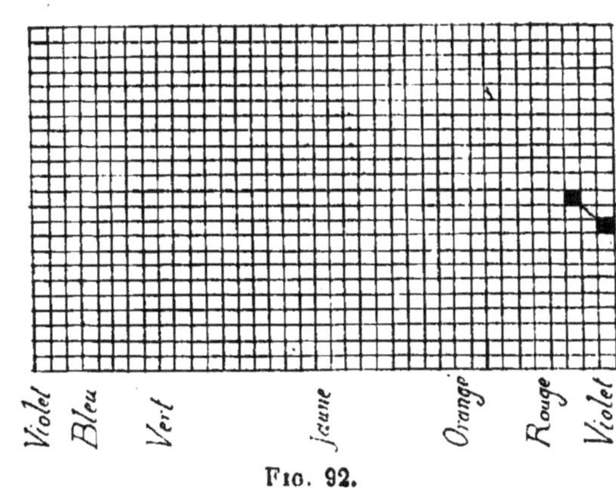

Fig. 92.

un objet brillant et poli, vert bleu, aura à peine deux ou trois intervalles de modulation du vert local à un vert plus blanc pour la lumière et à un bleu violet pour son ombre.

Les reflets. — Le principe de coloration des lumières et
des ombres d'un ton local reste le même dans toutes les tonalités. Mais outre l'influence de la tonalité ambiante, la coloration locale des objets subit encore celle des reflets.

L'aspect d'un objet, quant à sa coloration, est composé de
quatre éléments, la couleur locale, les parties lumineuses, les
parties ombrées et les reflets. La couleur locale joue, en
général, le rôle de demi-teinte entre la lumière et l'ombre ;
quant aux reflets, ils varient selon la nature de la matière.
Plus une matière est brillante, polie, plus elle réfléchit les
couleurs des objets environnants. Si nous prenons comme
exemple un objet en métal blanc poli, un autre en porcelaine
blanche émaillée et un autre en carton blanc, et que nous
envoyions sur les parties ombrées de ces trois objets le reflet
d'un même objet rouge, le ton rouge sera reflété avec une
intensité de couleur et de valeur très rapprochée de sa qualité locale, sur l'objet en métal blanc poli ; il sera reflété en
rouge beaucoup plus clair sur l'objet en porcelaine blanche
émaillée et en rouge encore plus clair sur l'objet en carton
blanc.

Le ton d'un reflet résulte de celui de l'objet qui le produit
mélangé au ton de l'objet qui le reçoit. C'est entre ces deux
tons une modulation aux tons voisins ou éloignés. Un ton
rouge, par exemple, reflété par un objet blanc, restera du
même rouge, mais d'une valeur beaucoup plus rapprochée du
blanc, qui paraîtra, cependant, plus foncée que le blanc de
l'objet. Un ton jaune, reflété par un objet bleu, prendra le
ton jaune résultant d'une modulation, en tonalité, du jaune
reflété au bleu reflétant ; c'est-à-dire, en l'espèce, un vert
bleu jaunâtre, et paraîtra de valeur plus claire que le bleu de
l'objet.

Les contrastes d'ambiance et de voisinage. — Plus un
objet est rapproché de notre œil, plus sa couleur locale prend
d'importance sur les colorations environnantes et la tonalité

ambiante. Plus il en est éloigné, plus sa couleur locale se
fond dans les colorations environnantes et la tonalité ambiante,
jusqu'à disparaître complètement dans la tonalité générale
qui enveloppe les plans éloignés dont elle ne forme plus
qu'une des valeurs monochromes.

Si un objet est éclairé de face ou de profil, il exerce l'influence de la complémentaire de sa couleur locale sur le fond
devant lequel il est placé. Par exemple, un objet rouge teinte
le fond de vert, un objet vert teinte le fond de rouge dans les
proportions qui résultent du rapport d'intervalles de couleur et
de valeur existant entre le ton local de l'objet et celui du
fond.

Si l'objet est éclairé par derrière, c'est le fond qui exerce
sur sa couleur locale l'influence de sa complémentaire,
toujours en des proportions qui résultent du rapport d'intervalles de couleur et de valeur existant entre le ton local du
fond et celui de l'objet.

Ainsi un objet rouge sera teinté de bleu et paraîtra violacé
s'il est éclairé par un fond jaune ; un objet blanc éclairé par
un fond jaune paraîtra gris violet ; un objet bleu éclairé par
un fond rouge paraîtra bleu vert ; un objet blanc, éclairé par
un fond rouge, paraîtra vert jaune clair, si ce rouge est violet,
et vert bleu clair, si ce rouge est plutôt orangé.

Les contrastes relatifs. — Lorsque deux tons juxtaposés
forment un contraste accentué, qui, théoriquement, semble
absolu, comme par exemple un rouge orangé et un bleu vert,
le contour qui les limite n'est pas précis et dur dans la nature,
comme celui qui se forme sur le papier sur lequel on cherche
à reproduire les deux tons. Il y a, dans la nature, un mélange
intermédiaire de complémentaire qui rougit et orange le bleu
vert, et bleuit et verdit le rouge orangé. Mais ce mélange
optique ne se produit pour ainsi dire pas avec nos pigments,
parce que leur intensité est de beaucoup inférieure à celle des
couleurs naturelles. Cependant l'absence de ce mélange crée
une dureté de contraste sur le contour mitoyen des deux tons,
que l'on évite, en imitant le mélange optique. Mais si on exa-

gère l'imitation, la qualité de contraste disparaît, et l'effet devient moins puissant.

Il résulte de tout ce que nous venons de dire sur l'imitation de la coloration des objets, qu'un ton n'existe, en réalité, pas en soi, puisqu'il subit l'influence de tous les autres tons qui l'entourent, en leur faisant, en même temps, subir la sienne. C'est ainsi que, dans la nature, il n'existe pas de contrastes absolus, ce qui fait que tout s'harmonise. Et nous devons nous pénétrer de cette vérité dans l'étude de l'harmonie des couleurs.

LA LUMINOSITÉ

La somme des intensités de lumière et d'ombre, et des intensités des couleurs qui composent la coloration d'un objet détermine pour cet objet, et par rapport à ceux qui l'entourent, un degré spécial de clarté qu'on appelle sa *luminosité*.

Le même rapport entre les intensités de lumière, d'ombre et de couleur, varie suivant la matière de l'objet. La luminosité est donc complexe. Il y a en elle luminosité de clair-obscur, luminosité de couleur, et luminosité de matière.

Plus la matière est polie, plus les zones lumineuses sont étroitement localisées et de valeurs intenses, plus les zones de pénombres, d'ombres et surtout de reflets sont nombreuses, et réparties par petits espaces, plus les intervalles qui séparent leurs degrés de valeurs sont grands, et plus le contact en est brusque et dur. *Moins les valeurs sont fondues.*

Plus la matière est mate, plus les zones lumineuses sont étendues et de valeurs d'intensité moyennes, moins les zones de pénombres, d'ombres, et surtout de reflets sont nombreuses, plus elles sont largement réparties, plus les intervalles qui séparent leurs degrés de valeurs sont petits, et plus le contact en est doux et harmonieux. *Plus les valeurs sont fondues.*

Si donc nous prenons les deux termes extrêmes, nous verrons que plus la matière d'un objet est polie, plus sa coloration contient de couleurs lumineuses, plus les saillies et les creux de ses contours reçoivent de lumière et moins ils produisent d'ombres, plus cet objet est lumineux.

Plus la matière d'un objet est mat, plus sa coloration contient de couleurs sombres, moins les saillies et les creux de de ses contours reçoivent de lumière, et plus ils produisent d'ombres, moins cet objet est lumineux.

C'est entre ces deux termes extrêmes que sont placées toutes les luminosités, nombreuses en leurs caractères différents, des objets de toutes matières, de toutes colorations, de toutes formes, diversement éclairés, et dont les aspects varient en raison de tant de causes inhérentes ou étrangères à leur complexité.

Tant de causes qui en rendent l'expression analogique, en peinture et en dessin, si délicate et subtile.

En réalité, les ombres et les lumières des objets étant des couleurs, et les objets recevant et renvoyant ces couleurs sous l'aspect d'espaces colorés variant de contours et de tons, selon la forme et la qualité de la matière, l'imitation d'une luminosité se résume en une image reproduisant, par analogie, en couleurs pigments les contours et les tons des espaces colorés que nos yeux voient dans la nature. Et c'est la justesse d'appréciation à vue de ces contours et de ces tons, et de ceux de l'image, en leur rapport d'analogie, qui détermine la justesse d'expression cherchée d'une luminosité.

Il est beaucoup moins difficile de donner l'impression exacte d'une luminosité, en peinture, qu'en dessin monochrome.

En peinture, on a beaucoup plus de ressources, parce que l'échelle des valeurs du blanc au noir est augmentée de celle des modulations. Les ombres n'étant pas de même couleur que les lumières, on remonte ou on redescend en diagonale pour trouver des intervalles mixtes de modulation et de gamme ; en un mot, on change de ton aussi souvent qu'il est nécessaire, et le nombre des valeurs expressives d'intensité augmente en raison de la longueur de l'échelle, c'est-à-dire dans la proportion d'une diagonale par rapport à un des côtés du carré.

Mais en dessin, avec seulement une gamme monochrome

du blanc au noir, il est très difficile d'exprimer plusieurs luminosités très différentes.

Prenons comme exemple les rapports de luminosité d'un objet en plâtre et d'un objet en argent poli (*fig.* 93). Considéré abstraitement, le plâtre semblera plus blanc que l'argent ; et cependant, dans l'objet en argent, les zones lumineuses seront beaucoup plus étroitement localisées et intenses que dans le plâtre. Pour reproduire l'intensité des lumières de l'argent, il faudra prendre dans l'échelle des valeurs du blanc au noir (*fig.* 94 A), le blanc le plus pur, tandis que pour reproduire, en analogie, les lumières du plâtre, un gris intermédiaire suffira (*fig.* 94 D) ; dans l'objet en argent, les ombres seront plus noires, et pour les reproduire, il faudra prendre dans l'échelle des valeurs du blanc au noir, un noir assez bas, et très éloigné du blanc employé pour les lumières ; tandis que dans le plâtre les ombres paraîtront grises, et il faudra, pour les reproduire, prendre un gris relativement assez près de celui employé pour la reproduction des lumières.

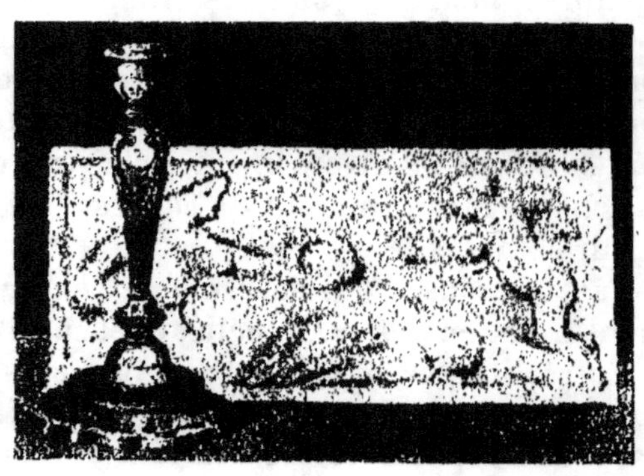

Fig. 93.

L'échelle des valeurs d'intensité du noir au blanc sera donc beaucoup plus étendue, pour l'imitation de la luminosité du métal, que pour l'imitation de la luminosité du plâtre. Malgré cela, le rapport des deux luminosités pourra s'établir sans trop de difficulté, parce que les deux matières ne sont pas trop éloignées en modulation, comme couleur. Mais, quand il faut reproduire la luminosité de deux objets d'aspect très différent en coloration et en luminosité, avec la seule gamme monochrome du blanc au noir dont dispose le dessin, il en résulte des écarts énormes dans la palette des valeurs. Il y a des *trous*,

(EF *fig.* 94), c'est-à-dire des intervalles d'intensité qu'on ne peut exprimer, et des heurts de valeurs qui n'existent pas dans la nature. On a alors recours à un procédé qui consiste à classer les valeurs naturelles d'intensité de clair-obscur ou de coloration, par groupes d'équivalence ; c'est-à-dire par groupe de valeurs très rapprochées, et d'exprimer en dessin chaque groupe par une seule valeur analogique, en réduisant ainsi les effets à leur plus simple expression et en condensant toute une zone de teintes colorées dans un seul degré d'intensité monochrome.

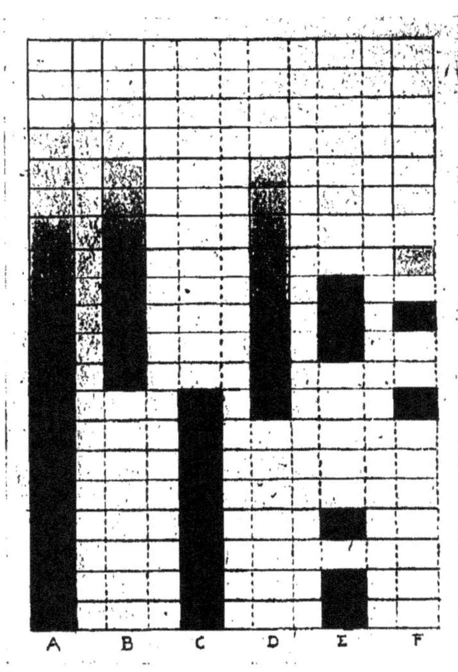

Fig. 94.

Ainsi un espace blanc représentera toute une série de demi-teintes devenues invisibles sur le dessin, parce que le procédé aura été impuissant à rendre la délicatesse de leurs degrés d'intensité différencielle, et la ressource restera d'exprimer par des traits d'accentuation graduée les détails intégrants qui ne peuvent être dessinés par des teintes.

C'est un procédé dont a magistralement usé Rembrandt dans les magnifiques et resplendissantes luminosités de ses eaux-fortes, et que l'esprit si subtil et avisé des graveurs du xviiie siècle n'a pas négligé non plus.

LE DESSIN

Le dessin, considéré au point de vue de l'imitation graphique, est avant tout une écriture, et son exécution doit être cursive. Il est la notation succincte des analyses et des synthèses de la vision. Il n'a pas de caractère définitif en soi. Il n'est pas un but, mais un moyen. Par déviation, un dessin peut être considéré comme une œuvre d'art et n'avoir d'autre but que la délectation — il appartient alors à l'art de la peinture — mais, en principe, il n'est que préparatoire à des réalisations telles que l'architecture, la sculpture et les arts appliqués au travail décoratif de la matière.

Au XVIIIe siècle, on écrivait « dessein », ce qui signifiait projet. — Et c'était bien ainsi que le comprenaient les peintres également. En imitation, sa formule typique est le *croquis;* ce qui n'implique pas qu'il doive être désinvolte et négligé. C'est, au contraire, la simplicité du moyen qui doit produire la clarté et la précision graphiques résultant d'une vision attentive et d'une analyse intelligente.

Lorsque le dessin dépasse en caractère l'impression synthétique ou l'étude analytique, il devient quelque chose de neutre qui exprime à la fois trop et pas assez. De la recherche du « fini » résulte un effort oiseux pour l'élève. L'équilibre des trois facultés se trouve rompu dans son exercice bienfaisant. Si le travail manuel prend une trop grande importance, c'est au détriment de l'attention visuelle et de l'effort cérébral de mémoire. L'imitation ne doit être que la synthèse graphique d'une longue et minutieuse analyse mentale de l'impression visuelle perçue. Et l'habileté d'écriture qui veut être plus que cela et se complaire en soi, devient inexpressive et insupportable. Mais il ne faut pas non plus que la maladresse de la main gêne le dessinateur dans la traduction de ce qu'il a vu ou l'empêche d'exprimer complètement ce qu'il a pensé.

Il y a donc lieu de poser, quant à l'exécution, des principes de métier, et d'étudier les procédés graphiques en eux-mêmes pour pouvoir les utiliser selon leur faculté spéciale d expression.

  En art, le choix des procédés et des instruments d'exécution n'a pas d'autre limite et d'autre raison que leurs qualités pratiques considérées par rapport à ce que l'on veut leur faire exprimer. Mais, si dans un enseignement supérieur, on doit tenir compte de l'idiosyncrasie de l'exécutant en lui laissant toute liberté, quant à ce choix, il n'en est pas de même dans la période élémentaire d'un enseignement rationnel et collectif, où il est au contraire nécessaire d'indiquer très exactement le procédé à employer, et d'en limiter strictement la qualité au principe d'une exécution qui ne doit être ni compliquée, ni sommaire, mais doit seulement tendre à la précision par les moyens les plus simples.

Il y a plusieurs manières de représenter un objet :

1° Par un *tracé linéaire* continu de sa configuration;

2° Par la *silhouette*, c'est-à-dire une image monochrome limitant pour l'œil l'espace que la forme occupe par rapport au fond sur lequel elle se détache en clair ou en foncé;

3° Par l'imitation, en monochromie du *clair-obscur*, manière qui se rapproche plus de la réalité (*fig.* 95);

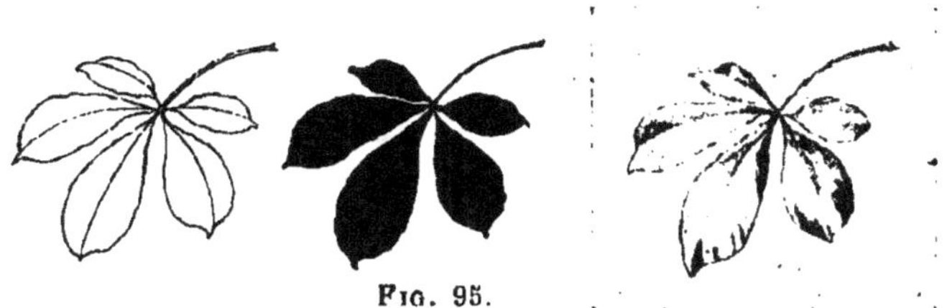

Fig. 95.

4° Par l'imitation, en polychromie, du clair-obscur, de la coloration et de la luminosité, qui donne la sensation complète de l'objet.

Le trait est l'expression la plus simple en même temps que la plus précise d'un contour. Dans la nature, l'ombre et la lumière se modifient constamment; la ligne seule exprime la permanence des formes. Les Orientaux et les Extrêmes-Orientaux ont ainsi compris l'art de la peinture, qui fut, pour eux, une *écriture* de la forme, dans le sens le plus pur, le plus délicat et le plus subtil; de la forme, expressive par elle-même, dégagée de toute contingence des causes extérieures de *l'effet*. Le trait est la sincérité même libérant l'esprit de toute préoccupation accessoire de la simple exactitude caractéristique de la forme. Il évite toutes les concessions à l'*à peu près* à quoi incite l'indication trop précoce des modelés séducteurs. Et par suite supprime toutes les habiletés de métier, venant toujours trop tôt détourner l'attention qui doit être, d'abord, concentrée tout entière vers l'état positif et permanent des formes exprimé par un procédé ne permettant aucun *escamotage*.

Il n'est pas question, d'ailleurs, ici d'un trait linéaire froidement définitif. Nous avons dit qu'un dessin ne doit rien avoir de définitif. Il faut aller chercher la formule d'expression par le trait, dans l'art japonais, dans les peintures de la céramique grecque et dans les miniatures persanes, où l'on trouvera cette expression tour à tour incisive, souple, ferme ou caressante, mais toujours *si simple* et fine des mouvements rythmiques de la forme.

Si ce tracé linéaire nous paraît être le seul à conseiller d'abord, comme étant le plus sain, il ne s'ensuit pas qu'il faille proscrire l'indication du clair-obscur et des valeurs; ce serait vouloir oublier une des plus belles qualités du génie d'art de notre race, issu des merveilleuses sculptures grecques et médiévales, dont il se plaît à ressusciter tour à tour les limpidités lumineuses et les mystérieuses ombrées. Seulement, c'est plus tard, et quand la science du tracé a fait son œuvre de calme précision, qu'il faut alors invoquer le souvenir des crayons minutieux et sobres des Clouet, des valeurs si subtilement posées de Watteau, et la pure simplicité d'Ingres, pour se convaincre de tout ce que l'on peut exprimer avec la pointe seule d'un crayon.

C'est alors aussi qu'il faut songer à l'art si largement et subtilement résumateur du pinceau japonais, et si ineffablement délicat des Persans et des Indiens.

Mais il importe, au début, de séparer la forme de l'effet, c'est-à-dire l'étude du contour de celle du clair-obscur et de la couleur. Le tracé linéaire des contours est le procédé le plus simple, car il est le moyen primitif, et, par conséquent, le plus en rapport avec l'instinct ; donc, le plus logique.

L'emploi de chacun de ces procédés implique celui de l'instrument qui convient le mieux à sa mise en œuvre, et chaque instrument doit être considéré en raison de son adaptation logique à un travail spécial de la main exécuté en harmonie d'expression avec le procédé choisi.

Les deux instruments principaux avec lesquels on dessine sont le crayon et le pinceau.

Le crayon varie de fermeté, depuis le charbon le plus tendre ou fusain jusqu'au plus dur ou graphite, et peut servir, étant étalé par nappes successives composées de traits courts et rapprochés, parfois tout à fait fondus les uns dans les autres, à imiter le clair-obscur, ou à préciser un contour par le tracé net, mince et incisif de sa pointe.

L'art français a réalisé de tout temps les plus purs chefs-d'œuvre qui soient avec le crayon, et les exemples à imiter en ce genre d'exécution ne manquent pas.

Le pinceau, véhicule de la couleur liquide, est un instrument très rapide et très complet. Moins incisif, mais beaucoup plus souple que le crayon pour le tracé d'un contour, il permet de modeler beaucoup plus largement par places et grandes masses, ou par teintes fondues d'une extrême fluidité.

Les Orientaux, et plus spécialement les Japonais, ont réalisé des merveilles avec le pinceau. Ils possèdent, pourrait-on dire, le génie d'expression par le trait et la teinte liquides. Ce sont des maîtres à consulter en l'art synthétique de la *silhouette*.

La réalisation décorative exige du dessin des précisions de tracé que le *trait* seul peut donner avant tout autre moyen d'expression complémentaire.

MÉTHODE D'ÉTUDE

Il est à remarquer que les enfants ont une tendance naturelle à voir *plat ;* l'idée de perspective et de clair-obscur ne se développant que plus tard en leur esprit. Les monuments d'art primitif démontrent la même particularité chez tous les peuples qui commencent à exprimer graphiquement leurs sensations visuelles. Quelques-uns même, ayant atteint un très haut degré de culture artistique n'ont pas cessé de voir ainsi. Les Égyptiens ont ignoré la perspective et le clair-obscur ; les Japonais, les Persans et les Chinois ont compris — à des degrés plus ou moins différents — la déformation perspective, mais ne paraissent pas avoir ressenti l'impression du clair-obscur dont l'imitation n'a jamais été tentée dans leurs œuvres graphiques les plus savantes et subtiles sous d'autres rapports. Car les délicates *modulations* monochromes ou polychromes des arts d'Orient ou d'Extrême-Orient ne présentent aucune analogie avec l'expression du *modelé*. Cette façon de voir résultait-elle pour eux d'une prédisposition naturelle ou d'un respect de traditions établies ? On ne sait ; mais, quant aux enfants, il est certain qu'en dessinant ils analysent, abstraient et simplifient instinctivement, comme les primitifs, et que c'est notre système d'éducation qui leur fait perdre le bénéfice de ce don naturel, alors qu'il serait bien plus logique de le développer au lieu de leur imposer tout de suite notre vision concrète des choses qu'ils ne paraissent pas, du moins généralement, et sauf de rares exceptions — sentir naturellement, et qui, par conséquent, les trompe dès le début sur la réalité de ce qu'ils voient.

C'est donc par l'étude des abstractions linéaires que l'éducation en dessin doit être commencée. Outre que ce principe d'abstraction répond généralement à la mentalité des élèves, il fait tout de suite naître en elle le sentiment de la stabilité et du rythme linéaire par la division obligatoire des surfaces, le tracé des axes et la répétition à intervalles égaux des mêmes directions linéaires (*fig*. 96, 97, 98, 99, 100, 101 et 102). C'est la meilleure façon de leur créer une mentalité *ornementale*, comme l'on crée, par l'étude du solfège, une *mentalité musicale* préparatoire à l'harmonie et à la composition.

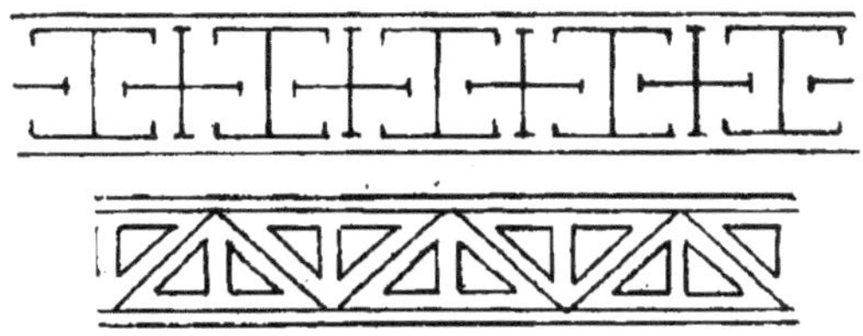

Fᴵᴳ. 96. — Exemples d'exercices graphiques sur des lignes droites
et les angles.

Cette mentalité, nous le verrons plus loin, n'est pas du tout un obstacle — au contraire — au développement du sentiment de la vie et du mouvement, nécessaire à l'expression, en dessin, des images de l'élément naturel en action, telle que la représentation, dans le décor, des animaux et de la figure humaine et aussi des végétaux — qui ne sont pas non plus toujours *immobiles*. Les modèles devraient être conçus de façon à constituer

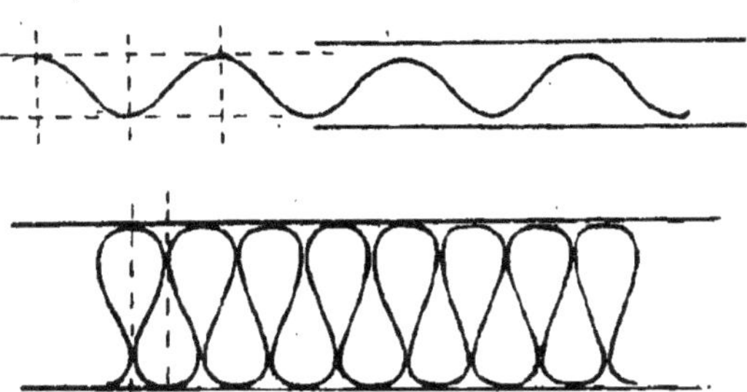

Fᴵᴳ. 97. — Exemples d'exercices graphiques
sur les ondulations linéaires.

des séries progressives non seulement d'exercices d'imitation, mais aussi d'exemples de composition. Car l'enseignement de la composition peut et devrait être parallèle et simultané dès le début. Mais il ne devrait pas avoir tout d'abord de caractère théorique ; la *copie* seule devant être l'objet de toutes préoccupations de la part de l'élève.

La *vue* des dispositions linéaires des modèles — si elles

étaient composées dans ce but — suffirait à développer dans

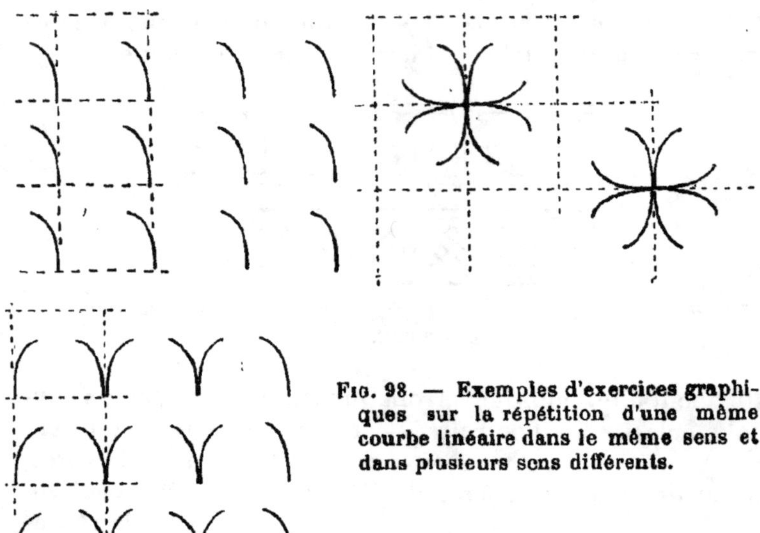

FIG. 98. — Exemples d'exercices graphiques sur la répétition d'une même courbe linéaire dans le même sens et dans plusieurs sens différents.

l'esprit de l'élève un sentiment de l'ornementalité, sentiment

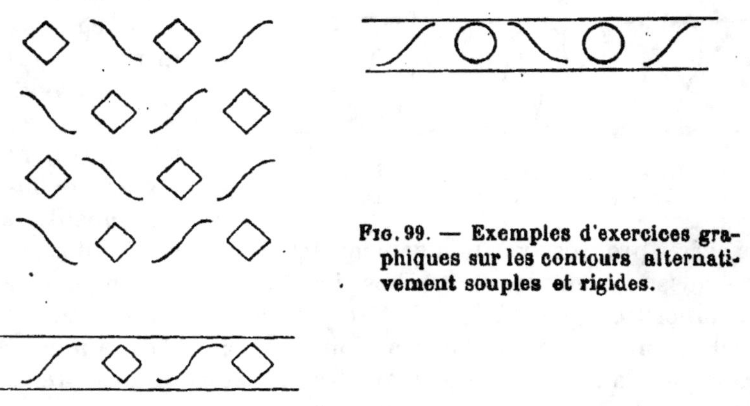

FIG. 99. — Exemples d'exercices graphiques sur les contours alternativement souples et rigides.

inconscient, mais quand même préparatoire à l'intelligence

Fig. 100. — Exemples d'exercices graphiques sur les lignes ondulées et volutées.

d'une théorie conséquente et ultérieure de la composition, d'autant mieux et plus vite comprise alors qu'elle aurait été précédée d'exercices graphiques analogues, dans l'ordre des sons, à ceux du solfège qui préparent à l'harmonie musicale.

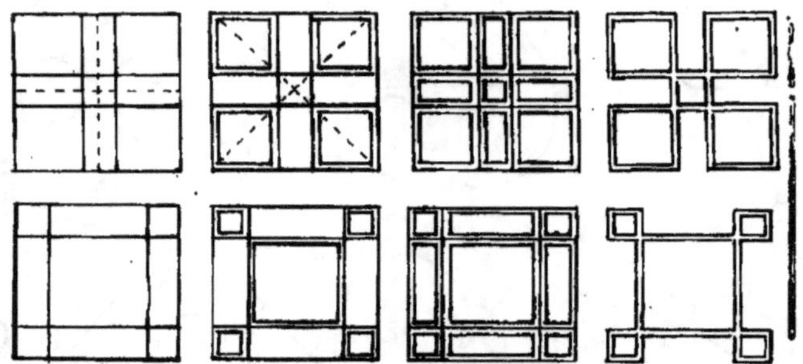

FIG. 101. — Exemples d'exercices graphiques sur la proportion des différentes divisions linéaires d'un même espace.

Il est, par exemple, de toute évidence que les répétitions successives, en dessin, de la même forme en un ordre régulier d'intervalles et de directions linéaires équivaut à une notion d'art de composition (*fig*. 96, 97, 98, 99, 100, 101 et 102), sans qu'il soit nécessaire d'émettre aucune théorie qui pourrait, ou ne pas être encore comprise, ou troubler un esprit dont toutes les facultés doivent être tout d'abord concentrées sur la recherche de la rectitude de vision et d'imitation.

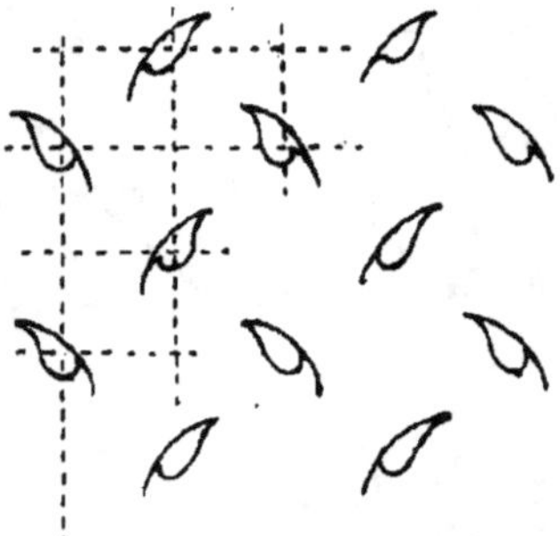

FIG. 102. — Exemples d'exercices graphiques sur la disposition régulière d'un même motif dans des positions différentes.

Les répétitions successives de la même forme ont aussi l'avantage de constituer, en même temps que des leçons uniquement *visibles* de composition, des exercices permanents d'écriture au moyen desquels l'élève peut acquérir, sans la préoccupation d'un effort spécial, l'habileté manuelle du tracé.

L'habileté manuelle s'obtient en dessin — comme en exécution musicale — par la répétition des mêmes mouvements rythmiques de la main. C'est pourquoi il ne faudrait pas, au moins dans le début des études, varier trop souvent le caractère des modèles, dont les collections devraient être, au contraire, conçues dans cet ordre d'idée de la répétition successive des mêmes formes, qui impose à la main les mêmes mouvements en même temps qu'à l'esprit les mêmes sensations de mesure. Et il faut penser qu'aussi, à chaque effort de la main pour exécuter le même mouvement, correspond un effort de l'œil qui en contrôle la similitude ; effort minime, en apparence, mais dont la répétition constante accroît peu à peu sa justesse d'appréciation (*fig.* 96, 97, 98, 99, 100, 101 et 102).

Le principe de la *répétition*, ainsi affirmé comme base de l'enseignement élémentaire du dessin, peut sembler, au premier abord, bien absolu et systématique ; mais, en réfléchissant à ce qu'est l'action de dessiner en soi, il faut bien reconnaître qu'en fait le principe de la répétition successive de la même forme résulte forcément de la recherche d'exactitude dans l'appréciation des dimensions et des directions qui compose toute la science du dessin d'imitation. Seulement, comme nous avons la fâcheuse habitude d'*effacer* les contours que nous traçons au fur et à mesure de nos recherches d'exactitude, les répétitions superposées de la même forme disparaissent après que nous avons obtenu satisfaction en justesse d'appréciation; mais il n'est pas moins vrai que le travail de la recherche d'exactitude du contour rend cette répétition indispensable, puisqu'elle est le seul moyen de recherche que nous possédions, et qu'elle résulte inévitablement de nos hésitations à préciser un contour que nous ne connaissons pas encore assez pour en fixer définitivement le tracé, parce que nous ne l'avons pas encore assez vu, et parce que nous n'avons pas encore de lui un souvenir assez net pour l'*écrire* sans hésiter.

Les Japonais nous donnent à ce sujet une excellente leçon dans l'art de la recherche d'exactitude. *Ils n'effacent pas.* Leur procédé de pinceau et d'encre s'y oppose, et ils ont recours à un moyen pratique ingénieux qui leur permet d'utiliser les hésitations mêmes de l'œil et de la main à la recherche de l'exactitude. Ils tracent la forme sur des papiers transparents successivement placés l'un sur l'autre au fur et à mesure du travail ; en sorte que, à chaque nouvel effort vers l'exactitude désirée, l'effort précédent reste acquis sous la forme d'un trait sur lequel vient se superposer un autre trait déjà plus exact et mieux équilibré par rapport à celui du dessous qui sert de base de comparaison ; et ainsi de suite, jusqu'à la pureté finale du trait définitif résumant tous les efforts graphiques à peine voilés dessous.

Ce procédé démontre bien que le principe de la répétition est absolument normal dans l'étude du dessin ; et il faudrait qu'il fût appliqué encore plus rigoureusement dans l'enseignement élémèntaire où une leçon de dessin devrait être considérée comme une leçon d'écriture ayant pour but d'apprendre à tracer *cursivement* un contour, sans retouches successives, superposées et dissimulées par des suppressions laborieuses et inutiles. Ce premier effort aurait au moins la qualité de netteté et de franchise dans l'erreur. Un second tracé, exécuté de la même façon, mais *à côté* du premier — qui servirait de base de comparaison avec le modèle — constituerait un second effort *visible* dans la recherche de la précision, et d'autres suivraient, toujours progressifs, et chaque fois plus complets et plus exacts, jusqu'au contour définitif, résultant de toutes les modifications successives apportées à chacun des tracés précédents dont la comparaison rétrospective serait pour l'élève la plus profitable leçon de critique personnelle qui fût.

Ce procédé serait en même temps un excellent moyen de préparation au *souvenir* de la forme pour des exercices mnémotechniques, conséquence de l'imitation d'après le modèle ; car toute étude de tracé devrait être immédiatement suivie d'une reconstitution de la forme exécutée de *mémoire*, selon la même méthode, c'est-à-dire en une succession de tracés isolés, et progressifs en exactitude. Et il est certain que l'on se souviendrait d'autant mieux d'un contour qu'on l'aurait étudié d'après le modèle, en le répétant autant de fois qu'il aurait été nécessaire à son imitation exacte, et sans retouche.

En général, les commençants ont une tendance à s'intéresser au détail d'un ensemble avant d'en étudier la construction linéaire initiale, et à dessiner *successivement* les différents détails qui composent cet ensemble sans se préoccuper des axes de stabilité qui les relient logiquement entre eux. En copiant une tête, ils s'acharneront, par exemple, à reproduire la configuration détaillée d'un œil avant de savoir si cet œil occupe exactement la place déterminée dans l'ensemble du masque ; quand c'est un ornement, une feuille, un fragment de fleuron solliciteront d'abord leur attention, et, dans le désir de *finir* tout de suite un détail, ils ne prendront même pas la peine de vérifier auparavant si le reste de l'ensemble tiendra en proportion de ce détail dans la feuille de papier. De là des mécomptes, des recommencements fréquents, après un travail soigneux déjà avancé ; et par suite, des pertes de temps et des découragements faciles à éviter, cependant, avec un peu de méthode.

C'est un défaut contre lequel on ne saurait trop réagir dès le début. C'est pourquoi nous conseillons d'employer le dessin schématique linéaire, même pour les formes libres, avant l'étude des motifs. C'est par la copie de schémas que devrait commencer l'étude de l'imitation des formes.

Avant de préoccuper l'esprit de l'élève par les difficultés de la perspective, de l'effet et même seulement avant de le distraire par l'intérêt d'un motif, il faudrait lui faire copier des mouvements rythmiques de formes symétriques et libres, évoluant dans des cadres et sur des axes rigides.

L'étude pratique du dessin d'imitation• préparatoire à la composition décorative comprend : le dessin linéaire et d'ornement ; le dessin géométral et perspectif des objets usuels et décoratifs ; les éléments de l'architecture ; le dessin des végétaux, de la figure humaine et des animaux ; l'esthétique et l'histoire de l'art décoratif enseignées par la *vue*.

Ce programme ne diffère des autres que par son application pratique en vue d'une éducation spéciale.

L'éducation en dessin doit commencer par des exercices d'évaluation à *vue* de mesures linéaires et de degrés d'angles ; par des tracés à main levée de figures linéaires droites, angulées, courbées et ondulées ; des divisions de surfaces, et des exercices d'agrandissement et de réduction proportionnels, à vue et à main levée de ces figures.

Chaque copie de la forme la plus simple, après avoir atteint le degré de perfection possible, doit être immédiatement reprise de *mémoire*, et recommencée plusieurs fois après nouvel examen du modèle et comparaison avec le dessin jusqu'à l'obtention d'un résultat satisfaisant, afin d'habituer, dès le début, sans fatigue, le cerveau à conserver le souvenir précis des choses vues. Cet exercice doit être continué sans aucune interruption dans la suite des études.

L'éducation de la main doit commencer par des tracés de figures linéaires, droites, angulées, de figures courbées et ondulées, d'abord inscrites dans les figures angulées, puis progressivement dégagées de leur cadre rigide et tracées librement en séries de répétitions isolées et consécutives comme une *calligraphie* de la forme (*fig.* 96 à 102).

Les dessins exécutés à vue et à main levée doivent être corrigés par l'élève lui-même, qui les exécutera de nouveau par mensuration exacte, en grandeur naturelle, en agrandissement et en réduction, au moyen des instruments de précision, dont il apprendra ainsi à se servir en même temps qu'ils lui donneront une leçon d'exactitude.

Ce procédé permettra de lui expliquer les déformations et les changements apparents de proportions résultant de phénomènes visuels qu'on appelle les illusions d'optique.

L'étude du dessin de l'ornement plat comprend la copie au trait des contours de formes planes choisies dans les monuments ornementaux de tous styles, de façon qu'elles constituent une progression de modèles de caractères très divers, composés de l'élément linéaire et l'élément végétal.

On peut joindre à ces modèles des agrandissements de feuillages séchés à plat, pour montrer aux élèves les rapports des formes ornementales avec l'élément naturel végétal et leur donner des notions du dessin de la plante (*fig.* 103, 104 et 105).

Ces tracés motivent l'étude du lavis et l'exercice du pinceau pour l'exécution des traits et des teintes plates et fondues.

Le dessin de la forme en relief se divise en deux catégories distinctes : le croquis au trait et le croquis en imitation de clair-obscur. Le croquis au trait n'a d'autre but que la plus grande précision possible des contours.

Le croquis en imitation de clair-obscur a pour but la notation

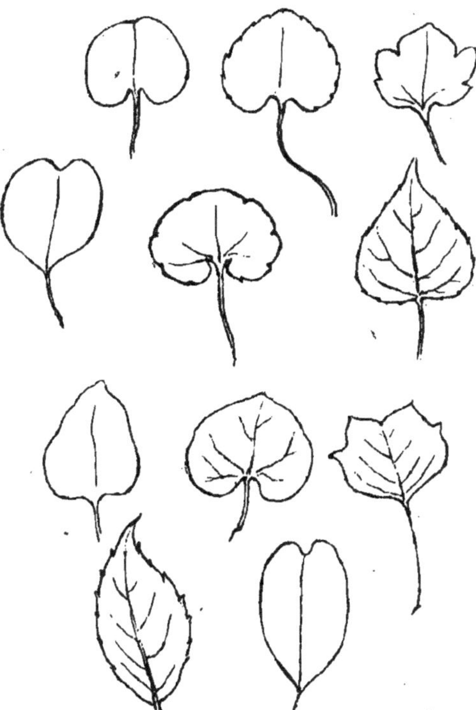

Fig. 103.

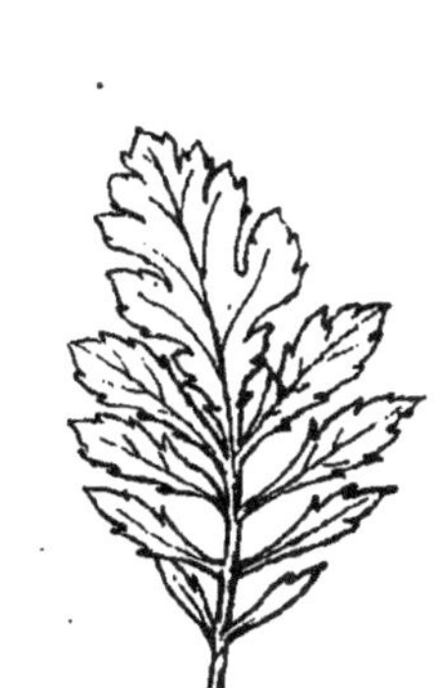
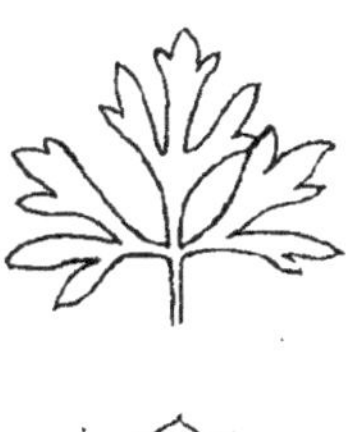
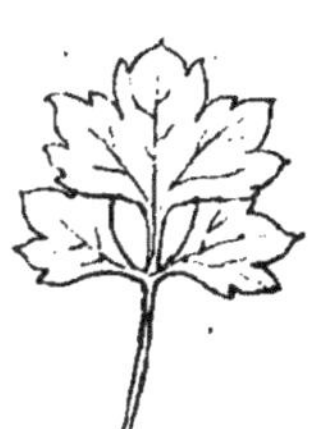

Fig. 104.

des formes et des valeurs d'intensité des ombres et des lumières.

Chaque modèle sera reproduit en géométral et en perspective sous le plus grand nombre d'aspects possible réunis sur une même feuille, de façon que l'élève puisse avoir une conception précise de la forme de l'objet vu sous toutes ses faces et dans l'espace.

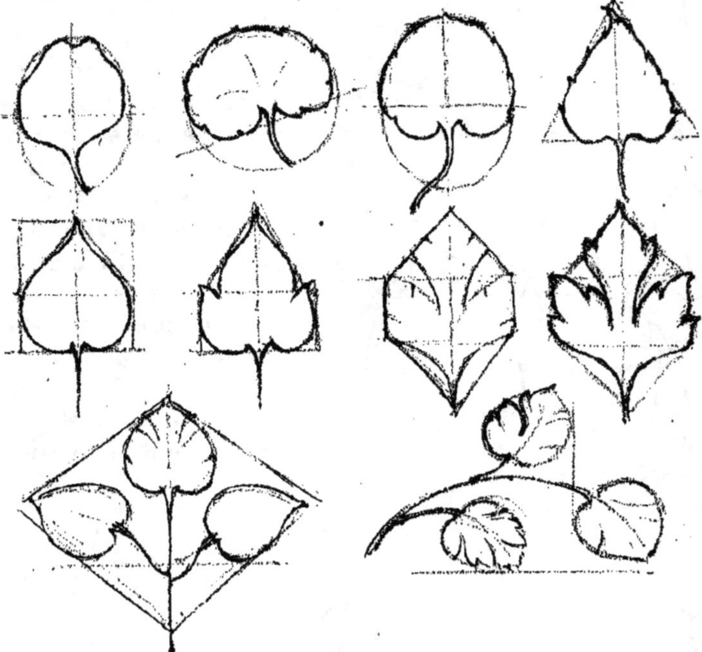

Fig. 105.

Cette conception sera affirmée par des exercices fréquents de reconstitution de l'objet de *mémoire*, sous tous ses aspects caractéristiques.

L'expression de vie et de mouvement résultant de la représentation de la figure humaine et des animaux dans les monuments de nos styles décoratifs français tend à disparaître, en raison de l'insuffisance ou de l'absence, dans le décor moderne, de ces deux précieux éléments d'intérêt.

Celte abstention du décorateur moderne ne viendrait-elle pas d'une impuissance technique qui ferait supposer que le dessin de la figure et des animaux présenterait plus de difficulté que celui des **végétaux?**

Les artistes d'autrefois, et même les simples artisans composaient, cependant, avec une apparente facilité, des œuvres où la figure tenait souvent la plus grande place en tant qu'élément décoratif.

Ne serait-ce donc pas plutôt parce qu'on a perdu les traditions de cet enseignement, qu'on n'a plus songé, pendant longtemps, à en dégager des principes initiaux et logiques, et qu'on s'est attardé dans l'étude de l'*académie*, au lieu d'enseigner l'art du croquis servant à développer les facultés d'observation et de mémoire du geste rapide de la forme en action, et de ses transformations successives de contour et de modelés.

On ne peut concevoir ce caractère général d'un mouvement devant la nature agissante que lorsqu'on a acquis la connaissance de ses éléments constitutifs. Or une figure est composée d'un certain nombre de formes, chacune d'aspect spécial, que les mouvements déforment et reforment sans cesse. Qu'on joigne à cet état physiologique permanent celui de l'aspect perspectif momentané résultant de la position de l'œil du spectateur par rapport au modèle, on aura l'idée du déplacement perpétuel d'innombrables silhouettes se décomposant et se recomposant sans cesse en des rythmes linéaires complexes qui se modifient constamment par rapport à eux-mêmes et au point visuel. En ces conditions, tout effort de rapidité en vision et en exécution est vain pour tenter d'exprimer *d'après nature* un mouvement déjà accompli avant qu'on ait commencé à le copier. Il faut donc avoir recours à l'effort de mémoire basé sur l'analyse et la reconstitution synthétique des formes et de leurs mouvements.

Il faut donc, dans l'étude de la figure humaine et des animaux, donner beaucoup d'extension aux exercices analytiques et mnémotechniques ; abandonner complètement le procédé d'étude dit de « l'académie » pour lui substituer celui de croquis anatomique et perspectif ; c'est-à-dire l'analyse du détail au repos considéré dans sa disposition normale, de face, de profil, de haut, de bas, etc., sous tous les aspects caractéristiques spéciaux de la forme ; puis la notation du mouvement

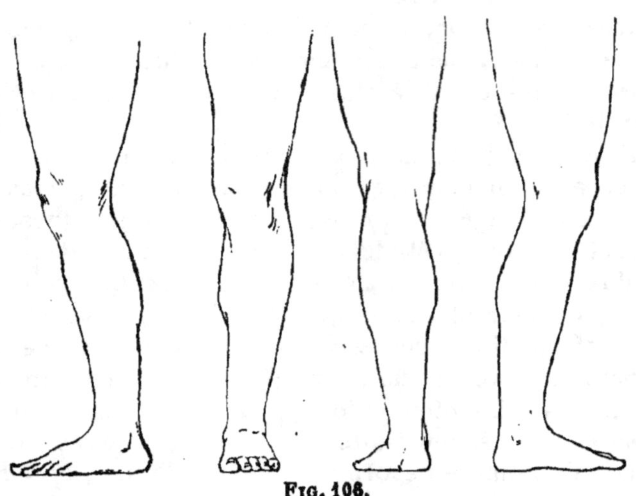

Fig. 106.

d'ensemble et de la déformation qui en résulte, ainsi que de celle qui résulte en même temps de l'état perspectif (*fig.* 106, 107 et 108).

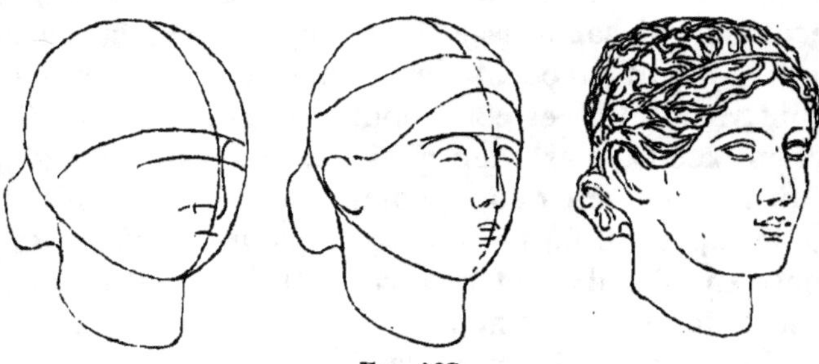

Fig. 107.

Cette étude sera suivie de la reconstitution, de *mémoire*, des analyses et des synthèses des formes vues, de façon à habituer l'élève, peu à peu, et sans effort pénible, à *penser* et à construire, sans le secours immédiat de la vision et de l'imitation directe de la nature, une figure humaine ou animale, et à la plier, en mouvements anatomiques et perspectifs, aux exigences graphiques et plastiques de ses compositions.

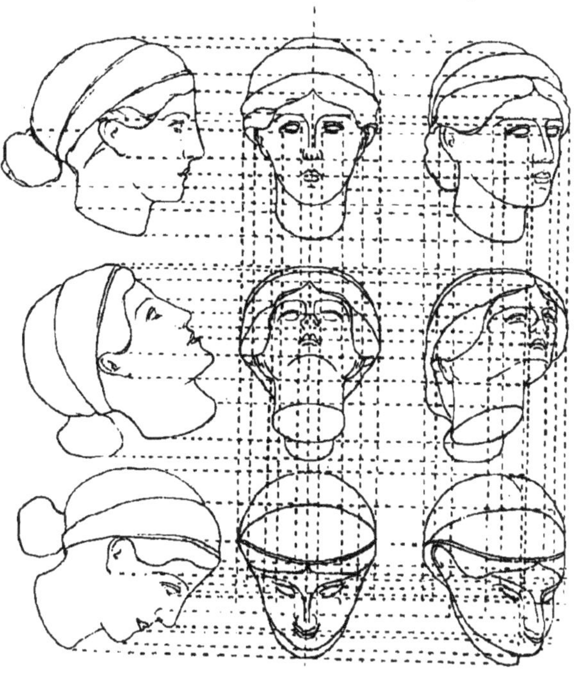

Fig. 108.

L'étude des objets usuels et décoratifs comprend la théorie du dessin géométral et de la perspective, immédiatement appliquée dans l'exécution de dessins d'après les objets ; des relevés par mensuration, et dessins de faces, de profils, de plans, de coupes, exécutés en grandeur réelle ou proportionnellement réduite à l'échelle ; des croquis en perspective des objets vus sous toutes leurs faces caractéristiques exécutés à vue et à main levée ; une théorie spéciale de la nature de la matière et de la fabrication de l'objet.

L'étude des draperies d'ameublement et de costume fait

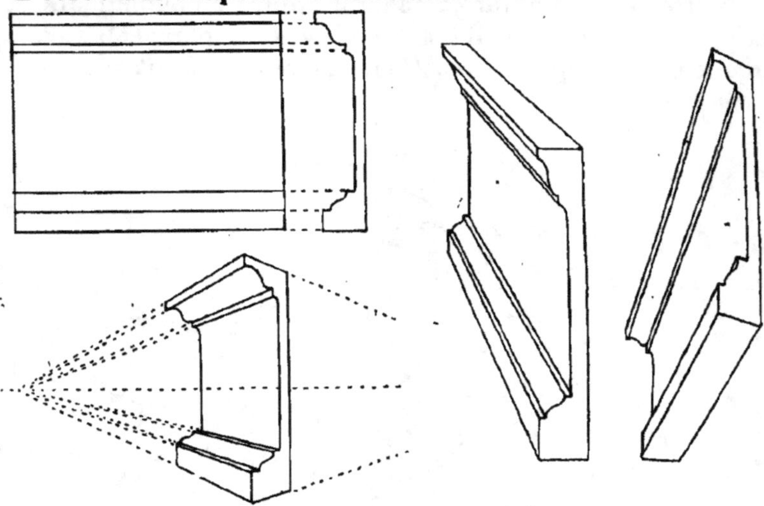

Fig. 109.

partie du dessin des objets usuels et décoratifs. Les draperies
seront dessinées d'abord à
l'état uni, au trait et au
clair-obscur ; puis on dessi-
nera des étoffes ornées,
d'abord étendues à plat
pour le tracé des ornements
en développement, et en-
suite plissées en draperie
pour le tracé des ornements
en déformation perspec-
tive, et l'imitation du clair-
obscur.

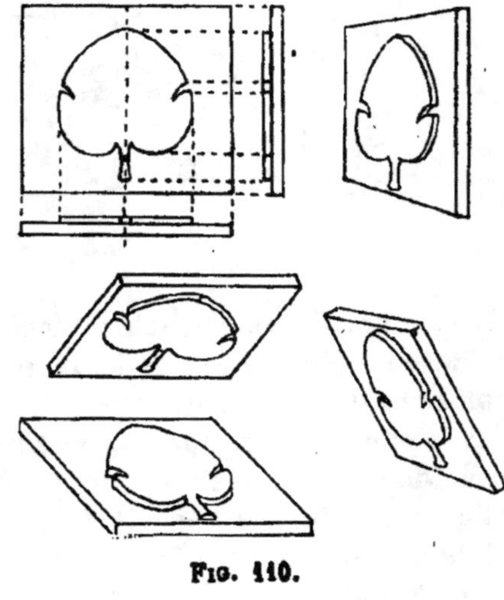

Fig. 110.

Le dessin des éléments
d'architecture comprend
également le relevé géo-
métral avec réduction à
l'échelle et les croquis
perspectifs à vue et à main levée (*fig.* 109 et 110) ; la théorie

des assemblages et des proportions logiques et normales. Les études doivent être plus particulièrement appliquées au décor intérieur de l'habitation.

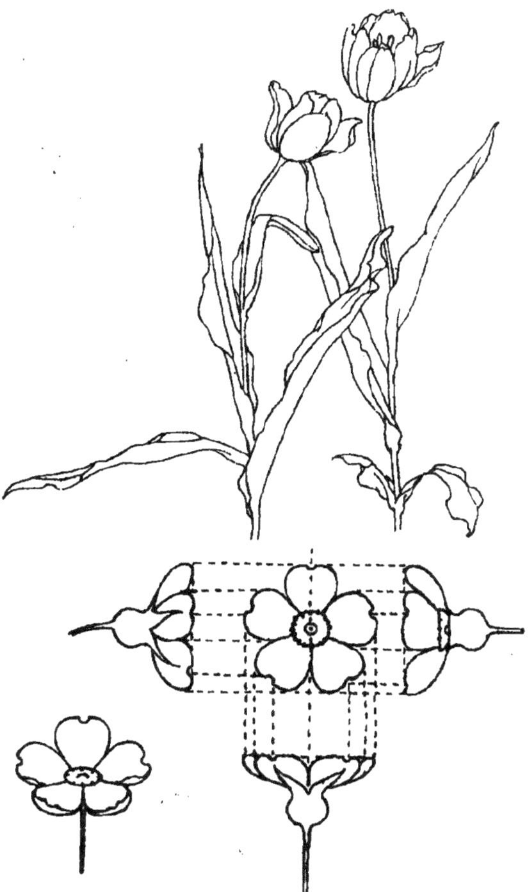

Fig. 111.

Le dessin des végétaux comprend l'étude botanique réduite à la configuration et à la disposition des éléments, exprimées en géométral, faces, profils, plans, coupes, projections, et croquis perspectifs de détails typiques et de mouvements d'ensemble (*fig.* 111); des exercices de reconstitution rationnelle de toute une branche et de toute une plante avec des détails de la fleur, de la feuille, et de la disposition sur la branche. Cet exercice a beaucoup d'importance, parce qu'il habitue l'élève à plier le végétal à tous les rythmes linéaires décoratifs en rapport de style avec sa nature, tout en lui conservant son caractère de rationalité botanique, qui en constitue le premier élément de beauté.

A cette série d'études techniques, il faut en ajouter une

d'ordre plus spécial, mais non moins importante, en ce sens qu'elle crée une mentalité qui relie les facultés d'imitation à celles de l'invention par l'exemple. Nous voulons parler de l'esthétique et de l'histoire de l'art décoratif enseignées *par la vue*.

Dédaigner l'art du passé ou en considérer l'étude comme une atteinte portée à l'originalité naturelle n'est qu'une preuve d'ignorance des lois d'évolution de l'intelligence humaine et une opinion négligeable; mais préconiser l'étude exclusive d'un passé d'art déterminé est une opinion aussi subversive, et, de plus, dangereuse, parce qu'elle revêt, généralement, un caractère d'austérité qui en impose.

Il n'y a pas d'art classique. Les arts de tous les temps, de tous les pays et de tous les peuples sont classiques, parce que c'est de l'étude comparative de leurs différents caractères que l'on peut tirer consciemment ou intuitivement des conclusions d'esthétique personnelle que l'on adapte, tant bien que mal, dans la pratique de l'art, aux courants des idées ambiantes, des goûts et des mœurs, mais que personne ne peut se flatter de pouvoir jamais imposer. Voilà pourquoi tous les raisonnements les plus savants, les descriptions les plus pittoresques et littéraires ne vaudront jamais l'éloquence muette de la *vue* des chefs-d'œuvre du passé.

Le sentiment que nous éprouvons de la nécessité de la haute intellectualité d'art qu'exigerait le classement méthodique de présentation et la logique descriptive de définition esthétique de tant de chefs-d'œuvre est loin de diminuer, dans notre pensée, le rôle du professeur d'histoire de l'art — qui n'est d'ailleurs pas en cause —; mais nous ne pouvons nous empêcher de constater qu'en cet ordre d'éducation, qui pourrait cependant exercer une si grande et salutaire influence sur le développement du goût et du sentiment d'art, la pédagogie n'a encore rien fait de pratique chez nous.

Les écoles d'art, organisées surtout administrativement, sont aussi loin de l'art que de la nature. Nos musées, nos bibliothèques ne sont pas du tout appropriés à un enseignement pratique. Et d'ailleurs l'école doit se suffire à elle-même. Elle doit être un centre d'esthétique ; et, avec les moyens modernes de reproduction fidèle et peu coûteuse, il serait si facile qu'elle fût cela, si les murs étaient tapissés, décorés de gravures de toutes sortes, qu'on ne puisse pas ne pas regarder ; et si des projections photographiques colorées faisaient passer, en quelques minutes, sous les yeux d'un auditoire forcément intéressé, des visions ordonnées de chefs-d'œuvre, de façon à provoquer dans les esprits — instantanément, et avec le secours de quelques mots seulement — des analyses et des synthèses pour la démonstration trop souvent incomplète et obscure desquelles il faut tant de phrases écrites ou parlées, exigeant tant d'efforts pour être comprises, parce qu'on ne *voit* pas ce qu'elles disent, en les lisant ou en les entendant. Et dans l'art du dessin, il ne suffit pas de démontrer, il faut montrer.

DEUXIÈME PARTIE

L'INVENTION

PRINCIPES GÉNÉRAUX DE LA COMPOSITION DÉCORATIVE

L'ornement. — L'ornement semble être une sorte de chorégraphie immobile et de musique silencieuse, dont les évolutions linéaires et les modulations colorées s'harmonisent en des rythmes immuables. Et, de même que dans l'étude de la musique, le solfège et l'harmonie abstraient d'abord le son et le rythme de leur appropriation aux diverses sonorités et fonctions orchestrales des instruments, de même les principes ornementaux peuvent et doivent être conçus et étudiés en dehors de leur application au décor d'une matière quelconque, dont la nature ne leur fera subir d'ailleurs que des modifications d'appropriation passagères, sans jamais en changer le caractère fondamental.

L'ornement, considéré en dehors de toute application technique, est un langage qui exprime la forme et la couleur abstraites. Il a ses mots qui sont les *motifs* et ses phrases qui sont les dispositions *des motifs*. Il a aussi sa grammaire qui régit ces dispositions. Il a pour base la géométrie, comme la musique a pour base l'arithmétique ; et, comme elle, il exprime des sensations vagues par des formes très précises et des procédés presque mathématiques.

Quand on considère le passé de l'art ornemental, on est amené à en diviser l'étendue en un certain nombre de synthèses historiques rétrospectives auxquelles on a donné le nom de *styles*. Chacun de ces styles a été le résultat de l'impression produite sur l'esprit d'un peuple par les éléments de nature et d'art qui se sont trouvés à sa portée, et dont il s'est servi pour exprimer plastiquement ou graphiquement ses sensations et ses pensées, en imitant, en s'assimilant et en transformant, selon son génie, son caractère, le milieu physique et social dans lequel il a vécu, et le degré de son développement intellectuel aux différentes époques de sa vie.

L'ornement est un jardin idéal où l'humanité tout entière a semé les fleurs de ses rêves ; et les pages enluminées de son histoire nous émerveillent par les grandes harmonies de forme et de couleur issues des contemplations humaines ; mais, quand'on considère, en son ensemble, la grande diversité des monuments ornementaux, on est frappé d'y retrouver, quoiqu'isolés par le temps et l'espace, et sous des aspects si différents, certains caractères identiques de conception qui nous paraissent résulter d'une logique universelle immuable.

Ces principes reposent-ils sur une mystérieuse loi des nombres que certains peuples antiques ont peut-être connue ; que quelques grands esprits, comme Léonard de Vinci, Michel-Ange, Rameau, semblent avoir entrevue ? Notre science moderne l'ignore. Toujours est-il que c'est l'observation plus ou moins rigoureuse de ces principes dans la conception d'une œuvre d'art, qui en fixe le caractère. Et pas un élément n'échappe à leur application, même s'il ne contient aucune ornementalité. Car, en art décoratif, si tout n'est pas ornement, tout, figures, fleurs paysages, est *ornemental*, et ne constitue, en réalité, qu'un immense poème de la forme et de la couleur, soumis, dans ses expressions si diverses, aux mêmes lois de logique générale qui en détermine « le style », c'est-à-dire le caractère esthétique, abstraction faite de l'idée d'époque et de lieu.

La composition décorative. — La composition comprend l'invention des formes de plein, haut, demi et bas-relief et des formes planes ; l'invention du décor des formes de plein relief par celles de haut, demi et bas-relief, et par les formes planes monochromes et polychromes ; l'invention du décor des formes de haut, demi et bas-relief par les formes planes monochromes et polychromes.

LA FORME

La forme concrète et la forme abstraite. — La forme concrète est celle qui caractérise un objet déterminé, naturel ou fabriqué, comme par exemple celle d'un arbre et celle d'un vase, et le différencie d'un autre, comme par exemple celle d'un arbre avec celle d'une montagne, celle d'un meuble avec celle d'un vase. La forme abstraite représente non un objet quelconque, mais un des états caractéristiques ou synthétiques de la forme concrète. C'est-à-dire qu'elle est soit angulée, courbée, ou ondulée; carrée, rectangulaire, triangulaire, polygonale, ronde ou elliptique ; cubique, pyramidale, conique, sphérique ou ovoide; quelquefois un peu tout cela ensemble, mais sans d'autre but.

Considérée au point de vue de la vérité, la forme abstraite est géométrique ; considérée au point de vue de la beauté, elle est ornementale.

La forme abstraite est la base de l'invention ornementale qui groupe, associe et combine les formes concrètes naturelles, comme l'invention musicale groupe, associe et combine les sons, selon certaines règles de mélodie et d'harmonie dont nous considérons l'application nécessaire, parce qu'il en résulte un charme pour nous, que nous n'éprouvons plus lorsque nous négligeons de les appliquer.

La génération des formes.

Les contours. — Le contour d'une forme renfermant tous les autres aspects de cette forme, modelé, clair-obscur et coloration, qui ne pourraient exister sans lui, joue le rôle le plus important dans une composition ornementale, et doit en être le premier sujet d'étude.

Le contour d'une forme résulte de l'association et de la disposition de plusieurs *rythmes linéaires*.

Rythmique linéaire. — Regardons attentivement la croissance et la décroissance des formes naturelles, que ce soit, par exemple, l'éclosion, l'épanouissement ou la flétrissure d'une fleur; les courbures ou les cambrures d'une branche au printemps et à l'automne; le remous des vagues ou les volutes de fumée par tous les temps; les gestes et les attitudes de l'homme et des animaux sous toutes les impulsions. Nous serons bientôt frappés de voir se reproduire, sous les aspects les plus divers, les mêmes évolutions en forme de mouvements répétés dans l'espace, toujours les mêmes, et en nombre assez restreint pour qu'il soit facile de déterminer le caractère spécial de chacun et de les classer sous le nom de *rythmes*.

Ces rythmes de mouvements naturels sont en rapports constants avec les rythmes de mouvements linéaires qui constituent le contour des formes; car c'est bien l'impression de mouvements *immobiles* — si l'on peut ainsi dire — que produit sur l'esprit l'aspect des parties saillantes et rentrantes d'une forme; impression que l'on peut d'ailleurs parfaitement ressentir et définir en suivant avec le doigt le contour d'un objet ou d'un dessin. On a ainsi la sensation exacte de ce qu'est un mouvement rythmique de forme ornementale et du caractère particulier de chacun de ses mouvements.

L'action de dessiner une forme est, d'ailleurs, bien un mouvement dirigé dans un sens déterminé, alors que le tracé de l'image est immobilisé au fur et à mesure de sa reproduction sur le papier.

L'élément végétal fournit à l'art ornemental des formes si variées que le nombre en paraît incalculable. La science de la botanique les a classées par ordre d'analogie organique, et l'art peut les classer par analogie de forme. Les contours de ces formes sont nombreux et différents, mais peuvent être, cependant, par un principe rationnel de décomposition et d'analyse linéaires, ramenés à un très petit nombre de types initiaux qui se reproduisent indéfiniment sous les aspects les plus divers.

Si, par exemple, nous prenons quatre éléments en apparence d'aspect très différents (*fig*. 112), et si nous en examinons les formes avec attention, nous nous apercevrons bientôt qu'elles sont presque exclusivement composées d'un seul mouvement linéaire *ondulé* A, dont la répétition dans plusieurs sens et la juxtaposition forment ces contours qui semblent cependant, au premier examen, n'avoir entre eux aucun rapport d'analogie linéaire.

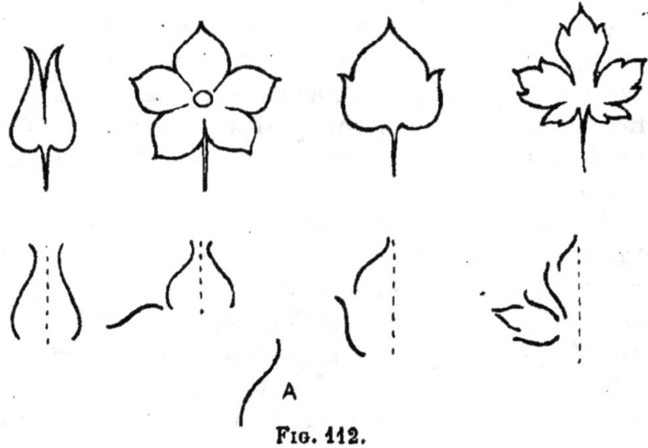

Fig. 112.

Il est évident que ce mouvement linéaire ondulé n'est pas identique pour toutes ces formes. Il est, dans l'une plus renflé, dans l'autre plus étendu en largeur, plus montant dans l'autre, mais, pour toutes, il est *ondulé*, et c'est là ce qui en constitue le principe.

Ce mouvement est ici ondulé, dans d'autres contours il sera seulement courbé, ou autrement ; ce qu'il faut retenir, quant à présent, c'est que ces mouvements linéaires constituent des rythmes, et que les contours des formes naturelles et imaginaires résultent de la disposition de ces rythmes. Toute la science de la forme repose, en réalité, sur la théorie des rythmes linéaires.

Les rythmes linéaires. — Un rythme est formé de deux mouvements linéaires — ou plus — évoluant de chaque côté de leurs points de jonction (*fig.* 113).

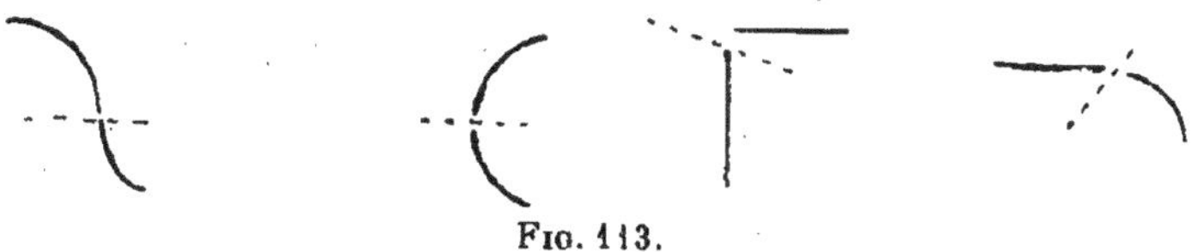

Fio. 113.

Certains rythmes sont composés de trois ou quatre mouvements, et plus (*fig.* 114).

Deux mouvements courbés, chacun de direction différente, c'est-à-dire deux arcs de cercle de centres différents, pro-

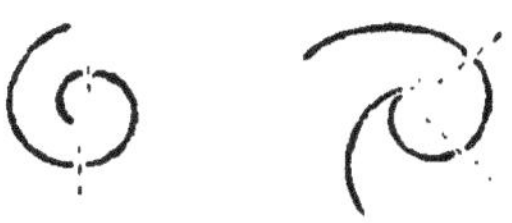

Fig. 114.

duisent soit une courbe continue, soit deux courbes brisées, selon que les deux arcs de cercle sont tangents ou sécants (*fig.* 115). Chaque jonction de deux courbes forme un rythme linéaire courbé.

Les caractères fondamentaux de ces rythmes se réduisent à un très petit nombre.

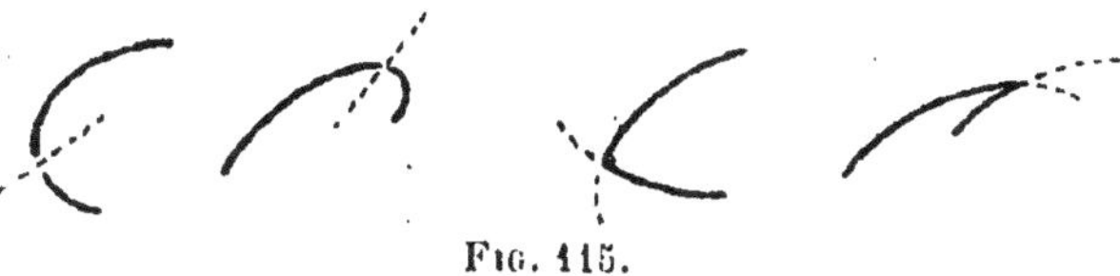

Fig. 115.

Il y a deux mouvements linéaires initiaux : la ligne droite et l'arc de cercle, qui forment la base de tous les rythmes linéaires, et par conséquent, de tous les contours.

Rythmes droits-angulés. — Deux mouvements droits, chacun de direction différente, produisent un angle, c'est-à-dire, au point de vue de la configuration d'un contour, un rythme droit angulé. Il y a autant de rythmes angulés qu'il y a d'angles (*fig.* 116).

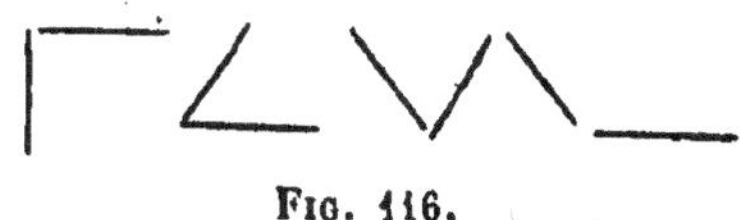

Fig. 116.

Rythmes droits-courbés. — Si l'on inscrit une circonférence dans un carré, on trouve sur les perpendiculaires et les diagonales les mouvements de la figure 117, qui forment la base des rythmes droits-courbés.

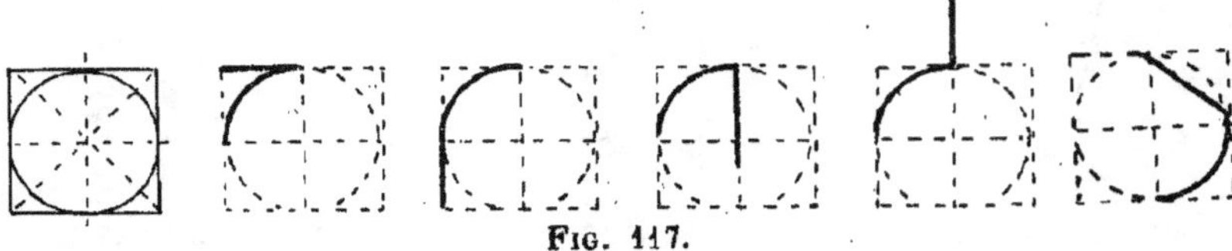

Fig. 117.

La rencontre de toute direction droite et de tout arc de cercle forme un rythme droit-courbé (*fig*. 118).

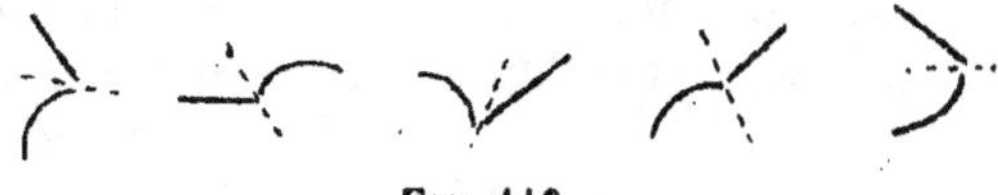

Fig. 118.

On remarquera que tous les arcs de cercle forment une pointe en leur jonction avec la direction droite. Ce sont des jonctions par point sécant (*fig*. 119).

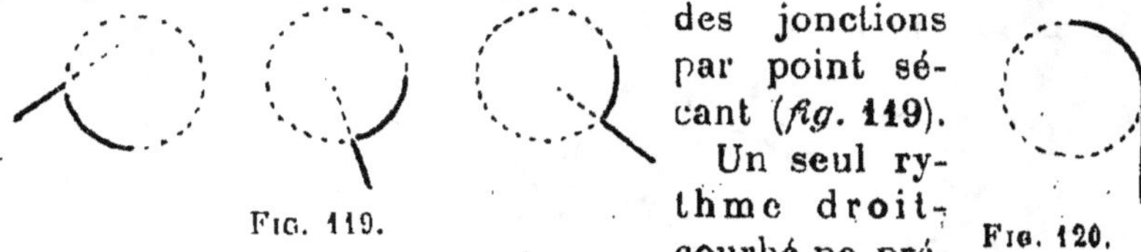

Fig. 119.

Un seul rythme droit-courbé ne présente pas de pointe dans la jonction; c'est le rythme droit-courbé par tangence (*fig*. 120).

Fig. 120.

Il y a les rythmes courbés à mouvements prolongés, par

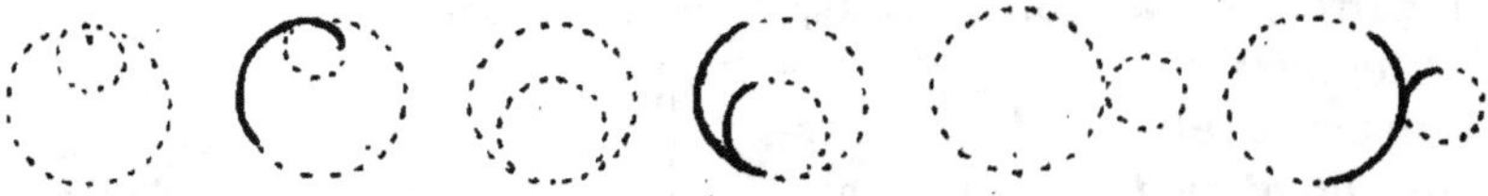

Fig. 121.
Rythme à mouvement prolongé.

Fig. 122.
Rythme à mouvement divergent.

Fig. 123.
Rythme à mouvement contraire.

tangence interne (*fig*. 121); à mouvements divergents, par tangence interne (*fig*. 122); à mouvements contraires, par tangence externe (*fig.* 123); à mouvements ondulés, par tangence

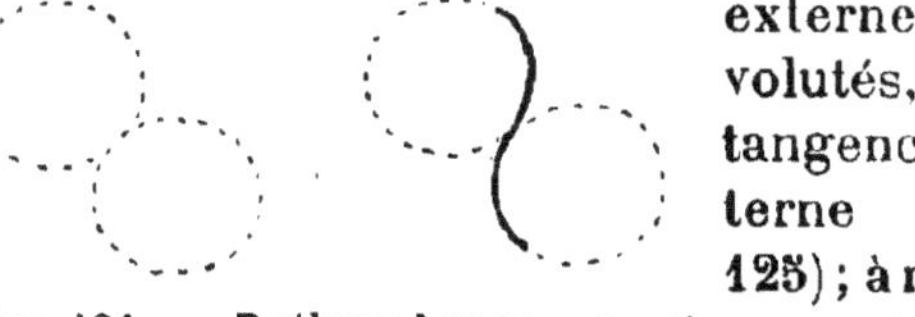

externe (*fig.* 124); à mouvements volutés, par tangence interne (*fig.* 125); à mou-vements à retour, par

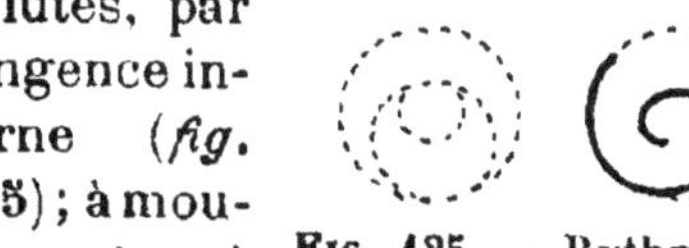

Fig. 124. — Rythme à mouvement ondulé.

Fig. 125. — Rythme à mouvement voluté.

points tangents et sécants (*fig.* 126); à mouvements brisés,

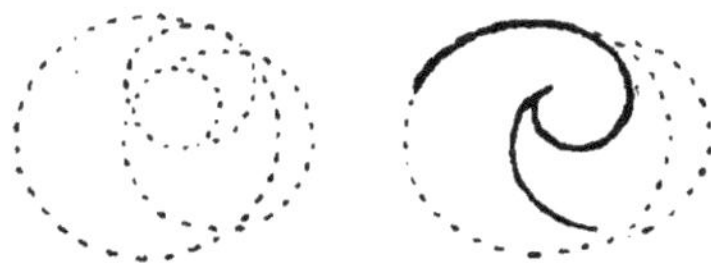

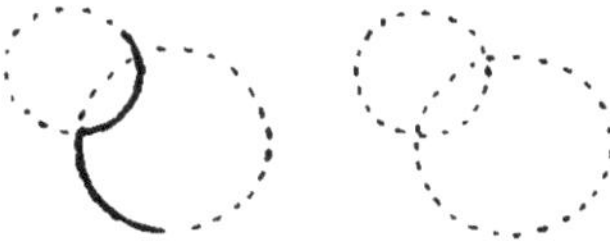

Fig. 126. — Rythme à mouvement à retour.

Fig. 127. — Rythme à mouvement brisé.

par point sécant (*fig.* 127); à mouvements interrompus, par tangence, externe (*fig.* 128).

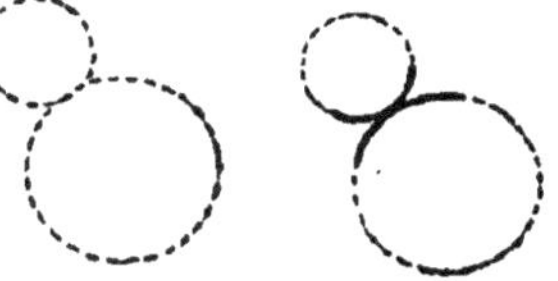

Les mêmes associations de mouvements se réalisent avec l'ellipse ou un ovale quelcon-

Fig. 128. — Rythme à mouvement interrompu.

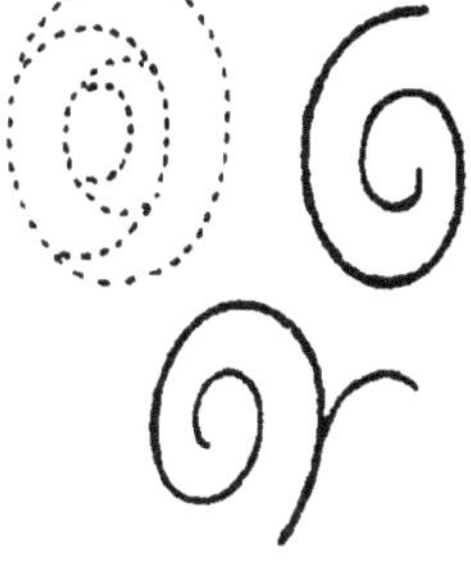

que pour base, au lieu de la circonférence (*fig.* 129).

Caractères permanents et variables. — Chaque rythme a un caractère perma-nent et des caractères variables.

Le caractère permanent d'un rythme résulte de la qualité et de la direction

Fig. 129. — Rythme à mouvement ovale vo-luté.

de chacun des mouvements qui le composent. Cette qualité et cette direction font que le rythme est soit droit-angulé, soit droit-courbé, ou à courbe prolongée; soit à mouvement divergent, contraire, ondulé, voluté, à retour, brisé ou inter-rompu.

Le premier caractère variable d'un rythme droit-angulé résulte du rapport proportionnel de longueur des mouvements qui le composent (*fig.* 130).

Il en est de même pour un rythme droit-courbé (*fig.* 131).

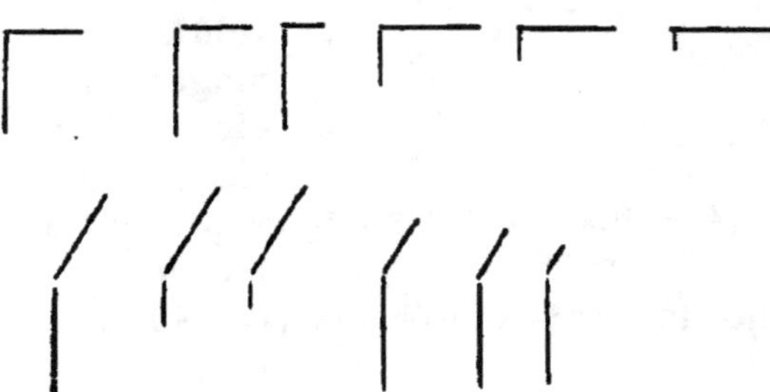

Fig. 130.

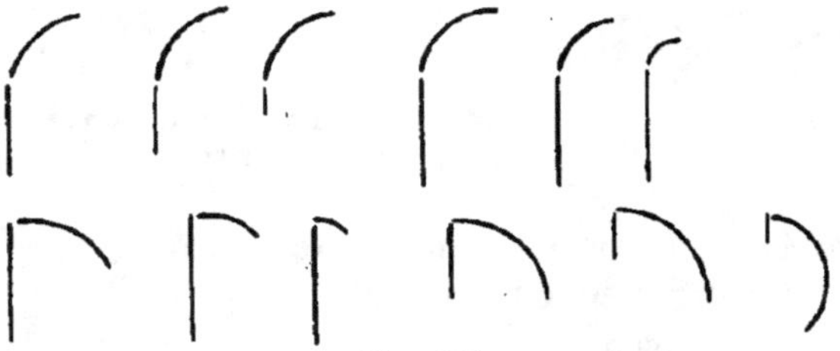

Fig. 131.

Le caractère permanent d'un rythme droit-angulé résulte du **rapport de direction de ses deux mouvements**, et, par conséquent, de l'ouverture de l'angle qu'ils forment par leur rencontre (*fig.* 132).

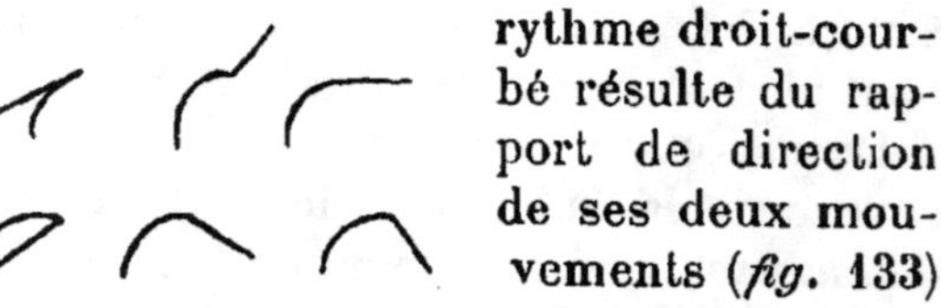

Le caractère permanent d'un

Fig. 132

Le caractère permanent d'un rythme droit-courbé résulte du rapport de direction de ses deux mouvements (*fig.* 133)

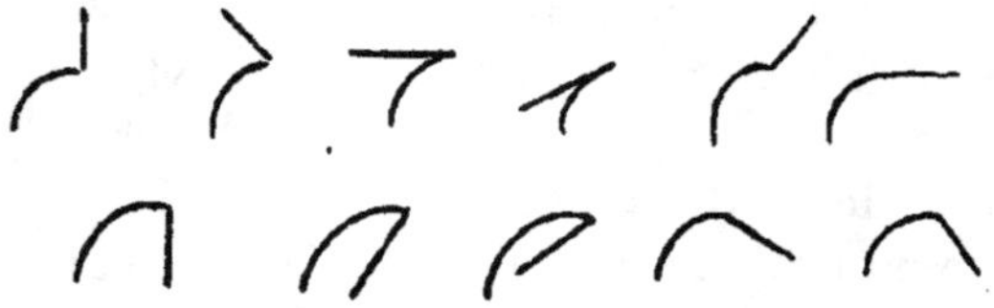

Le caractère permanent d'un

Fig. 133.

rythme courbé résulte de la disposition de chacun des arcs de cercle qui le composent, qui en fait soit un rythme à courbe.

prolongée A, soit ondulée B, soit à mouvement divergent C,
ou brisé D, etc. (*fig.* 134).

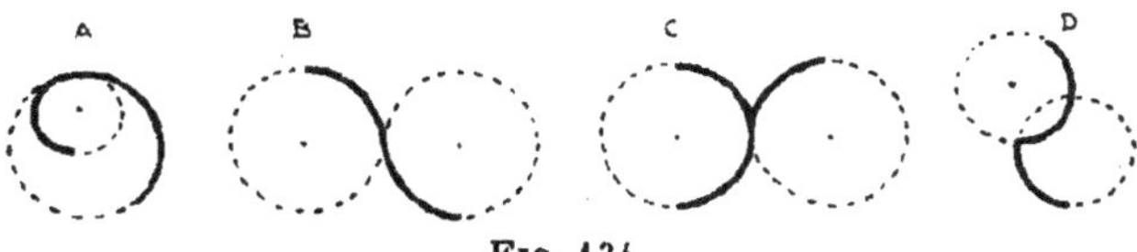

Fɪɢ. 134.

Le premier caractère variable d'un rythme courbé résulte
du rapport proportionnel de longueur des rayons des deux
arcs de cercle qui composent ses deux mouvements (*fig.* 135
à 143).

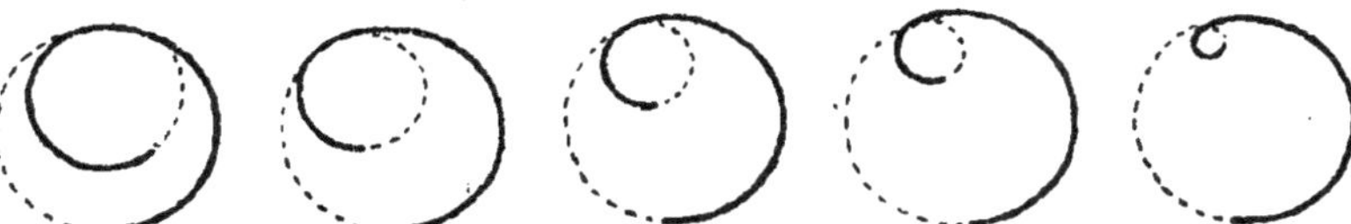

Fɪɢ. 135. — Rythme courbé à mouvements prolongés.

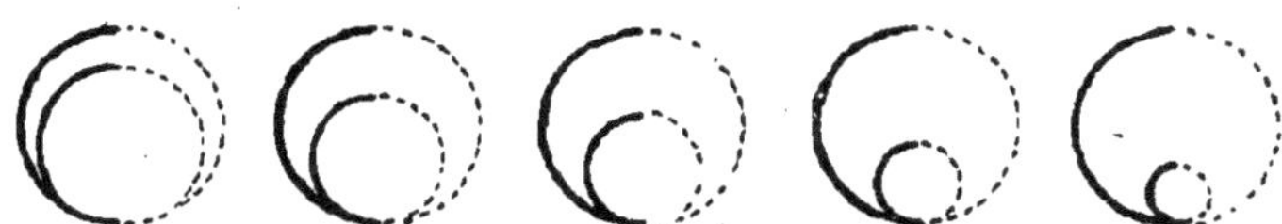

Fɪɢ. 136. — Rythme courbé à mouvements divergents.

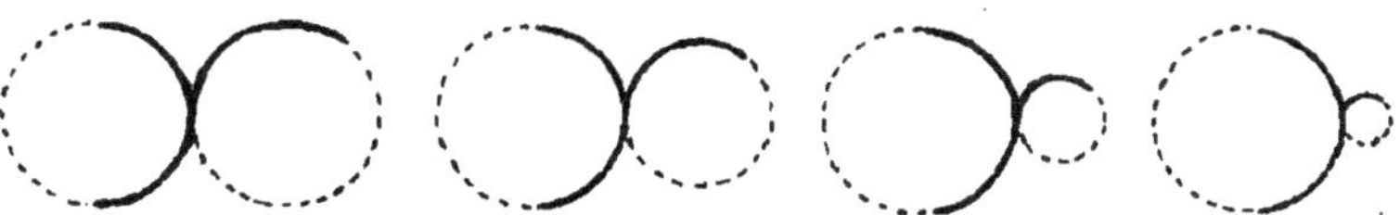

Fɪɴ. 137. — Rythme courbé à mouvements contraires.

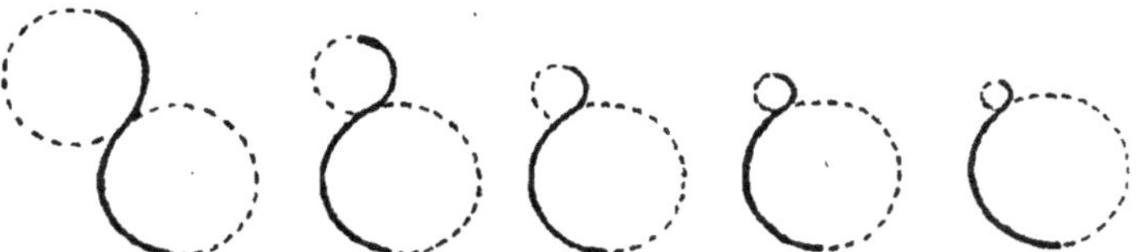

Fɪɢ. 138. — Rythme courbé à mouvements ondulés.

Le **second** caractère variable d'un rythme. droit-angulé

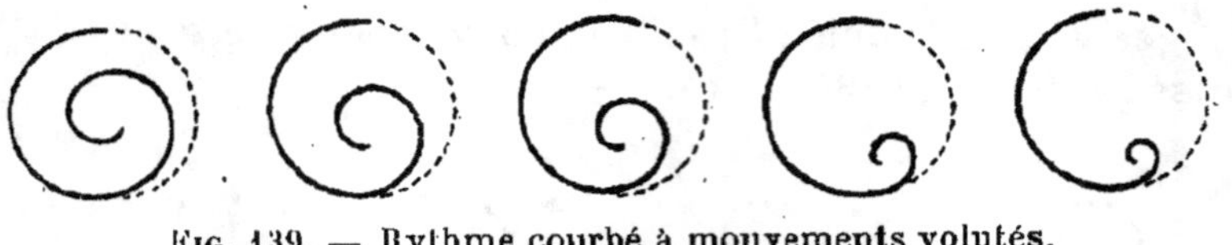

Fig. 139. — Rythme courbé à mouvements volutés.

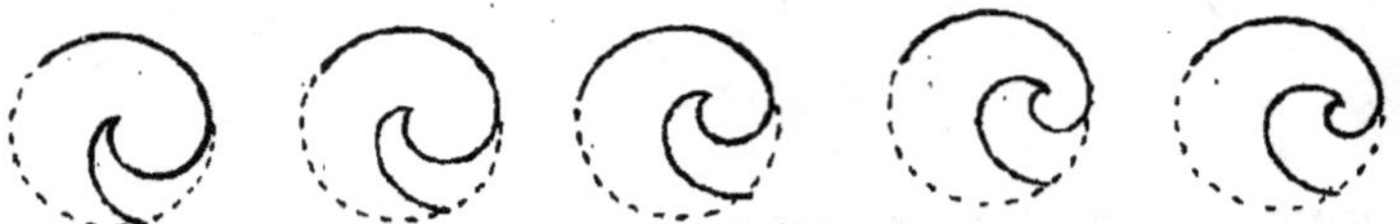

Fig. 140. — Rythme courbé à mouvements à retour.

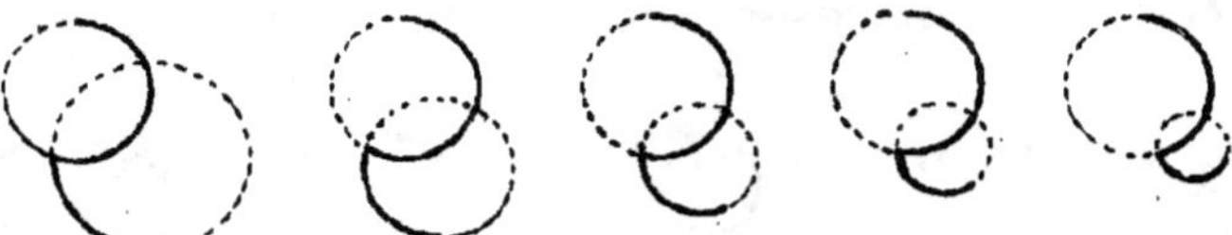

Fig. 141. — Rythme courbé à mouvements brisés.

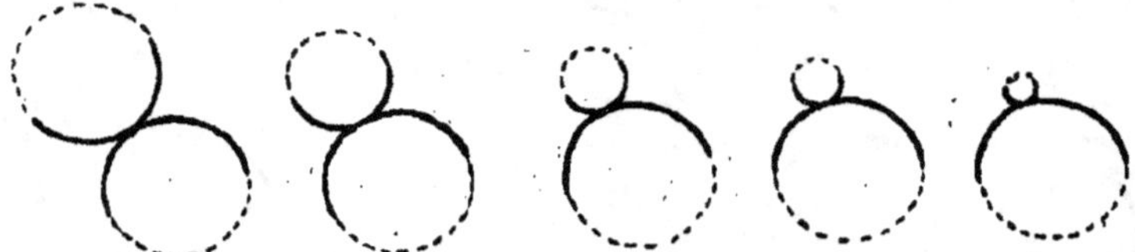

Fig. 142. — Rythme courbé à mouvements interrompus.

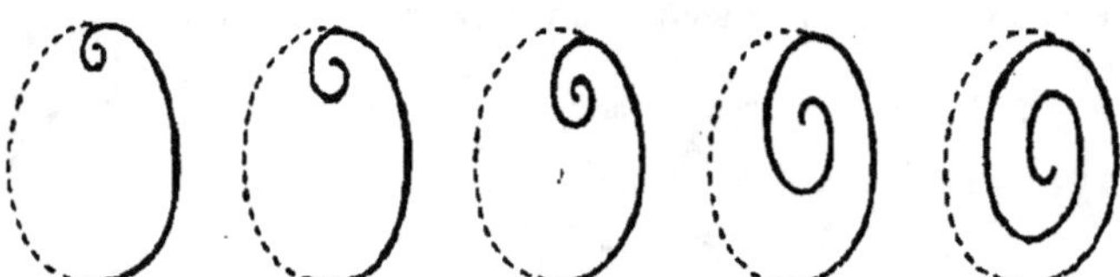

Fig. 143. — Rythme elliptique à mouvements volutés.

résulte du sens dans lequel les mouvements qui le composent sont placés par rapport à notre œil (*fig.* 144).

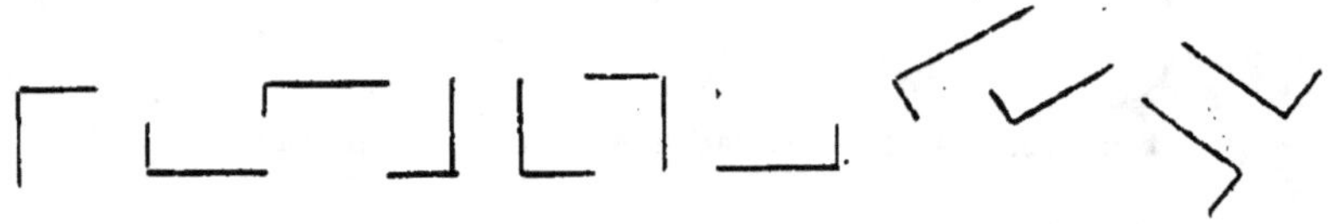

Fig. 144.

Les directions des deux mouvements d'où résulte le caractère permanent restent identiques, l'une par rapport à l'autre,
quel que soit le sens du rythme par rapport à notre œil.

Il en est de même pour un rythme droit-courbé (*fig.* 145).

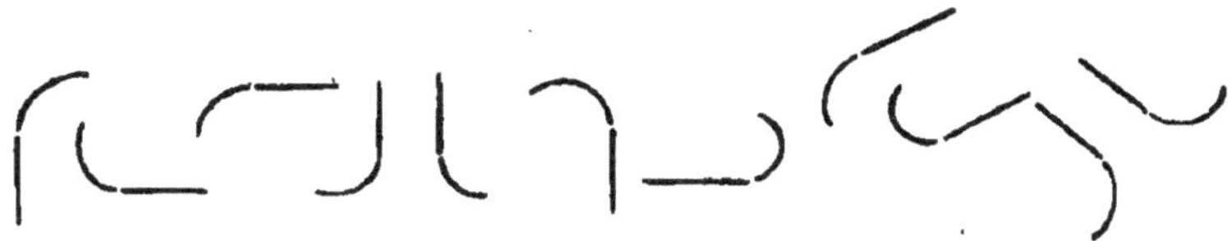

Fig. 145.

Le second caractère variable d'un rythme courbé résulte
du sens dans lequel les mouvements qui le composent sont
placés par rapport à notre œil (*fig.* 146 à 154).

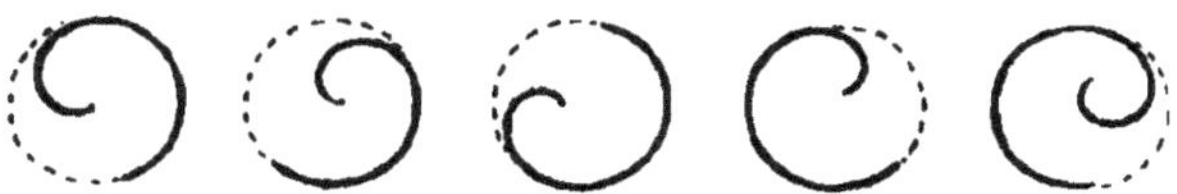

Fig. 146. — Rythme courbé à mouvements prolongés.

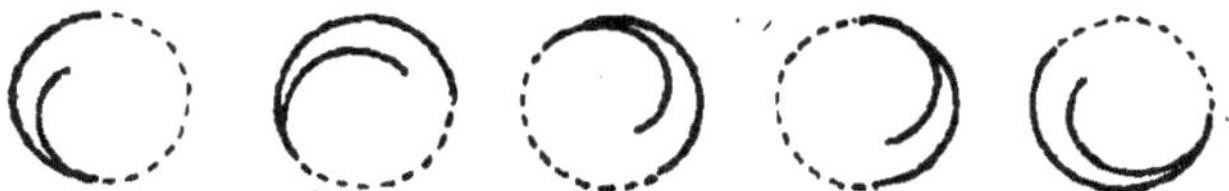

Fig. 147. — Rythme courbé à mouvements divergents.

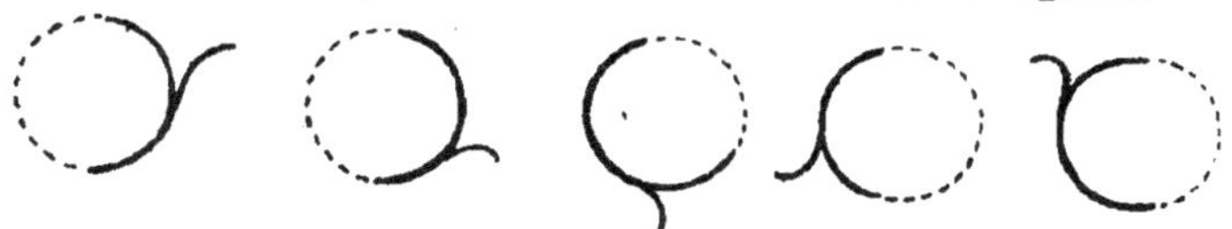

Fig. 148. — Rythme courbé à mouvements contraires.

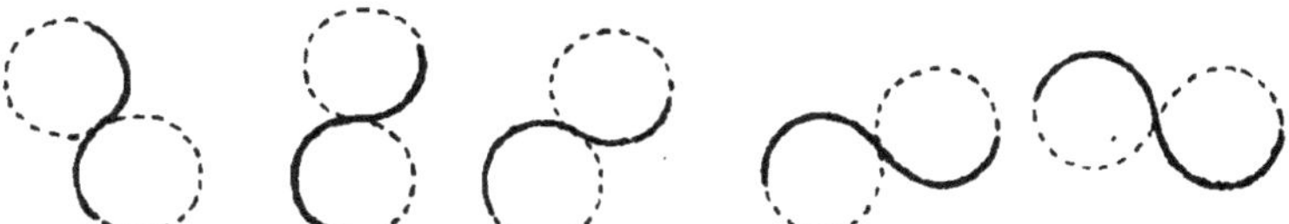

Fig. 149. — Rythme courbé à mouvements ondulés.

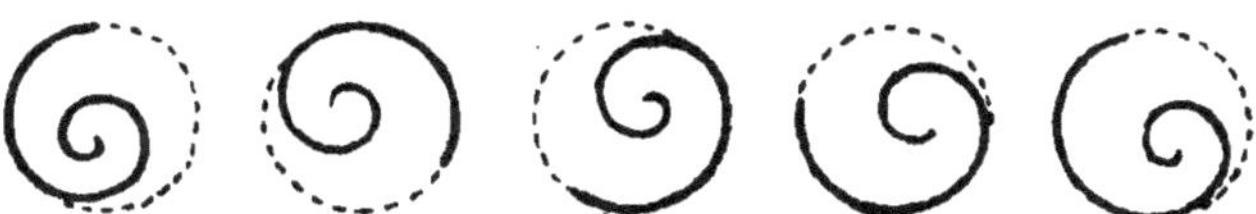

Fig. 150. — Rythme courbé à mouvements volutés.

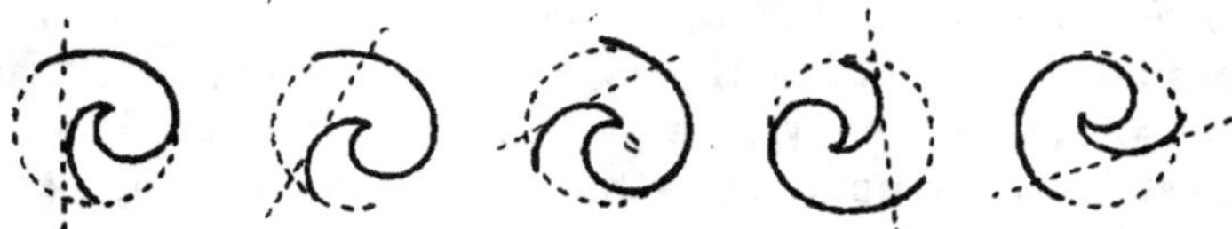

FIG. 151. — Rythme courbé à mouvements à retour.

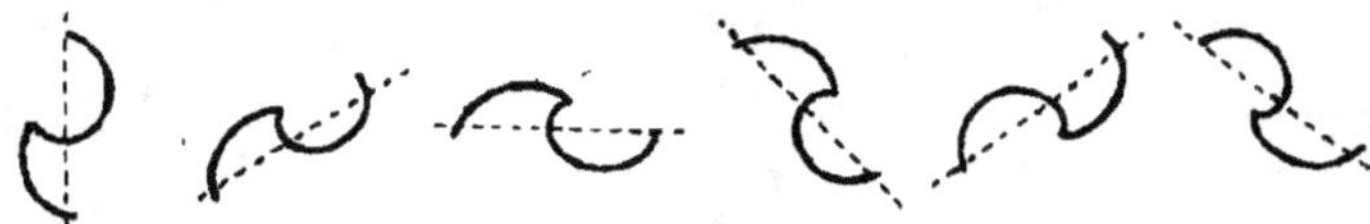

FIG. 152. — Rythme courbé à mouvements brisés.

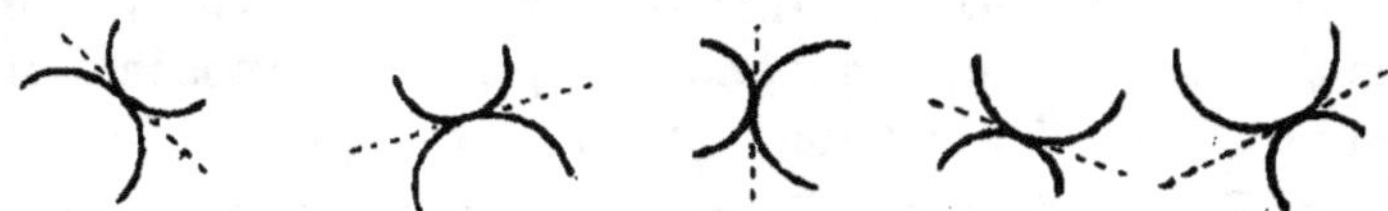

FIG. 153. — Rythme courbé à mouvements interrompus.

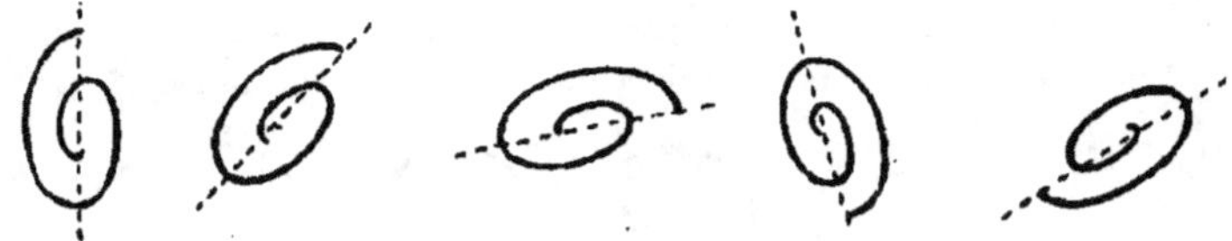

FIG. 154. — Rythme elliptique à mouvements volutés.

On peut donc, sans changer le caractère d'un rythme, en modifier l'aspect par changement de proportion entre ses parties, et par changement de position par rapport à l'œil. Ainsi,

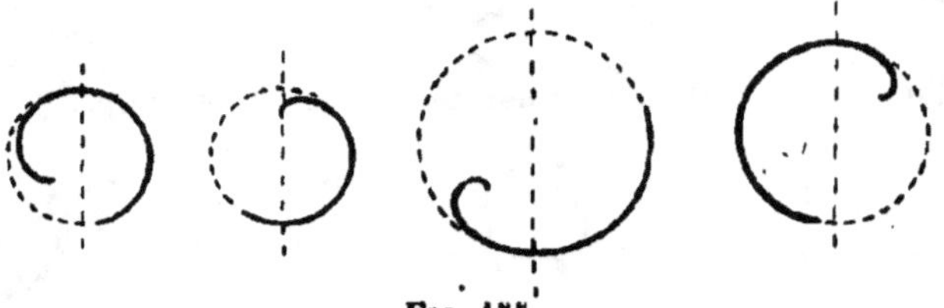

FIG. 155.

dans la figure 155, un même rythme à courbe prolongée est répété quatre fois sous quatre aspects différents par changement de position dans les deux premières à gauche, et par changement de position et de proportion dans les deux dernières à droite.

Dans la figure 156, un même rythme brisé est également

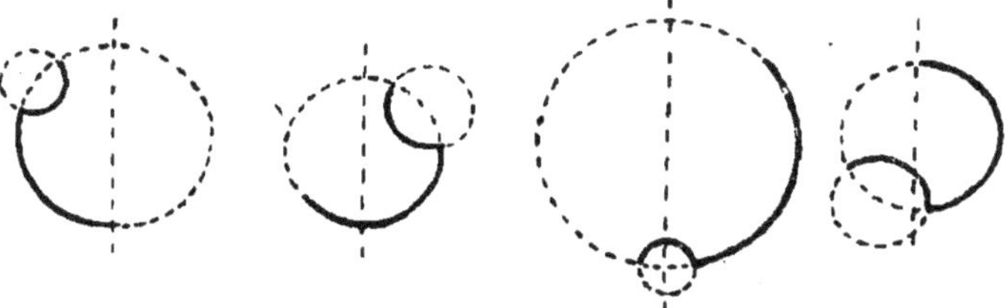

Fig. 156.

répété quatre fois, mais avec changement de position et de proportion.

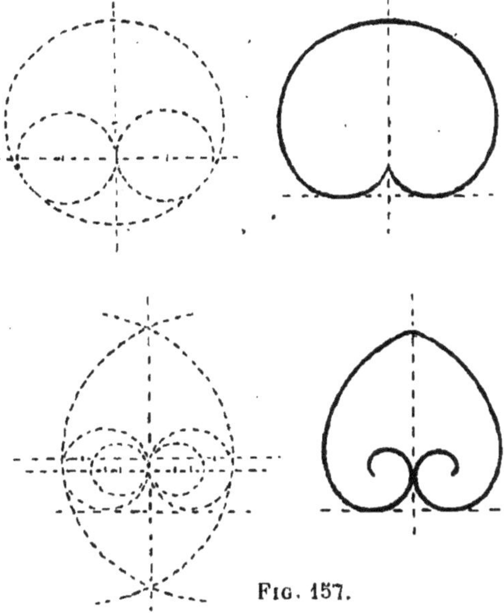

Fig. 157.

Nous donnons, dans la figure 157, deux exemples de formes ornementales tracées au compas selon la théorie des rythmes; en faisant tout de suite observer que, dans la pratique de la composition, toutes ces courbes sont exécutées à main levée et à vue; et que ce n'est ici qu'une théorie, mais dont il faut connaître le principe pour acquérir, dans le tracé, le sentiment de la continuité géométrique de la courbe au delà du raccord; ce qui est la base de l'harmonie linéaire des contours.

L'association rythmique. — Chaque rythme linéaire ne constitue qu'un seul élément de contour qu'il faut associer à d'autres, semblables ou différents.

L'association des rythmes entre eux repose sur le même principe que celui de l'association des mouvements linéaires qui constituent les rythmes. C'est-à-dire qu'elle se fait par mouvement droit-angulé, droit-courbé, ou par tangence ou sécance d'arcs de cercle.

Exemples d'associations rythmiques. — Les figures 158-172 représentent une série d'associations rythmiques obtenues

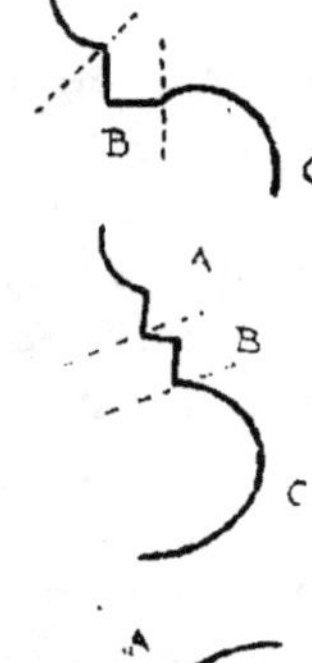

Fig. 158. — Association d'un rythme ondulé A, d'un rythme droit-angulé B et d'un rythme courbé C.

Fig. 159. — Association d'un rythme droit-courbé A, d'un rythme droit-angulé B et d'un rythme courbé-prolongé C.

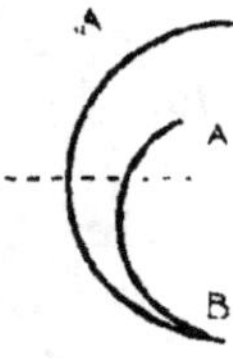

Fig. 160. — Deux rythmes courbés à mouvements prolongés AA associés à un rythme à mouvements divergents.

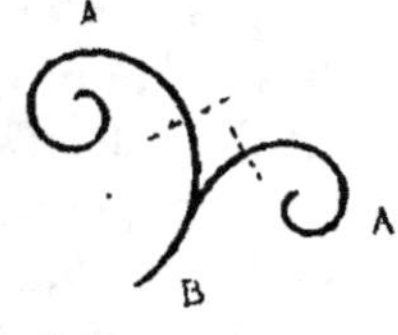

Fig. 161. — Deux rythmes volutés AA associés à un rythme à mouvements contraires B.

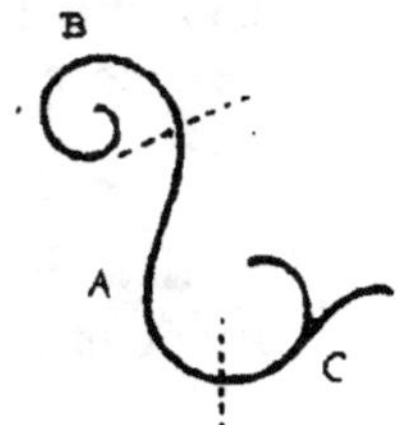

Fig. 162. — Un rythme ondulé A associé à un rythme voluté B et à un rythme à mouvements contraires C.

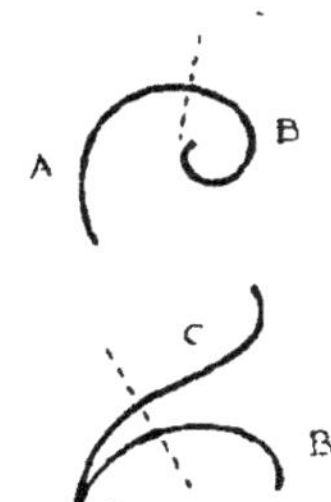

Fig. 163. — Rythme courbé à mouvements prolongés A associé à un rythme voluté B.

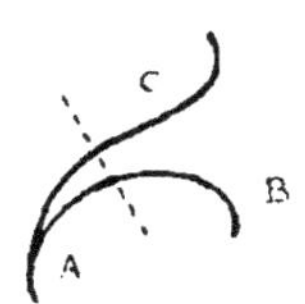

Fig. 164. — Rythme à mouvements divergents A associé à un rythme ondulé. C'est à un rythme courbé prolongé B.

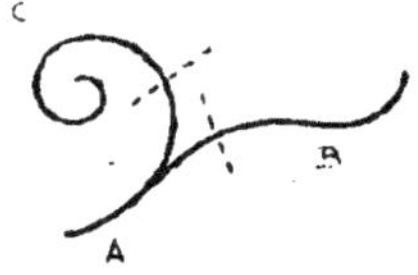

Fig. 165. — Rythme à mouvements contraires A ; rythme ondulé B ; rythme voluté C.

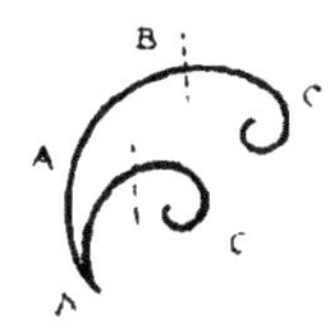

Fig. 166. — Rythme à mouvements divergents A ; rythme courbé à mouvements prolongés B ; rythmes volutés CC.

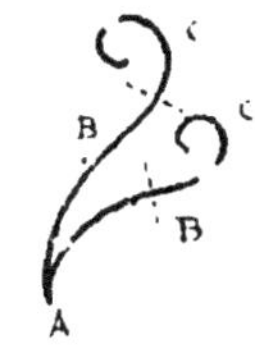

Fig. 167. — Rythme à mouvements divergents A ; rythmes ondulés BB ; rythmes volutés CC.

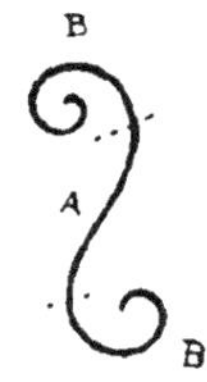

Fig. 168. — Rythme ondulé A ; rythmes volutés BB.

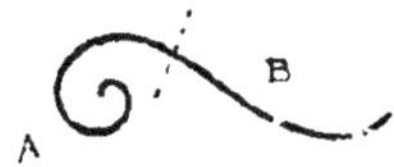

Fig. 169. — Rythme voluté A ; rythme ondulé B.

par ce procédé. Ce ne sont encore que des embryons de contours. mais on peut déjà voir, en même temps que la variété,

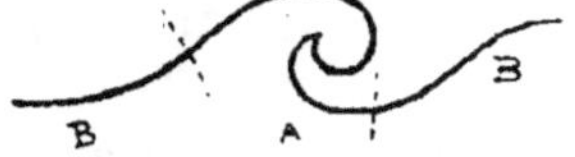

FIG. 170. — Rythme courbé à mouvements
à retour A ; rythmes ondulés BB.

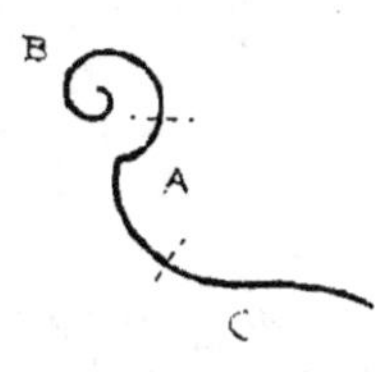

FIG. 171. — Rythme courbé à mouvements brisés A ;
rythme voluté B ; rythme ondulé C.

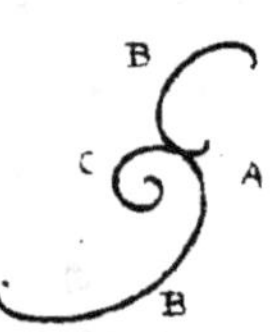

FIG. 172. — Rythme courbé à mouvements interrompus A ; rythmes courbés à mouvements prolongés BB ; rythme voluté C.

la différence de caractère résultant de l'emploi d'un rythme
plutôt que d'un autre, ou de la fréquence d'un même rythme
dominant dans une association.

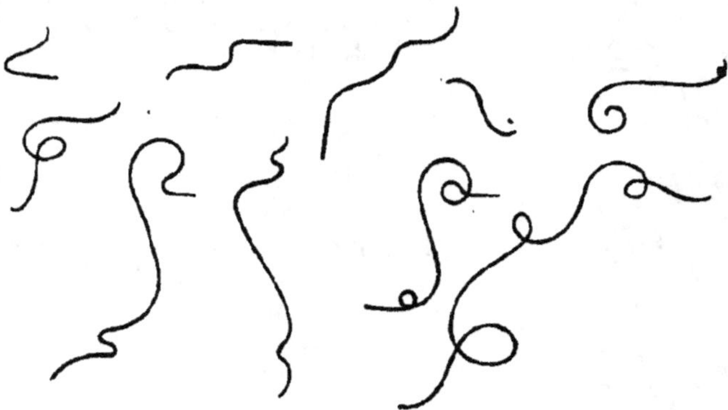

FIG. 173.

Ainsi, dans la figure 173, les rythmes sont associés par prolongation continue de courbes, sans aucunes lignes droites.

Dans la figure 174, les courbes évoluent par prolongations
divergentes, avec tendance vers la ligne droite.

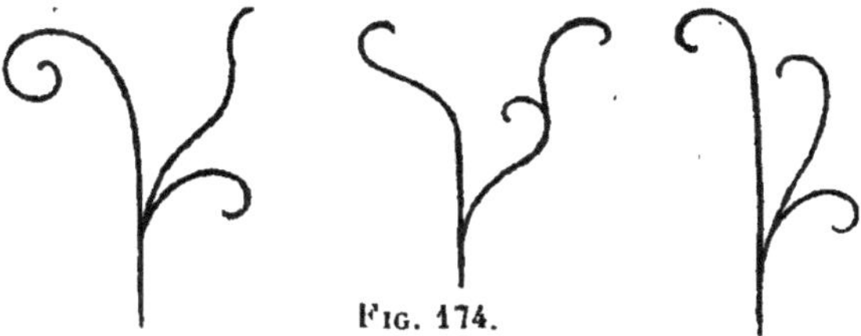

Fig. 174.

Dans la figure 175, l'arrêt par prolongations brisées est fré-
quent, ainsi que les mouvements droits.

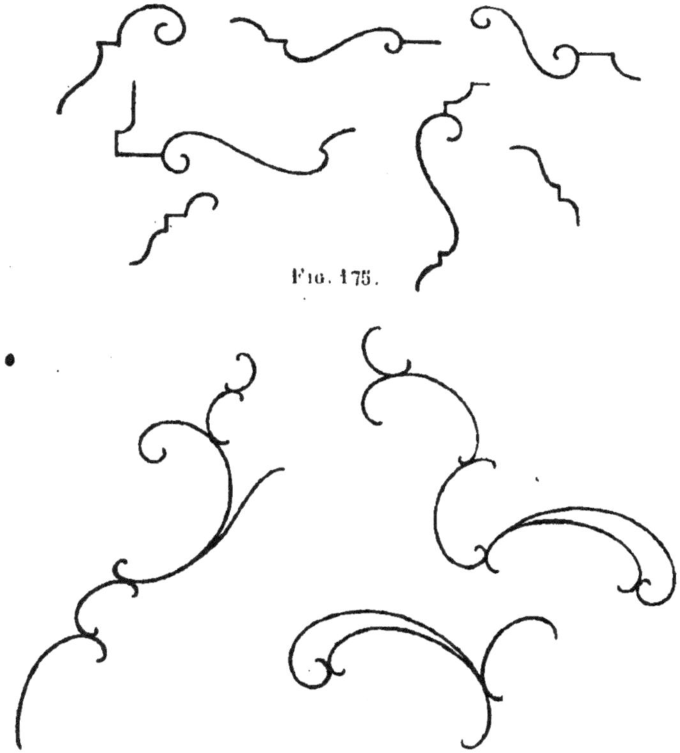

Fig. 175.

Fig. 176.

Dans la figure 176, l'association rythmique par prolongations interrompues domine.

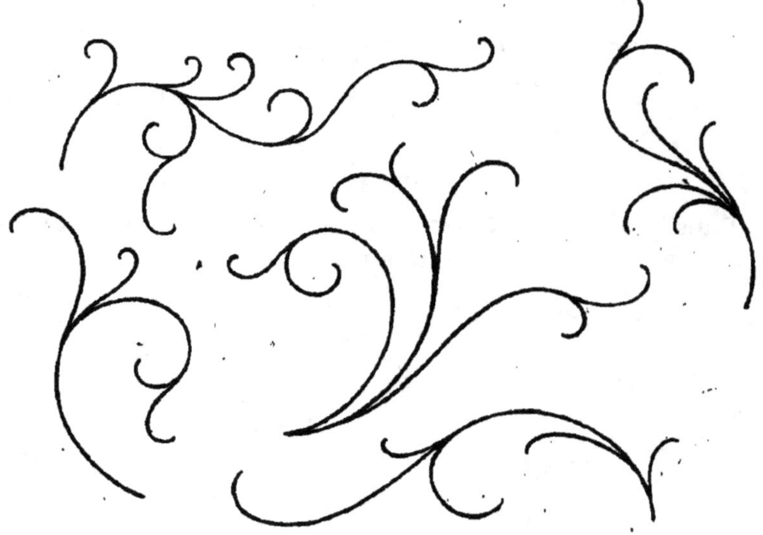

Fig. 177.

Dans la figure 177, les prolongations divergentes et contraires sont plus fréquentes que les prolongations continues.

Les associations rythmiques peuvent donc varier jusqu'à l'infini et se développer dans tous les sens. Mais elles ne donneraient ainsi que des formes indéterminées qui doivent, pour être utilisables, se plier logiquement à un principe de *disposition* rationnelle.

Disposition rythmique. — La disposition rythmique est l'art de grouper méthodiquement les rythmes linéaires différents ou semblables, de façon que leur association constitue l'ensemble harmonieux d'un contour de forme ou de décor. La disposition rythmique implique la division de l'espace dans lequel le contour doit être placé. Cette division se fait selon plusieurs principes initiaux de *direction linéaire, de symétrie, de stabilité* et de *proportion*.

Les directions linéaires. — Les directions linéaires simples initiales sont : la verticale A ; l'horizontale B ; l'oblique en deux

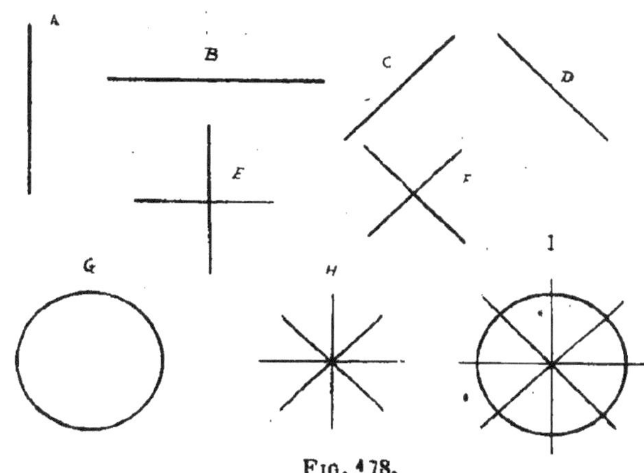

Fıɢ. 178.

sens C et D ; la verticale et l'horizontale croisées E ; les obliques croisées F ; la direction circulaire autour d'un point

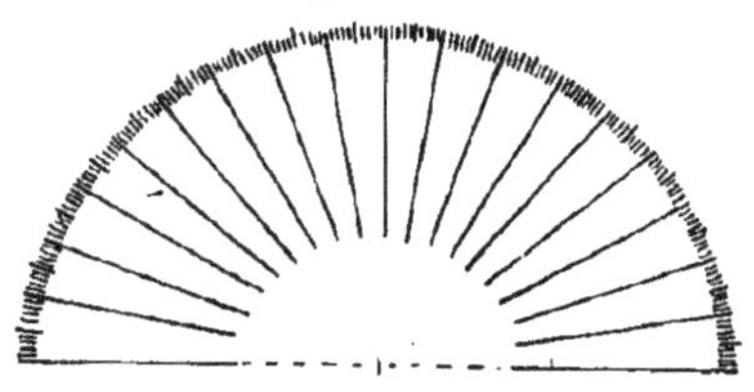

Fıɢ. 179.

fixe G ; la direction rayonnante H ; le croisement de la direction circulaire et de la direction rayonnante I (*fig.* 178).

Les directions obliques varient en inclinaison selon tous les degrés d'angles contenus entre la verticale et l'horizontale (*fig.* 179).

Les directions linéaires sont indéfinies ou limitées par des espaces de configurations déterminées.

Directions linéaires indéfinies. — Les directions linéaires indéfinies, c'est-à-dire qui peuvent se développer dans tous les sens, sont : la verticale A ; l'horizontale B ; l'oblique en deux directions C et D (*fig.* 180).

Ces directions peuvent être croisées indéfiniment. La verticale et l'horizontale E, et les deux obliques inclinées à 45° forment des carrés (*fig.* 181).

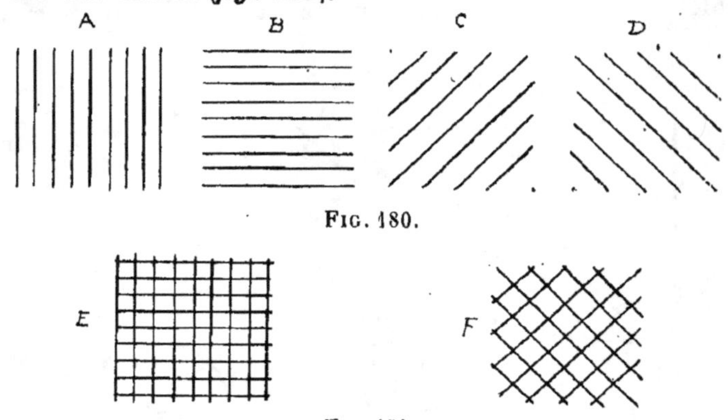

Fig. 180.

Fig. 181.

Les autres inclinaisons obliques croisées forment des lo-sanges dont la forme varie selon l'obliquité linéaire (*fig.* 182).

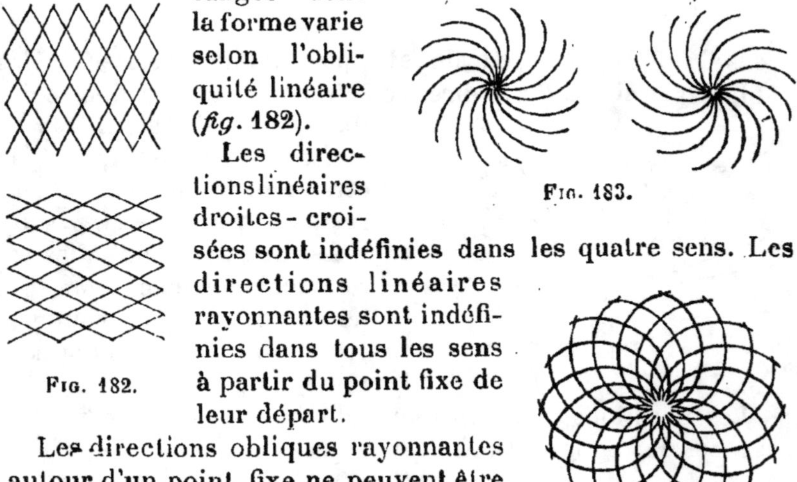

Fig. 183.

Les directions linéaires droites - croisées sont indéfinies dans les quatre sens. Les directions linéaires rayonnantes sont indéfinies dans tous les sens à partir du point fixe de leur départ.

Fig. 182.

Les directions obliques rayonnantes autour d'un point fixe ne peuvent être que courbées (*fig.* 183).

Comme les directions obliques droites, elles peuvent être croisées

Fig. 184.

(*fig.* 184). Leur courbe varie selon la disposition du croisement des rayons et des circonférences (*fig.* 185).

Les deux directions, circulaire et rayonnante, sont à la fois

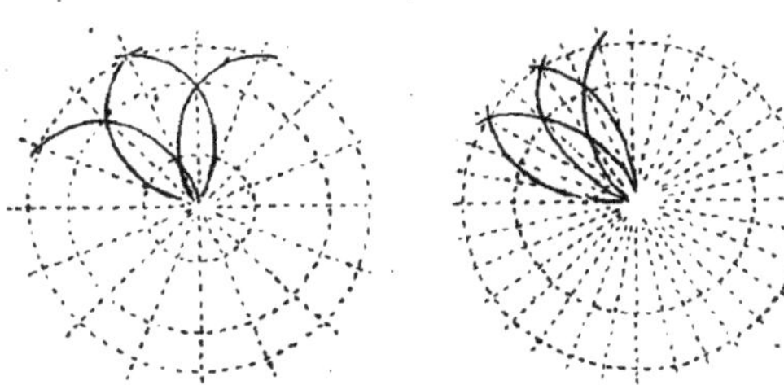

limitées et indéfinies, selon que l'on considère la circonférence comme un cycle ou comme une association de mouvements courbés de même étendue ou d'étendues différentes. Considérée comme cycle, la circonférence est le seul contour composé d'un seul rythme linéaire résultant d'un seul mouvement continu. La circonférence est le type du mouvement *fermé* indéfini, puisqu'il revient toujours sur soi-même en tant que cycle.

Fic. 185.

Et, dans ce cas, les rythmes que l'on dispose dessus sont dans le même sens en mouvement courant et revenant sans cesse sur soi.

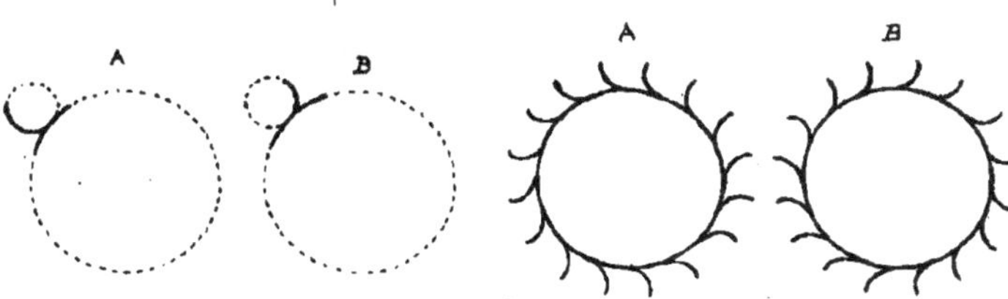

Fig. 186.

La direction de la disposition rythmique peut varier en deux sens A et B (*fig.* 186).

La disposition peut être interne A ou externe B, ou à la fois interne et externe C (*fig.* 187).

Le caractère de la direction linéaire et de la disposition rythmique reste, en tous les cas, cyclique; c'est-à-dire que les rythmes ont l'air de tourner indéfiniment dans le même sens.

Mais on peut considérer aussi la circonférence comme une

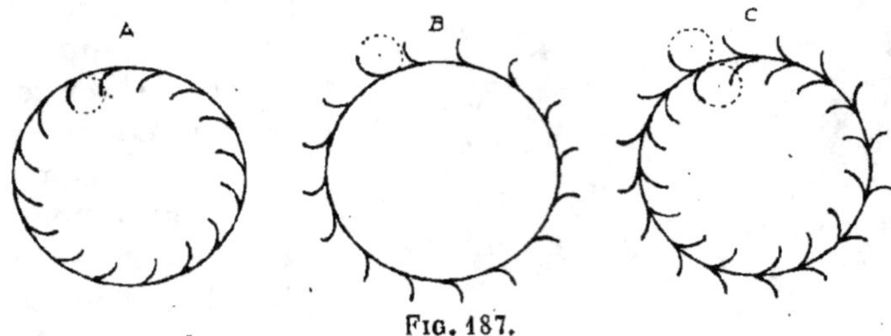

Fig. 187.

association de plusieurs mouvements courbés de même étendue ou d'étendues différentes, et ayant chacun leur direction propre entre les axes qui les séparent. La disposition rythmique sur une circonférence présente, dans ce cas, un aspect tout à fait différent (*fig.* 188).

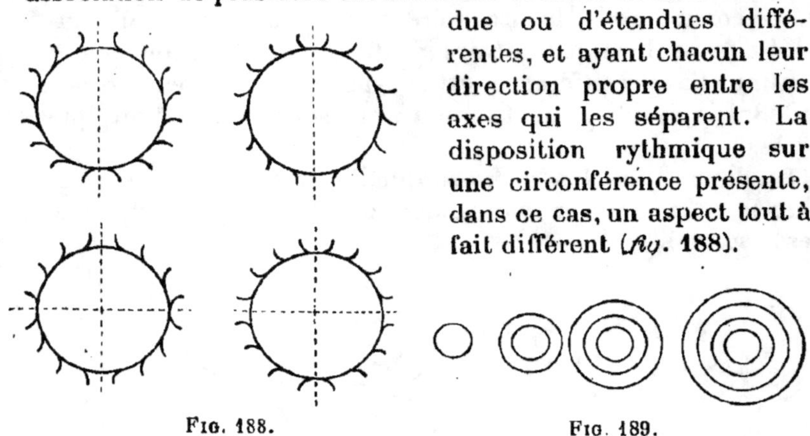

Fig. 188.

Fig. 189.

Elle aura encore un caractère circulaire en son ensemble,

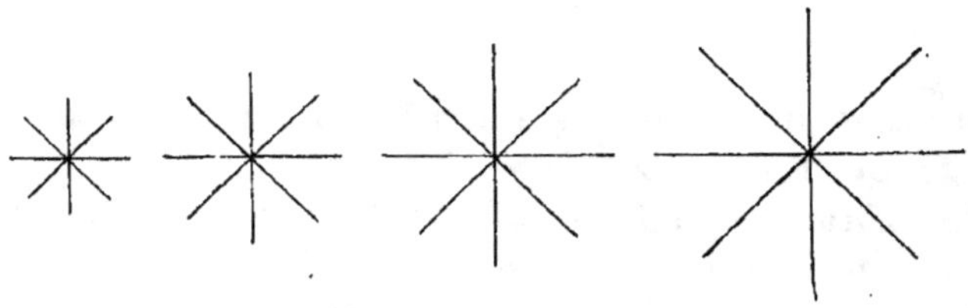

Fig. 190.

mais avec plusieurs directions contraires bien déterminées dans ses parties.

La direction circulaire cyclique peut s'élargir indéfiniment autour de son centre (*fig.* 189).

La direction rayonnante peut également se prolonger indéfiniment à partir de son point fixe de départ (*fig.* 190).

Les deux directions circulaire et rayonnante croisées peuvent donc être indéfiniment prolongées dans tous les sens autour de leur point central (*fig.* 191).

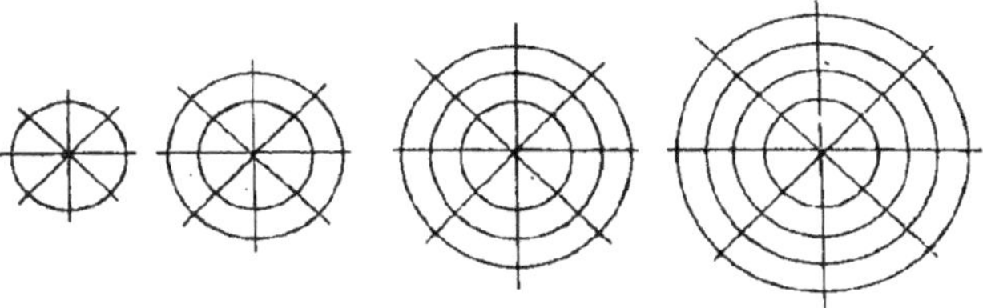

Fio. 191.

Les rythmes linéaires disposés sur ces directions peuvent être indéfiniment répétés, soit en mouvement cyclique, soit en mouvement droit rayonnant (*fig.* 192).

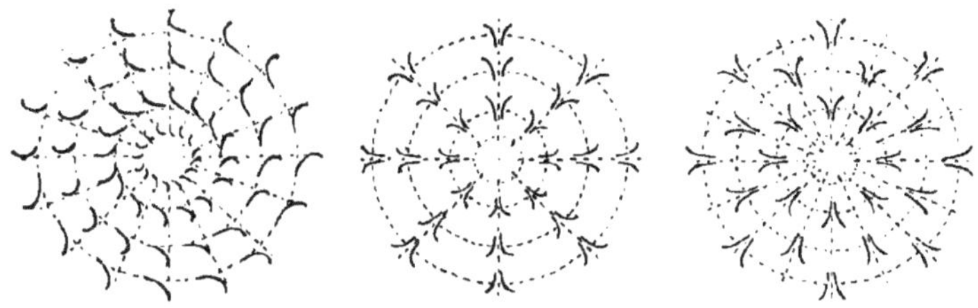

Fig. 192.

Ils peuvent être répétés en droite ligne ou en quinconce.

La direction rythmique. — Indépendamment de la direction linéaire sur laquelle il est inscrit, le rythme a une direction qui lui est propre, et qui n'est pas unique, car elle peut être disposée sur la direction linéaire initiale, soit de gauche à droite A ou de droite à gauche B (*fig.* 193).

Elle peut être ascendante A ou descendante B (*fig.* 194).

Le mouvement rythmique peut être doublé de chaque côté

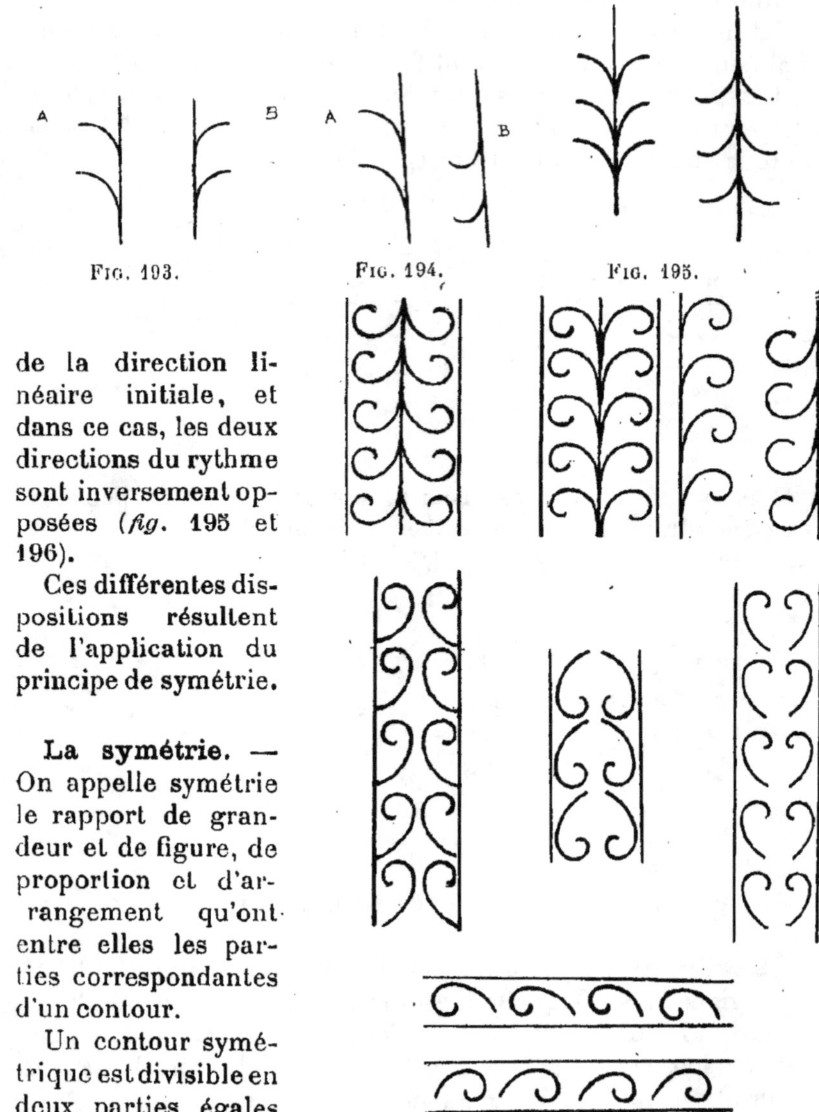

FIG. 193.   FIG. 194.   FIG. 195.

de la direction linéaire initiale, et dans ce cas, les deux directions du rythme sont inversement opposées (*fig.* 195 et 196).

Ces différentes dispositions résultent de l'application du principe de symétrie.

La symétrie. — On appelle symétrie le rapport de grandeur et de figure, de proportion et d'arrangement qu'ont entre elles les parties correspondantes d'un contour.

Un contour symétrique est divisible en deux parties égales par un axe vertical

FIG. 196.

imaginaire, et le ou les mouvements rythmiques qui composent chacune de ces deux parties sont inversement sem-

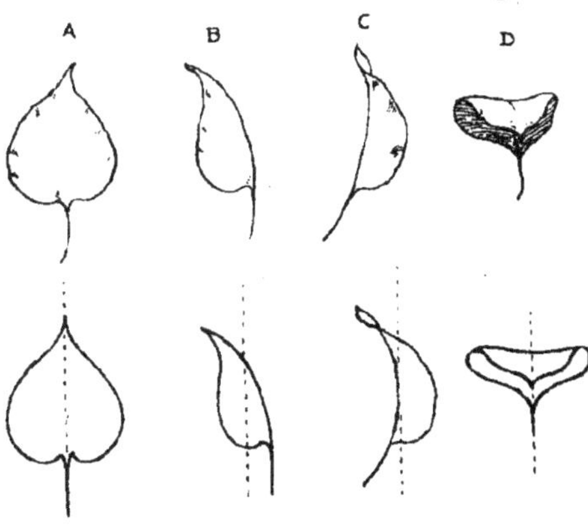

FIG. 197.

blables. Ainsi, dans la figure 197, les contours A et D sont symétriques, tandis que les contours B et C sont asymétriques.

Les feuilles et les fleurs vues de face, dans la position verticale, sont symétriques; chacun des rythmes linéaires qui en composent les contours est répété de une à deux fois, par renversement, de chaque côté d'un axe vertical de stabilité imaginaire (*fig.* 198).

Beaucoup de feuilles vues de face, en élévation verticale,

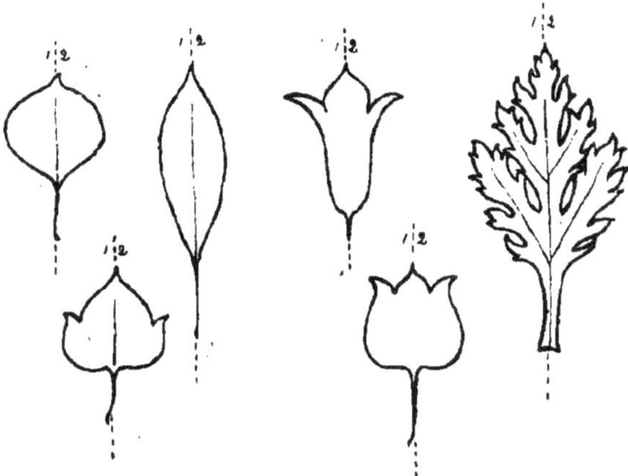

FIG. 198.

et toutes les fleurs vues par-dessus, en plan horizontal, sont composées d'un même rythme répété par renversement sur plusieurs axes de stabilité disposés en rayons de circonférence. Ces répétitions sont de trois à six, de quatre à huit, de cinq à dix renversements du même rythme, et parfois ces nombres sont multipliés (*fig.* 199).

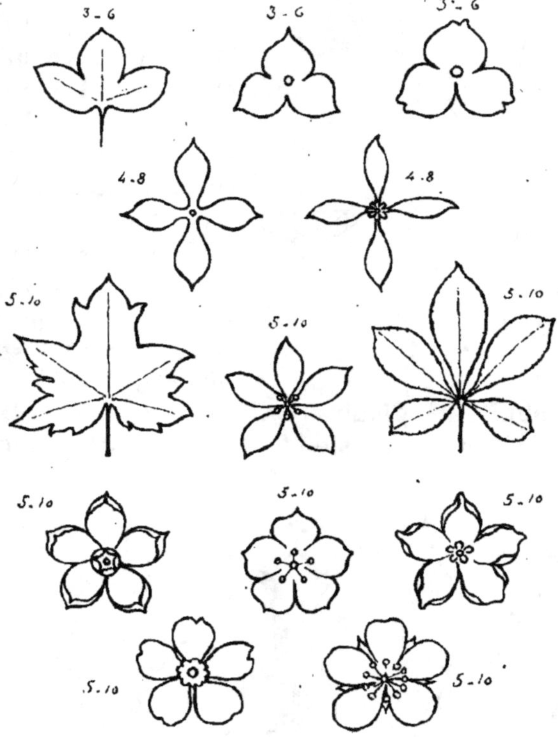

Fig. 199.

La disposition symétrique est un fait naturel. Les contours des organes du corps humain, de celui des animaux, sont symétriquement disposés comme ceux des végétaux. Mais la symétrie n'est pas simple ni uniforme. Ainsi, le corps humain est symétrique de face et de dos, mais il est asymétrique de profil, et, de bas en haut, de tous les côtés (*fig.* 200).

Les contours du corps des animaux, qui se développent beaucoup plus horizontalement que verticalement, au contraire de celui de l'homme, sont cependant également symétriques de face et de dos, et asymétriques de profil, et, de bas en haut de tous les côtés (*fig.* 201).

Les contours des végétaux suivent la même règle ; seulement les végétaux ne sont symétriques ou asymétriques qu'en principe ; ils naissent symétriquement et asymétriquement selon la loi commune, mais les mouvements de la croissance et de la vie les déforment sans qu'ils puissent, comme l'homme et les animaux, rétablir à valonté l'équilibre initial.

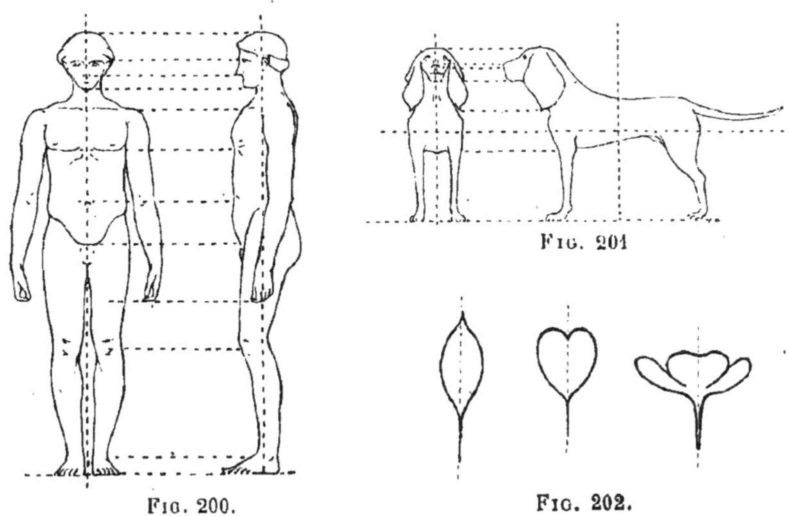

Fig. 200.

Fig. 201

Fig. 202.

De toutes ces observations d'après nature se dégage un principe d'harmonie linéaire que l'on peut résumer ainsi. Il y a deux sortes de symétrie : la symétrie par renversement, et la symétrie par répétition. La symétrie par renversement est celle d'un rythme ou d'une association de plusieurs rythmes linéaires reproduits inversement de gauche à droite ou de droite à gauche d'un axe de stabilité imaginaire (*fig.* 202).

La symétrie par répétition est celle d'un rythme ou d'une association de rythmes régulièrement répétés sur une direction linéaire déterminée. Les rythmes ou les associations de rythmés répétés peuvent être symétriques ou asymétriques, peu importe, car leur disposition, par sa régularité en un sens déterminé, devient d'aspect symétrique. Ainsi les répétitions rythmiques de la figure 203, sont symétriques de disposition et asymétriques de contours en A, et symétriques de contours et de disposition en B.

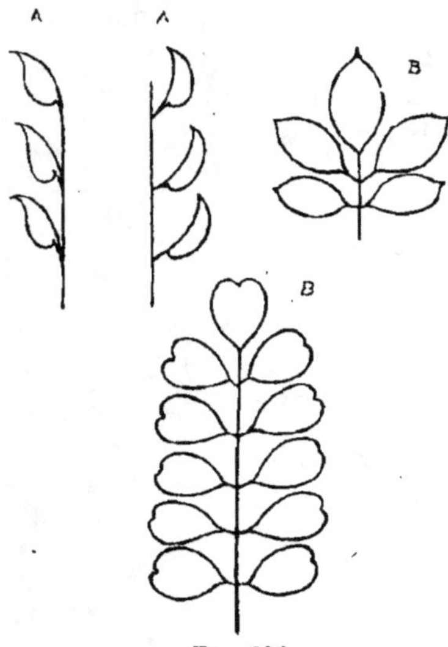

Póur nous faire bien comprendre, prenons un exemple d'objet (*fig.* 204). Un fauteuil vu de face A est symétrique par renversement ; de profil B, il est asymétrique. Sa répétition en rangée alignée, vue

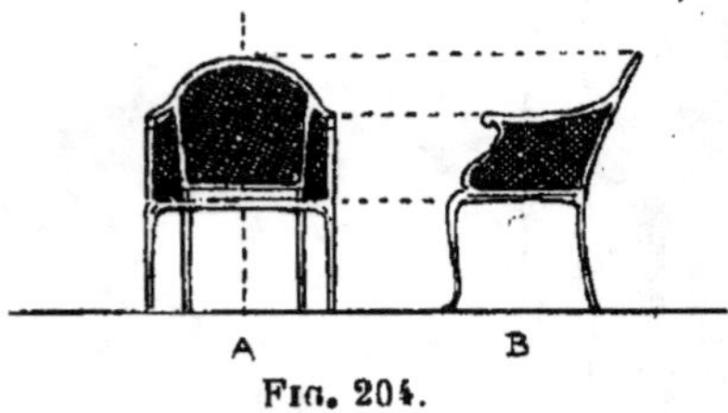

Fio. 203.

Fio. 204.

de face, sera symétrique de contour et de disposition ; tandis que, vue de côté, elle sera asymétrique de contour en tant

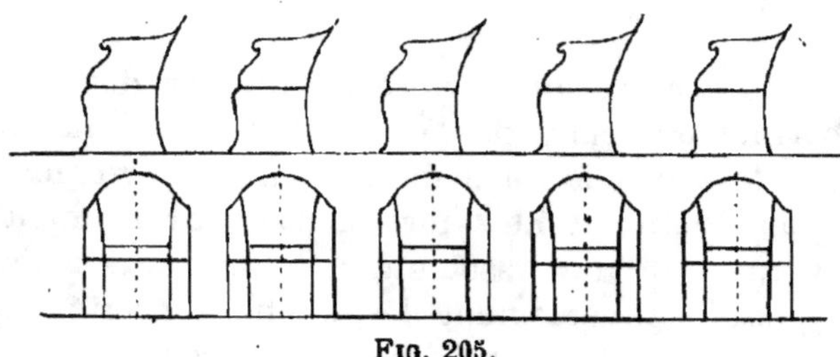

Fio. 205.

qu'unité, mais symétrique de disposition par groupement d'unité (*fig.* 205).

Il résulte de ce principe naturel d'ordre et de méthode, que l'on peut, sur chaque direction linéaire, disposer un rythme, ou une association de plusieurs rythmes, par répétition simple, ou inverse, selon l'effet que l'on veut produire.

La disposition des rythmes. — Les rythmes sont disposés soit sur des directions linéaires rayonnantes et en mouvement circulaire, soit sur directions linéaires rayonnantes en divers mouvements autres que le mouvement circulaire, soit sur bandes ou nappes indéfinies, soit sur des formes à contours limités, soit dans des formes à contours limités.

Disposition des rythmes sur des directions rayonnantes et en mouvement circulaire. — Les rythmes sont disposés, par répétition symétrique, sur une direction linéaire rayonnante,

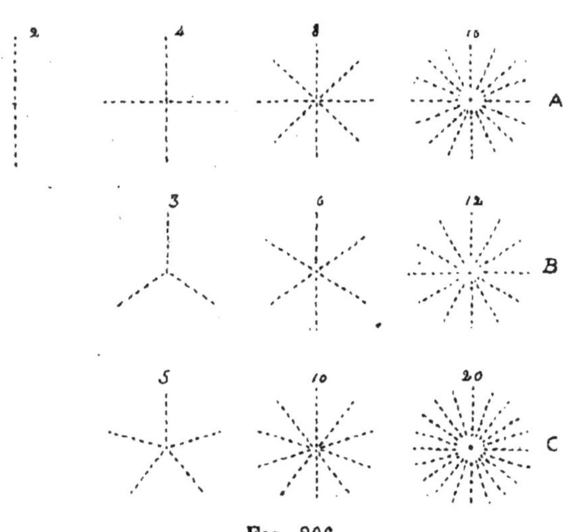

Fɪɢ. 206.

en renversements soit de un à deux, de deux à quatre, de quatre à huit, de huit à seize, etc., A ; soit de trois à six, de six à douze, etc., B ; soit de cinq à dix, de dix à vingt, etc., C ; par multiples de ces nombres (*fig.* 206).

La figure 207 et les suivantes, jusqu'à la figure 231 inclusivement, sont des exemples de ce genre de disposition rythmique.

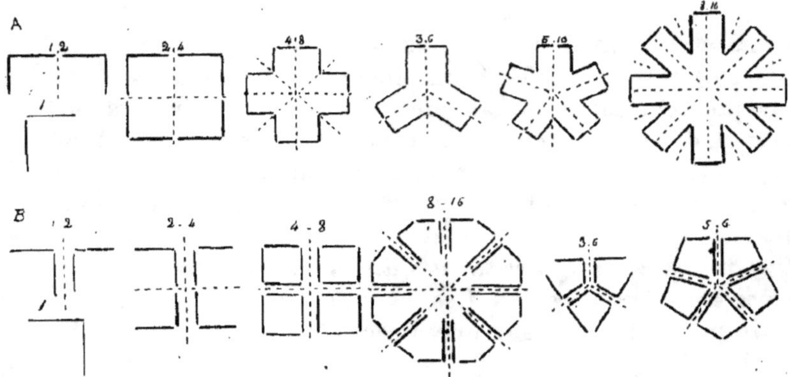

FIG. 207. — A. Dispositions d'un rythme droit angulé — angle droit — par renversements de 1 à 2, de 2 à 4, de 4 à 8, de 3 à 6, de 5 à 10 et de 8 à 16 répétitions symétriques.
B, Disposition du même rythme, mais en sens inverse de 1 à 2, de 2 à 4, de 4 à 8, de 8 à 16, de 3 à 6, et de 5 à 10 répétitions symétriques.

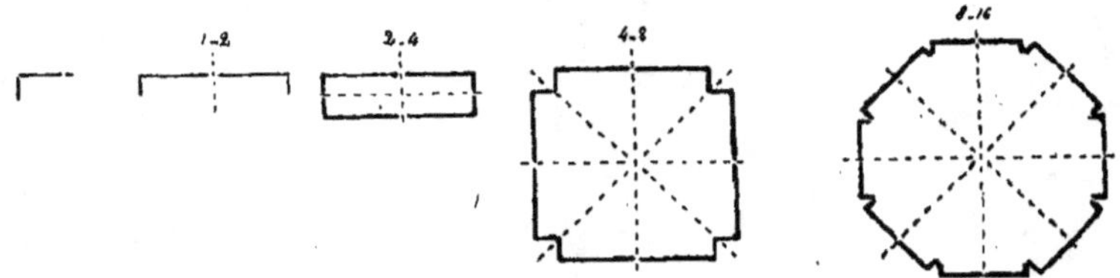

FIG. 208. — Dispositions d'un rythme droit angulé — angle droit — à deux mouvements par renversements de 1 à 2, de 2 à 4, de 4 à 8 et de 8 16 répétitions symétriques.

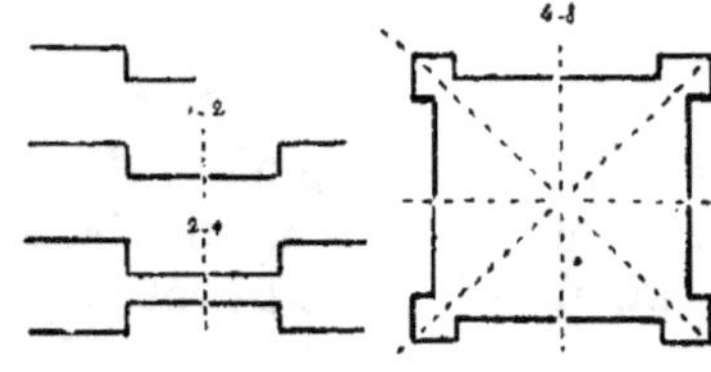

FIG. 209. — Dispositions d'un rythme droit angulé — angles droits — à trois mouvements par renversements de 1 à 2, de 2 à 4 et de 4 à 8 répétitions symétriques.

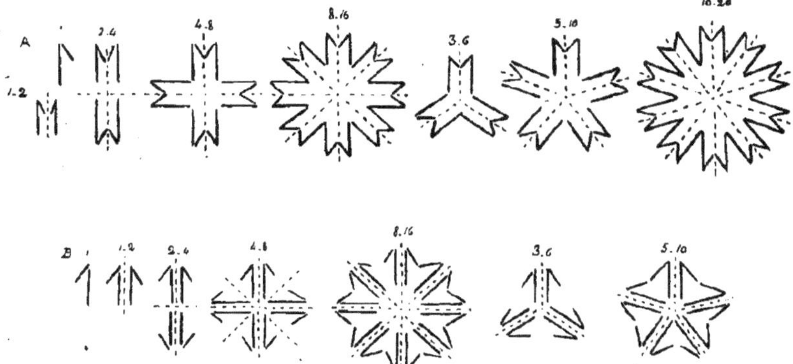

FIG. 210. — A, Dispositions d'un rythme droit angulé — angle aigu — à
deux mouvements de 1 à 2, de 2 à 4, de 4 à 8, de 8 à 16, de 3 à 6, de
5 à 10 et de 10 à 20 répétitions symétriques renversées.

B, Dispositions, en sens inverse, du même rythme de 1 à 2, de 2 à 4, de
4 à 8, de 8 à 16, de 3 à 6, et de 5 à 10 répétitions symétriques renversées.

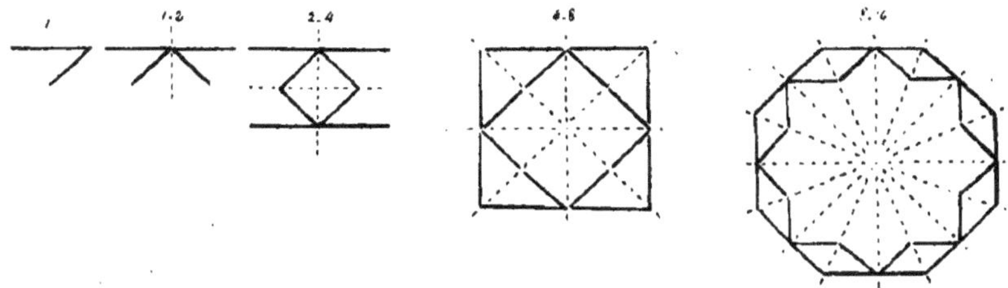

FIG. 211. — Dispositions par renversements de 1 à 2, de 2 à 4, de 4 à 8 et de
8 à 16 répétitions symétriques d'un rythme droit angulé — angle aigu —
à deux mouvements.

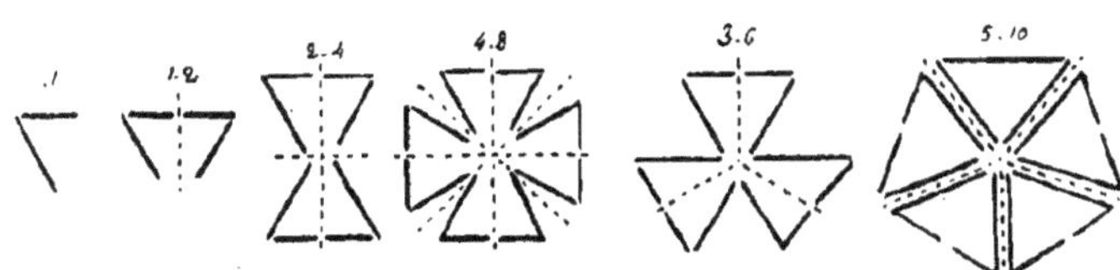

FIG. 212. — Dispositions par renversements de 1 à 2, de 2 à 4, de 4 à 8, de
3 à 6 et de 5 à 10 répétitions symétriques d'un rythme droit angulé —
angle aigu — à deux mouvements.

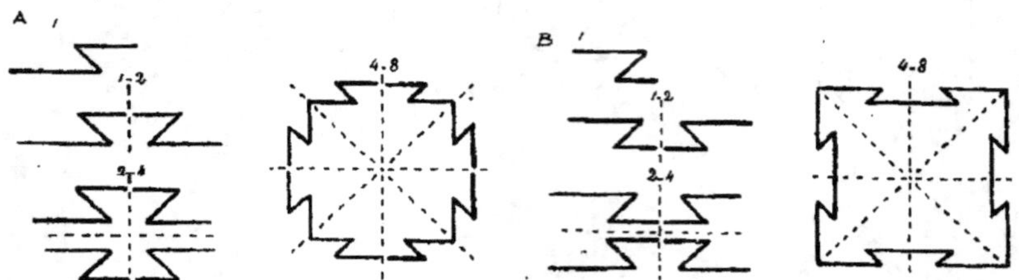

Fig. 213. — Dispositions d'un rythme droit angulé — angle aigu — à trois mouvements, en sens inverses A et B, par renversements de 1 à 2, de 2 à 4 et de 4 à 8 répétitions symétriques.

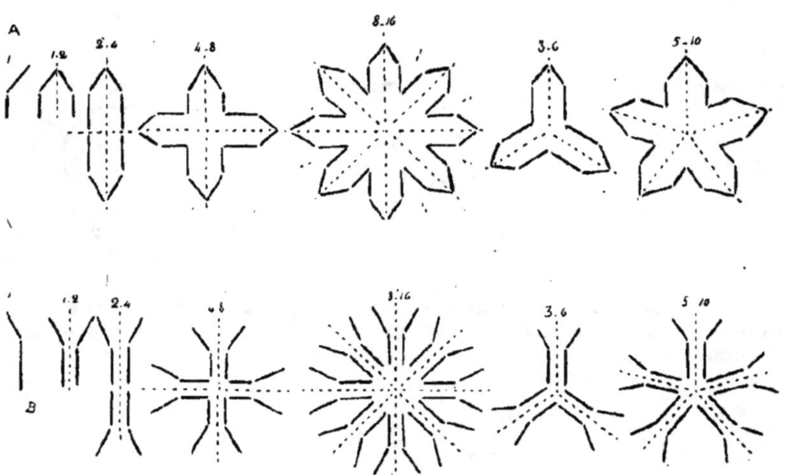

Fig. 214. — Mêmes dispositions que les précédents et en sens inverses A et B, d'un même rythme droit angulé — angle obtus — à deux mouvements.

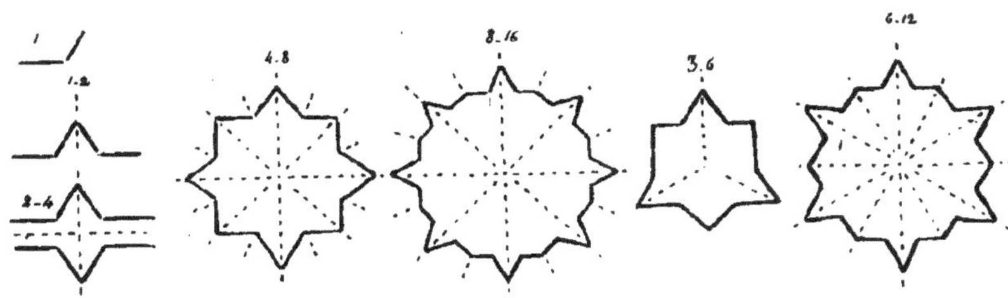

Fıg. 215. — Rythme droit-angulé — angle obtus — à deux mouvements dispositions par renversements de 1 à 2, de 2 à 4, à 8, de 8 à 16, de 3 à 6 et de 6 à 12 répétitions symétriques.

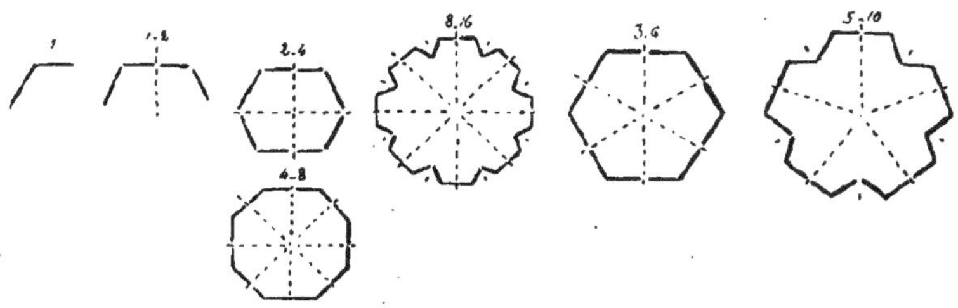

Fıg. 216. — Rythme droit-angulé — angle obtus — à deux mouvements. Dispositions symétriques par renversements de 1 à 2, de 2 à 4, de 4 à 8, de 8 à 16, de 3 à 6 et de 5 à 10 répétitions symétriques.

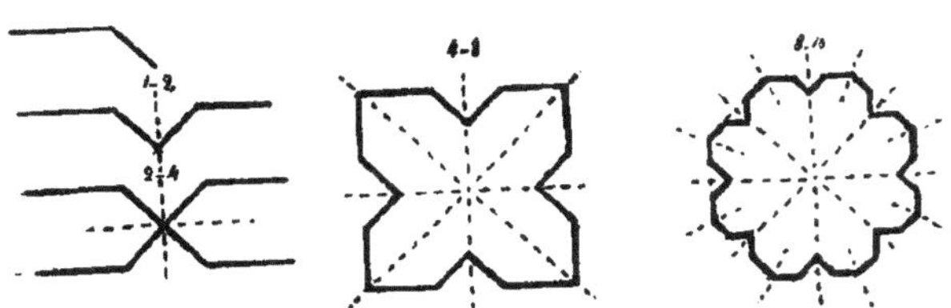

Fıg. 217. — Rythme droit-angulé — angle obtus — deux mouvements, mêmes dispositions symétriques que précédemment.

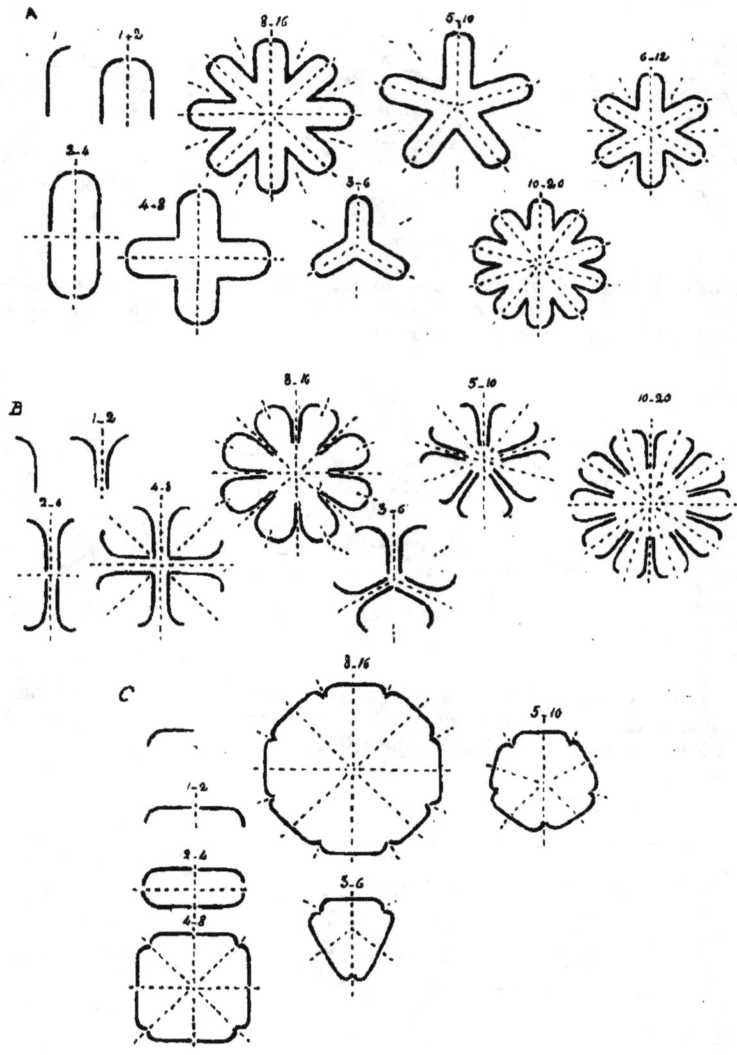

Fig. 248. — Dispositions d'un même rythme en trois positions différentes AB,C par rapport à l'œil.

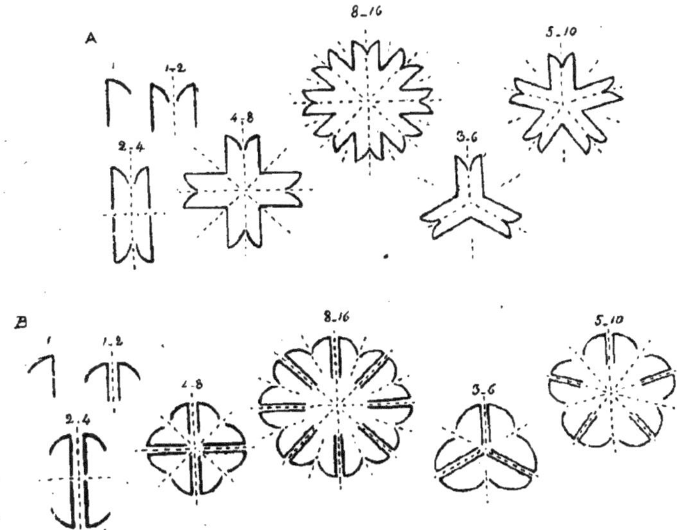

Fig. 219. — A et B, même rythme placé verticalement en sens inverse
par rapport à l'œil.

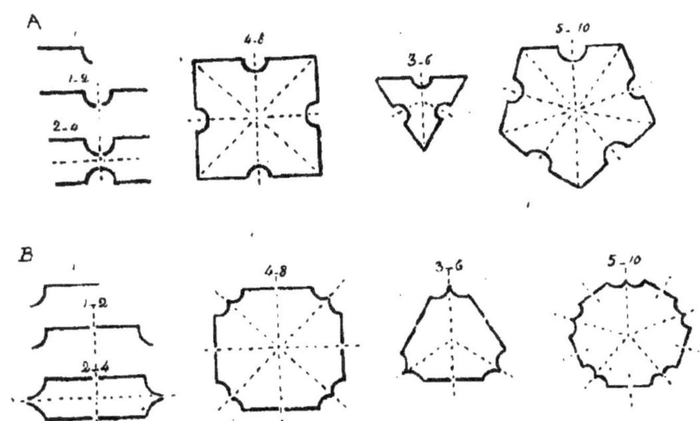

Fig. 220. — A et B, même rythme placé horizontalement en sens inverse
par rapport à l'œil.

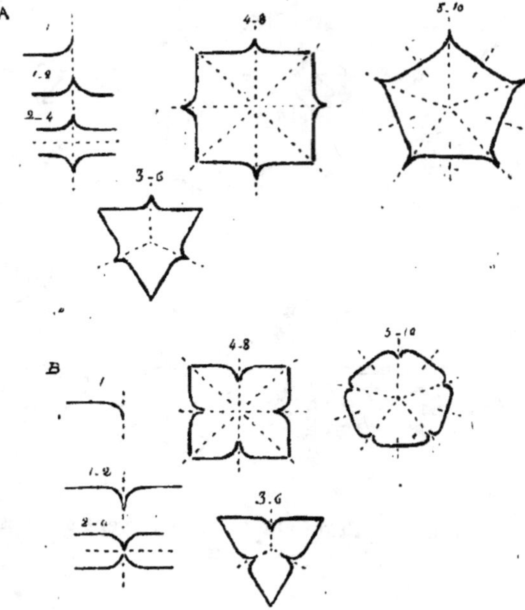

Fig. 221. — A et B, même rythme placé horizontalement en sens
inverse par rapport à l'œil.

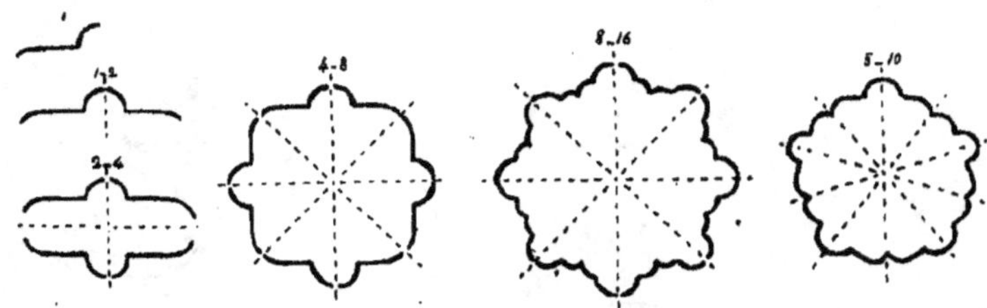

Fig. 222. — Rythme droit-courbé à deux mouvements linéaires.

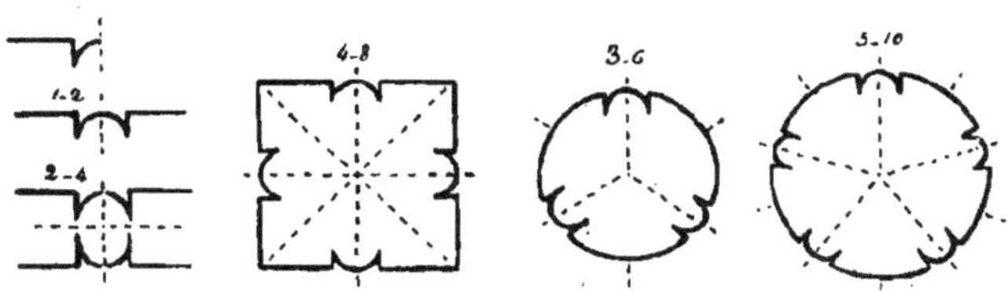

Fig. 223. — Rythme droit-courbé à trois mouvements linéaires
deux droits et un courbé.

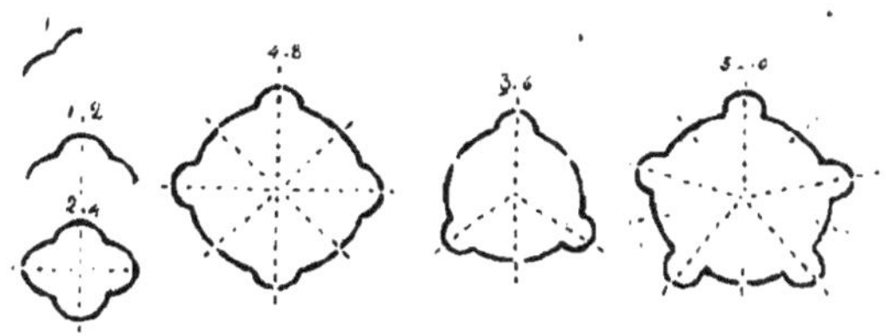

Fig. 224. — Rythme courbé à deux mouvements linéaires composés
chacun d'un seul arc de cercle.

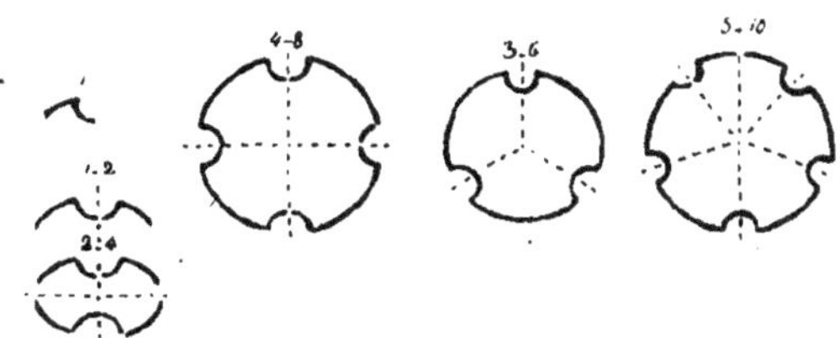

Fig. 225. — Rythme courbé à deux mouvements linéaires composés
chacun d'un seul arc de cercle.

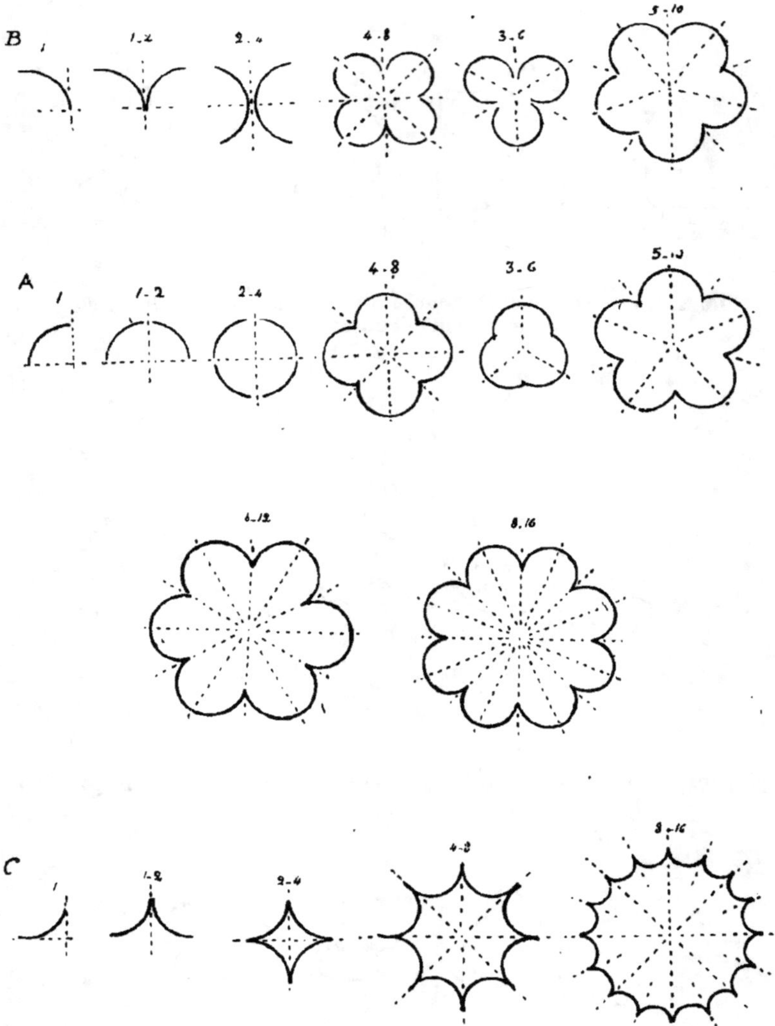

Fig. 226. — Dispositions rayonnantes d'un même rythme courbé placé en trois positions différentes A B, et C par rapport à l'œil.

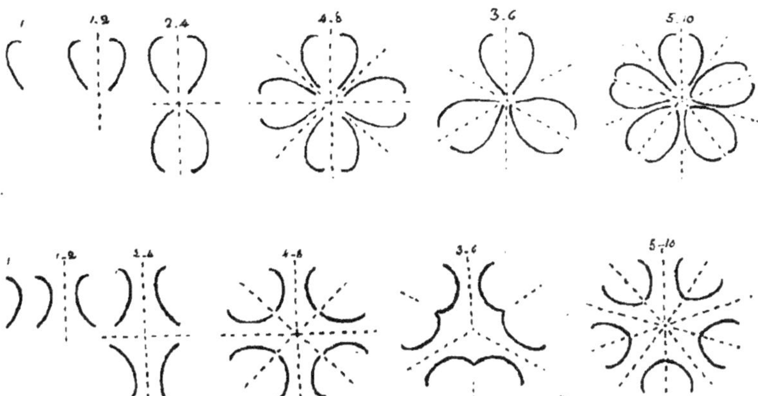

FIG. 227. — Dispositions rayonnantes d'un même rythme composé de deux arcs de cercle à tangence interne, placé en deux positions différentes par rapport à l'œil.

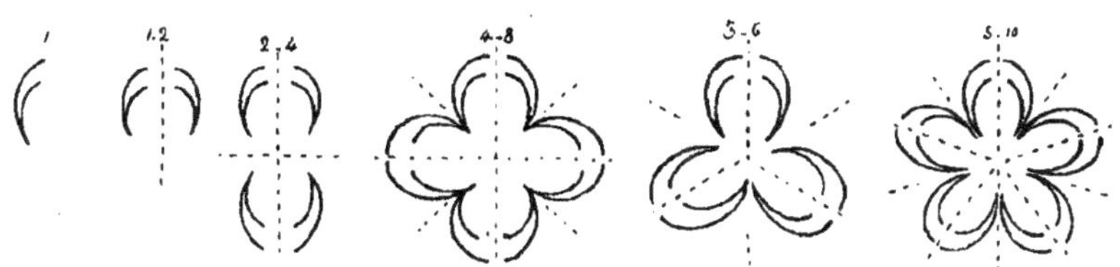

FIG. 228. — Dispositions rayonnantes d'un rythme courbé à mouvements divergents.

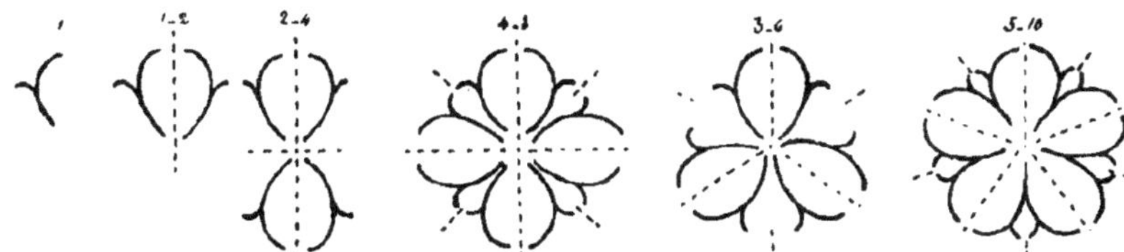

FIG. 229. — Dispositions rayonnantes d'un rythme courbé à mouvements contraires.

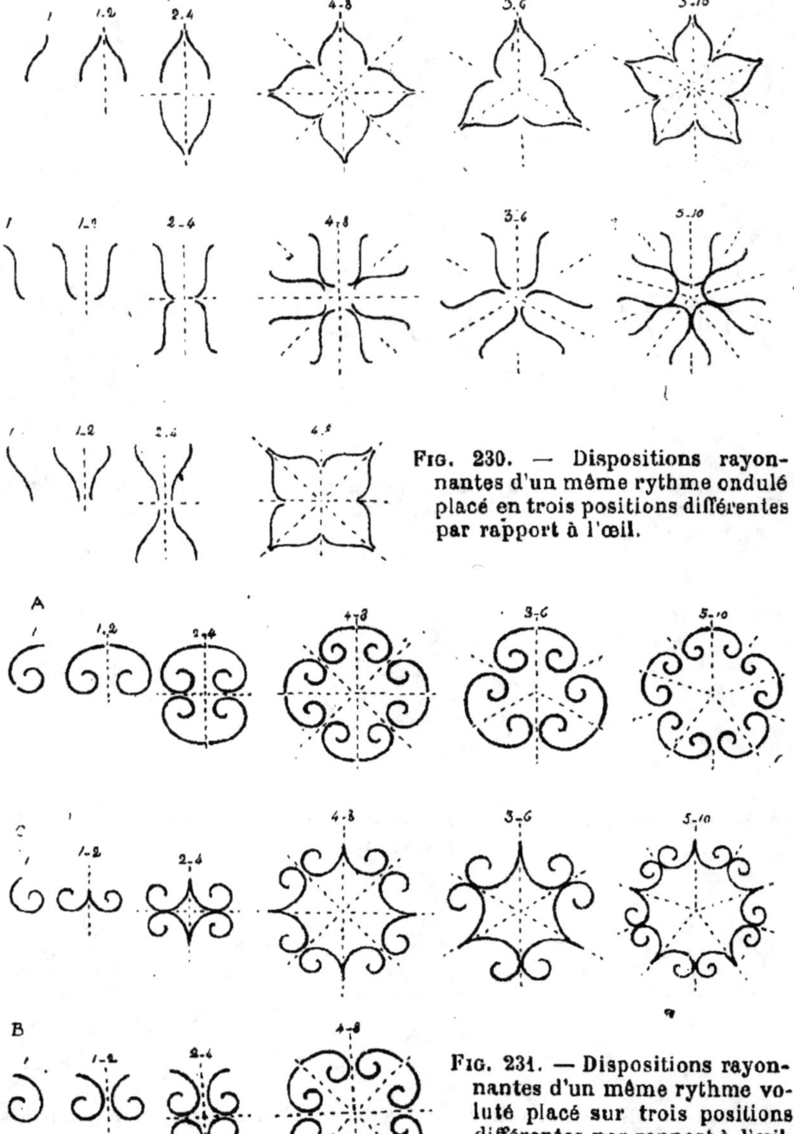

Fig. 230. — Dispositions rayonnantes d'un même rythme ondulé placé en trois positions différentes par rapport à l'œil.

Fig. 231. — Dispositions rayonnantes d'un même rythme voluté placé sur trois positions différentes par rapport à l'œil.

La figure 232 et les suivantes, jusqu'à la figure 236 inclusivement, représentent quelques-uns des mêmes rythmes également disposés sur une direction linéaire rayonnante, mais en répétitions *simples*, c'est-à-dire sans renversement du rythme de chaque côté de l'axe; en mouvement cyclique, courant et revenant sans cesse sur soi; les rythmes tournant indéfiniment dans le même sens.

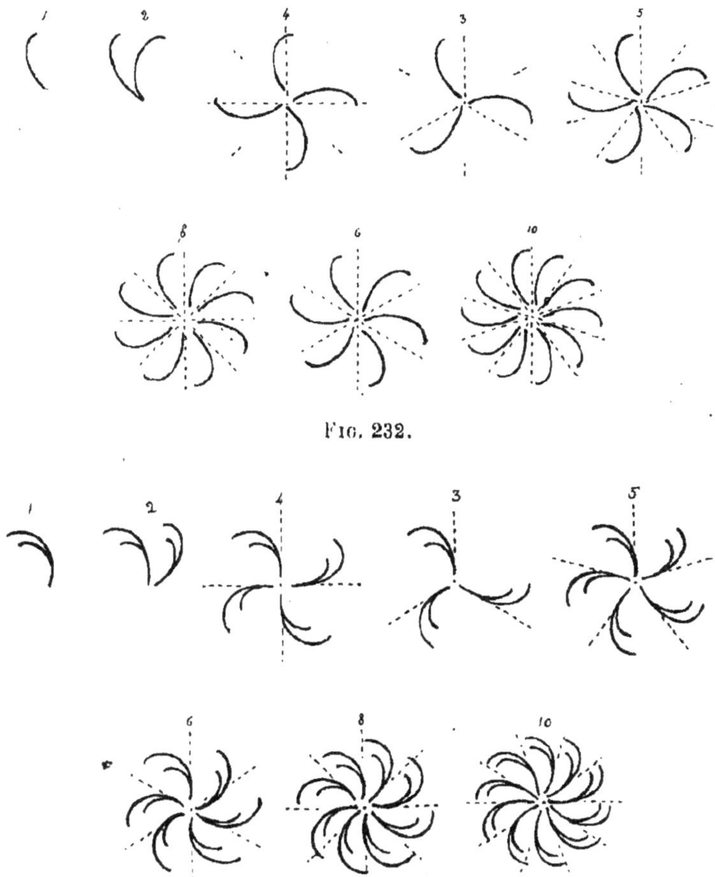

Fig. 232.

Fig. 233.

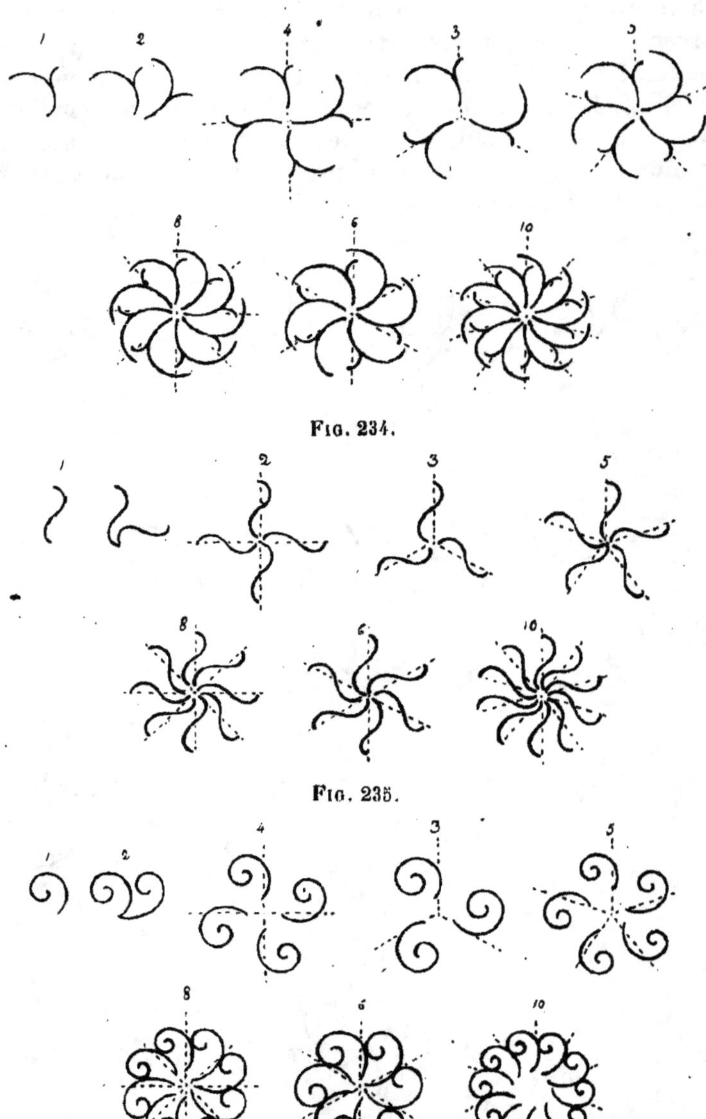

Fig. 234.

Fig. 235.

Fig. 236.

On peut étendre les dispositions rythmiques sur les direc·
tions rayonnantes au delà d'un seul rythme. La figure 237
représente une disposition symétrique à renversement, et
une disposition symétrique simple, d'une même association
rythmique composée de quatre rythmes A, B, C, D.

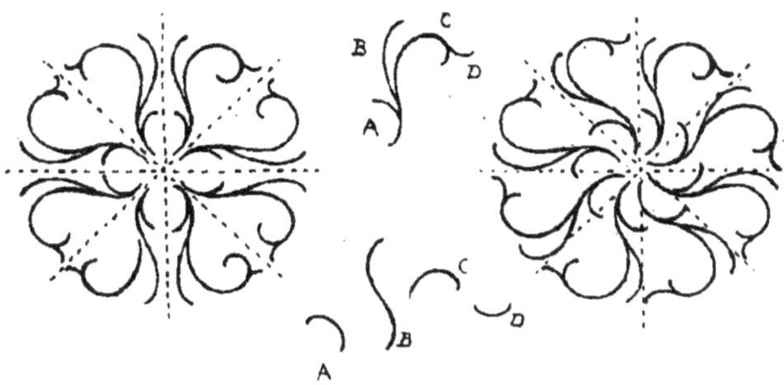

Fig. 237.

Ces exemples d'analogie entre les rythmes et les éléments
naturels — que l'on pourrait multiplier — n'ont pas d'autres
raisons que d'indiquer la logique du principe rythmique
linéaire ornemental qui supplée à la nature, lorsque — ainsi
que nous le verrons dans la suite — elle ne peut nous fournir
un élément immédiatement utilisable, même en le transformant, et lorsqu'il faut, dans ce cas, *créer* alors réellement une
forme.

Observée au point de vue de la recherche de rythmes linéaires, la nature offre au compositeur des ressources infinies
qu'on ne peut soupçonner lorsqu'on n'a pas appris à la regarder et à la voir autrement que « photographiquement ».

On remarquera que, par la disposition rythmique symétrique à renversement sur les directions rayonnantes, on
retrouve le tracé d'éléments naturels. C'est ainsi, par exemple,
qu'un rythme à mouvement courbé-prolongé, par tangence
interne (*fig.* 238), retourné de trois à six fois, donne la forme
d'une feuille de trèfle ; retourné de cinq à dix fois, la forme
d'une feuille d'églantier ; retourné de six à douze fois, la
forme d'une fleur de marguerite.

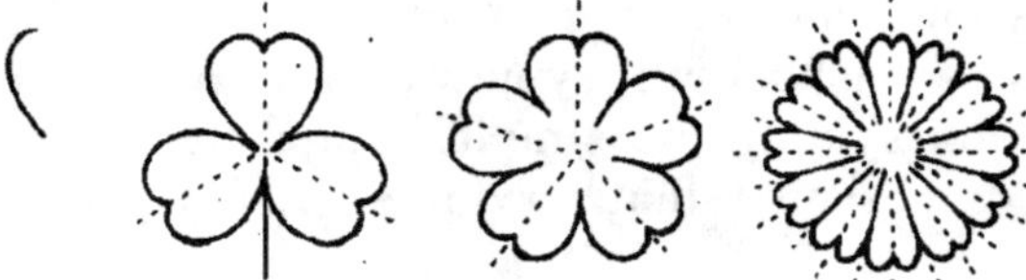

Fig. 238.

L'association d'un rythme ondulé et d'un rythme brisé symétrique par renversement de un à deux sur une direction verticale de stabilité donne la forme d'une capsule de bluet (*fig.* 239).

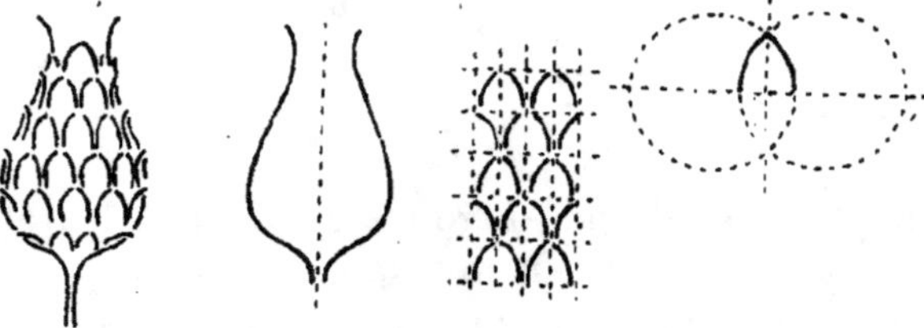

Fig. 239.

Inversement, avec un motif d'élément naturel, on peut, par des dispositions multiples, non seulement reproduire la plupart des rythmes que nous avons indiqués, mais même les formes d'autres éléments naturels.

Prenons comme exemple un contour de feuille de lilas (*fig.* 240). Cette feuille peut être disposée symétriquement par deux, trois, quatre ou cinq répétitions, et les multiples de ces nombres en restant identique.

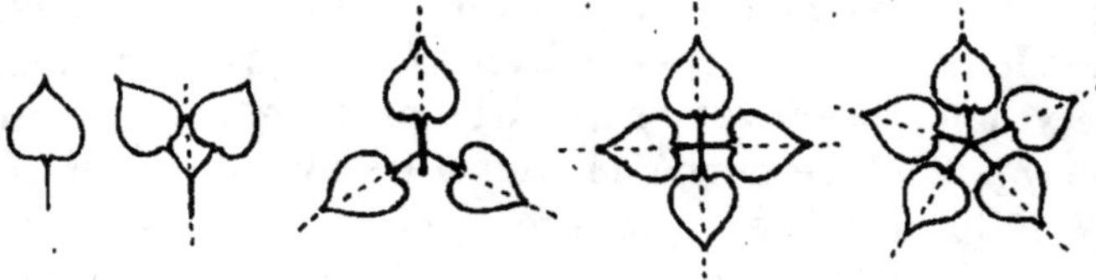

Fig. 240.

En la renversant et en la disposant de la même façon, elle reproduit une autre forme naturelle de feuillage et de fleur (*fig.* 241).

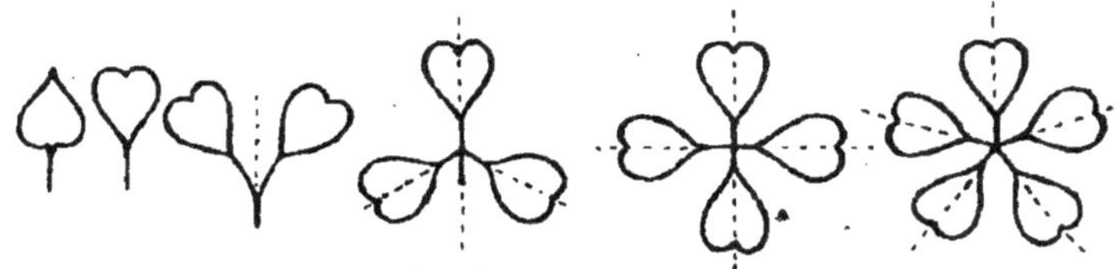

FIG. 241.

Disposition des rythmes sur des directions rayonnantes et en divers mouvements autres que le mouvement circulaire (*fig.* 242).

Disposition des rythmes sur les directions linéaires indéfinies. — Les rythmes sont disposés sur ces directions, soit par bandes verticales, A ; soit par bandes horizontales, B ; soit par bandes obliques en deux sens, C et D (*fig.* 243), ou par

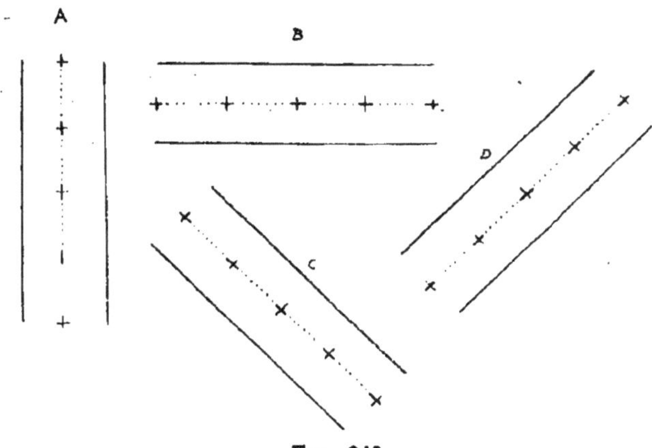

FIG. 243.

nappes indéfinies en quatre sens. La disposition peut être à base perpendiculaire ou à base d'obliques croisées. A base perpendiculaire, les dispositions sont en droite ligne ; à base d'obliques croisées, elles sont en quinconce (*fig.* 244).

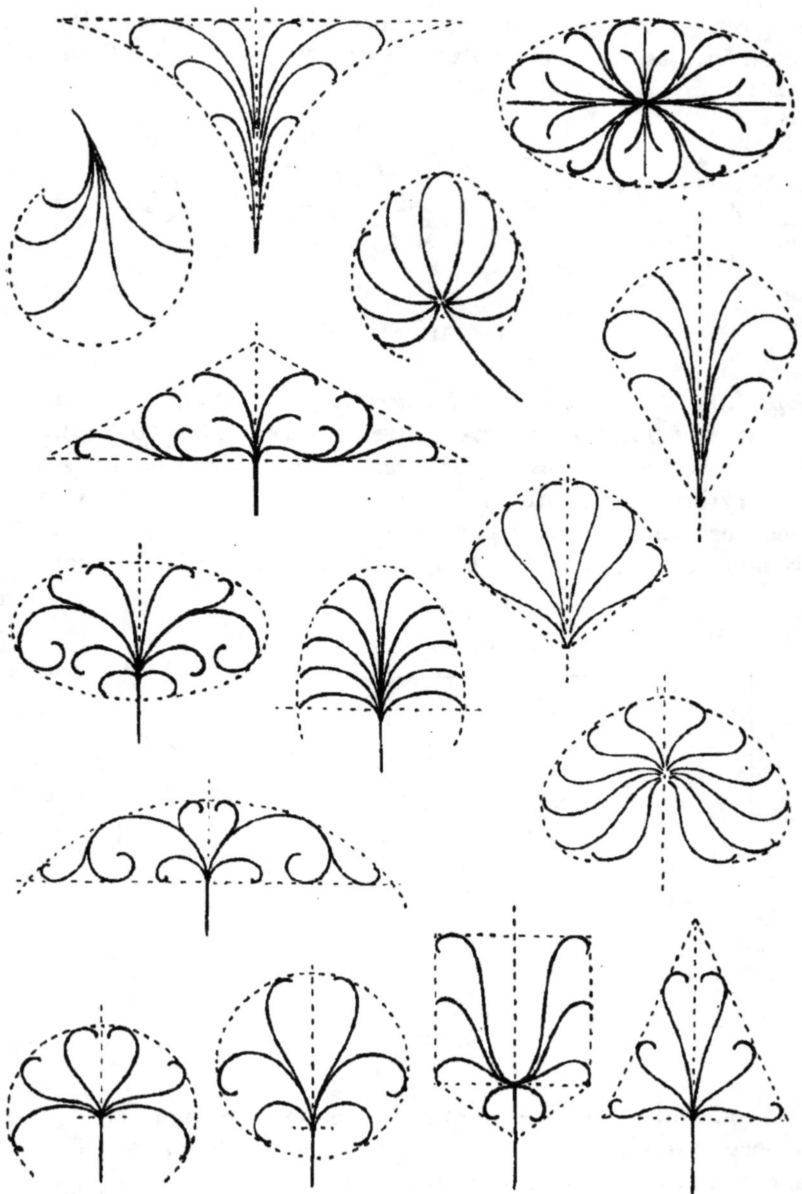

Fig. 24 .

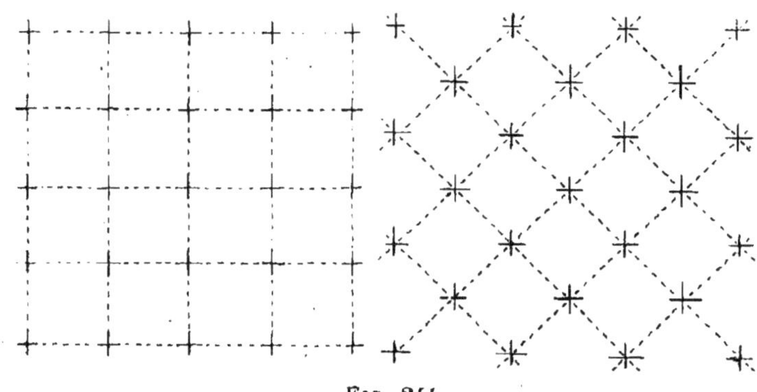

FIG. 244.

Les raccords. — La répétition indéfinie d'une même association rythmique linéaire sur bande et sur nappe s'obtient par le procédé du *raccord*, qui consiste à déterminer rectangulairement une étendue en hauteur et en largeur, et à y disposer l'association rythmique projetée de façon que les contours tracés sur la verticale de gauche soient identiques à ceux tracés sur la verticale de droite et que les contours tracés sur l'horizontale supérieure soient identiques à ceux tracés sur l'horizontale inférieure. C'est ce que l'on appelle le raccord *simple* ou *droit* (*fig.* 245).

Le second procédé de raccord consiste à diviser la surface rectangulaire de la composition

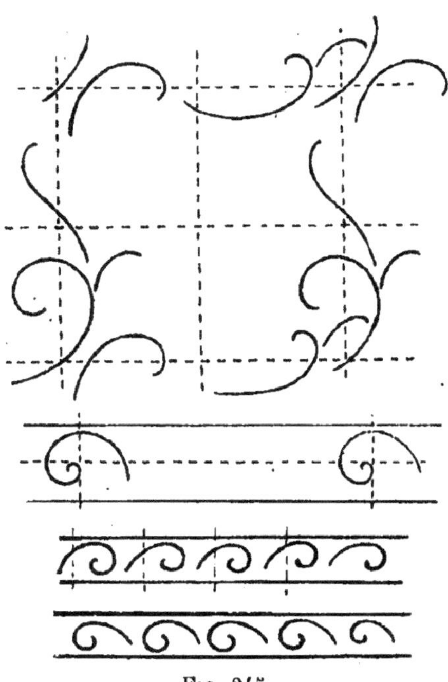

FIG. 245.

originale par une verticale et une horizontale centrales à partir du centre, et à disposer les rythmes linéaires en rayonnement, de façon que la partie gauche soit inversement semblable à la partie droite dans le sens vertical, et que la partie supérieure soit inversement semblable à la partie inférieure dans le sens horizontal (*fig.* 246). C'est ce que l'on appelle le raccord à *retour*.

Fig. 246.

On peut associer les deux procédés de raccord droit et à retour; une composition rythmique linéaire initiale pouvant se raccorder à retour de gauche à droite dans le sens vertical, et à raccord simple ou droit entre la partie supérieure et la partie inférieure, dans le sens horizontal (*fig.* 247).

Le même principe pourrait être appliqué inversement, par un raccord droit dans le sens horizontal et un raccord à retour dans le sens vertical.

Enfin, lorsqu'on veut élargir l'effet de la composition, disposée dans un cadre de même étendue, on emploie le raccord *en quinconce*, qui consiste à diviser l'espace rectangulaire en quatre parties égales et à raccorder la partie inférieure de gauche avec la partie supérieure de droite, et, inversement, la partie supérieure de gauche, avec la partie inférieure de

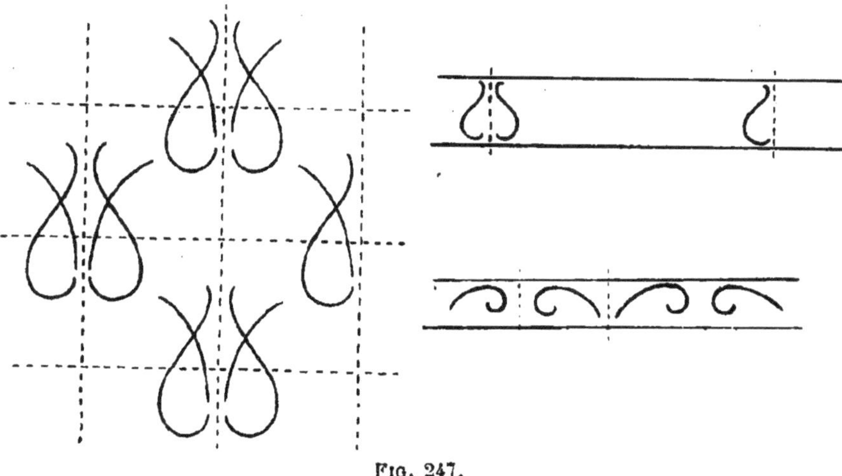

Fig. 247.

droite ; les deux parties supérieures se répétant en raccord

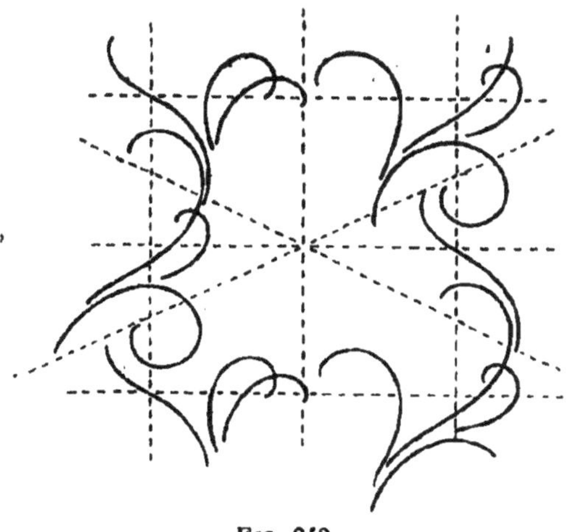

Fig. 248.

droit sur les deux parties inférieures (*fig.* 248).

Disposition des rythmes sur une forme déterminée à contour limité. — On peut utiliser toutes les associations rythmiques, symétriques ou asymétriques, comme axe de stabilité et de mouvement pour d'autres associations rythmiques (*fig.* 249, 250, 251, 252).

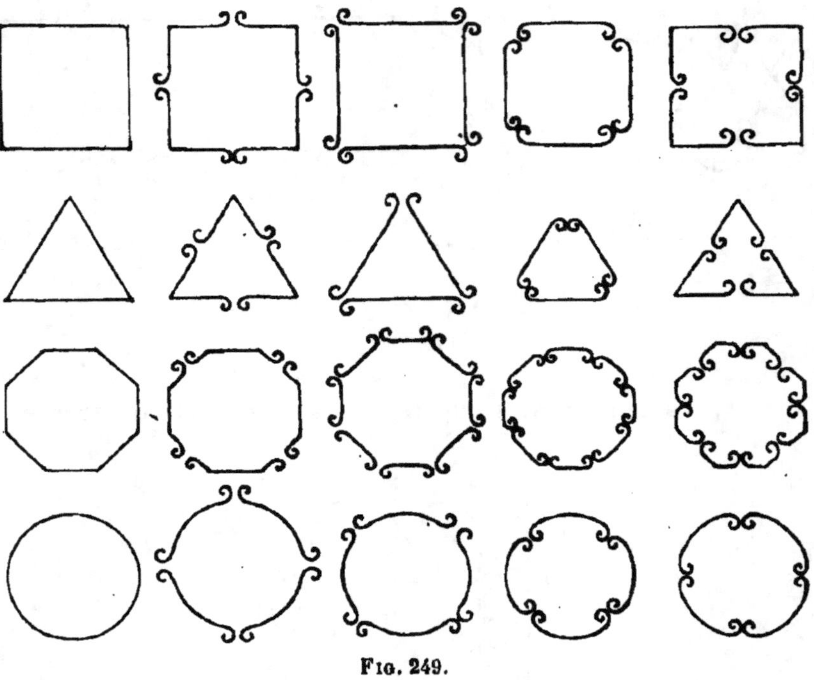

Fig. 249.

Disposition des rythmes dans une forme déterminée à contour limité. — On inscrit les associations rythmiques dans un espace de forme et de dimension déterminées, soit en partant du centre de l'espace et en rayonnant symétriquement vers les bords du contour; soit en partant des bords du contour, et en dirigeant les mouvements vers le centre; on peut disposer ces deux directions en contrastes dans le même espace de contour. On peut disposer les rythmes en mouvements

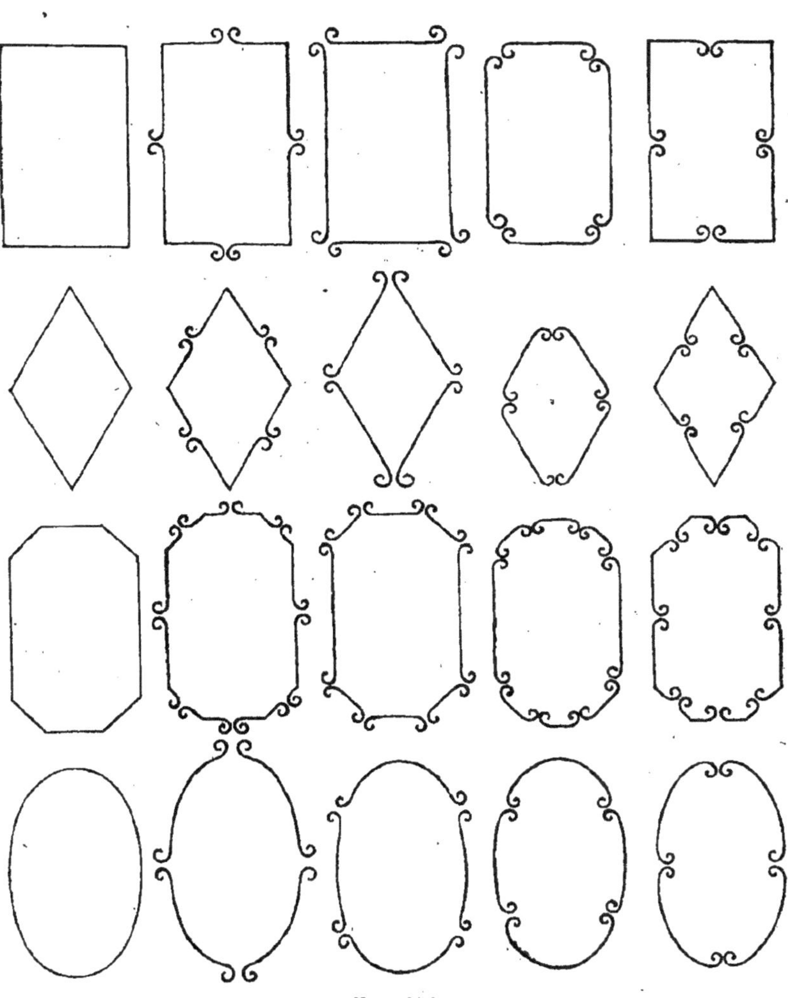

Fig. 250.

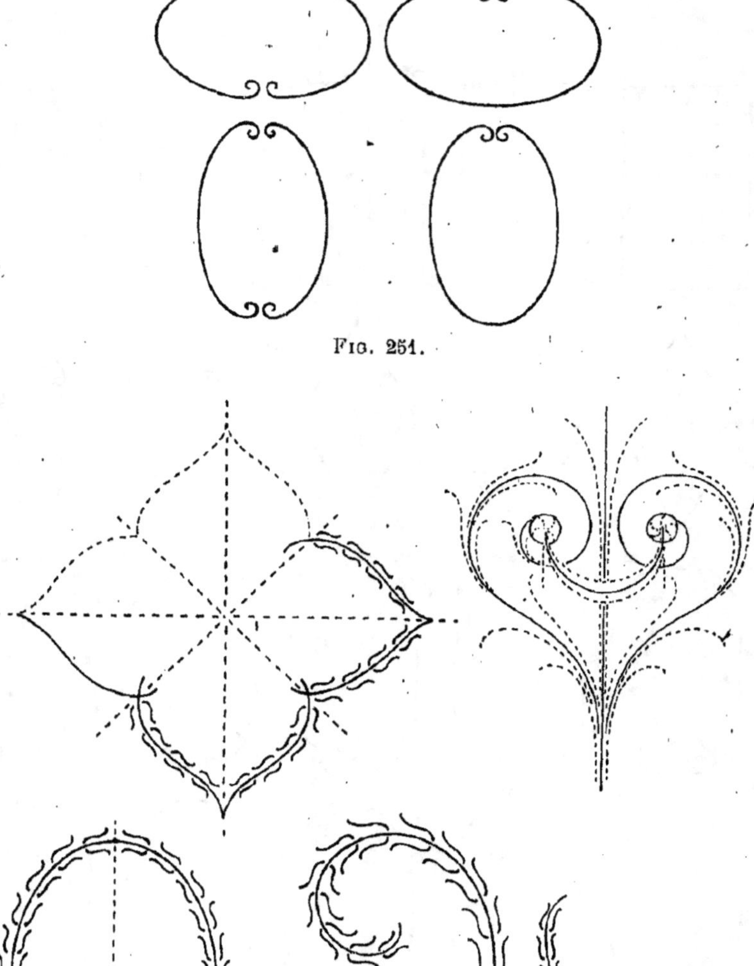

Fig. 251.

Fig. 252.

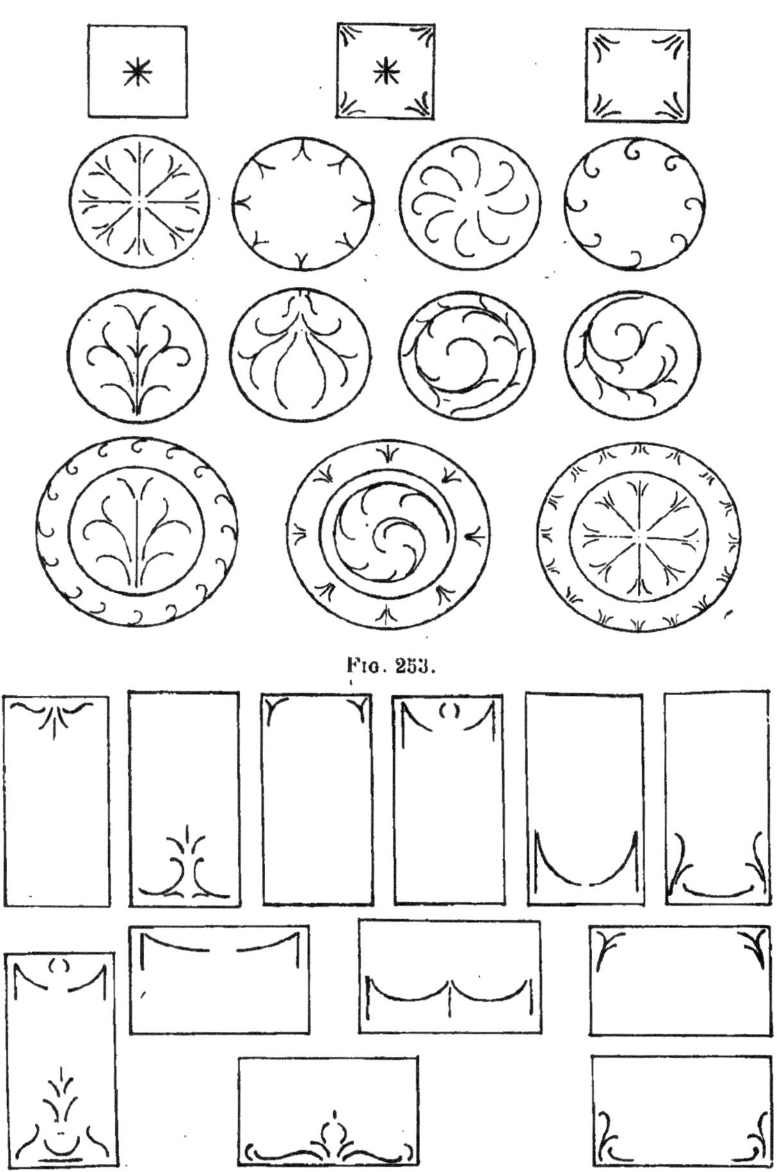

FIG. 253.

FIG. 254.

descendants ou en mouvements ascendants sans couvrir toute

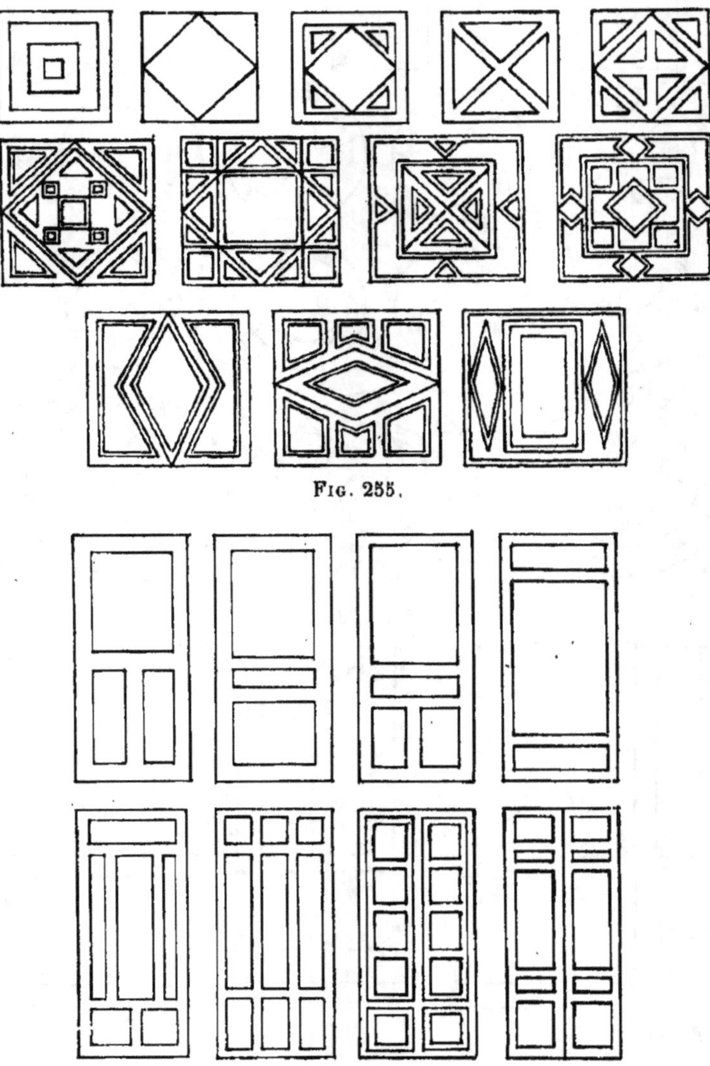

Fig. 255.

Fig. 256.

l'étendue de l'espace du contour, de façon à créer un contraste de parties ornées et de parties unies (*fig.* 253 à 262).

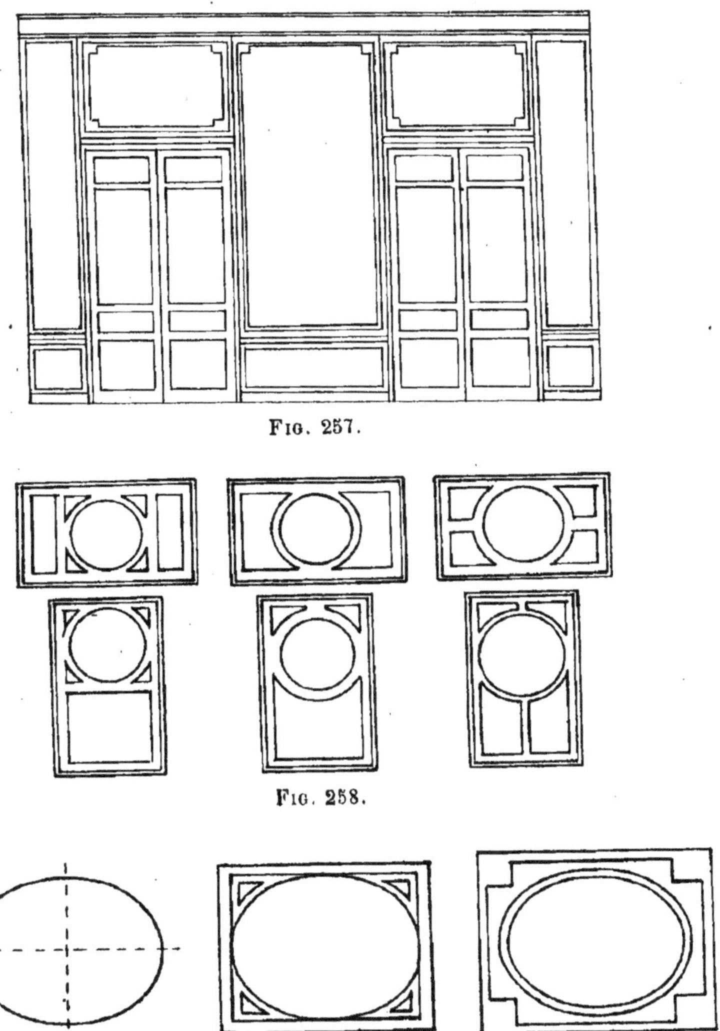

Fig. 257.

Fig. 258.

Fig. 259.

Ces dispositions sont tracées en application du principe

de la proportion rythmique que nous exposons plus loin

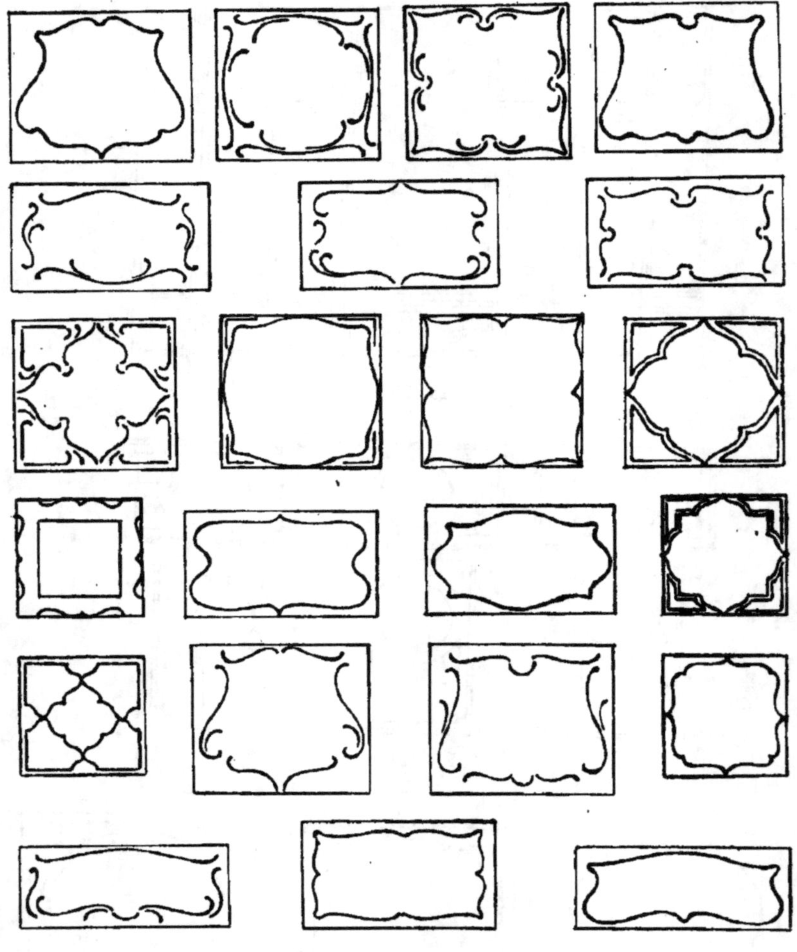

Fig. 260.

*Disposition externe et interne des rythmes sur une forme dé-
terminée à contour limité.* — Dans cette disposition, et selon

les mêmes principes que pour les précédentes, les rythmes s'étendent en dehors et en dedans du contour initial servant de direction linéaire à leurs évolutions qui se développent logiquement de

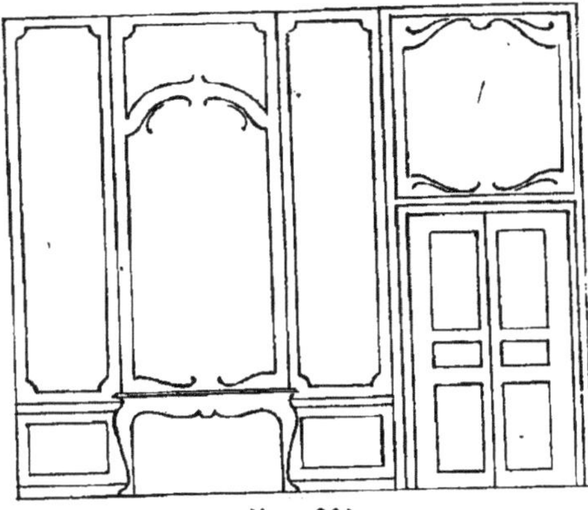

FIG. 261.   FIG. 262.

chaque côté, soit en inversion symétrique ou asymétriquement (*fig.* 263).

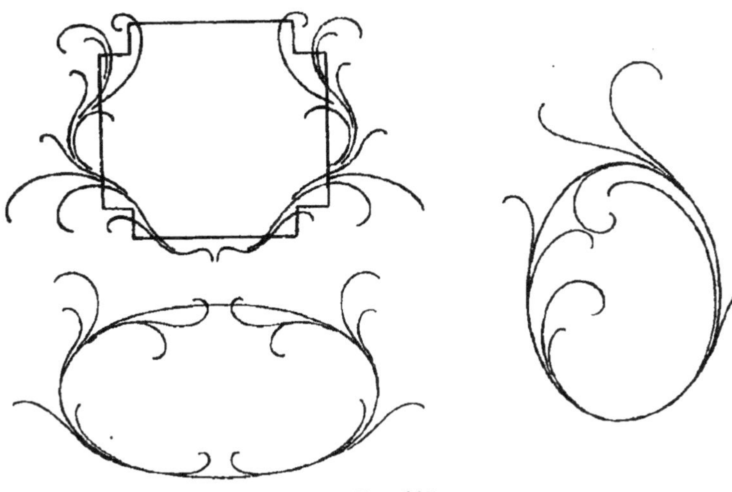

FIG. 263.

L'association des contours. — Les contours isolés, formés par les associations de rythmes linéaires, peuvent être associés de nouveau entre eux de plusieurs façons; par juxta-

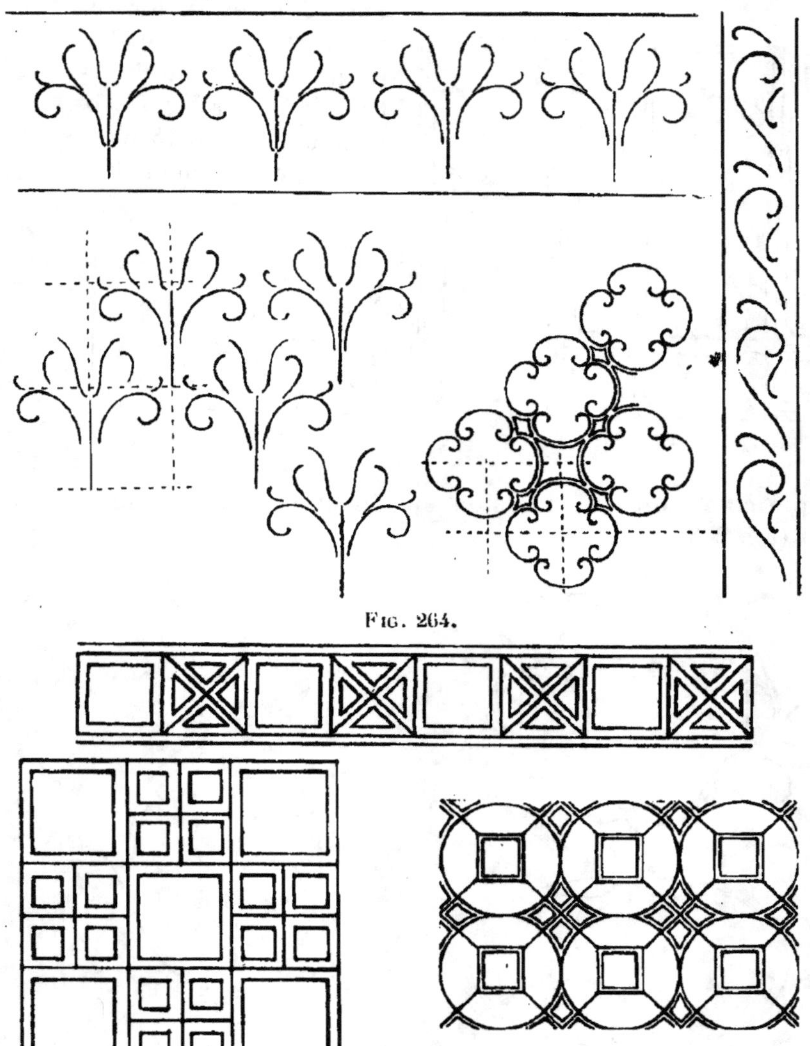

Fig. 264.

Fig. 265.

position, par alternance, par superposition, par jonction et par croisement.

Par juxtaposition. — La juxtaposition consiste à disposer plusieurs contours isolés à côté les uns des autres, par répétition simple, sur un axe de direction linéaire déterminée, à une distance les uns des autres, choisie en raison de l'effet que l'on veut produire ; les contours pouvant se toucher, ou être assez éloignés les uns des autres par rapport à leur proportion d'étendue avec celle du fond. On peut ainsi juxtaposer tous les genres de dispositions rythmiques précédemment indiquées (*fig.* 264).

Par alternance. — L'alternance est une disposition de deux contours isolés, ou plus, répétés de deux en deux, de trois en trois, de quatre en quatre, etc., de façon à former une répétition sans cesse symétriquement contrastante (*fig.* 265).

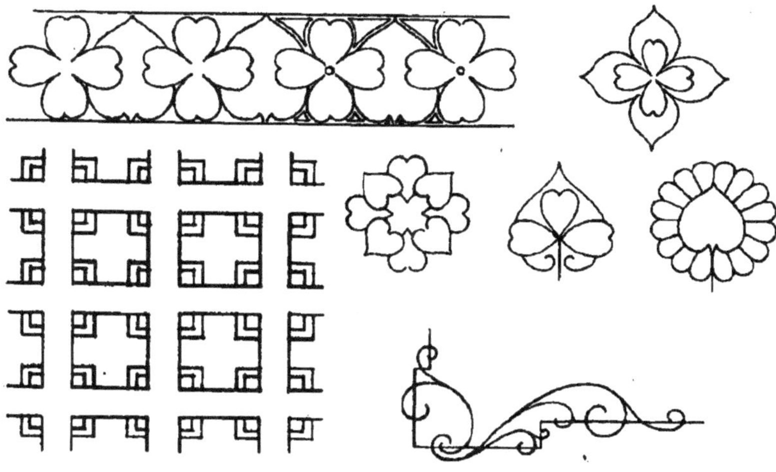

Fig. 266.

Par superposition. — La superposition consiste à enfermer un contour isolé dans un autre contour d'étendue plus grande. Les contours superposés peuvent être symétriquement répétés par juxtaposition simple ou alternée (*fig.* 266).

Par jonction. — La jonction consiste à réunir les contours

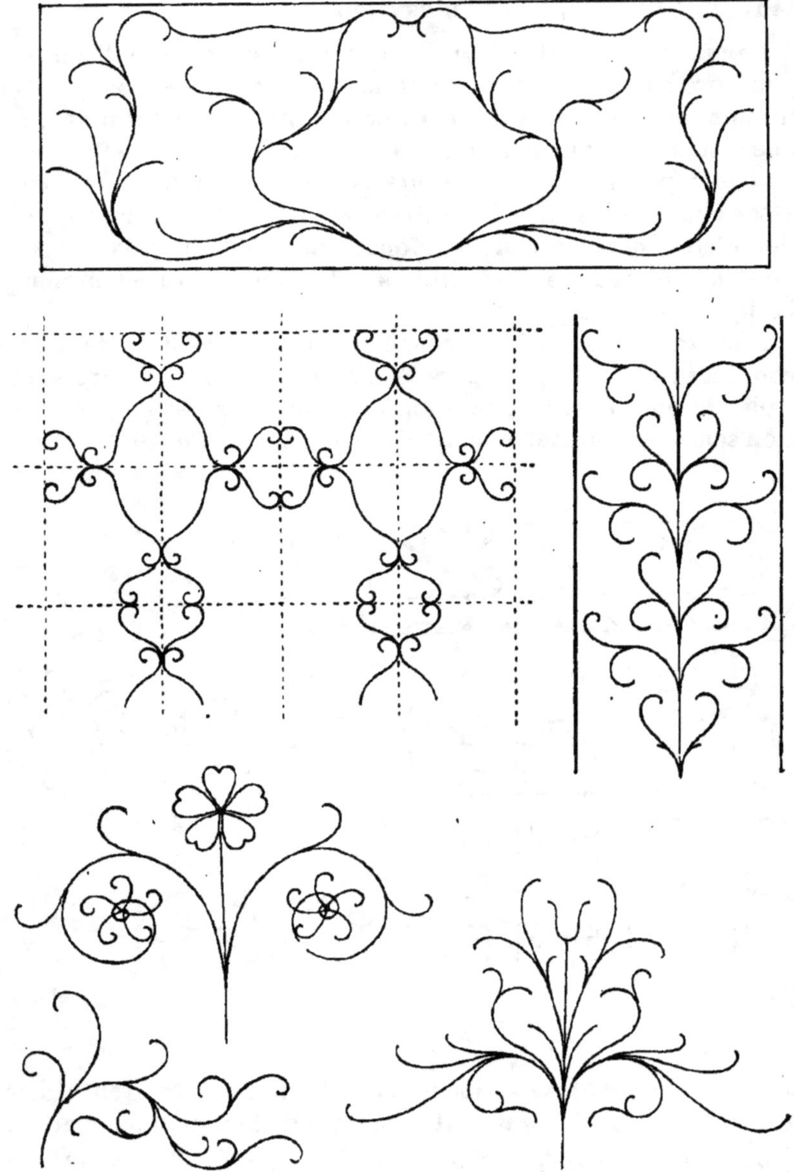

Fig. 267.

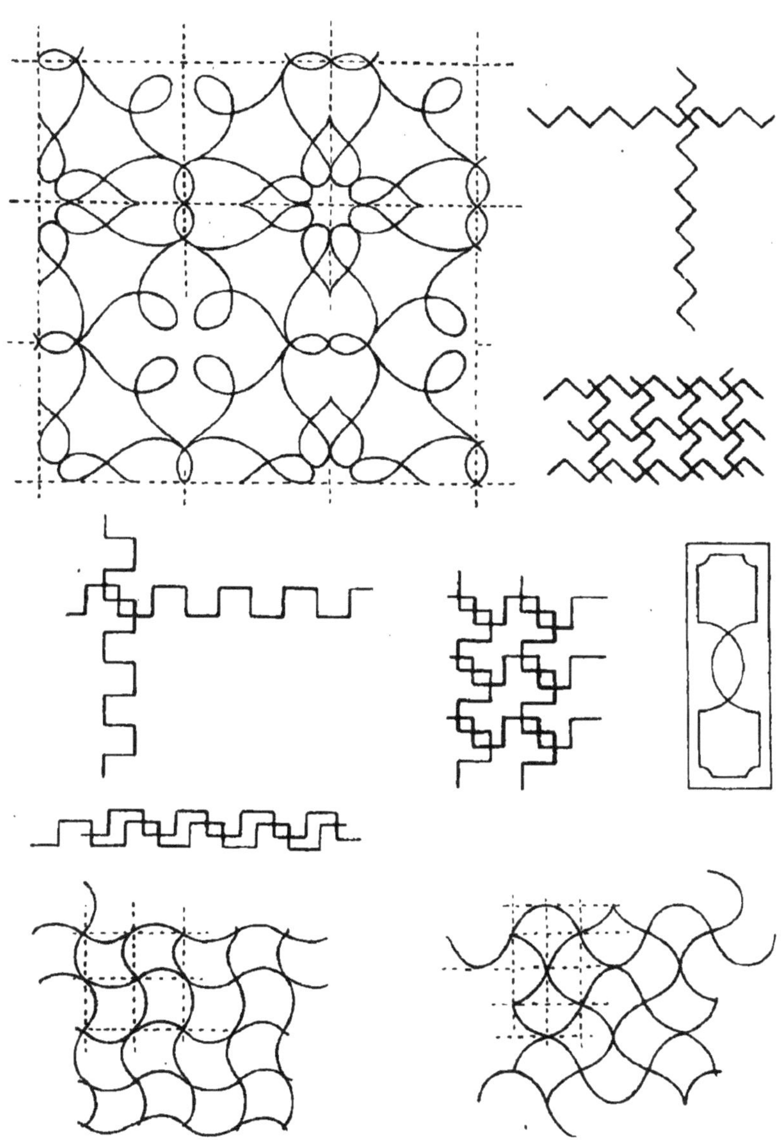

Fig. 268.

isolés de façon qu'ils forment tous, entre eux, un ensemble linéaire sans solution de continuité dans ses mouvements et ses directions. On peut joindre ainsi des contours semblables ou des contours contrastants par alternance (*fig.* 267).

Par croisement. — Le croisement consiste à faire passer certaines parties d'un contour isolé sur ou sous certaines parties d'un autre contour.

Lorsque ce croisement est répété symétriquement, par alternance, à la façon des joncs de vannerie, on l'appelle entrelac (*fig.* 268).

On peut combiner les effets décoratifs de la jonction simple ou entrelacée avec ceux de la superposition et d'arrêts brusques de juxtaposition qui forment alors contrastes de disposition linéaire.

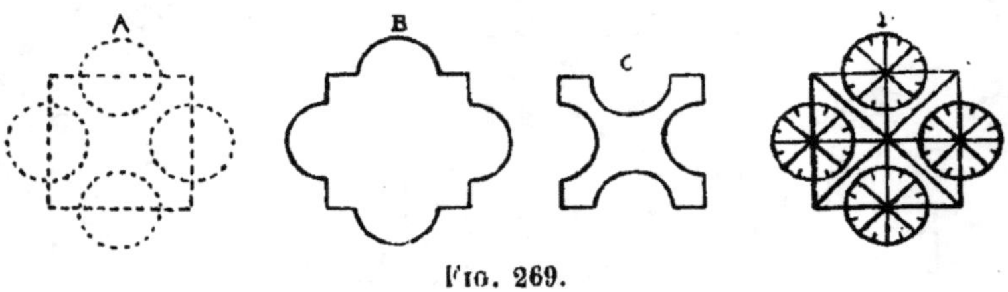

Fig. 269.

On remarquera que l'association de plusieurs contours isolés peut donner naissance à d'autres contours de caractères très différents, après élimination de certaines parties des contours initiaux (*fig.* 269).

La proportion rythmique. — Un contour est composé d'un certain nombre de rythmes linéaires dont les mouvements divisent l'espace qu'il occupe en un certain nombre de parties.

L'aspect du contour résulte de la disposition de la proportion conséquente de chacune de ces parties par rapport à l'ensemble.

Pour bien faire comprendre la différence qui existe entre la division, la disposition et la proportion des parties, nous don-

nons comme exemple plusieurs carrés égaux divisés cha·
cun en un même nombre de parties différemment disposées
(*fig.* 270).

Les numéros 1, 2 et 3 sont chacun divisés en neuf parties;

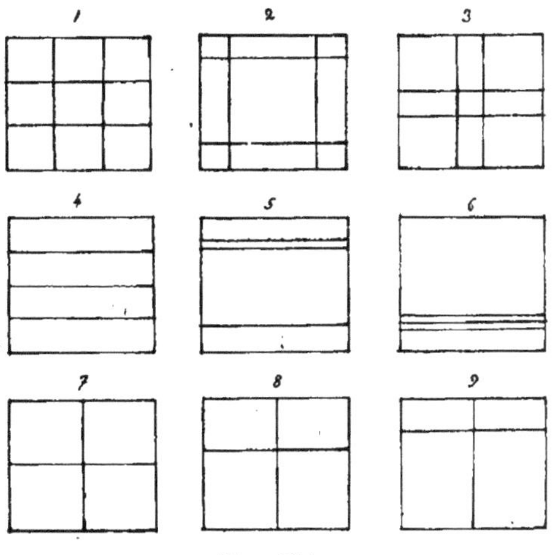

Fig. 270.

les numéros 4, 5, 6, 7, 8 et 9 sont chacun divisés en quatre parties.

Entre les numéros 1 et 4, il y a différence de division, puisque le numéro 1 est divisé en neuf parties, alors que le numéro 4 est divisé en quatre. Entre les numéros 1, 2 et 3, la division et la disposition sont les mêmes puisqu'il y a toujours neuf parties, et deux lignes horizontales et deux lignes verticales; mais il y a contraste de proportion. Entre les numéros 4, 5 et 6, la division et la disposition sont les mêmes, puisqu'il y a toujours quatre parties et trois lignes horizontales; mais il y a contraste de proportion. Entre les numéros 7, 8 et 9, la division et la disposition sont les mêmes, puisqu'il y a quatre parties et une ligne horizontale et une ligne verticale, mais il y a contraste de proportion. Enfin, entre les numéros 4 et 7, les divisions sont les mêmes, puisqu'il y a quatre parties dans chacun des deux carrés, mais les dispositions sont différentes, puisque dans le numéro 4 il y a quatre lignes horizontales, et que dans le numéro 7 il y a une ligne verticale et une ligne horizontale; il y a contraste de disposition et de proportion entre les quatre parties égales du numéro 4 et les quatre parties égales du numéro 7.

La figure 271 représente le même rythme linéaire tracé dans des divisions identiques en dispositions, mais dans deux espaces absolument contrastants en proportion, en ce sens que la hauteur du contour A est exactement semblable à la largeur du contour B, alors que la hauteur du contour B est exacte-ment semblable à la largeur du contour A. Le rythme est le même, mais la proportion en est modi-fiée, et par cela même le caractère rythmi-que changé.

La proportion a donc un rôle extrê-mement important

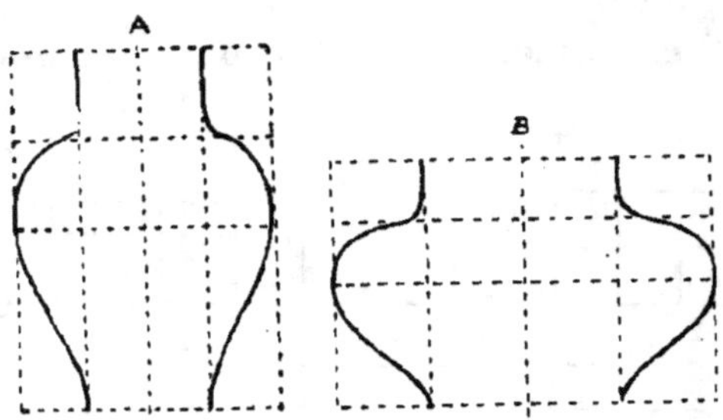

FIG. 271.

dans l'art de la composition, puisqu'elle peut modifier le ca-ractère d'un même rythme linéaire au point d'en rendre l'as-pect tout à fait différent.

La proportion est le rapport des dimensions de l'ensemble avec ses parties, et des parties de cet ensemble entre elles.

La proportion résulte de la division de l'espace et de la dis-position des parties de cette division.

Nous avons vu, dans les figures 130 et 131, que le caractère variable d'un rythme linéaire résulte de la proportion des deux mouvements qui le composent. Il en est de même pour tous les groupes de rythmes qui constituent un contour.

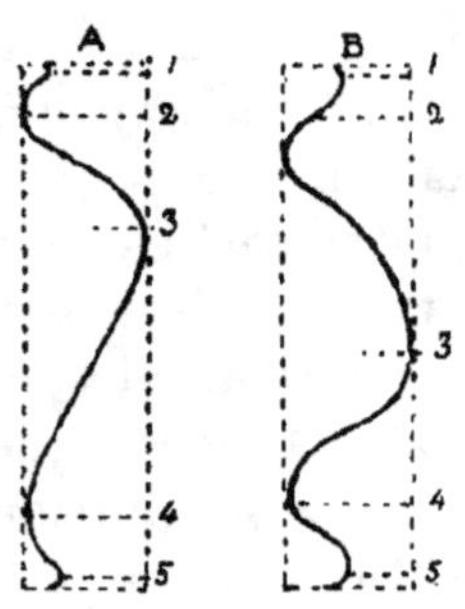

FIG. 272.

Les deux contours A et B de la fi-gure 272 sont semblables en tant qu'élé-ments rythmiques, puisqu'ils sont com-posés chacun de points de saillies et de rentrées correspondants en mouvement linéaire. Dans les deux contours le point 1 est saillant, le 2 rentrant, le 3 sail-lant, le 4 rentrant et le 5 saillant. Entre ces cinq points les deux contours suivent la même évolution, et cependant l'aspect est tout à fait différent parce que les di-visions de l'espace correspondant aux points rythmiques sont de proportions différentes dans chacun des deux contours.

On peut donc inscrire des contours très différents en des espaces semblables en forme et en dimension de hauteur et de largeur (*fig.* 273).

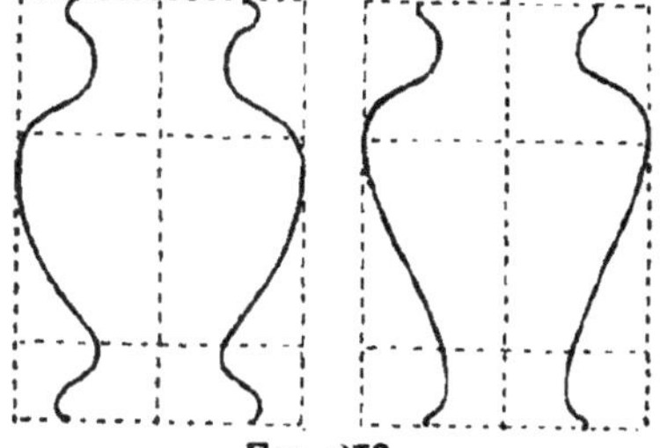

FIG. 273.

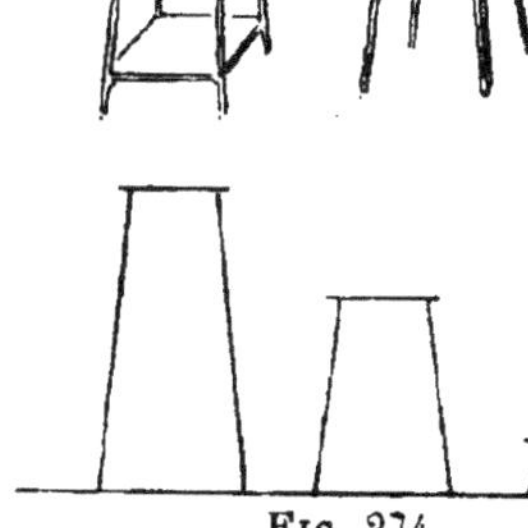

FIG. 274.
A, selle. B, escabeau. C, tabouret.

On peut également composer des objets divers de formes analogues en donnant à un même contour des dimensions différentes (*fig.* 274, 275, 276).

La proportion crée des analogies ou des contrastes

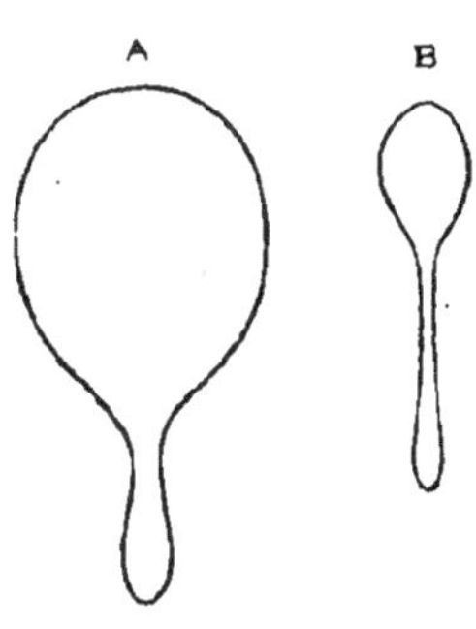

FIG. 275.
A, miroir. B, cuillère.

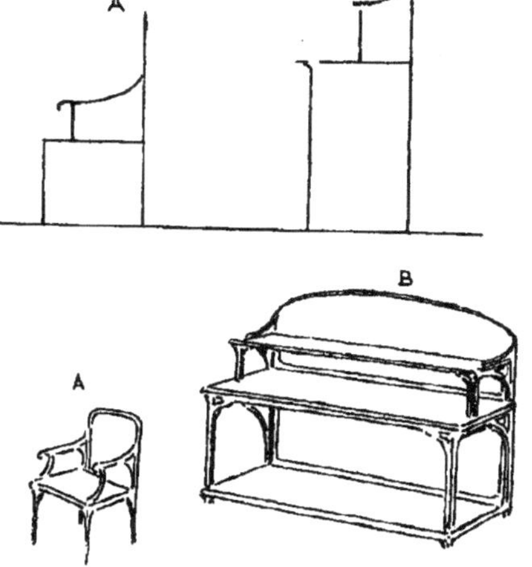

FIG. 276.
A, fauteuil. B, crédence.

de formes et de dimensions dont l'accentuation ou l'atténuation détermine le caractère dominant d'un contour. La figure

277 indique par quelles séries d'analogies on peut attendre un contraste absolu.

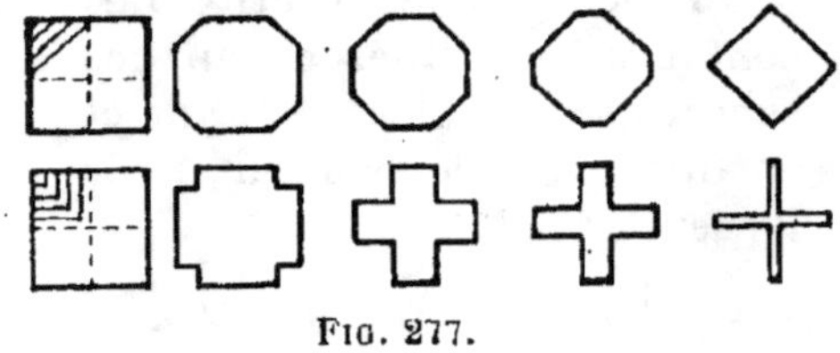

Fig. 277.

En abattant successivement les angles d'un carré, on arrive au carré diagonalement opposé ou à la croix grecque.

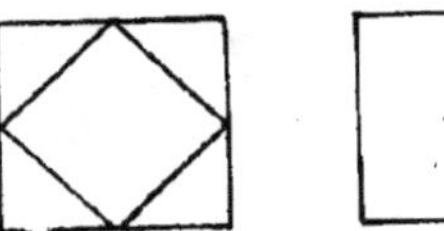

Fig. 278.

La figure 278 représente deux contrastes très accentués en forme et en dimension.

La figure 279 représente deux dispositions rythmiques AB et CD tracées en deux proportions différentes, dans lesquelles les parties AB et CD sont inversement contrastantes, tandis que, dans la figure 280, les mêmes parties sont inversement analogiques.

Les figures 281 et 282 indiquent une série de proportions rythmiques séparant deux contrastes ac-

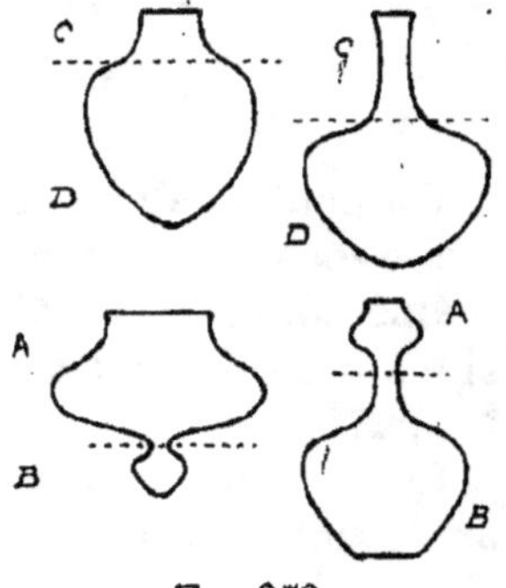

Fig. 279.

centués d'une même disposition linéaire de contour A et B ; dans la figure 281, le contraste existe à la fois en largeur et en hauteur ; dans la figure 282, il existe en largeur seulement.

On remarquera que la plupart des analogies intermédiaires sont peu caractérisées, et il faut en conclure que le contraste de proportion est pour notre œil une condition

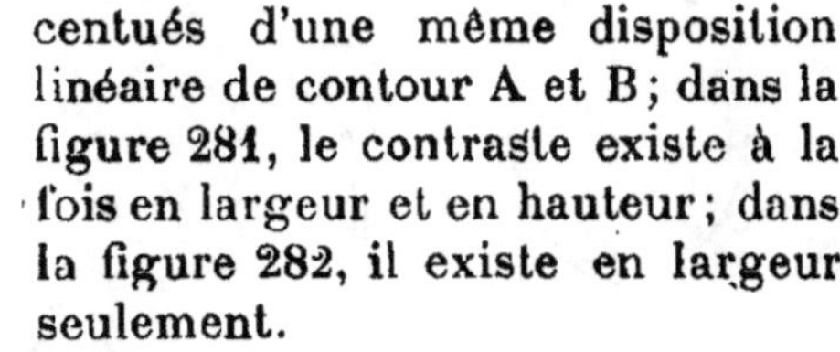

Fig. 280.

tion d'intérêt ; que de l'égalité de rapport entre les parties résulte une indécision qui se traduit par un manque de fer-

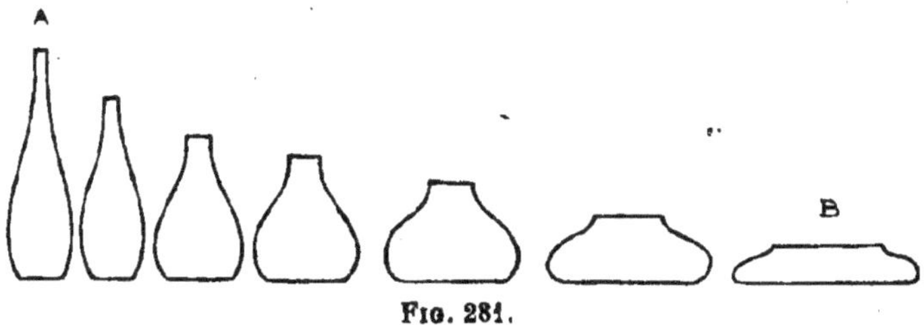

Fig. 281.

meté et d'élégance dans la direction linéaire, et que c'est par

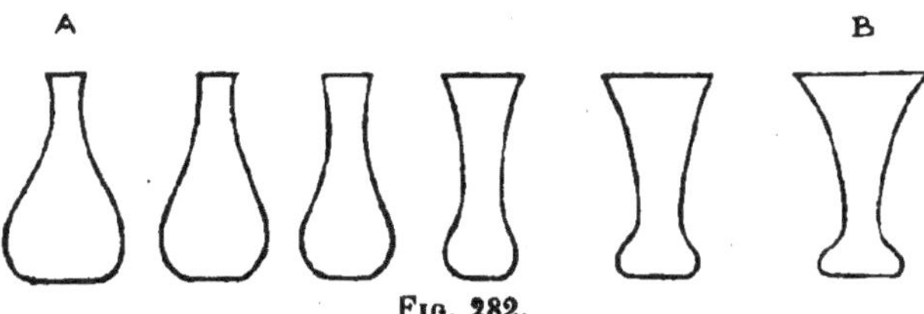

Fig. 282.

l'opposition de parties étroites et de parties larges, de parties

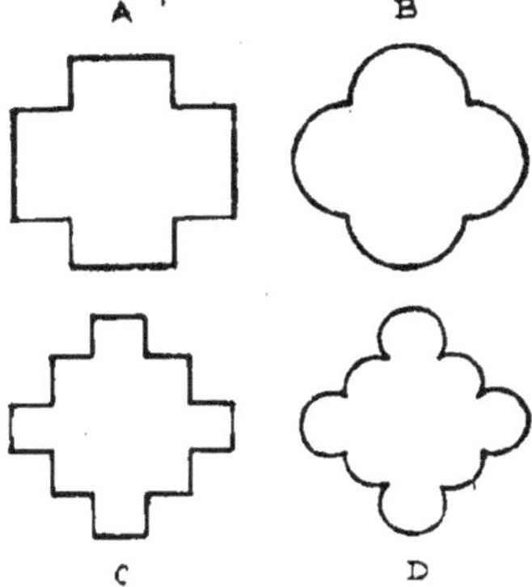

Fig. 283.

rentrantes et de parties saillantes que l'on caractérise une forme.

La proportion rythmique des contours A, B, C, D de la figure 283 résulte d'un rapport d'égalité entre toutes les parties. Il n'y a aucun contraste tant dans les deux contours angulés droits A et C que dans les contours courbés B et D. Dans la figure 284, qui représente la combinaison des contours A avec B et C avec D de la figure 283, il n'y a pas non plus de contraste de division dans les contours E et H; mais il y a contraste de forme entre les parties courbées et les parties angulées. Dans les

contours F et G, qui sont les deux contrastes inverses les
plus opposés du con-
tour E, et dans les
contours I et J, qui
sont également les
contrastes inverses les
plus opposés du con-
tour H, il y a non
seulement contraste
accentué dans la divi-
sion des parties, mais
il y a, en même
temps, contraste ac-

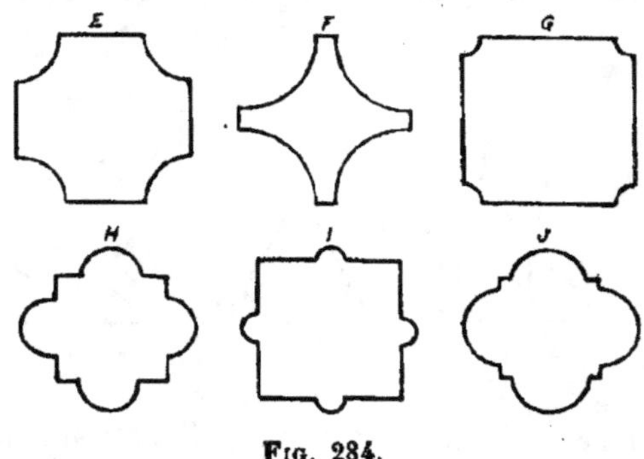

Fig. 284.

centué entre les deux éléments, droit, angulé et courbé ; ce
qui rend les contours F et G, et I et J beaucoup plus carac-
térisés que les précé-
dents.

Cela ne veut pas
dire que l'égalité de
rapport entre les par-
ties soit, en matière
de proportion, tou-
jours un défaut qu'il
faille éviter. L'égalité
peut être même une
qualité, dans certains
cas, en ce sens qu'elle
donne à l'œil une sen-
sation de calme, d'ab-
solu et de repos li-

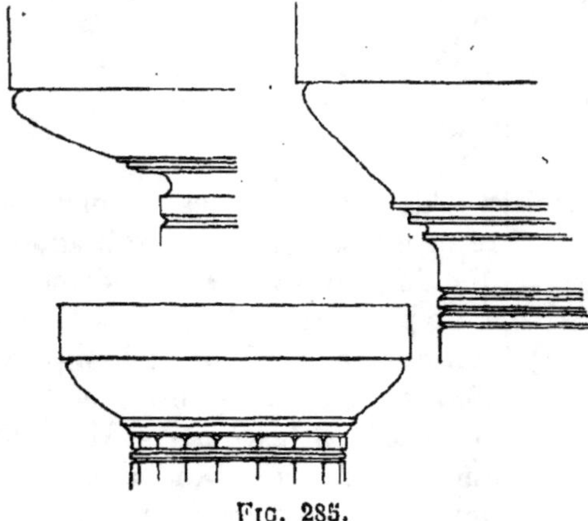

Fig. 285.

néaires qui peut être utilisée en raison du style de la composition.

Mais nous donnons comme exemple de ce qu'un contraste
de rythmique linéaire peut produire de plus délicat et de plus
pur, deux profils de chapiteaux de l'ordre dorique grec
(*fig.* 285).

L'application du même principe avec les mêmes qualités

linéaires qui en résultent, est visible dans la figure 286 par le contraste des larges plis de la draperie, et le plissé menu de la robe.

Les figures 287, 288, 289 et 290 montrent les aspects différents que l'on peut donner à des dispositions linéaires composées d'éléments semblables, par un simple changement de proportion entre les diverses parties de leur ensemble.

Enfin, dans la figure 291, les éléments linéaires, la disposition, les divisions et les proportions d'espaces sont semblables, mais les aspects en apparaissent différents en raison d'un effet d'optique produit par la transposition des valeurs d'intensité claire ou obscure provenant du procédé d'exécution choisi, trait, silhouette ou modelé.

Fig. 286.

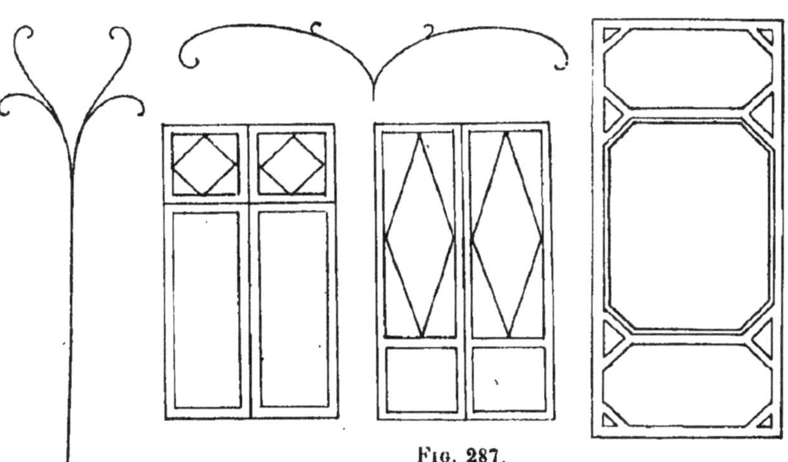

Fig. 287.

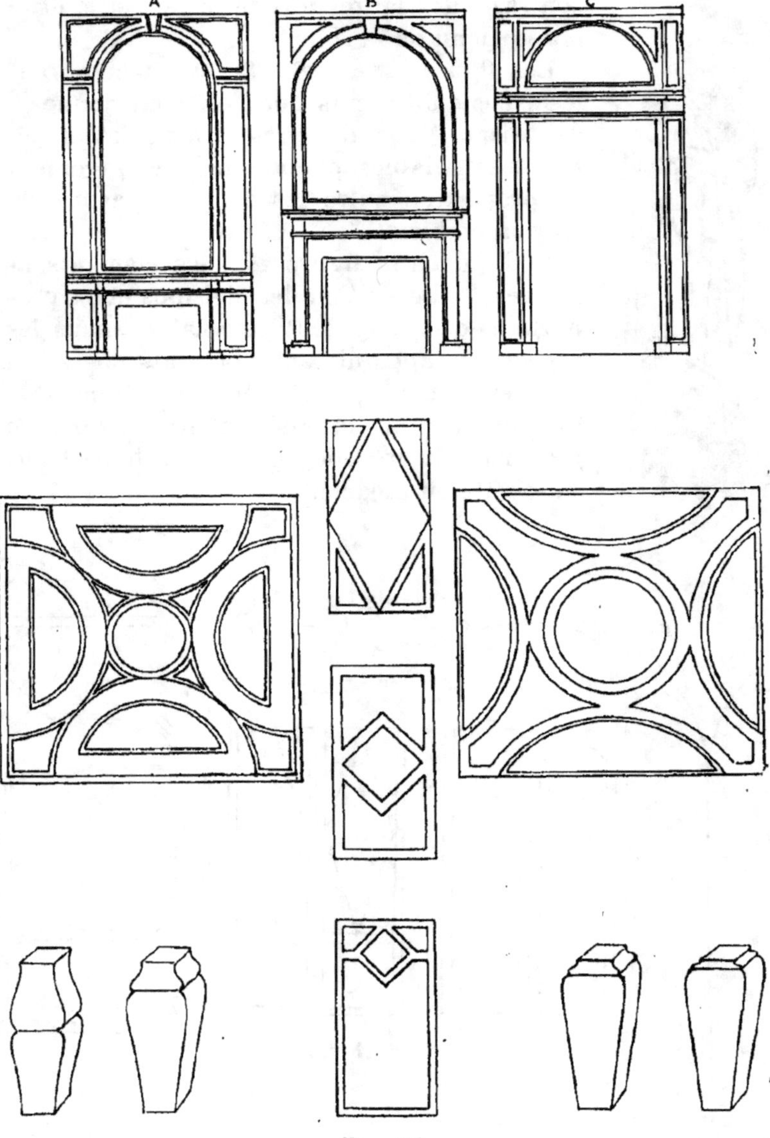

Fig. 288.

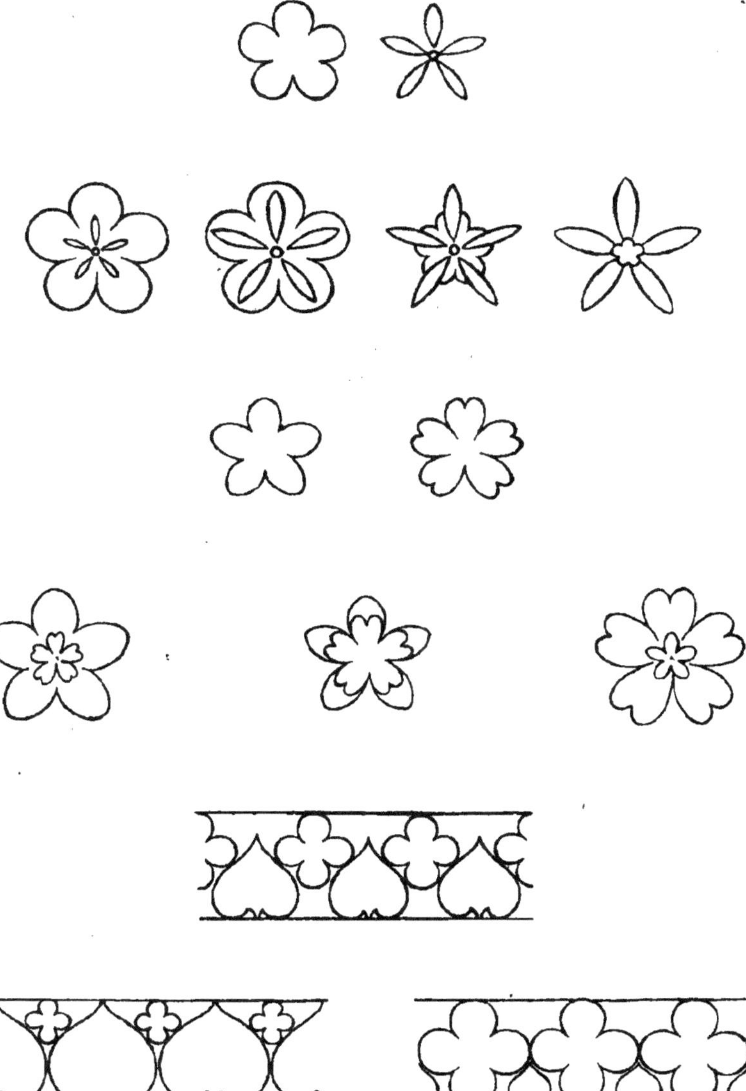

FIG. 289.

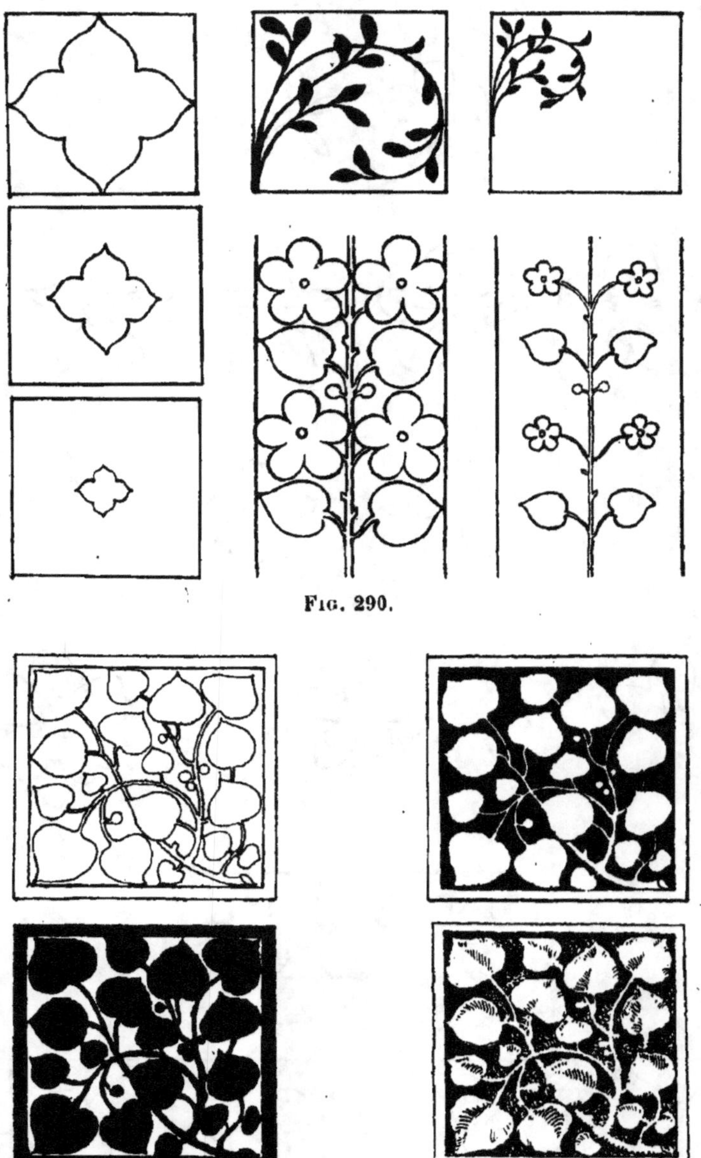

Fig. 290.

Fig. 291.

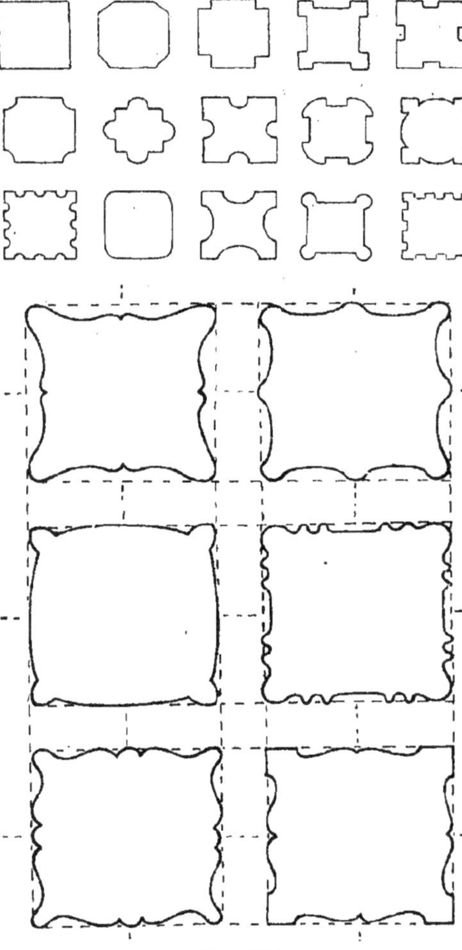

Fig. 292.

Le contour dominant. — Chaque association de rythmes linéaires doit conserver, dans l'ensemble du contour qui en résulte, une dominante linéaire caractéristique de conformation qui sera d'aspect carré (*fig.* 292), rectangulaire (*fig.* 293), triangulaire (*fig.* 294), polygone (*fig.* 295), circulaire (*fig.* 296), ou ovale (*fig.* 297), ou d'une forme générale résultant de la combinaison de plusieurs de ces contours synthétiques. Mais plus simple sera le contour dominant d'enveloppe, et plus caractérisée sera l'association rythmique linéaire.

Un type d'association de rythmes li-

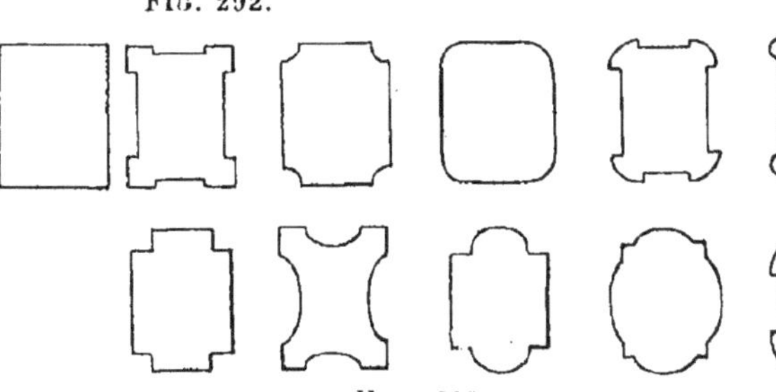

Fig. 293.

néaires étant adopté, on peut le transposer en d'autres con-

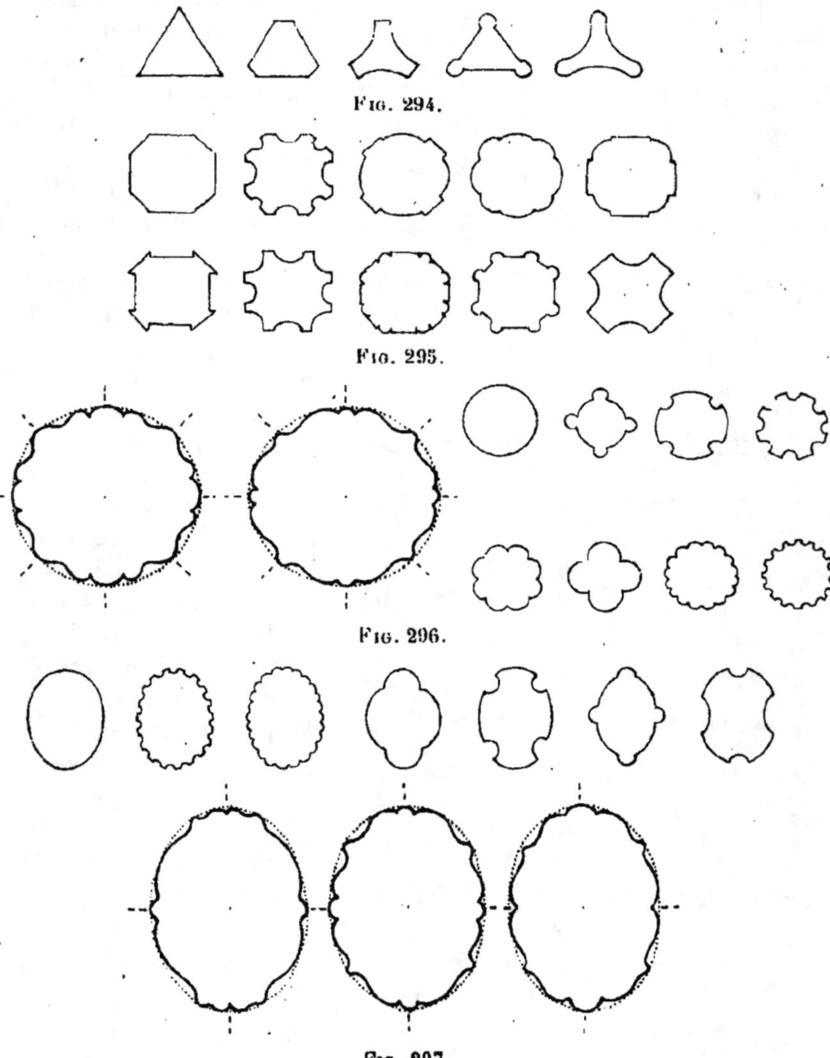

Fig. 294.

Fig. 295.

Fig. 296.

Fig. 297.

tours dominants. C'est ce que l'on pourrait appeler un thème rythmique sur lequel on composerait des variations de proportion et de forme d'ensemble, mais dont les éléments resteraient toujours dans la donnée initiale (*fig.* **298**).

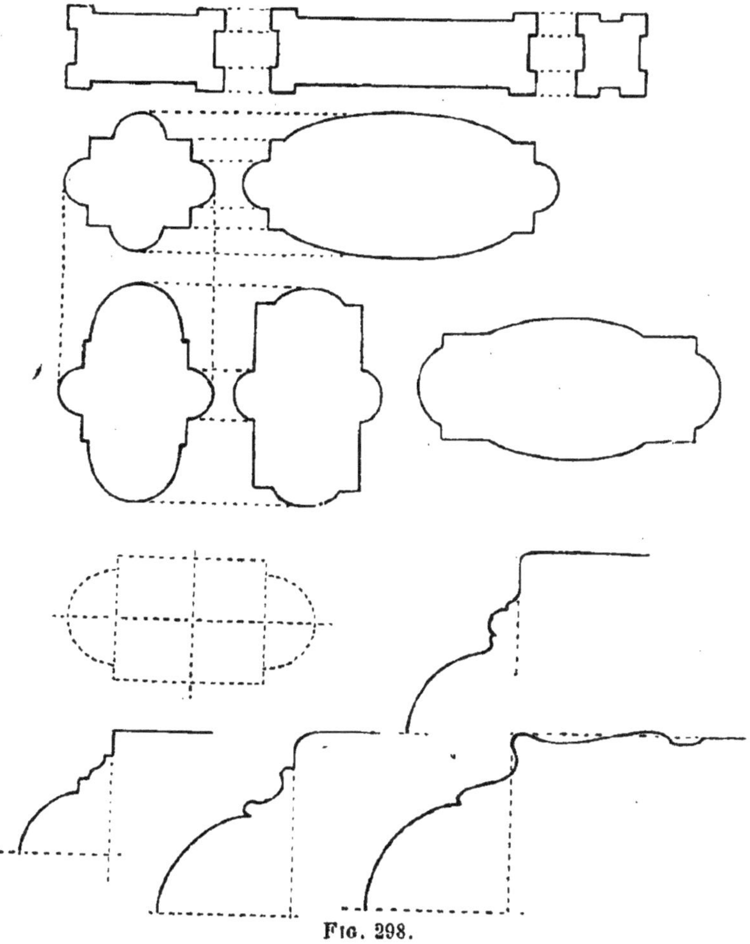

Fig. 298.

Les formes en relief et les formes planes. — Les rythmes linéaires peuvent être considérés comme les éléments d'une ossature ornementale. Lorsque le mouvement linéaire n'est exprimé que par une simple ligne, c'est un rythme; mais le contour résultant de l'association de plusieurs rythmes qui se joignent sans solution de conti-nuité, devient une forme — imitée ou inventée.

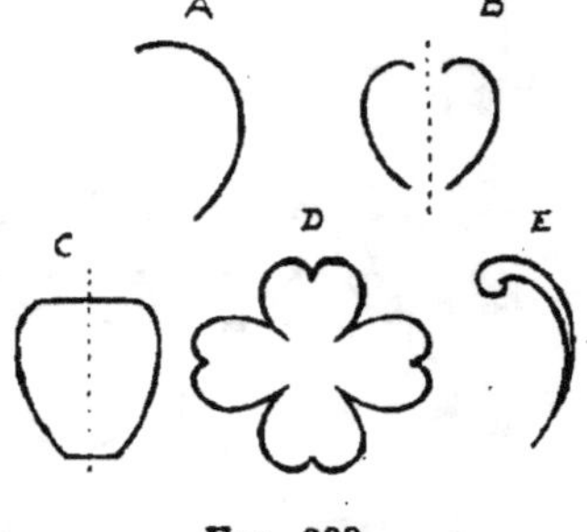

Dans la figure 299, A est un rythme ; B est une association rythmique; C, D, E sont des formes ornementales.

Les formes ornementales se di-visent en deux catégories, les for-mes d'objets et les formes de dé-cor de ces objets. Les formes d'ob-

FIG. 299.

jets sont en plein et haut relief, les formes de décor sont planes, ou en demi et bas-relief.

Quoique tous les contours résultent de l'application des mêmes règles de développement rythmique linéaire, il y a ce-pendant quelques différences à établir entre les contours d'objets et les contours de décor, parce que ceux de plein et de haut relief se développent dans l'espace, tandis que ceux de demi et bas-relief, et de formes planes se développent sur une surface à laquelle ils adhèrent en toute leur étendue. Il s'en suit que les premiers sont assujettis à des exigences iné-luctables de réalisation en matière, au premier rang des-quelles il faut placer la stabilité et la continuité des contours. La stabilité n'est pas, pour les formes de décor, une nécessité matérielle; c'est plutôt une satisfaction donnée à l'esprit, et la discontinuité des contours est souvent un charme.

Les dispositions rythmiques ouvertes ou fermées. — Les contours des formes de plein relief sont *fermés;* c'est-à-dire qu'il ne peut exis-ter aucune solution de continuité entre leurs divers éléments rythmiques, tandis que les contours de décor peuvent être indifféremment continus ou discontinus.

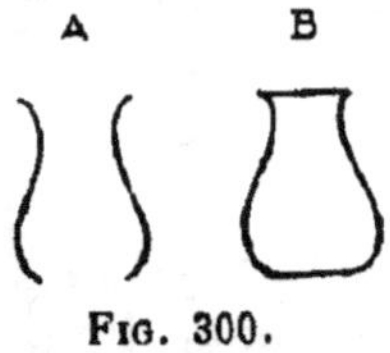

FIG. 300.

Ainsi le contour A de la figure 300 ne serait pas réalisable en plein relief, tandis que B peut être élevé sur n'importe quel plan ; A peut être gravé ou peint ou tissé, etc., sur une surface

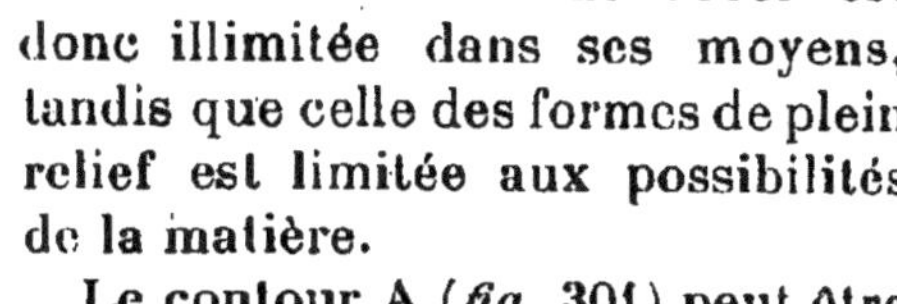

Fig. 301.

solide, mais ne pourrait, comme B, se développer dans l'espace.

La disposition rythmique des contours de formes de décor est donc illimitée dans ses moyens, tandis que celle des formes de plein relief est limitée aux possibilités de la matière.

Le contour A (*fig.* 301) peut être développé à volonté, intérieurement et extérieurement en B. Ce sera une forme de décor reposant sur une surface solide.

Mais si la matière s'y prête, comme par exemple le fer, le cuivre, l'argent ou l'or, on pourra exécuter le contour B en plein relief, mais il faudra alors que toutes les parties en soient fermées et reliées entre elles sans solution de continuité A, et qu'il ait trois dimensions, A, B (*fig.* 302).

Fig. 302.

Le même contour, si rudimentaire qu'il soit, pourra, au contraire, être exécuté avec toute la liberté désirable, c'est-à-dire avec des solutions de continuité qui lui donneront de la souplesse et de la légèreté, en sculpture A et en peinture B, sur un fond solide (*fig.* 303).

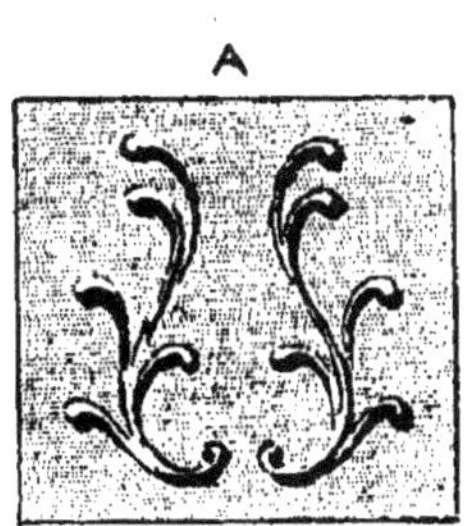

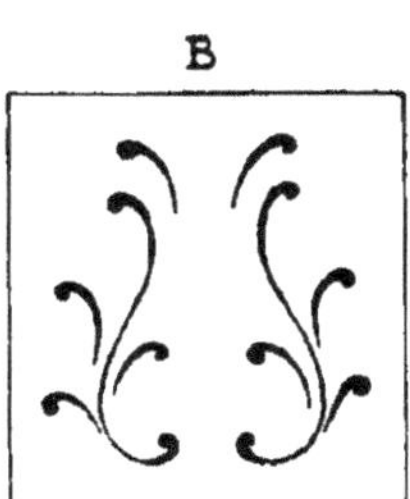

Fig. 303.

La disposition des rythmes de plein relief. — Les formes de plein relief ont pour base de génération les solides géométriques, cubes, parallélipipèdes, pyramides, polyèdres, cylindres, cônes, sphères, ovoïdes, etc., auxquels on associe les rythmes linéaires.

Tous les rythmes linéaires, droits, angulés, courbés, ondulés, peuvent être inscrits dans les contours des plans et des élévations des solides géométriques qui représentent, on le sait, tous les types de formes naturelles ramenées à leur plus simple expression. Exemple (*fig*. 304) : rythme ondulé inscrit dans un cube, un parallélipipède rectangle, une pyramide, un polyèdre octogonal, un cylindre et un cône.

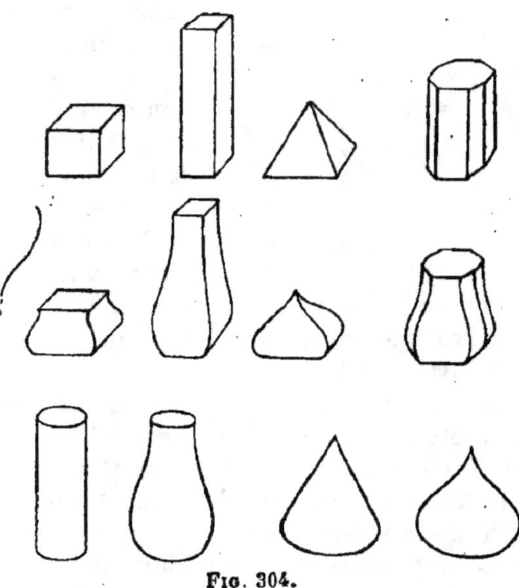

Fig. 304.

La disposition rythmique est, dans la figure **304**, symétrique verticalement et asymétrique horizontalement. Elle peut être également symétrique dans les deux sens (*fig*. 305).

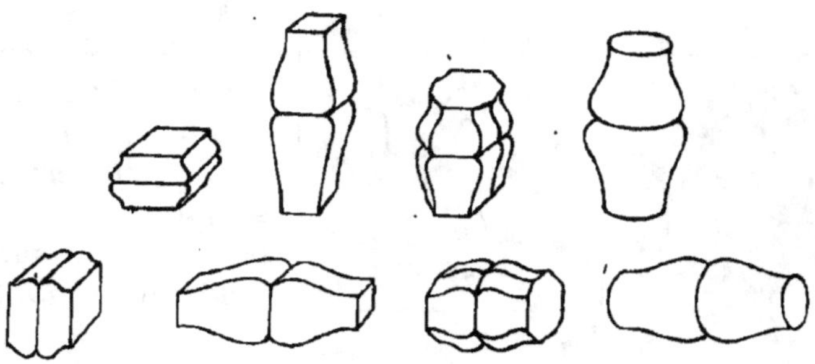

Fig. 305.

Une forme en relief est composée de deux contours initiaux, celui de son plan et celui de son élévation qui, en se combinant, déterminent tous les autres.

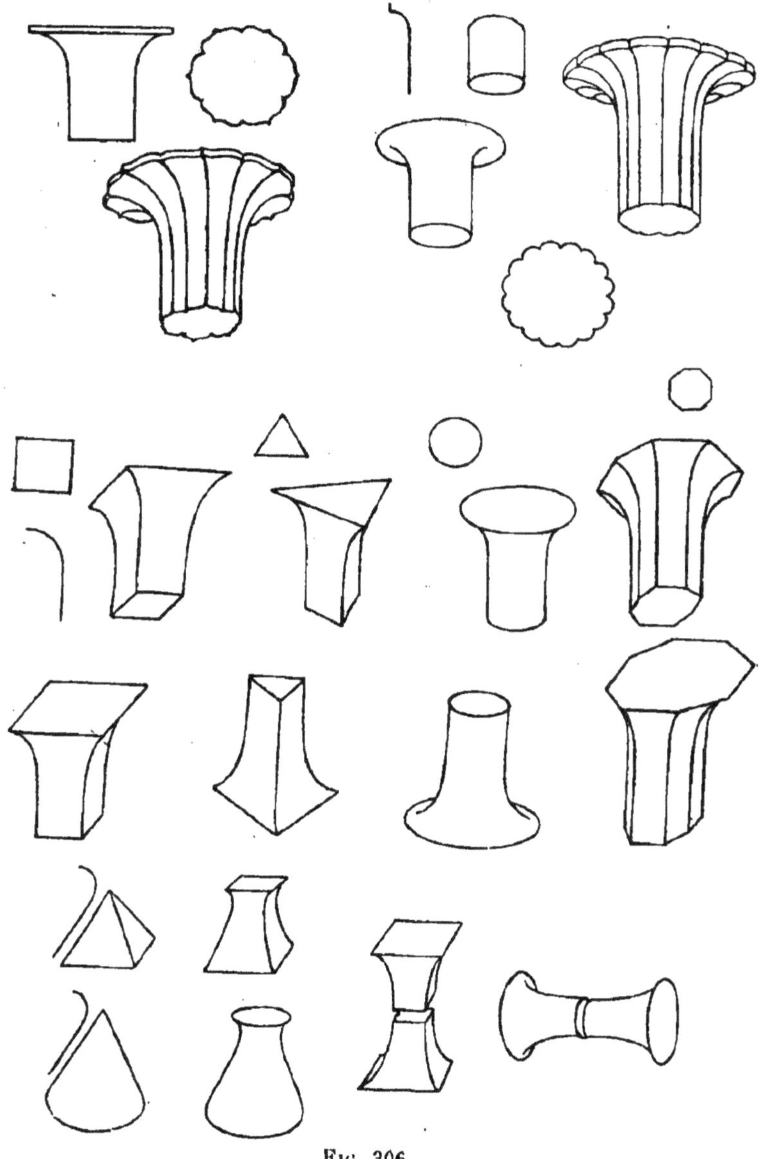

Fig. 306.

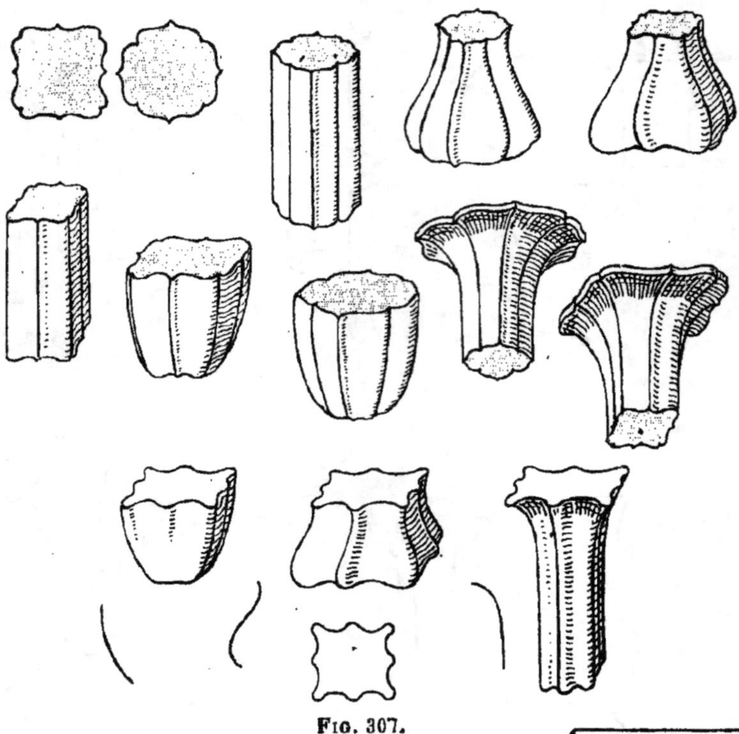

Fig. 307.

Le même rythme d'élévation peut s'adapter à des plans différents (*fig*. 306).

Le même rythme de plan peut s'adapter à des élévations différentes (*fig*. 307).

Un contour peut comporter, dans l'ensemble de son tracé vertical, plusieurs plans de formes différentes. Il y a deux manières de changer de plan dans le tracé d'un contour : par rythme droit angulé (*fig*. 308) ou par rythme courbé fondant les deux formes en une seule (*fig*. 309).

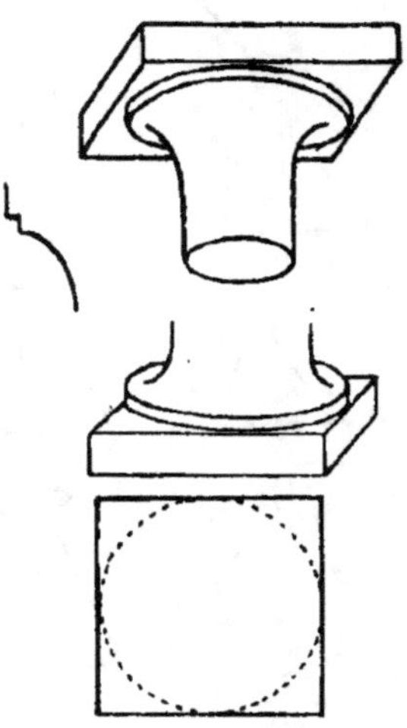

Fig. 308.

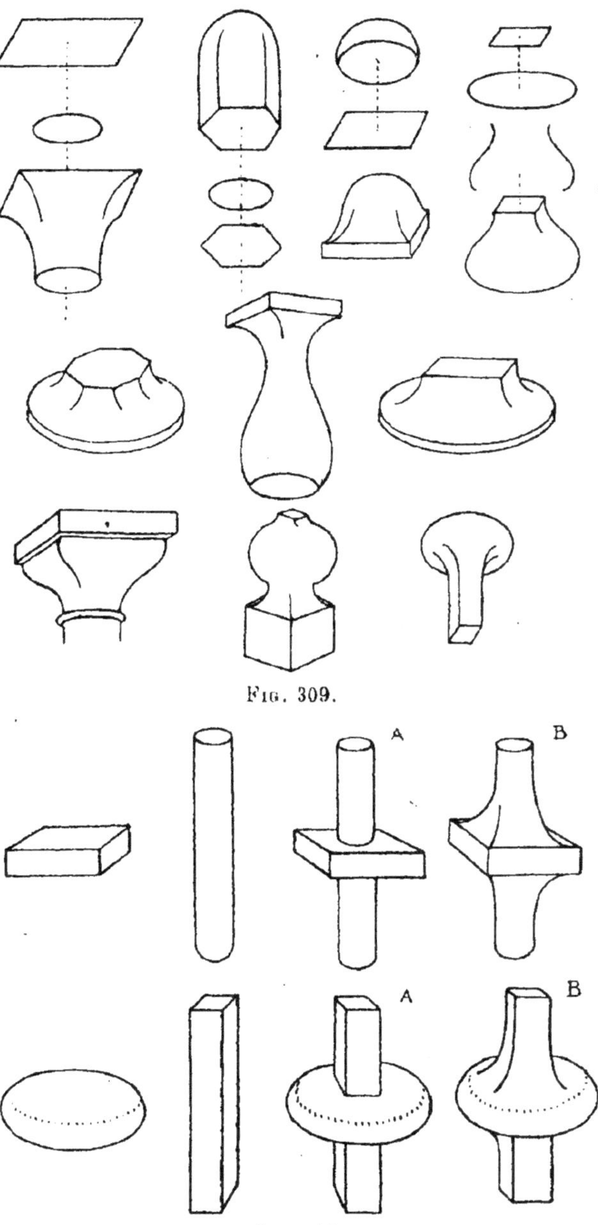

Fig. 309.

Fig. 310.

La figure 310 indique les éléments isolés d'un contour, leur *association* par rythme droit angulé A, et leur combinaison par rythme courbé intermédiaire B.

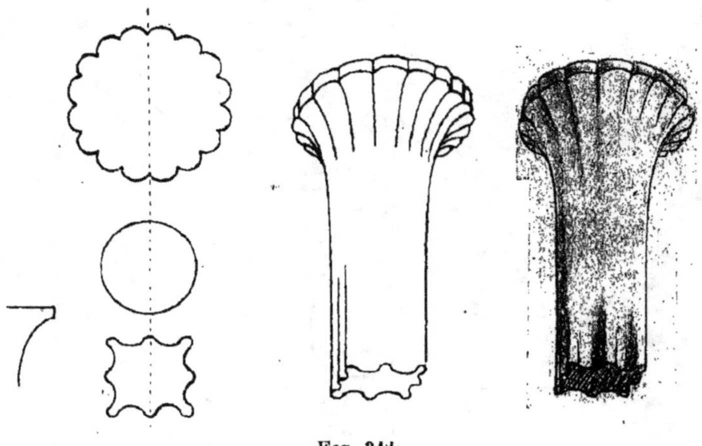

Fig. 311.

La figure 311 indique un contour résultant de la combinaison de trois plans horizontaux sur un seul rythme ininterrompu en élévation.

Les ajourés des formes de plein relief. — Nous avons considéré jusqu'à présent la forme de plein relief comme un bloc plus ou moins taillé et découpé *extérieurement* dans la masse d'un solide géométrique, selon des rythmes linéaires choisis; mais la forme de plein relief est également taillée et découpée intérieurement, c'est-à-dire ajourée.

Tous les contours peuvent être intérieurement ajourés. La proportion de l'ajouré varie selon la résistance de la matière et le procédé d'exécution qui permet de la façonner plus ou moins facilement dans ce but. Les procédés d'ajouré sont de deux sortes. La matière est découpée et taillée dans la masse, ou découpée et taillée par parties assemblées ensuite.

Les ajourés sont de trois caractères distincts : celui de matière, celui de destination et celui d'art ou de décor. Les ajourés de matière résultent de la résistance de la matière qui permet de donner aux mêmes rythmes linéaires d'un contour une épaisseur variable. Leur raison est d'atteindre le maximum d'utilité, de résistance et de légèreté avec le minimum de matière employée.

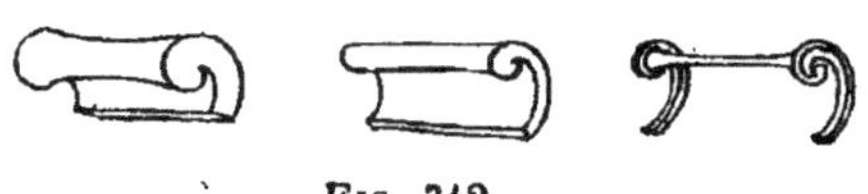

Fig. 312

Les ajourés de destination doivent répondre par leur configuration aux nécessités imposées par l'usage de l'objet. Enfin les ajourés d'art ou de décor n'ont d'autres raisons que l'embellissement de l'objet par la forme donnée à la matière.

La figure 312 représente le même rythme linéaire de contour réalisé en pierre B, en bois C, en métal D.

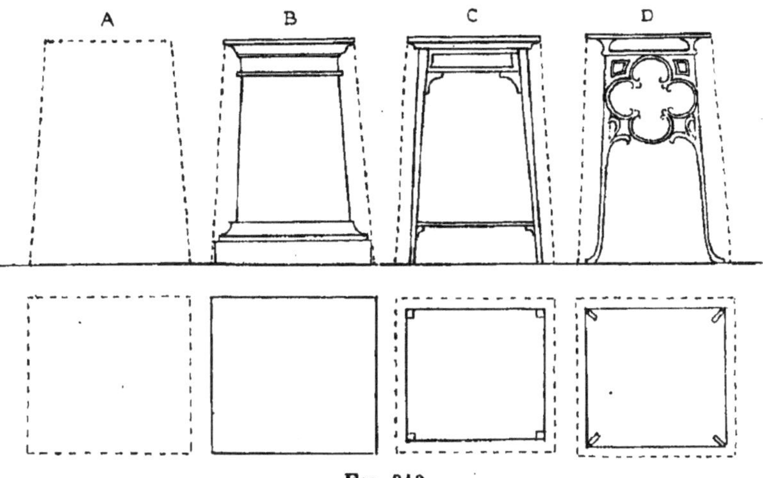

Fig. 313.

La figure 313 montre la même forme de socle, prise dans une pyramide tronquée A, et réalisée successivement en pierre B, en bois C et en métal D.

Dans la forme en pierre B, les ajourés internes ne représenteraient aucune utilité pratique et ne feraient qu'enlever à l'objet son caractère de solidité.

L'absence d'ajourés a donc ici une raison d'art, et le plein de la forme devient une qualité de décor. Au contraire, on conçoit moins aisément un socle en bois plein, parce que l'on sait qu'il ne peut pas être plein à l'intérieur ; donc le principe de l'ajouré s'impose, et la matière doit être réduite au minimum en raison de la solidité à obtenir pour la résistance au poids que l'objet est destiné à supporter. Elle peut encore être plus réduite dans le socle D, parce que le métal est plus résistant que le bois, et permet une minceur de plein relief qui augmente, dans une proportion très dominante, l'ampleur des ajourés internes.

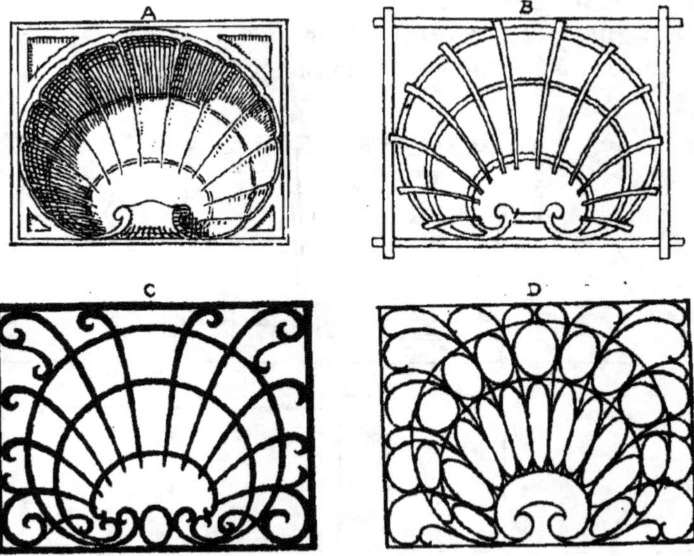

FIG. 314.

Par le même principe la forme d'une coquille taillée dans la pierre ou le marbre A (*fig.* 314), sans ajourés internes, peut être ajourée pour une disposition de bois de treillage B, de fer forgé C, et servir de base à un ajouré en fer et en plomb pour vitrail D.

Le même principe de forme peut être différemment ajouré

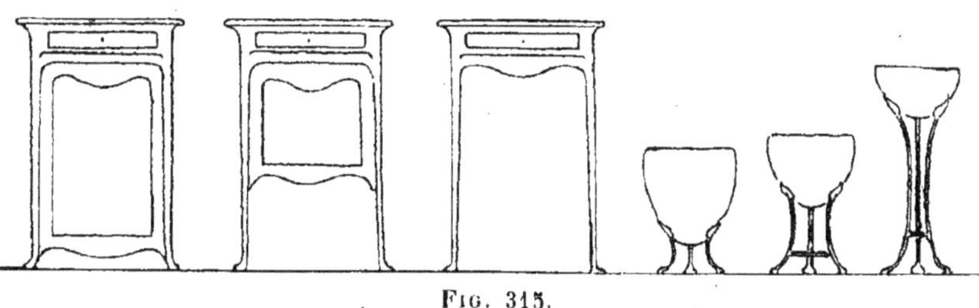

Fig. 315.

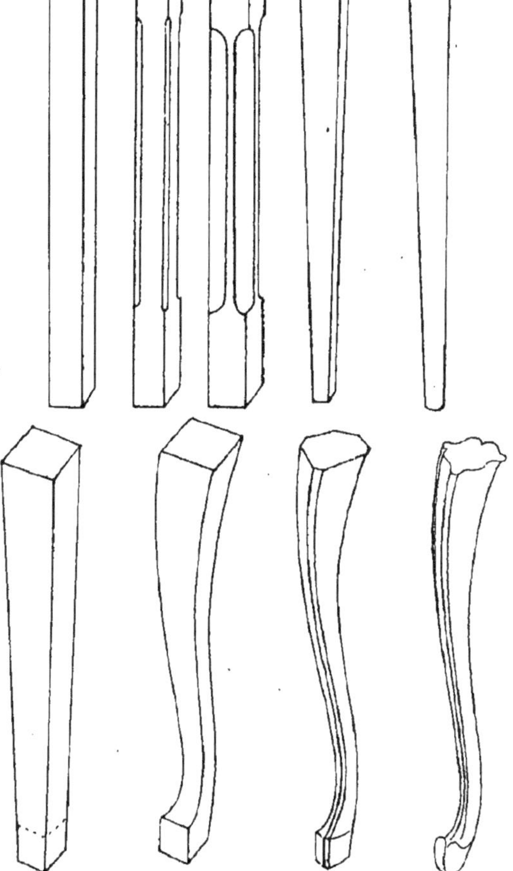

Fig. 316.

sans que les rythmes linéaires soient changés. Il suffit de remonter progressivement les contours de la base (*fig.* 315).

Nous montrons, dans les figures 316, 317 et 318, comment les ajourés caractéristiques d'une forme de plein relief se

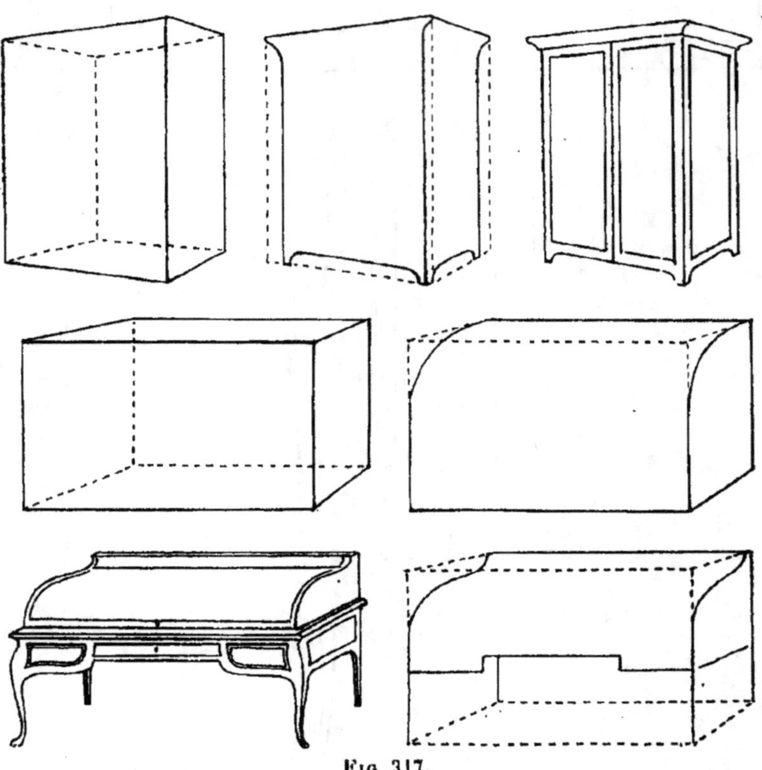

Fig. 317.

dégagent petit à petit du bloc linéaire initial; mais nous faisons observer que ce n'est là qu'une abstraction théorique de l'art de la composition, tendant à la clarté de la démonstration; car on verra plus loin, dans la troisième partie, que, selon la matière employée pour la réalisation de l'objet, et les procédés qu'elle impose, la forme tantôt se dégage du bloc par extraction, tantôt se réalise, au contraire, par réunion et adjonction d'éléments constitutifs isolés.

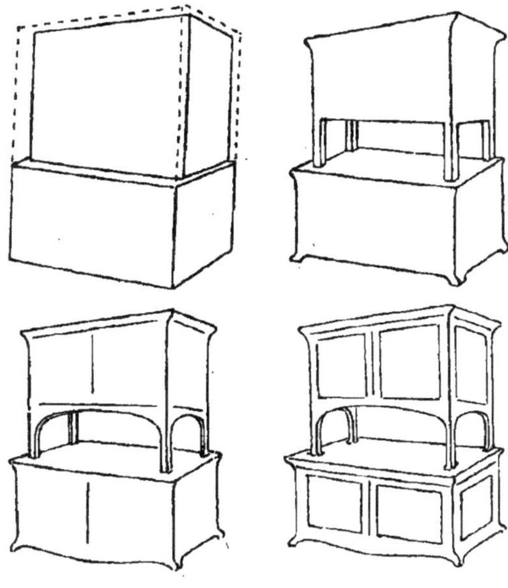

Fig. 318.

Les formes parasites. — Les solides géométriques sont des formes de plein relief ramenées à la plus simple expression typique de directions linéaires dans l'espace.

Leur combinaison avec des rythmes linéaires, soit angulés, courbés, ondulés, crée de nouveaux contours dont la somme de saillies et de rentrées fait d'eux de nouvelles unités de forme, chacune de caractère déterminé et distinct, auxquelles on ne peut rien retrancher sans modifier leur caractère typique. Mais si, à une forme de plein relief, ainsi créée, de caractère soit angulé, courbé ou ondulé, on ajoute d'autres éléments rythmiques linéaires qui peuvent être à volonté supprimés et remplacés par d'autres, sans changer le caractère initial de la forme de plein relief, on crée alors des formes parasites.

Les formes parasites sont de deux sortes, utilitaires ou simplement ornementales. Une moulure architecturale, la corniche d'un entablement, dont le tracé a pour but l'écoulement des eaux, est une forme parasite utilitaire. Une anse de vase est également une forme parasite utilitaire, et, dans certains cas, indispensable puisqu'elle sert à prendre le vase;

mais elle est parasite, parce que, quel que soit le contour qu'on lui donne, on ne change pas le caractère fondamental du vase, qui est d'être cylindrique, ovoïde ou ondulé, par exemple.

Au contraire, une guirlande de fleurs ou de fruits, que l'on modèlera sur cette forme de vase, ou au-dessous de la corniche, sont des formes parasites ornementales, parce qu'elles n'ont d'autre utilité que de charmer les yeux.

Le bas, le demi, le haut relief. — Les rythmes de contour des formes parasites se développent non plus dans l'espace, autour d'un axe central verti-cal de stabilité, comme les formes de plein relief, mais sur un ou plusieurs plans de ces formes de plein relief qui leur servent de supports.

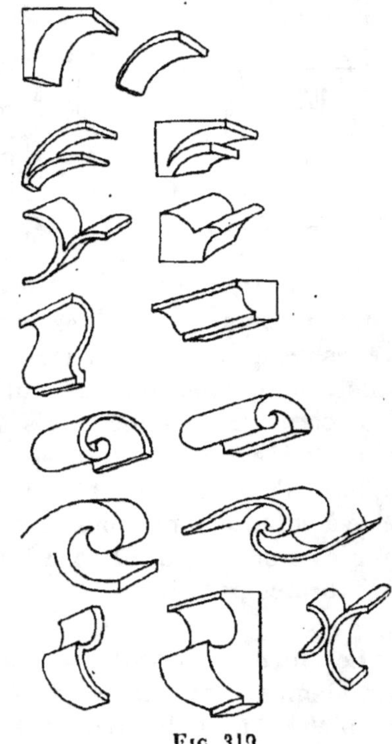

Si la forme parasite repose sur un seul plan de fond, dont elle ne saillit que par une faible épaisseur, c'est un bas-relief.

Si l'épaisseur est un peu plus forte, si elle se détache par endroits du fond, c'est un demi-relief. Enfin, si elle n'est fixée que par quelques points seulement au fond, et s'en éloigne en de grandes saillies, formant des vides profonds entre elles et le plan de fond, c'est un haut relief.

Le bas et le demi-relief sont fixés à un fond unique, for-mant un seul plan de fond.

Fig. 319.

Les différentes parties du haut relief, en raison des grands vides qui les séparent souvent du fond, peuvent être fixées, par plusieurs points différents, à plusieurs plans de la forme de fond. Ainsi l'anse d'un vase peut être fixée par une extrémité au col du vase, et par l'autre à la panse ou au pied.

La forme parasite la plus abstraite après la forme de plein relief résultant de dispositions rythmiques linéaires, est la

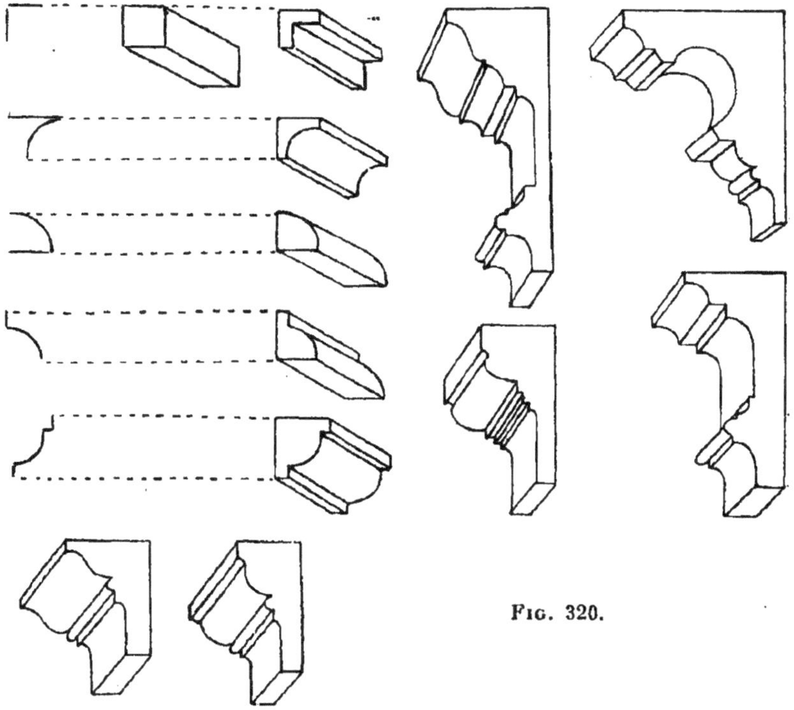

FIG. 320.

moulure. La moulure a pour principe le même développement logique d'association rythmique de tous les contours que nous avons précédemment étudiés. Ce sont les mêmes rythmes, angulés, courbés, ondulés, volutés, etc., qui en forment la base de composition (*fig.* 319).

Ces rythmes inscrits dans un solide géométrique forment des contours et des profils de moularation (*fig.* 320).

La moulure constituant un contour isolé est associée à une

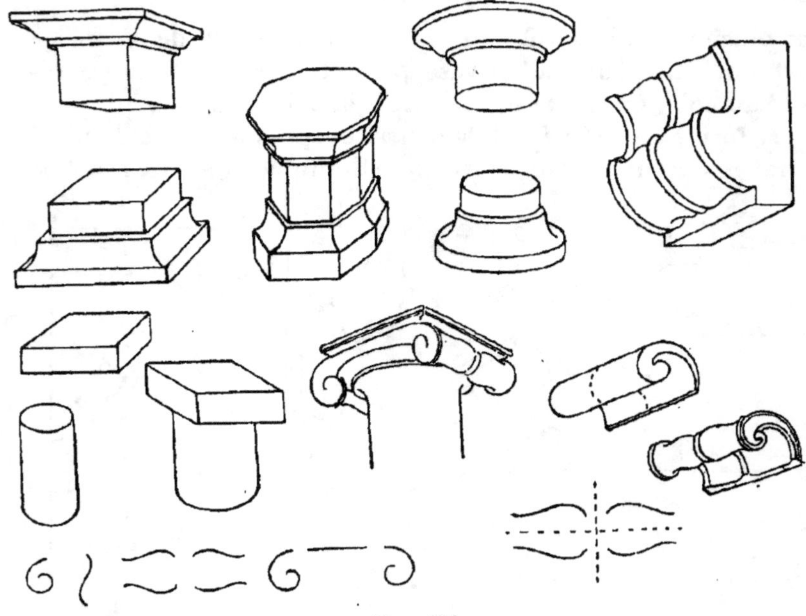

Fig. 324.

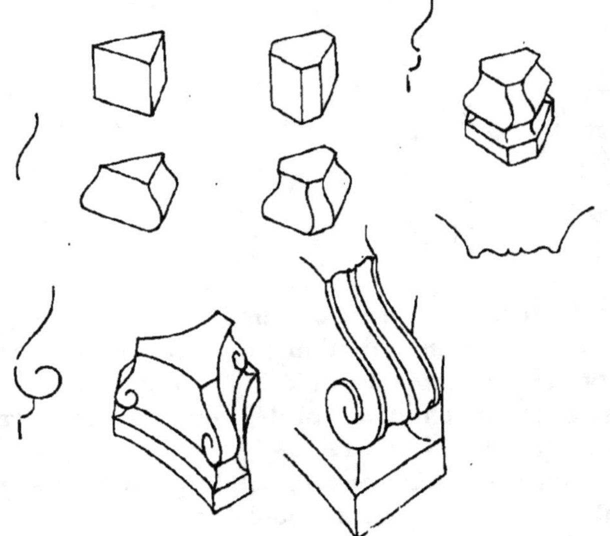

Fig. 322.

forme de plein relief dont elle épouse le rythme de fond. Les
mêmes contours de moulure peuvent donc être associés à un
plan carré, rectangulaire, triangulaire, polygone, circulaire

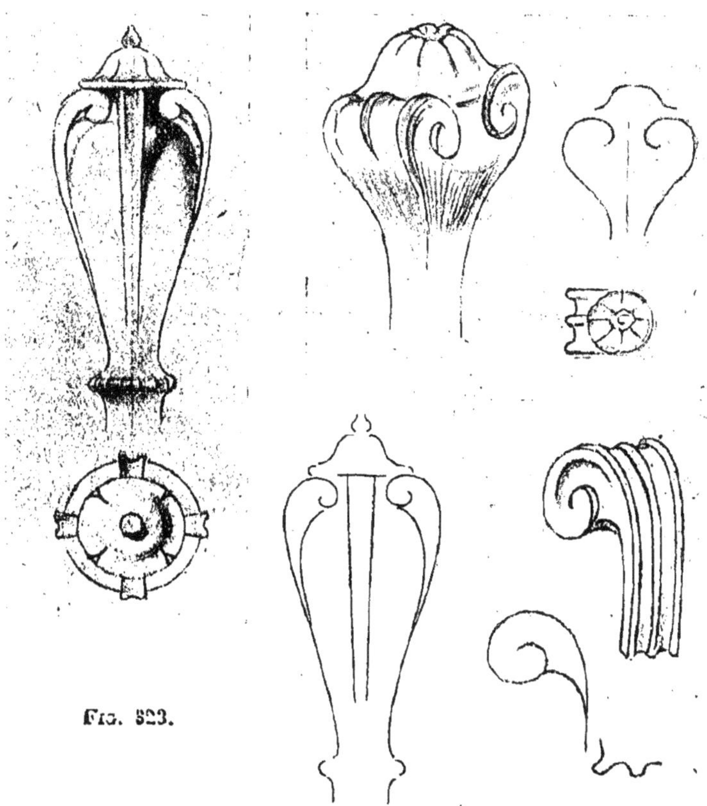

Fig. 523.

ou elliptique, et à une élévation angulée, courbée, ondulée,
ou volutée, etc. (*fig.* 321, 322 et 323).

Le relief parasite a pour point de départ un simple plan
saillant sur celui du fond, et découpé selon les contours obtenus par la rythmique linéaire.

Le relief est accentué progressivement par superpositions
successives de plans, si sa réalisation en la matière dépend de

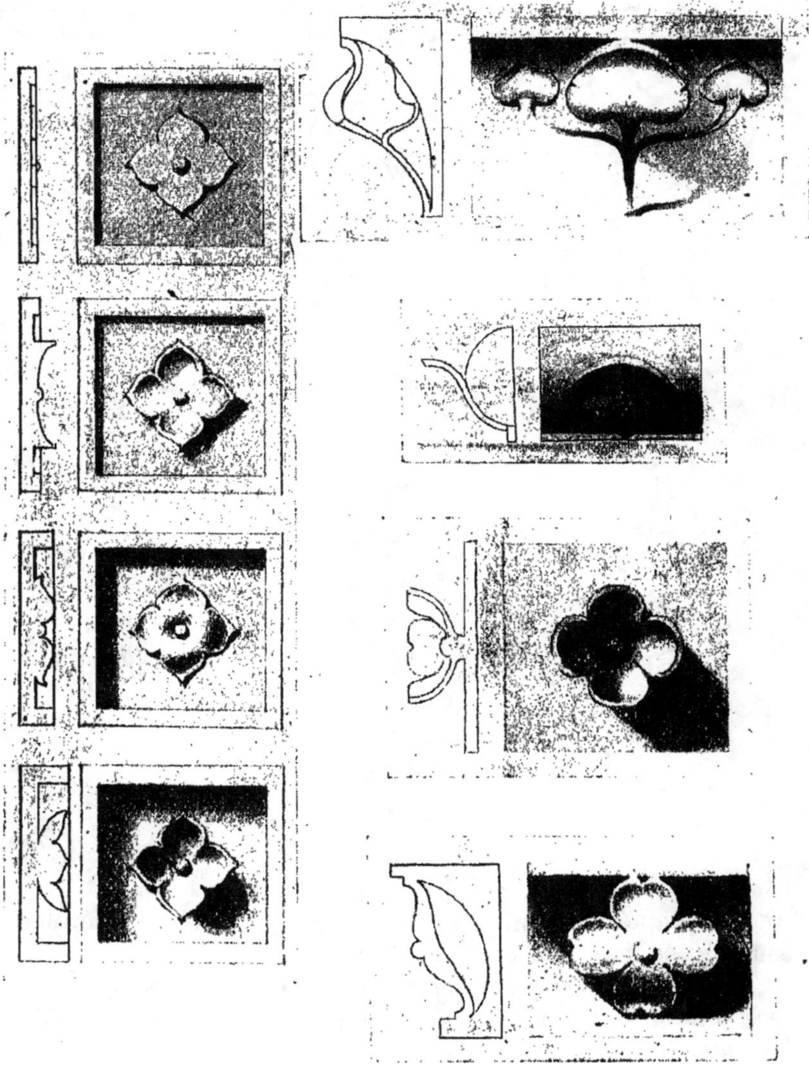

Fig. 324.

l'art du modelage, ou en évidements successifs de plans dans
la masse, si sa réalisation en la matière dépend de l'art de la
sculpture.

Ces plans successifs se développent dans l'espace au delà du
fond qui leur sert de point de départ, sous toutes les formes
de rythmes linéaires angulés, courbés, ondulés, volutés, etc.
que nous avons décrites précédemment, et c'est leur association intime qui produit les divers caractères de formes mamelonnées appartenant à l'art du modelage et de la sculpture.

Moins les plans du relief sont diversement saillants sur le
fond, moins les superpositions ou les évidements en sont
mamelonnés, c'est-à-dire moins est puissant l'effet de clair-
obscur qui en résulte, plus la silhouette de contours doit être
cherchée en harmonie linéaire, qui est, en ce cas, la qualité
initiale. Plus les pleins du relief sont diversement saillants
sur le fond, plus les superpositions ou les évidements en sont
mamelonnés, c'est-à-dire plus est puissant l'effet de clair-
obscur qui en résulte, plus les reliefs de contour doivent être
cherchés en harmonie de valeurs de clair-obscur, qui deviennent alors la qualité prédominante d'effet (*fig.* 324).

Les grands contours de haut relief. — Si le décor d'une
forme de plein relief doit rester plat, ou relativement peu
saillant, ses rythmes linéaires peuvent contraster, en caractère avec la forme, mais plus le haut relief, en devenant
saillant, se sépare de la forme de plein relief à laquelle il ne
se rattache que par quelques rares parties, plus alors il doit
rentrer en harmonie rythmique avec les contours de plein
relief, parce qu'en s'en séparant en étendue dans l'espace, il
doit s'en rapprocher en continuité linéaire. C'est ainsi que les
anses de vases ou de récipients quelconques doivent avoir des
courbes rythmiques prolongeant par tangence celles de la
forme de plein relief à quoi elles sont reliées en réalité par
quelques points seulement, mais qu'elles doivent harmonieusement continuer pour nos yeux, par une prolongation imaginaire de tous les rythmes linéaires qui composent les contours
de l'objet (*fig.* 325).

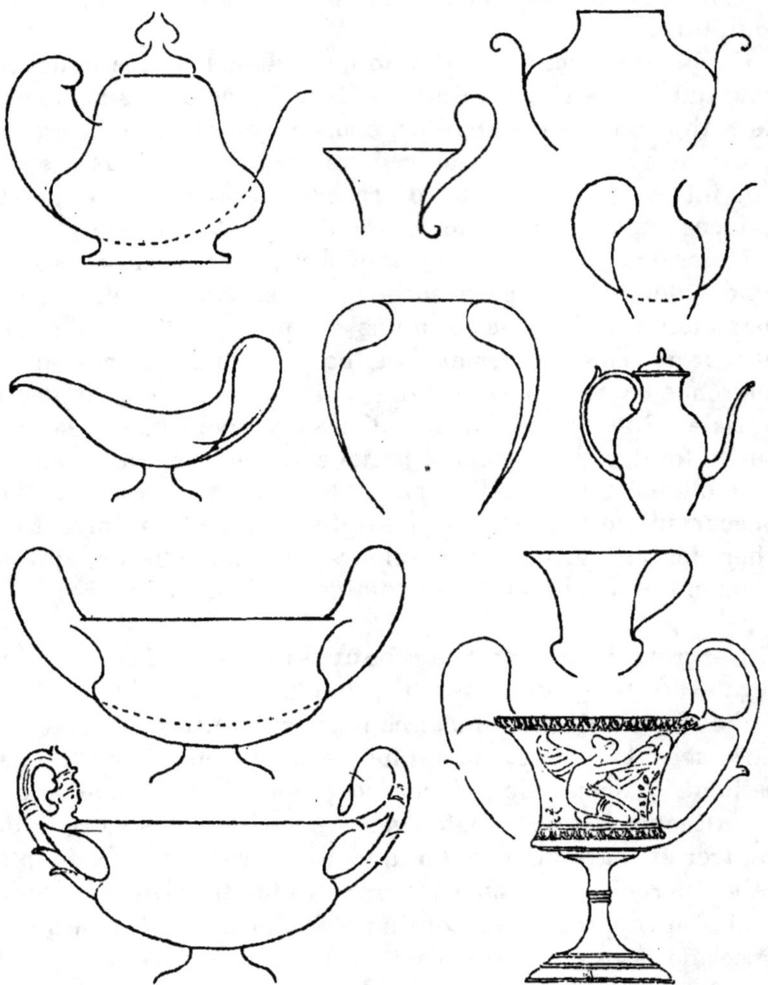

Fig. 325.

Elles suivent, en cela, le principe de la tangence dominante des circonférences, avec quelques contrastes de croisements sécants, qui est la base de la rythmique linéaire.

La décoration des formes

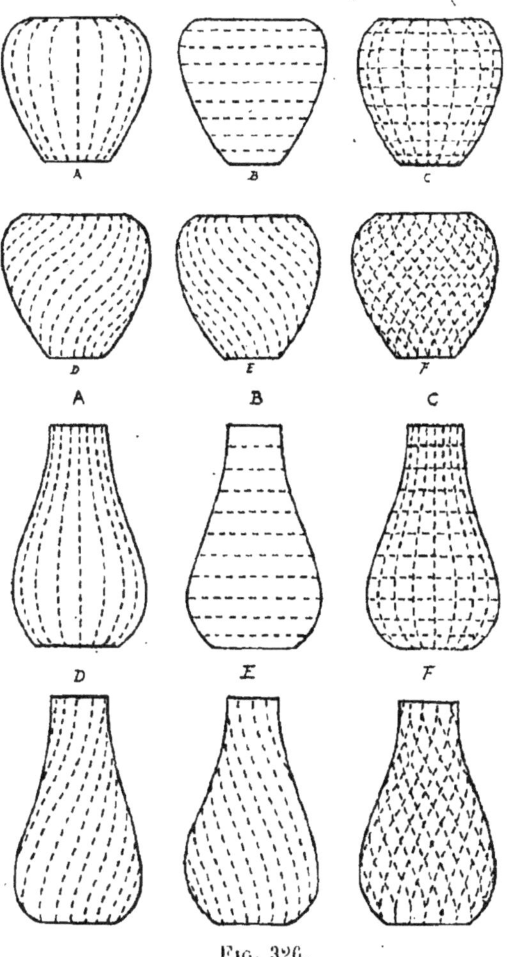

Fig. 326.

Il y a deux modes de décoration des formes : le mode symétrique ou régulier et le mode asymétrique ou libre. Les deux modes peuvent être associés sur la même forme.

Le mode symétrique a pour principe initial la division, en un nombre de parties semblables, des plans horizontaux et verticaux de la forme à décorer.

Tracé des directions linéaires et rythmiques de la forme du plein relief. — On divise la forme horizontalement et verticalement en deux, trois ou cinq parties égales, et en multiples de ces nombres. La réunion linéaire des points de division constitue des axes de stabilité sur lesquels on trace des directions rythmiques, et sur ces directions, des associations de rythmes ornementaux (*fig.* 326).

Lorsque les plans horizontaux et verticaux d'une forme sont droits angulés comme ceux d'un parallélipipède, les évolutions rythmiques linéaires du décor s'y développent normalement ; mais, lorsque les plans horizontaux sont, par exemple, circulaires, et les plans verticaux droits, comme ceux des formes cylindriques, les évolutions rythmiques linéaires du décor subissent, dans le sens horizontal, des déformations variables selon le rapport d'étendue de développement de chacun des rythmes, et des plans circulaires horizontaux. Plus les dispositions rythmiques sont développées en étendue dans le sens horizontal, et moins le plan du cylindre est étendu par rapport à eux, plus les rythmes et les associations rythmiques qu'on y trace sont déformés. Inversement, moins les dispositions rythmiques sont développées en étendue dans le sens horizontal, par rapport à l'étendue de la circonférence du plan, moins les rythmes et les associations rythmiques qu'on y trace sont déformés. C'est ainsi qu'un très petit cercle, tracé sur

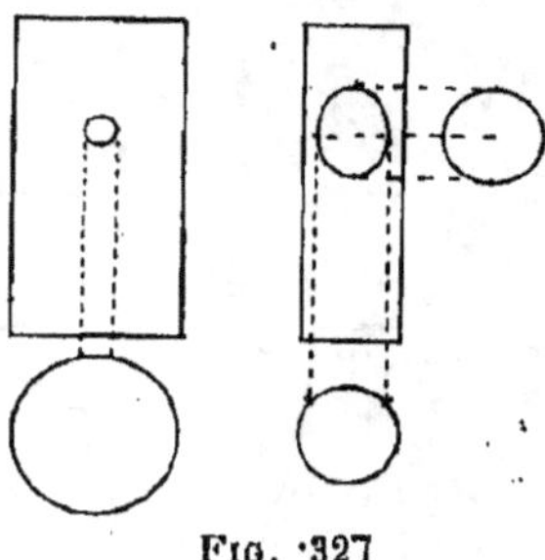

FIG. 327

un large cylindre, ne subira pas de déformation appréciable, alors qu'un très grand cercle, tracé sur un cylindre très étroit, subira une profonde déformation et deviendra elliptique (*fig.* 327).

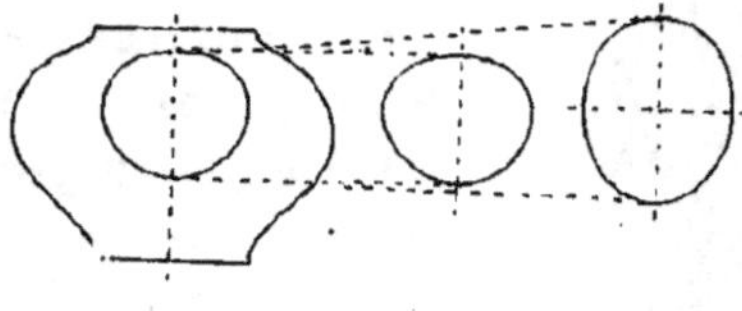

FIG. 328.

On conçoit aisément que la déformation sera encore plus accentuée sur une forme à profil vertical courbé ou ondulé, et à plan circulaire, parce qu'elle aura lieu dans les deux sens (*fig.* 328).

Il en résulte, comme principe initial de décor des formes de plein relief, courbées et ondulées, que les directions liné-

aires des rythmes ornementaux doivent être choisies de façon
que les analogies linéaires avec le mouvement rythmique de
la forme y dominent, en occupant sur elle de grandes étendues, et que les contrastes y soient ramassés dans de très
petites étendues (*fig.* 329).

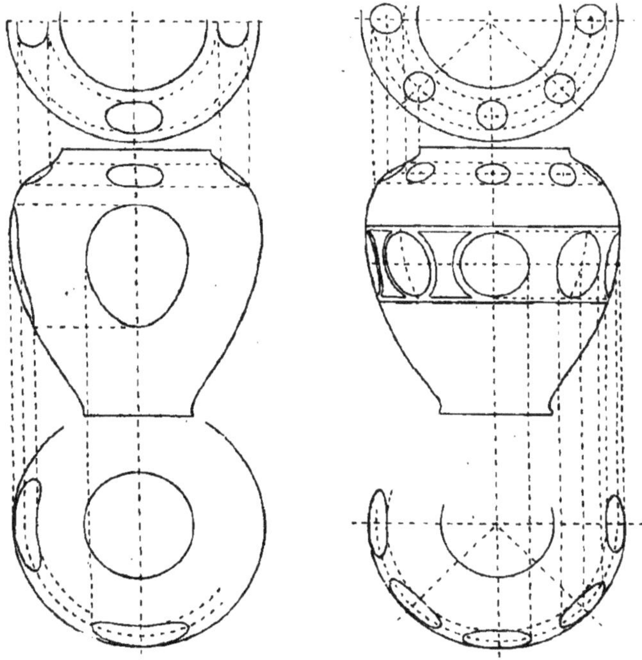

Fɪɢ. 329.

Il y a, dans le décor d'une forme, deux analogies linéaires
de direction pour les rythmes ornementaux : celle du plan à
tracer dans le sens horizontal et celle de l'élévation à tracer
dans le sens vertical. C'est de la prédominance d'une de ces
directions que résulte le caractère initial de la composition.

En créant des contrastes de proportion entre les directions
linéaires analogiques de plan et d'élévation, on produit des

aspects décoratifs qui se suffisent presque dans bien des cas, sans adjonction d'autres rythmes (*fig.* 330).

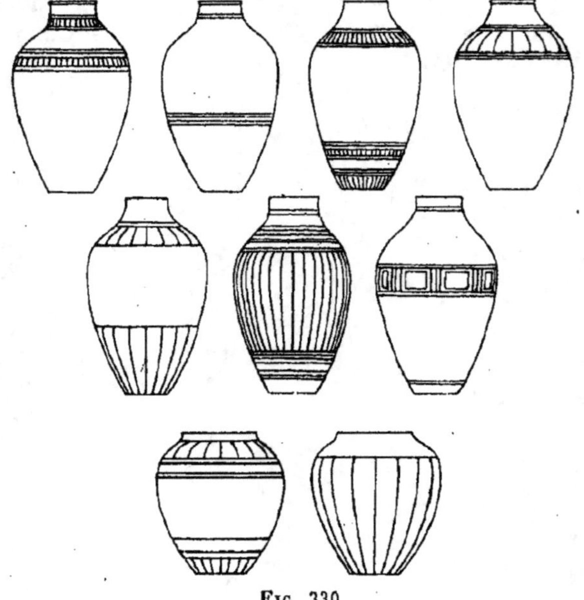

Fig. 330.

La direction oblique, soit dans un sens ou dans un autre, crée un contraste dominant entre le mouvement rythmique de la forme et celui du décor. En le répétant symétriquement dans un seul sens et à intervalles rapprochés, on l'accentue, et c'est un principe dont il faut user avec modération parce qu'il déforme le contour sur lequel on le trace par un effet d'optique dont on peut facilement se rendre compte (DE, *fig.* **326**).

La déformation n'existe plus quand on croise les obliques en deux sens (F, *fig.* **326**).

Les directions obliques, ascendantes ou descendantes, en un sens ou un autre, asymétriquement disposées, et non dominantes dans l'ensemble de l'étendue de la forme de fond, sont d'excellentes bases de dispositions rythmiques de décor libre.

Nous donnons dans la figure 331 onze types différents de dispositions rythmiques de décor sur une forme de plein relief. Les huit premiers types sont à disposition symétrique par répétition simple ou renversée ; les trois derniers, en bas, sont à disposition asymétrique ou libre, mais on remarquera que, malgré la liberté du tracé, l'ensemble de la disposition conserve un caractère rythmique très accusé qui est dû à l'application des principes précédemment exposés.

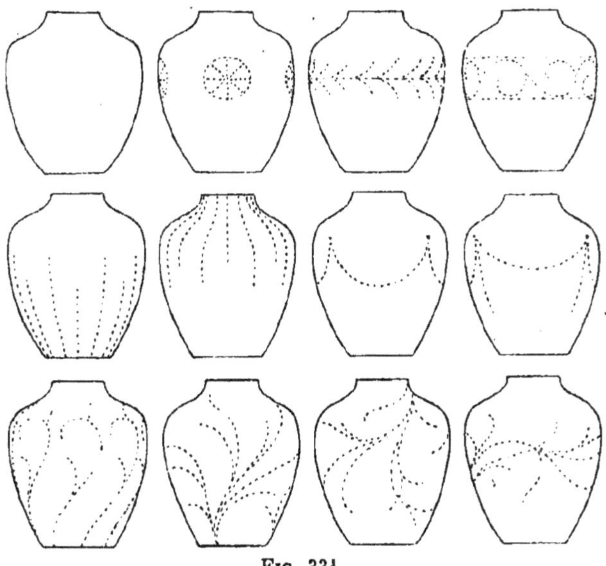

Fig. 331.

Une disposition linéaire *libre* n'échappe pas complètement, ainsi qu'on pourrait le croire, à tout principe d'ordonnance, et nous pouvons dire de symétrie, car l'asymétrie, qui ne signifie pas indépendance complète de disposition linéaire — ce qui serait l'incohérence — est encore un genre de symétrie, si paradoxale que puisse paraître cette définition. Ce n'est, au contraire, qu'après avoir bien étudié le principe de la symétrie et de la stabilité linéaires, que l'on peut donner, en connaissance de cause, à une composition décorative, l'impression de liberté et d'indépendance harmonieuses et non cherchées, qui constitue le charme des dispositions linéaires imitées des mouvements de la vie.

Et cela nous incite à parler enfin de l'élément naturel.

L'élément naturel et la rythmique linéaire ornementale. — La composition décorative et ornementale comprend l'invention de la forme et du décor de la forme. La nature en fournit les éléments, mais ils ne sont presque jamais — surtout pour la forme — immédiatement utilisables, en raison de la fonction décorative que nous voulons leur attribuer, et nous devons souvent leur faire subir des modifications plus ou moins profondes pour les plier à l'usage auquel nous les destinons. L'ornement de forme ou de décor est composé de *motifs* et de *dispositions de motifs*. Nous trouvons les éléments des motifs et des dispositions de motifs dans les plantes, les feuillages, les fleurs, les graines, les fruits, la figure humaine et animale. Mais ces éléments naturels ne se prêtent pas tous indifféremment à toutes les utilisations ornementales et décoratives. Ils ont, chacun, un caractère spécial et dominant, qui les destine à une fonction de forme ou de décor, en rapport avec leur aptitude ornementale ou décorative.

En principe, tous les éléments naturels peuvent être utilisés en décor. Il suffit de leur faire subir une légère modification d'apparence imposée à leur imitation par la reproduction et l'adaptation Un élément naturel, qu'il soit reproduit à plat ou en relief, ne peut être identique à ce qu'il est dans la nature, parce que le procédé d'imitation nécessite une traduction de sa forme, et que son adaptation à l'espace qu'il est destiné à décorer exige, pour qu'il s'harmonise avec le cadre de cet espace, un choix d'appropriation de ses contours, de son modelé et de sa couleur. Mais cette traduction et cette adaptation peuvent ne faire subir à l'élément qu'une modification d'interprétation qui n'en change nullement le caractère spécial, car cette reproduction peut rester une imitation. C'est, en ce cas, le premier état décoratif.

Le principe de modification des contours, du modelé et de
la couleur peut être poussé, en son application, aussi loin
que l'exige le caractère d'un décor ; jusqu'au point même où
le motif cesse de ressembler à l'élément naturel d'origine
pour devenir un ornement dans lequel on ne reconnaît que
peu au point cet élément. Mais un élément naturel peut,
comme on le voit, être très *décoratif* en restant nature, et il
a, dans ce cas, un aspect de vie et de mouvement que n'a pas
le motif devenu ornement pur. L'ornement a un autre caractère ; il est, ainsi que nous l'avons dit, « musical » ; et c'est de
l'association de ces deux éléments, le naturel et l'ornemental,
que résulte un effet décoratif complet — ou, du moins, en rapport de caractère d'art avec le génie de notre race — analogue
à celui que produit l'association de paroles chantées, exprimant une idée déterminée, avec accompagnement d'une symphonie d'orchestre exprimant un sentiment vague correspondant à l'idée du chant. En composition décorative, la copie
ressemblante, même à l'état synthétique, de l'élément naturel, en son apparence de vitalité normale, donne l'impression
de paroles chantées, tandis que la forme abstraite d'un ornement a l'apparence d'une symphonie en harmonie linéaire et
chromatique avec l'expression de nature qu'elle encadre.

On confond généralement l'ornement et le décor, à cause
de la synonymie des deux mots « orner » et « décorer ». Il y a
cependant entre un ornement et un décor la différence du
contenu, ou d'une partie du contenu avec le contenant. Le
décor est le contenant, car il peut ne renfermer aucun ornement proprement dit et se composer d'autres éléments que
ceux d'abstractions ornementales ; par exemple, de figures
humaines ou animales, de végétaux, de fleurs, de feuilles ou
de fruits représentés à l'état simple, et conservant l'apparence
complète de leur réalité, même dans le plus haut degré de leur
simplification plastique ou graphique.

Une branche de pêcher en fleurs, peinte par un Japonais
sur un panneau de soie, n'est pas un « ornement » ; c'est un
« décor » parce que l'élément naturel représenté conserve
toute l'apparence de sa réalité, quelque synthétique qu'en soit

l'exécution. Les fleurs et les feuillages étranges qui serpentent sur un tapis persan sont, au contraire, des ornementalités pures, parce que leur configuration imaginée y est volontairement altérée dans son essence même par un procédé tendant à recréer d'autres formes ou colorations dérivées, mais ne rappelant que peu, et quelquefois même plus du tout, les éléments d'origine.

L'artiste japonais a peint *en poète* une chose *vue*, et son art correspond au langage parlé ou chanté, tandis que le Persan a évoqué, *en musicien*, des images de formes et de colorations rêvées, qui lui ont été suggérées par une vision vague et indéterminée de la nature ; sa conception correspond à la symphonie musicale. Quand un artiste français du XVIIIe siècle a sculpté sur un vase ou peint dans un panneau une guirlande de fleurs, il a composé en même temps le poème et la symphonie ; car sa guirlande est à la fois naturelle et ornementale.

Une rose, peinte sur un paravent japonais, tracée sur un carreau de faïence persane, sculptée sur la muraille d'une cathédrale gothique, ou sur un panneau Louis XVI, représente, dans l'ordre du sentiment d'art, une différence de mentalité aussi immense que les étendues de temps et d'espace qui en ont séparé la seconde éclosion sous des formes graphiques et plastiques si différentes.

On pourrait presque dire qu'en composition ornementale, comme en composition architecturale — contrairement à ce que l'on croit généralement — il n'y a pas d'imagination, au moins dans le sens que l'on attribue à ce mot, en tant que faculté d'invention spontanée ; car tous les éléments de ce que l'on croit créé de toutes pièces sont visibles dans la nature, et le champ d'exploration, pour qui a appris à la regarder au point de vue architectural et ornemental, est même beaucoup plus vaste que pour la sculpture et la peinture, qui procèdent seulement des réalités immédiatement visibles, et dont le point de départ est la *copie* de l'élément naturel.

L'architecte et l'ornemaniste copient aussi, car tous les éléments dont ils se servent dérivent de la vie visible ; mais ils copient plus cérébralement, en ce sens qu'ils choisissent

dans des éléments divers la forme qui leur convient et ne
prennent de cette forme que ce qui leur est nécessaire ; et,
alors que la sculpture et la peinture « restent nature »,quel que
soit le degré du caractère donné à la copie, l'architecture et

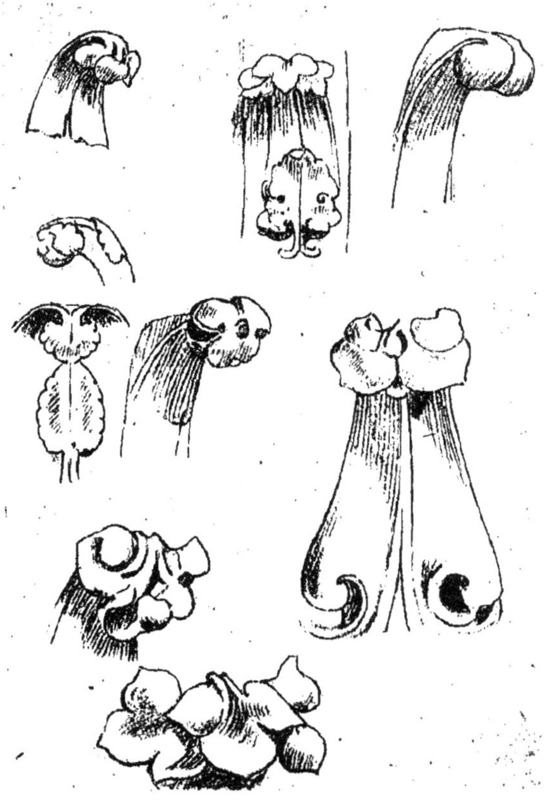

Fig. 332.

l'ornement transforment,en les associant et en les combinant,
les éléments divers qu'ils choisissent dans la nature. Soit en
magnifiant les plus humbles en apparence — comme les
petites plantes sauvages dans l'art ogival (*fig.* 332, 333, 334
et 335) — ou en ramenant à des proportions plus près de l'hu-

manité, les lignes essentielles des grands spectacles de la

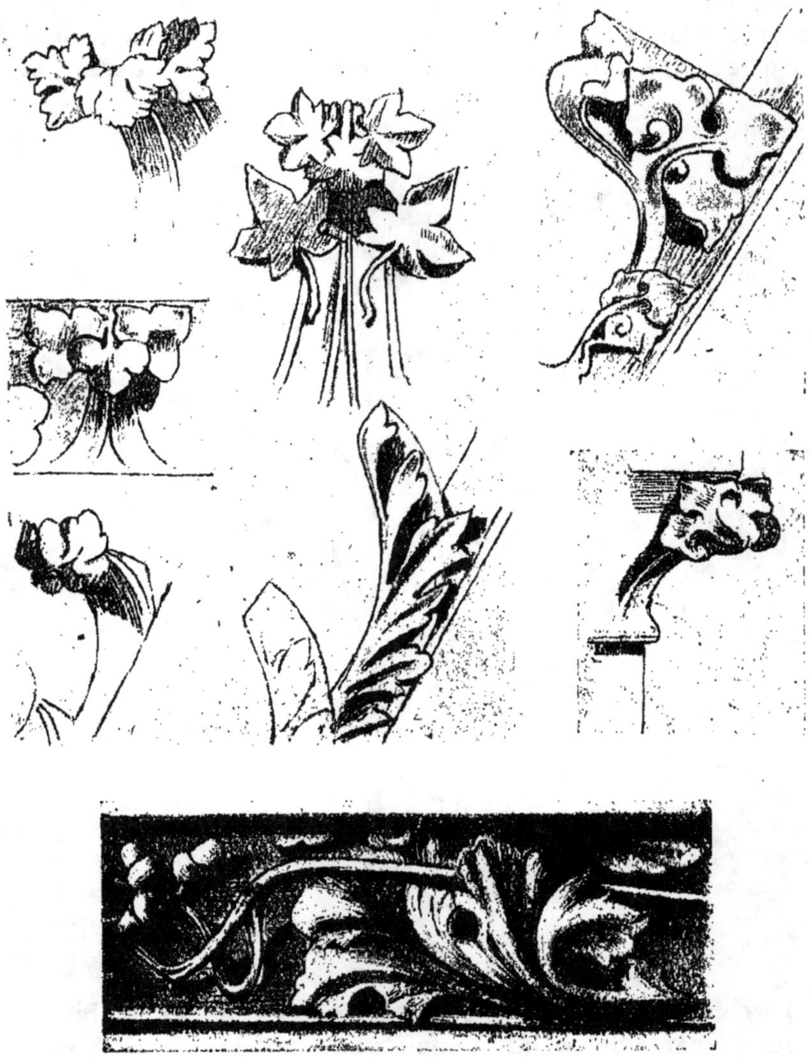

FIG. 333.

nature, les horizons de la mer, l'inclinaison des montagnes, la

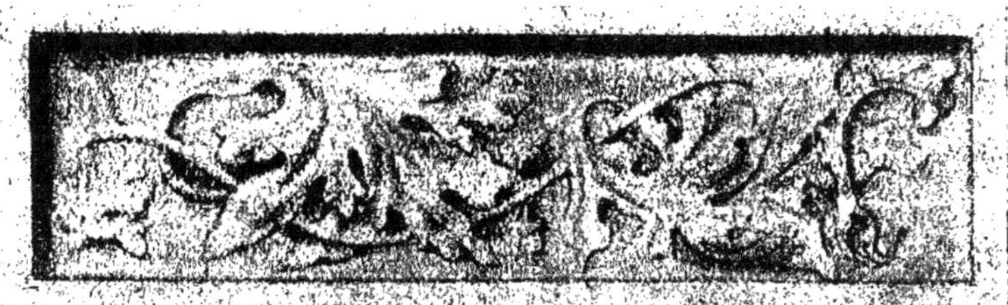

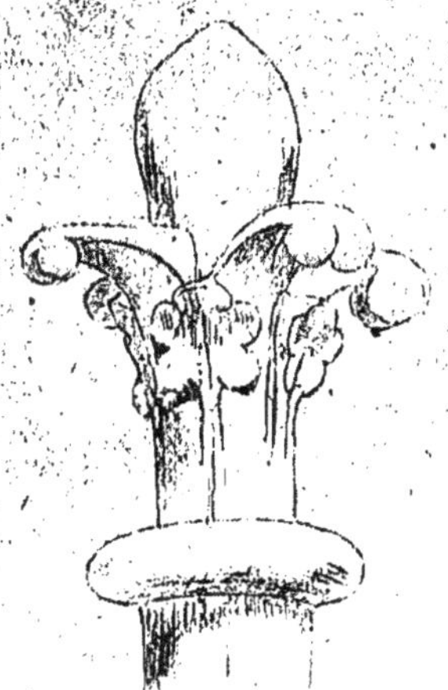

Fig. 334.

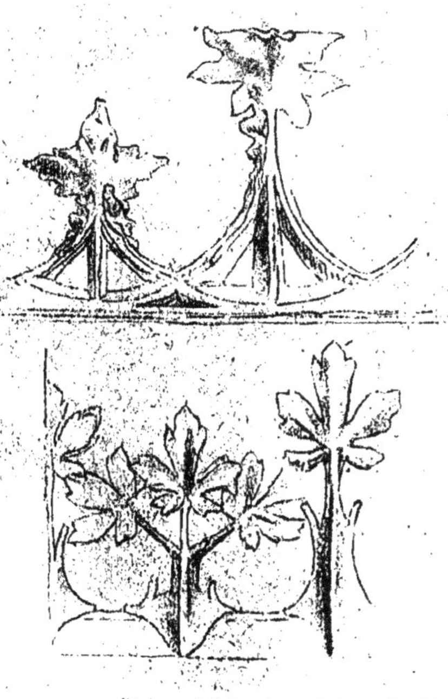

profondeur des cavernes
et la hauteur des forêts.
C'est ainsi que l'Égypte
a fait d'une fleur de lo-
tus le support puissant
de ses temples immenses
(*fig*. 336); que la Perse a élevé
des dômes de mosquée à l'image
d'un bouton de rose (*fig*. 337),
et que la poésie mystérieuse de
la cathédrale ogivale se dégage
de l'ombre d'une forêt de palmiers (*fig*. 338).

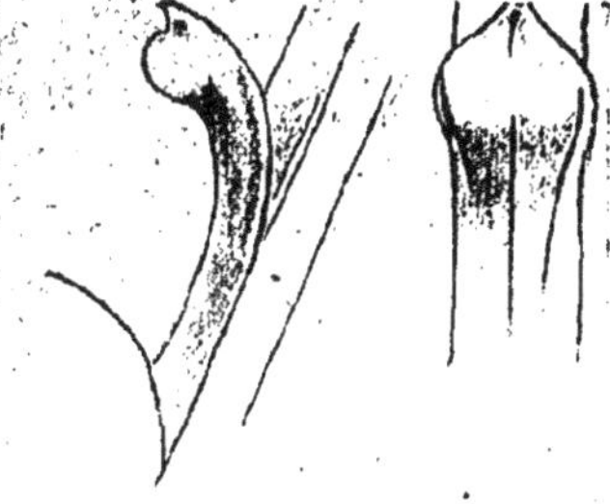

Fig. 335.

Nous retrouvons en petit dans l'ornementalité de détail ces grandes analogies de nature et d'art qu'offre à nos yeux émer-

veillés par tant de grandeur simple, l'esthétique architecturale. Lorsque les Égyptiens ont inventé, par exemple, les frises représentées par la figure 339, ils ont reproduit à l'état simplifié des fleurs de lotus et des grappes de raisins — qui, dans leur esprit, étaient symboles de génération et d'abondance — telles qu'elles devaient être, sans doute,

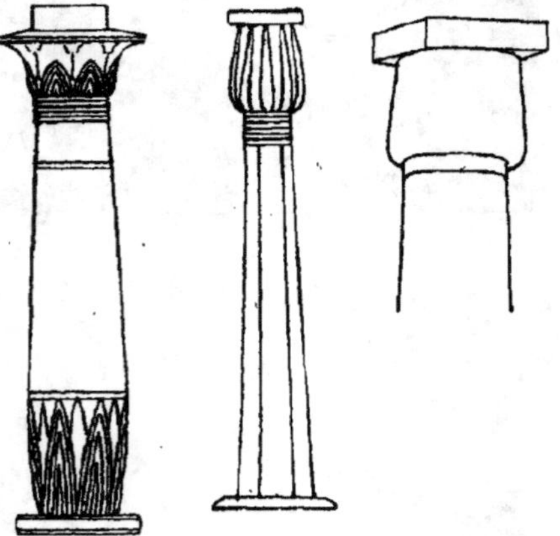

Fig. 336.

disposées en guirlandes naturelles, sur les murailles du temple, pendant les jours de fêtes.

Il n'y a là qu'une copie naïve et sincère de la nature, qui devient décorative par sa simplicité d'expression et la répétition régulière du même élément. C'est le premier état ornemental; on y reconnaît parfaitement l'origine naturelle.

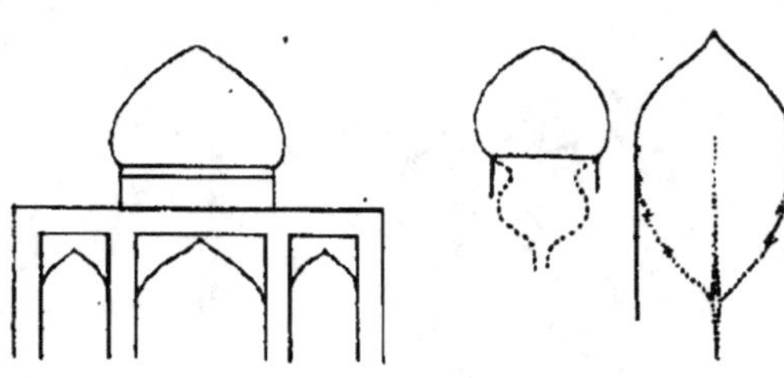

Fig. 337.

Mais, lorsque les Grecs composent, avec la même disposition et les mêmes éléments, l'*ove*, par une série d'éliminations de détail (*fig.* 340), ils créent alors une forme ornementale absolue, dernier degré d'abstraction de l'élément naturel, celui où on ne reconnaît plus l'origine visible de l'idée décorative initiale.

Lorsque les Égyptiens ont disposé au sommet de leurs stèles funéraires le globe mystique encadré des deux ailes (*fig.* 341),

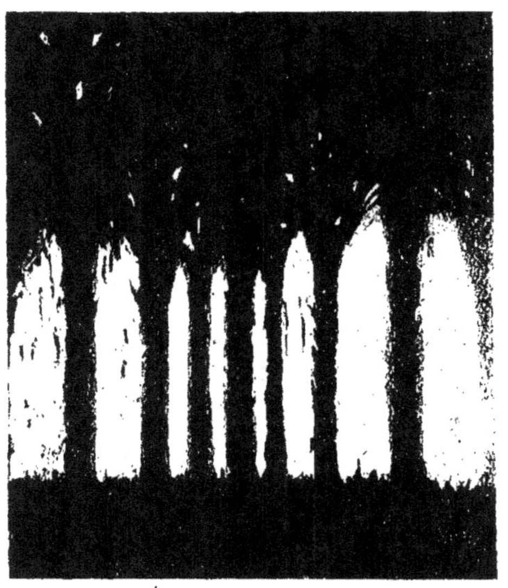

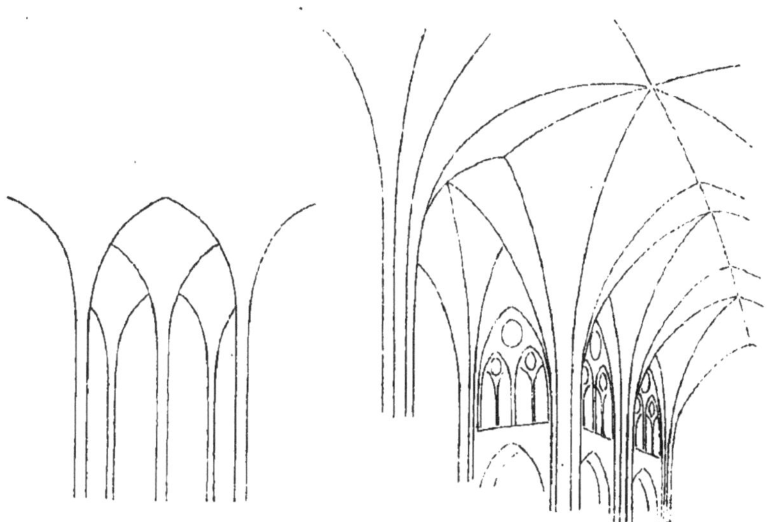

Fig. 338

ils ont composé un symbole linéaire avec deux éléments naturels associés dont l'origine reste visible. Lorsque les Grecs ont repris ce même principe de l'aile sur leurs

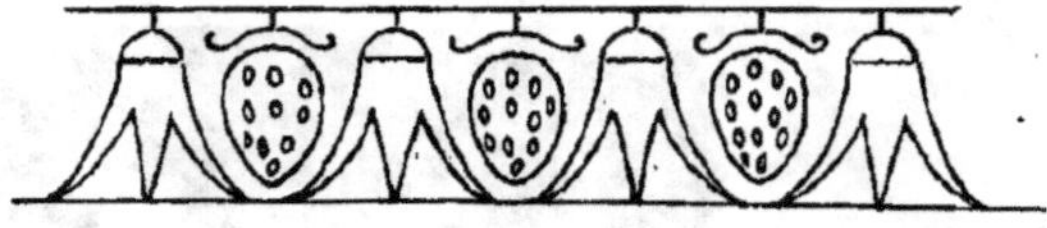

Fig. 339.

stèles funéraires, ils ont créé la *palmette* (*fig.* 342); ornement

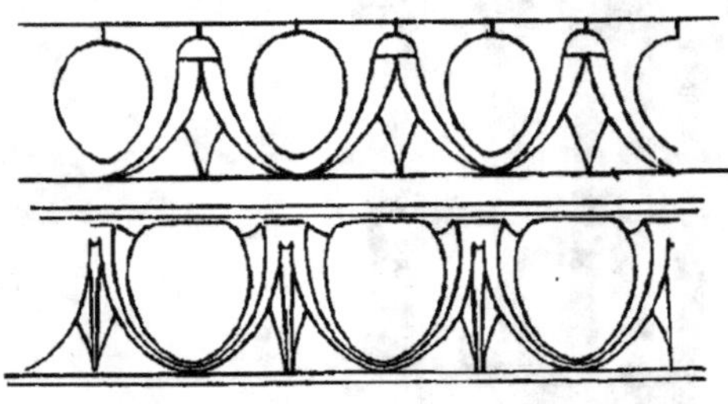

Fig. 340.

répété sans cesse dans leurs décors, comme un *leit motiv* pour les yeux, et auquel on a attribué par la suite les origines naturelles les plus diverses, feuilles de palmiers, gousses de caroubier, fleurs de chèvrefeuille, etc., en prouvant ainsi le degré d'abstraction linéaire poussé jusqu'à son extrême limite qui caractérise la technique de composition de l'art ornemental grec, dont on trouve un des plus beaux et parfaits exemples dans la représentation synthétique du *flot* (*fig.* 343).

Nous pourrions multiplier ces remarques d'analogies linéaires, comme celles, entre autres, de certaines formes de vases avec le corps de l'oiseau (*fig.* 344), ou le torse et les bras féminins, cette dernière ayant bien pu être, dans l'an

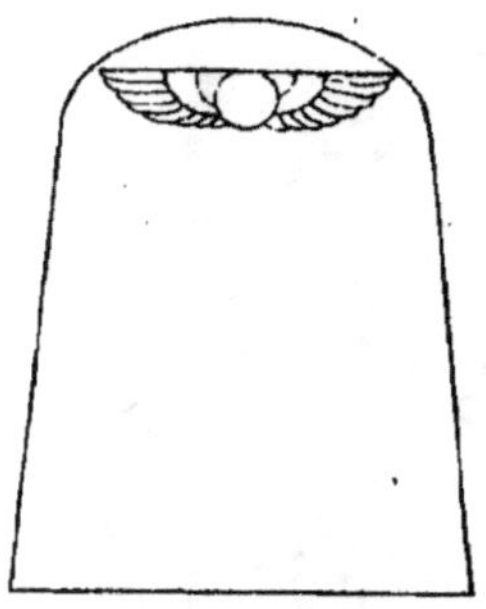

Fig. 341.

tiquité, le résultat d'un symbole de la source éternelle de la vie et de la force future (*fig.* 345).

Nous ne voulons pas faire ici de la poétique archéologique, mais seulement démontrer qu'en regardant la nature autrement que sous ses aspects de réalité immédiate, on peut en dégager des idées linéaires larges, élevées et expressives, qui conviennent mieux à l'invention des grandes simplicités

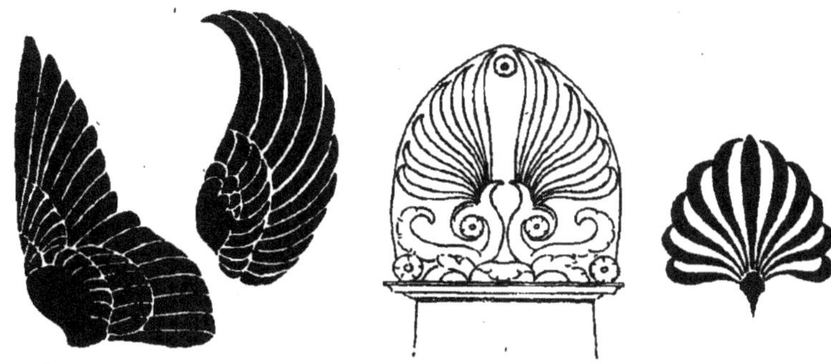

Fig. 342.

d'ensemble, que les réalités intimes de la forme naturelle,

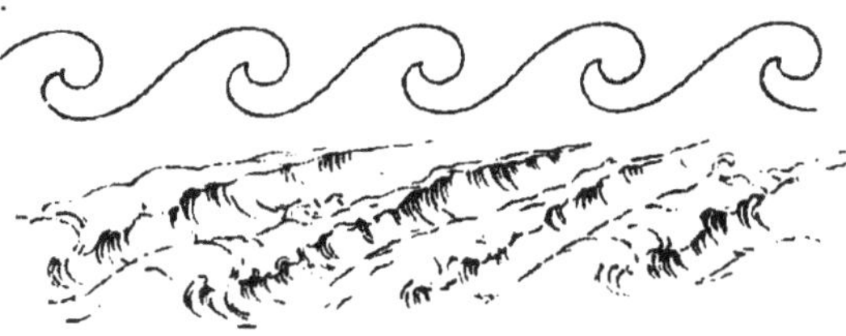

Fig. 343.

dont le charme s'approprie plus à la beauté, à la richesse ou à l'agrément du décor, suivant le caractère qu'on lui donne.

Non pas qu'il faille, ainsi que les anciens, rechercher le symbole et l'allégorie, qui n'ont plus pour nous de raison d'être, mais parce qu'on doit voir la nature largement et simplement, quand le principe de l'idée décorative l'exige ; de même qu'il faut la regarder minutieusement, lorsque le détail intime observé doit charmer la vue et arrêter le regard en vêtant la nudité linéaire d'une forme simple.

Les formes naturelles se prêtent à toutes les conceptions décoratives imaginables selon la façon dont on les envisage ; mais de toutes, ce sont celles des végétaux qui

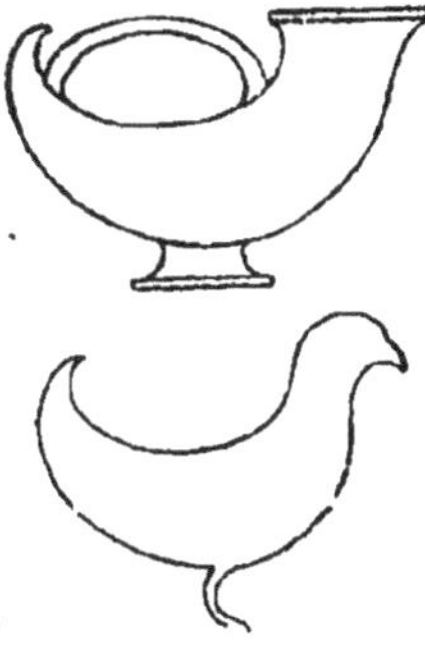

Fig. 344.

se plient mieux à toutes les transformations, associations et

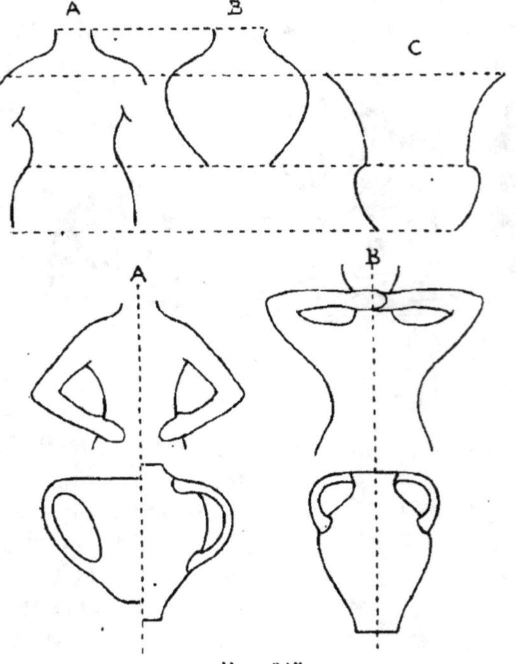

Fig. 345.

combinaisons linéaires architecturales et ornementales, depuis la représentation identique de l'état naturel jusqu'à sa transformation en ornementalité complète, ne rappelant que peu, ou même pas le caractère d'origine (*fig*. 346).

Les transformations, les associations et les combinaisons de la nature humaine, animale et végétale ont créé des

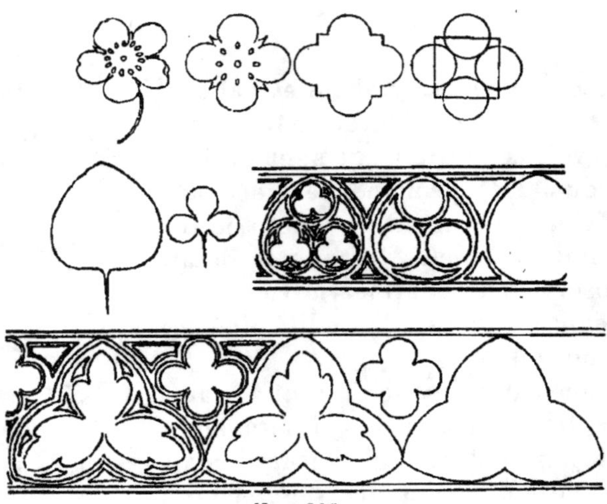

Fig. 346.

monstres, qui ont eu, dans l'antiquité et au moyen âge des si-
gnifications mythiques, allégoriques ou
symboliques que notre esprit moderne,
épris de clarté, ne conçoit plus, et que
nos yeux, avides des beautés réelles de
la nature, n'acceptent même plus que
difficilement, et seulement à titre de
curiosité archéologique et historique.
Notre sentiment de l'art du décor
s'oriente vers les représentations de la
vie réelle, une figure humaine ou animale, en un mouvement vrai, une
branche de feuillage, de fleurs, ou de
fruits, en ses inflexions naturelles. Mais
cette conception ne peut s'appliquer
qu'au décor; la recherche de la forme
de l'objet reste toujours obligatoire-
ment basée sur l'abstraction linéaire.

Quelquefois la nature nous offre à
l'état presque complet la forme et son
décor. Mais on doit cependant plier
presque toujours la forme aux exigences de l'appropriation. Ainsi, dans
la figure 347, il faut élargir la base de
la capsule naturelle A pour obtenir la
stabilité nécessaire à la forme de vase B
que l'on peut en extraire à l'état complet.

La seule corolle d'une fleur A peut
servir d'élément initial de composition
pour un chapiteau B, un vase C, un
verre D, un appareil d'éclairage électrique E, une volute décorative F, un
pied d'objet G (*fig.* 348). Ce n'est, pour
ces différentes appropriations qu'une
question de *proportion*.

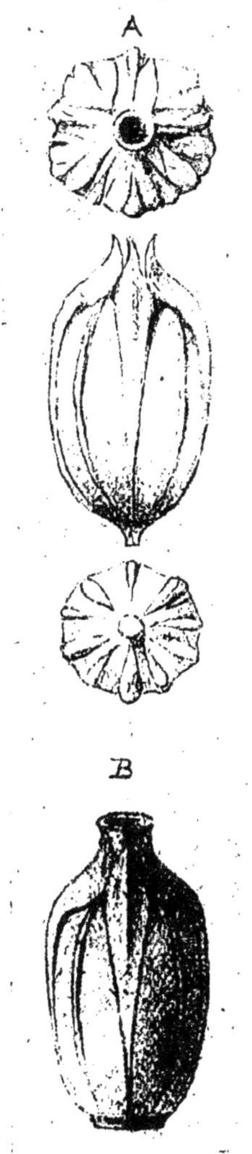

Fig. 347.

Un seul élément ne suffit pas toujours à l'invention d'une

forme. Il faut alors associer des éléments divers. La figure 349 montre l'association d'un calice de volubilis A, d'un pistil de capucine B, d'une capsule de gentiane C et d'une fleur de liseron renversée D avec quoi a été composée une coupe en verre.

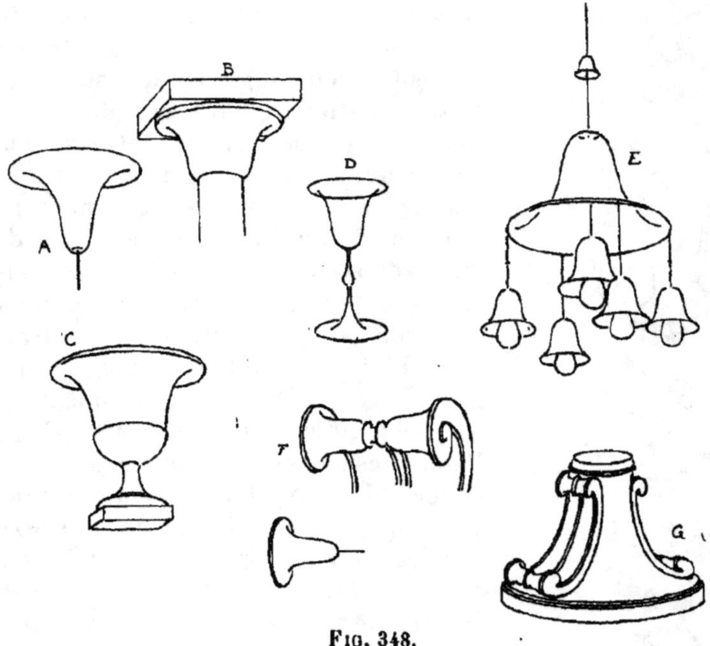

Fig. 348.

Il est facile de suivre sur la figure 350 toutes les transformations, associations et combinaisons que peuvent successivement subir les formes d'un fruit et les mouvements des feuillages d'une branche de citronnier prise comme élément initial de forme et de décor d'un vase ou de plusieurs vases de caractères différents.

Les éléments naturels immédiatement utilisables pour l'invention des *formes*, c'est-à-dire des contours de plein relief, sont peu nombreux et très limités en caractère, si on les compare aux éléments de décor. Ce sont surtout des végétaux

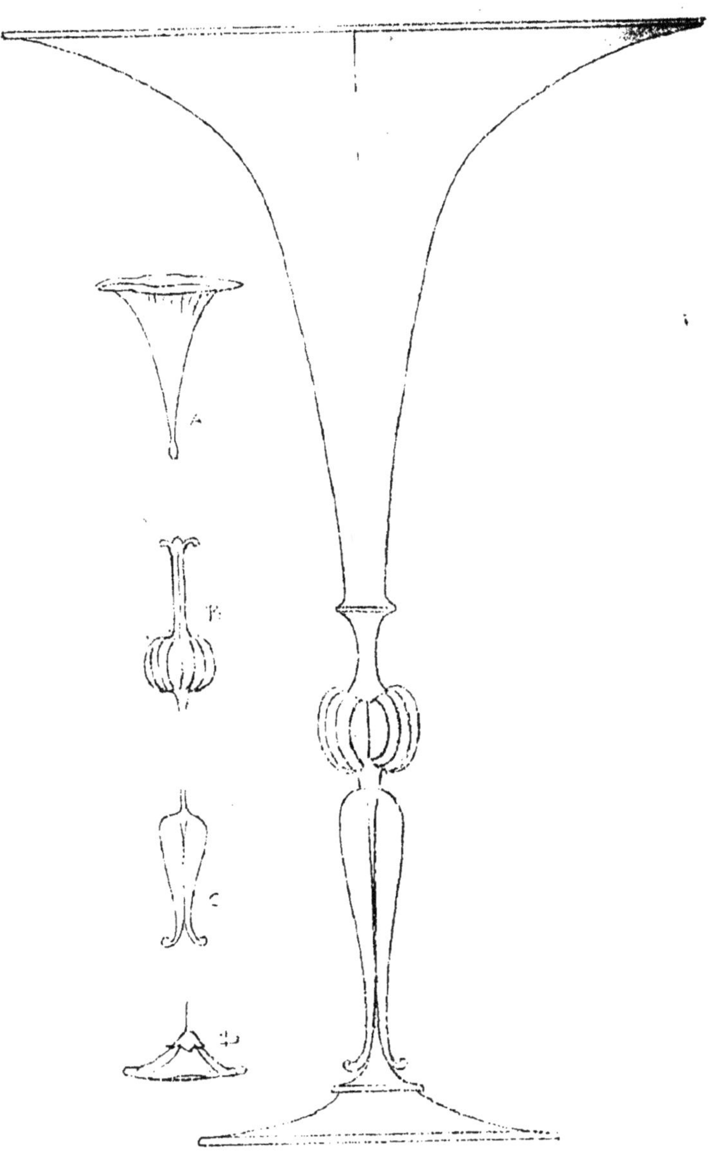

Fig. 349.

dont les bourgeons, les boutons, les fleurs, les pistils, les

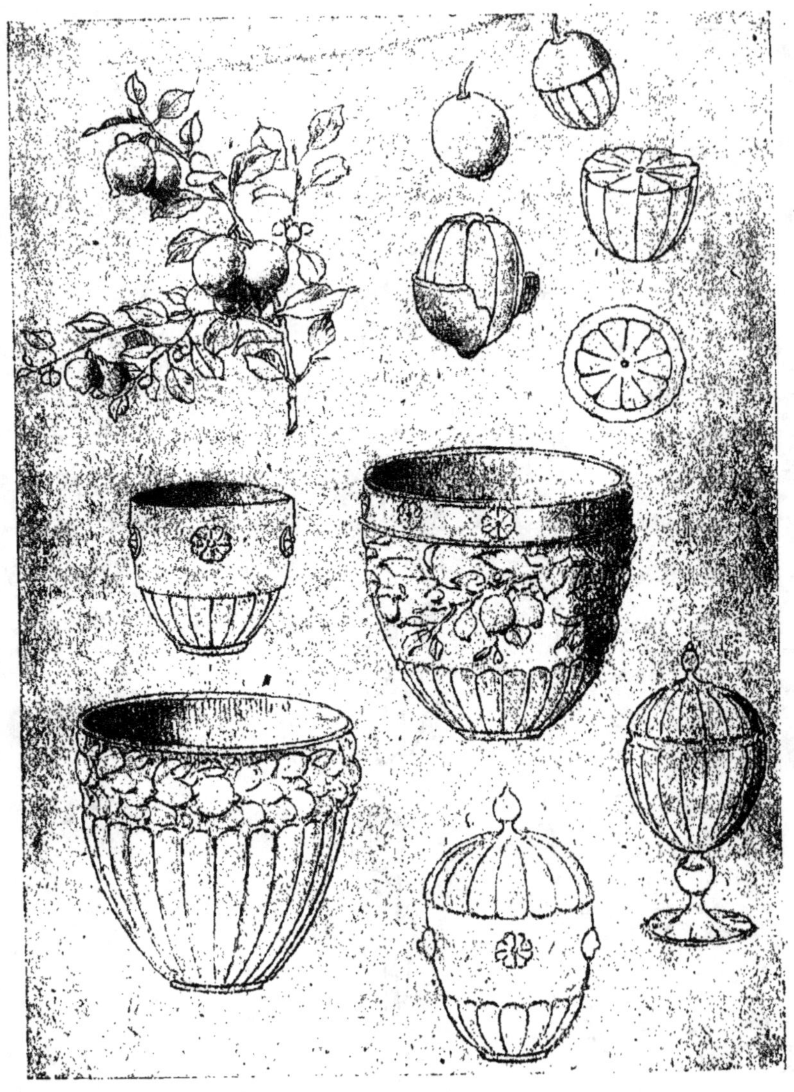

Fig. 350.

pétales, les capsules, les fruits, les graines, peuvent être, dans leurs mouvements linéaires divers, facilement transformés en *vases* de toutes sortes (*fig.* 351). Mais, pour ce qui est de la composition des autres objets, de caractère plus architectural, nécessitant des formes plus abstraites, tels que les meubles,

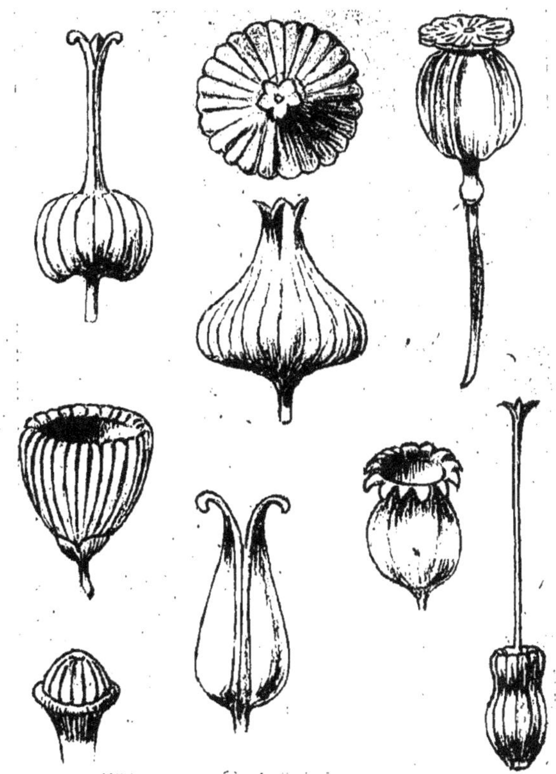

Fig. 351.

par exemple, il faut avoir recours au principe de composition de la rythmique linéaire, dépendant toujours, en réalité, de l'observation de la nature, mais d'une observation plus large, raisonnée et méthodique.

Considéré au point de vue du décor des formes, l'élément

naturel comprend tout ce qui, dans la nature, offre à nos yeux un contour et une coloration; mais, en tant qu'ornement proprement dit, il comprend principalement les végétaux.

Les végétaux, arbres, branches, bourgeons, feuillages, fleurs et fruits sont les éléments qui se prêtent le plus facilement aux transformations, aux combinaisons, aux associations et aux dispositions ornementales les plus diverses. On peut considérer un élément végétal comme une association rythmique linéaire formant un contour isolé que l'on dispose, soit par juxtaposition, soit par alternance, superposition, jonction ou croisement.

Le même élément végétal, suivant le caractère rythmique de sa disposition, prend donc un aspect tout à fait différent.

Si la forme qu'il est appelé à orner est de caractère très abstrait, si elle implique une disposition symétrique, l'élément naturel choisi sera plié à ce caractère, c'est-à-dire qu'il sera simplifié, ramené à sa plus grande synthèse de forme dépouillée de ses apparences passagères de vitalité normale, et ne conservera que son contour typique. Ce sera un *ornement*, et dans ce cas on pourra lui faire subir des transformations d'aspect, en le considérant comme une association de rythmes linéaires que l'on combinera, au besoin, avec un ou plusieurs autres éléments naturels, de façon à créer une nouvelle forme ornementale.

Si la forme à décorer implique par son caractère une disposition libre de l'élément naturel, on pourra conserver à cet élément tout son aspect de vitalité normale, et le développer sur une direction linéaire en analogie avec cet aspect.

Ces deux dispositions de l'élément naturel de décor sur la forme constituent les deux contrastes extrêmes d'ornement et de nature entre lesquels se placent tous les degrés d'interprétation dont le tact seul du compositeur indique le choix de l'un, de préférence aux autres, en raison de l'effet qu'il veut produire et du caractère qu'il veut donner à son œuvre de décor.

Dans chacun de ces deux principes de décor, ornement et imitation de la nature, il existe un contraste de forme. Les plantes présentent, en général, une proportion heureuse de contours entre la branche, les feuillages, les fleurs, ou les fruits, qui fait qu'un élément naturel reproduit sous son apparence de vitalité normale, contraste sur soi-même. C'est un principe de rythmique dont il faut user en ornement, par composition; et également, lorsque l'on groupe dans un ensemble plusieurs plantes, il faut chercher, en les choisissant, des contrastes de caractères. C'est-à-dire que les analogies dominantes doivent être constituées avec des éléments naturels de même caractère, et les contrastes, avec les éléments naturels de caractères très différents.

Nous donnons, de la figure 352 à la figure 380, une série d'exemples pratiques de l'application des théories de la rythmique linéaire à la disposition des éléments naturels.

Pour que cette série de modèles de composition formât un enseignement méthodique, progressif et complet, il faudrait que nous pussions lui donner un développement graphique qui ne trouverait pas sa place en ce volume. Aussi n'avons-nous voulu indiquer ici qu'un principe d'application pratique dont l'exposition ne vise à aucune progression méthodique, mais tend, au contraire, à démontrer, en un espace très restreint, par des solutions de continuité voulues, toute l'étendue que pourrait prendre un enseignement graphique complet, depuis les éléments primaires de la composition décorative jusqu'aux démonstrations d'éducation spéciale et supérieure.

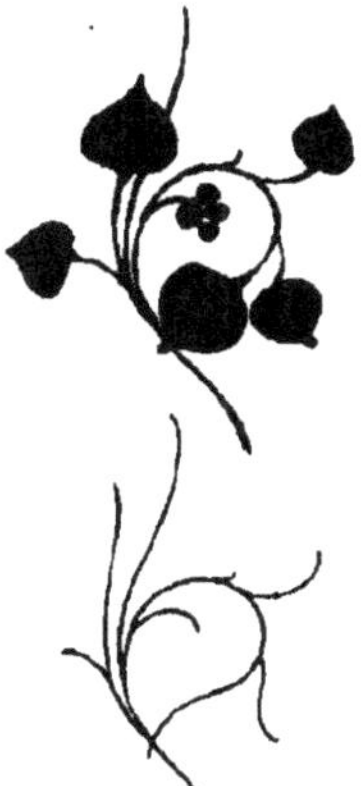

Fig. 352.

La figure 352 indique les deux dispositions typiques, initiales et contrastantes de l'élément naturel. L'une où l'élément est ployé sur un rythme ondulant et libre, en rapport avec les mouvements naturels d'ensemble ; l'autre où l'élément est encadré, à l'état frag-

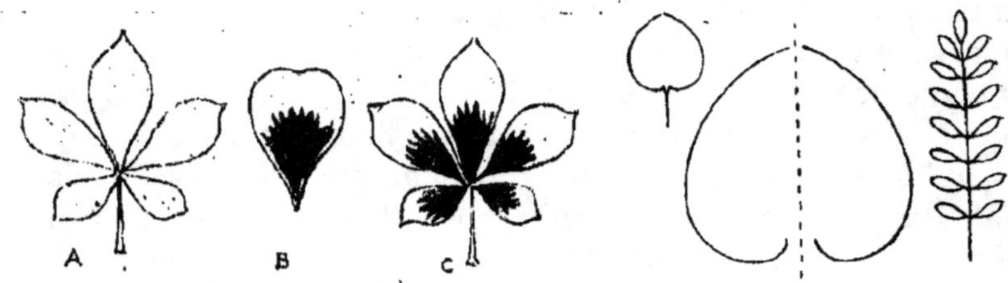

mentaire, dans des rythmes linéaires abstraits.

La figure 353 représente deux exemples d'éléments naturels, de caractères différents, superposés. Le premier exemple est une application du principe de la disposition des rythmes *sur* une forme déterminée à contour limité pour laquelle on peut utiliser toutes les as-

Fig. 353.

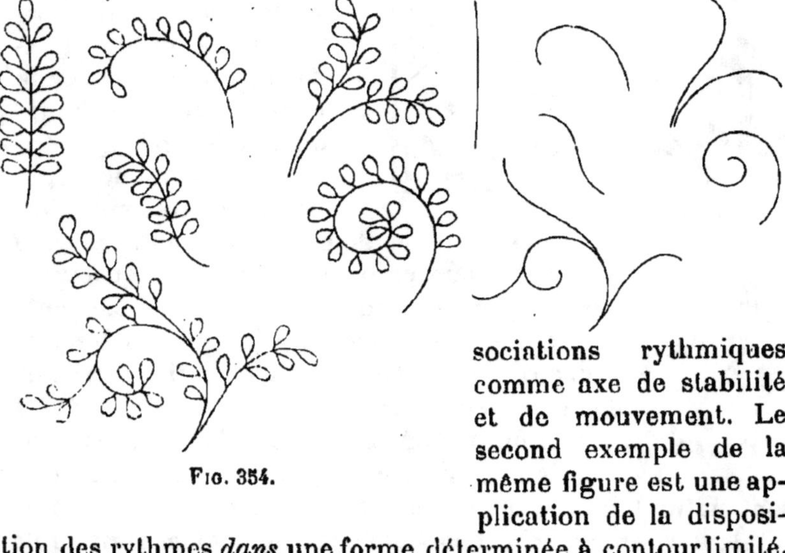

Fig. 354.

sociations rythmiques comme axe de stabilité et de mouvement. Le second exemple de la même figure est une application de la disposition des rythmes *dans* une forme déterminée à contour limité.

A est une feuille de marronnier, B un pétale de pavot, C re-

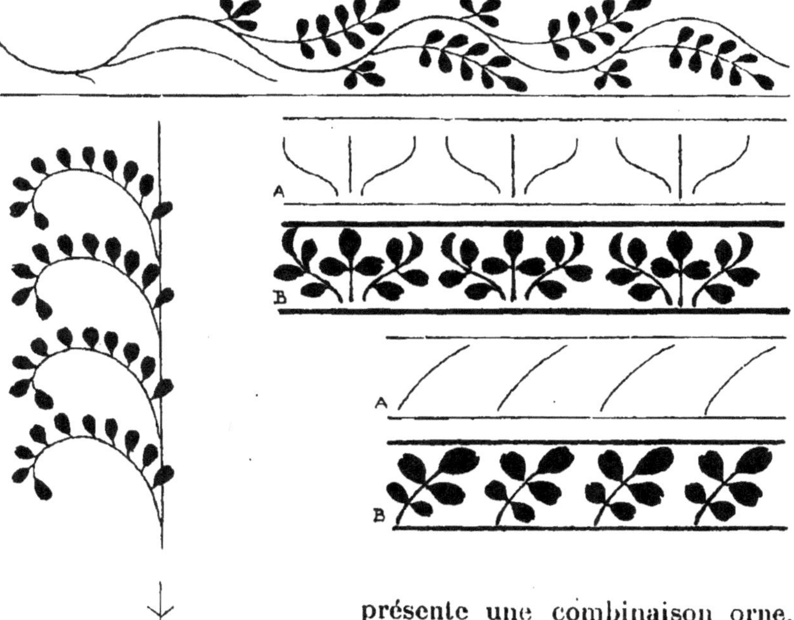

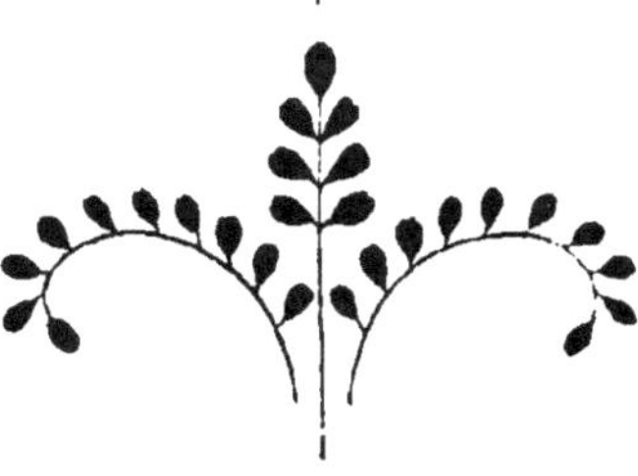

Fɪɢ. 355.

présente une combinaison orne.
mentale, par superposition interne, du pétale de pavot avec la
feuille de marronnier.

Dans la figure 354, on voit le
même feuillage ployé sur des
rythmes linéaires libres différents,
et disposés, dans la figure 355,
sur une ondulation courante, par
bande indéfinie, par répétition
simple ascendante sur bande verticale, par répétition à retour sur
bande horizontale et sur bande
verticale ascendante.

La figure 356 démontre l'appli-
cation du même élément naturel à des dispositions rythmiques
très différentes en formes planes et en bas-relief.

La figure 357 donne diverses dispositions, du même élément, symétriques ou asymétriques, en bas-relief simple, en bas-relief ajouré, et en creux dans la matière.

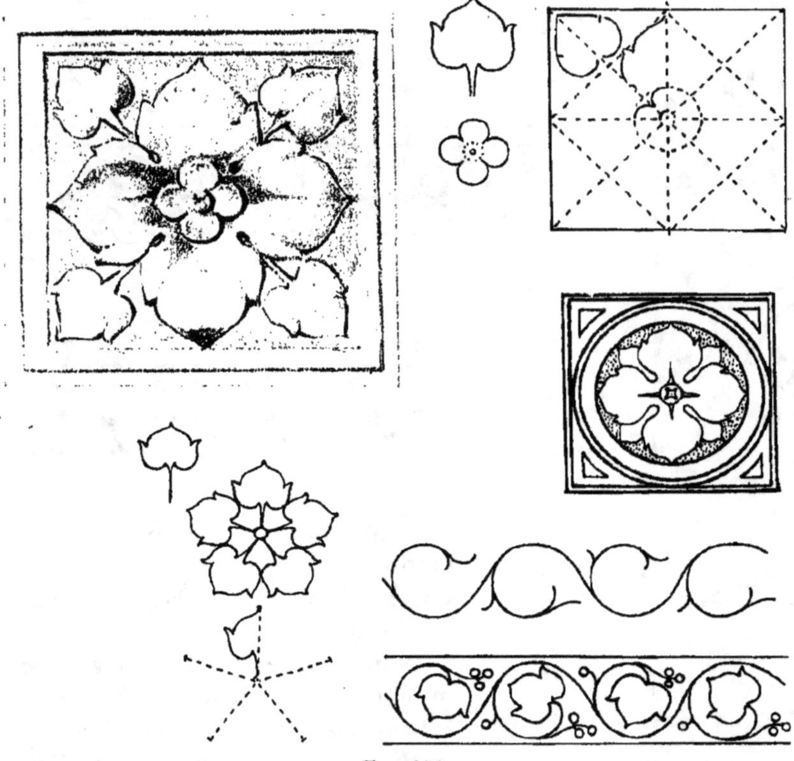

Fig. 356.

Les figures 358, 359, 360 et 361 représentent le même élément naturel — l'églantier — disposé d'abord sur les rythmes linéaires libres (*fig.* 358) ; sur un mouvement ondulé ascendant, par répétition à retour, dans tous les états successifs de composition, depuis le rythme initial de disposition jusqu'à l'état définitif en bas-relief, avec indication des valeurs de clair-obscur provoquées par l'éclairage du modelé (*fig.* 359); disposé par bandes horizontales courantes, en forme plane et

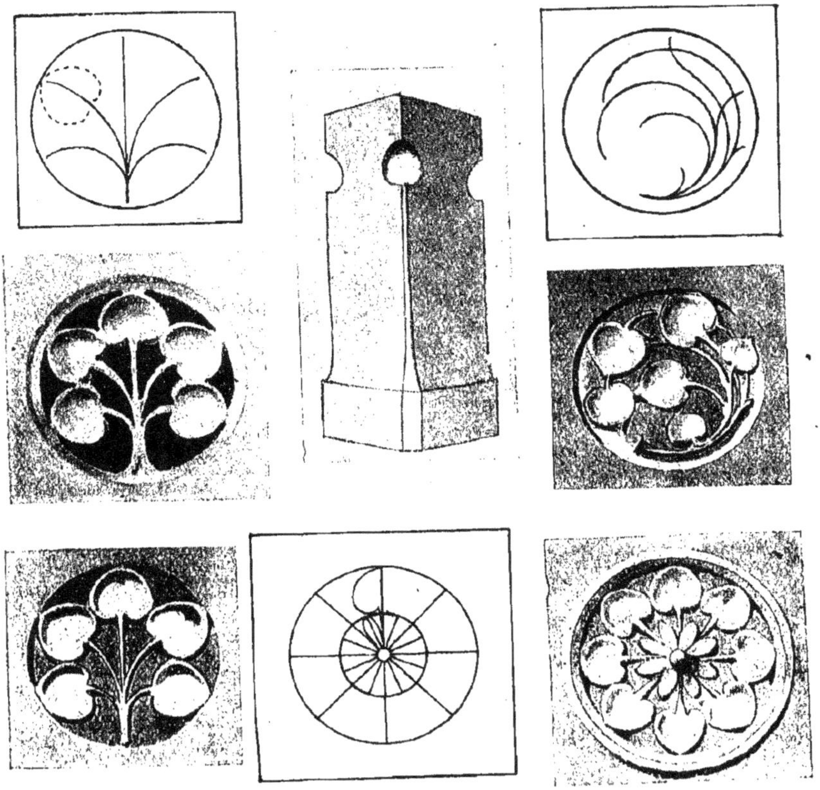

Fig. 357.

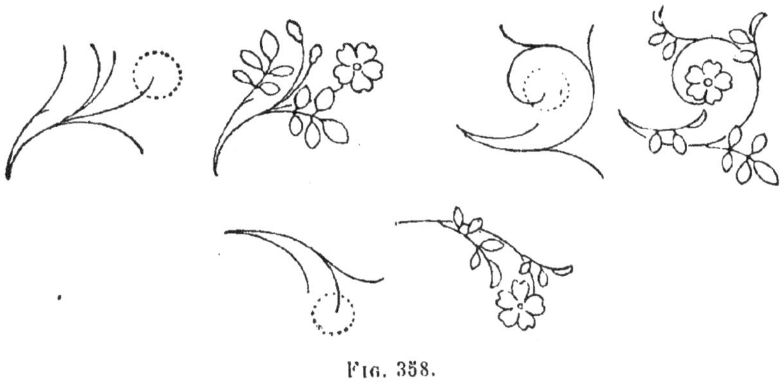

Fig. 358.

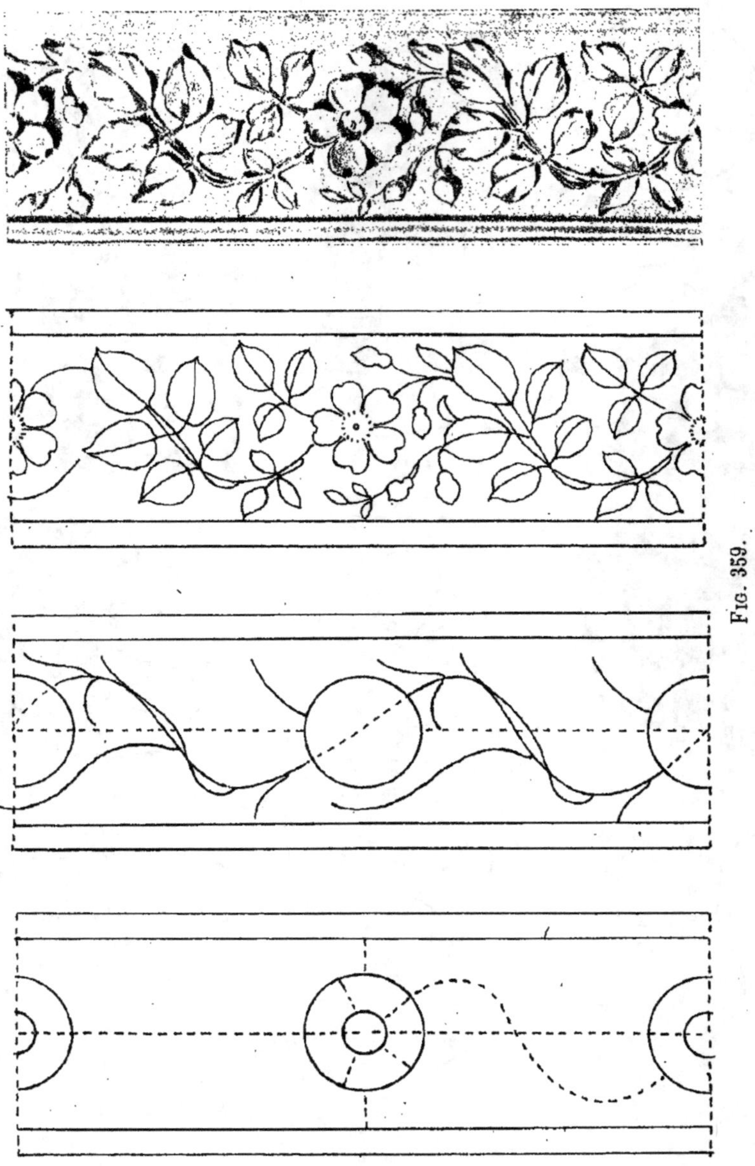

Fig. 359.

en bas-relief, et par bande verticale avec répétition simple de mouvement ascendant (*fig.* 360); disposé sur nappe indéfinie, par juxtaposition et ajouré, en forme plane, et réalisé en sculpture de bas-relief ajouré, dans un rythme angulé de console (*fig.* 361).

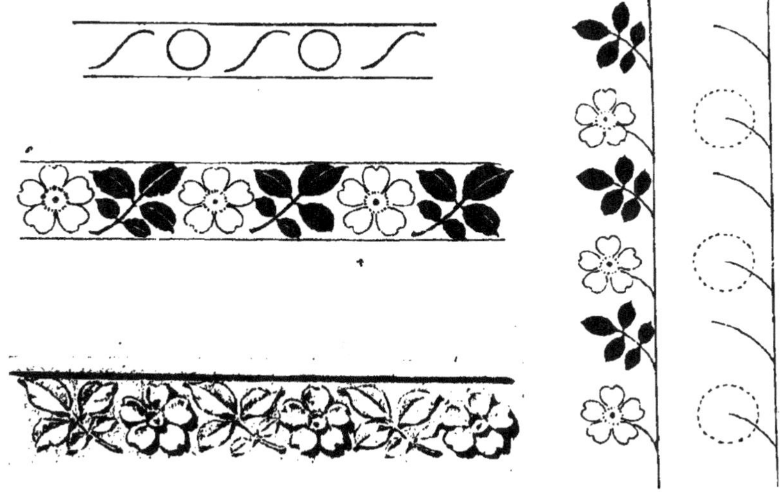

Fig. 360.

La figure 362 montre le même élément, la fleur et le feuillage du narcisse, disposé en forme de haut relief — une coupe — et en trois panneaux verticaux symétriques de 1 à 2 sur axe vertical central; le premier panneau représentant la disposition réalisée en bas-relief, le second en bas-relief ajouré, et le troisième en forme plane.

Dans la figure 363, nous voyons le même élément de feuillage disposé sur un carré, une circonférence, en répétitions symétriques inversées; sur une nappe indéfinie, en raccord à retour dans le sens horizontal, en raccord droit dans le sens vertical et en quinconce; sur des directions rayonnantes en mouvement circulaire et en renversements de quatre à huit répétitions.

Les figures 364, 365, 366 et 367 représentent diverses dis-

positions d'un même élément, une feuille, sur des rythmes
initiaux, courbés, ondulés et volutés (*fig.* 364); ondulés, dis-

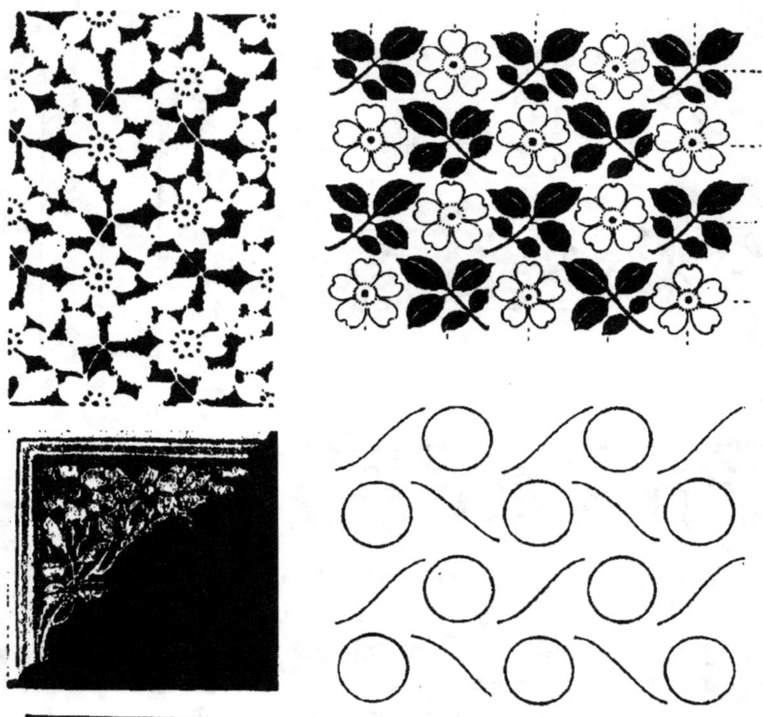

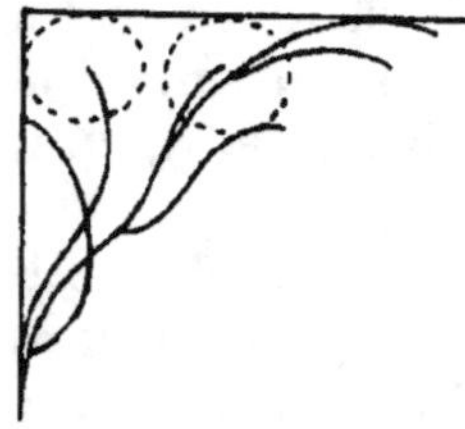

Fig. 361.

posés symétriquement en renversement
de deux parties semblables de chaque
côté d'un axe vertical; sur des directions rayonnantes de quatre à huit renversements, dans un carré et dans une
circonférence (*fig.* 365); en répétitions
simples rayonnantes, dans une circonférence (*fig.* 366); enfin, sur un rythme
courbé en forme de crosse, et réalisé en haut relief (*fig.* 367).

Un feuillage de laurier avec baies est disposé en mouvement descendant à renversement symétrique horizontal, en

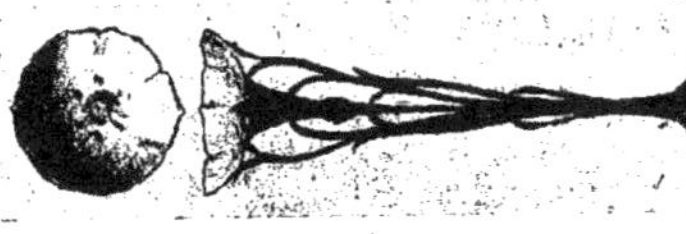

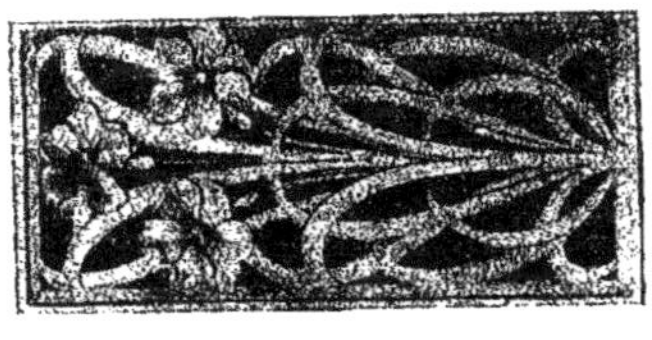

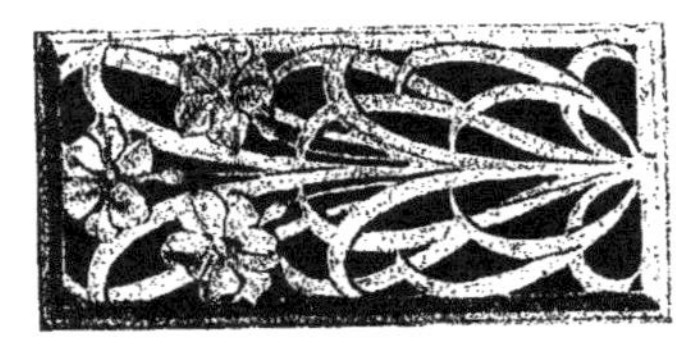

Fig. 362.

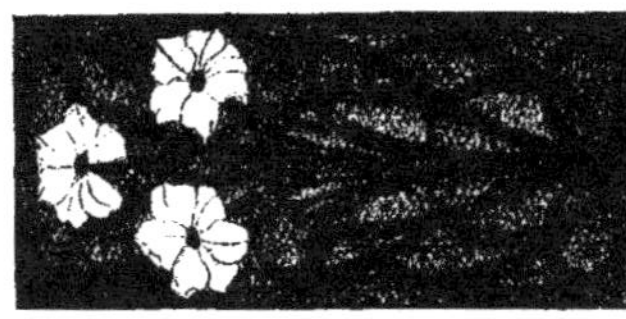

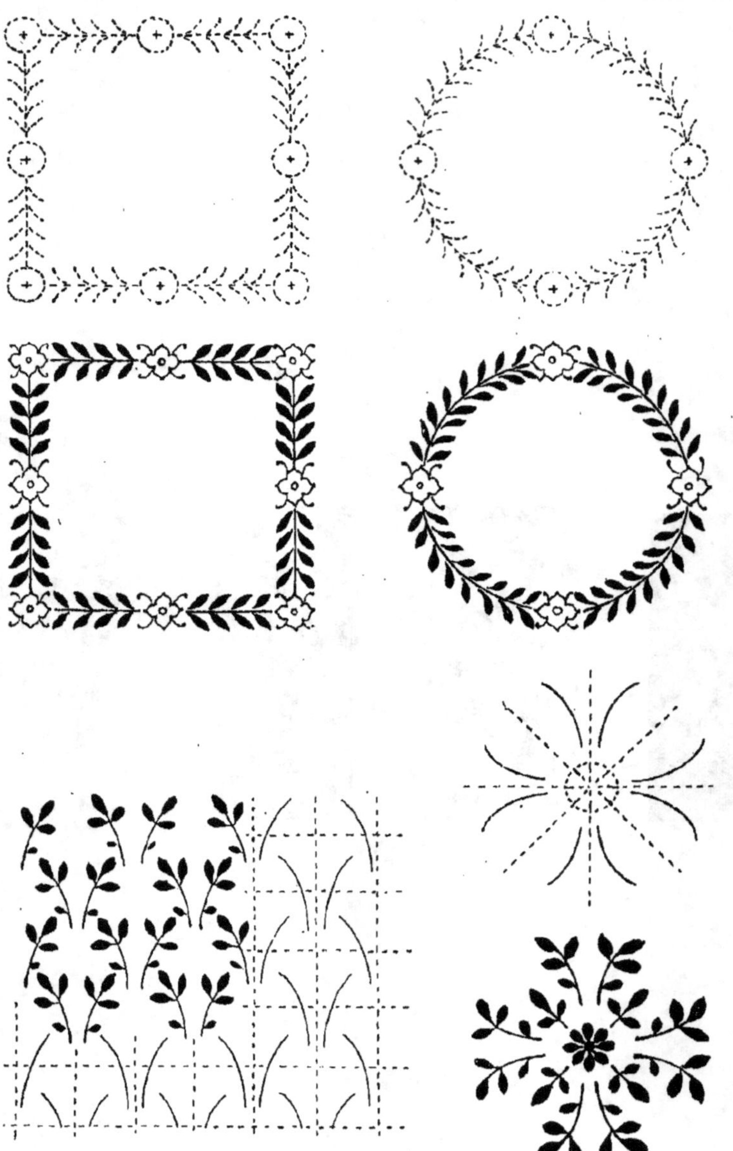

Fig. 363.

forme de guirlande ; et en renversement symétrique à mouvement ascendant sur le rythme droit courbé d'un chapiteau de
pilastre à plan carré (*fig.* 368).

Le même principe de disposition, mais alterné et en quin-

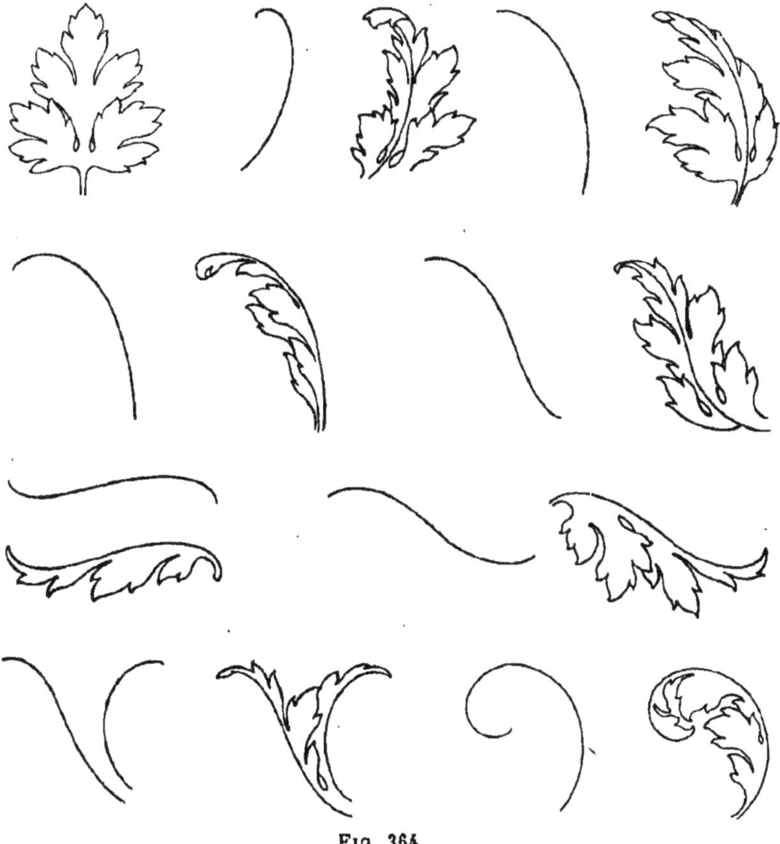

Fig. 364.

conce, est appliqué au décor, par une branche de rosier, d'un
chapiteau à plan circulaire (*fig.* 369).

La figure 370 donne la disposition, en nappe indéfinie, d'une
composition pour tenture murale. Les motifs centraux sont

formés par une feuille de marronnier dont les rythmes rayonnent en mouvement autre que le mouvement circulaire.

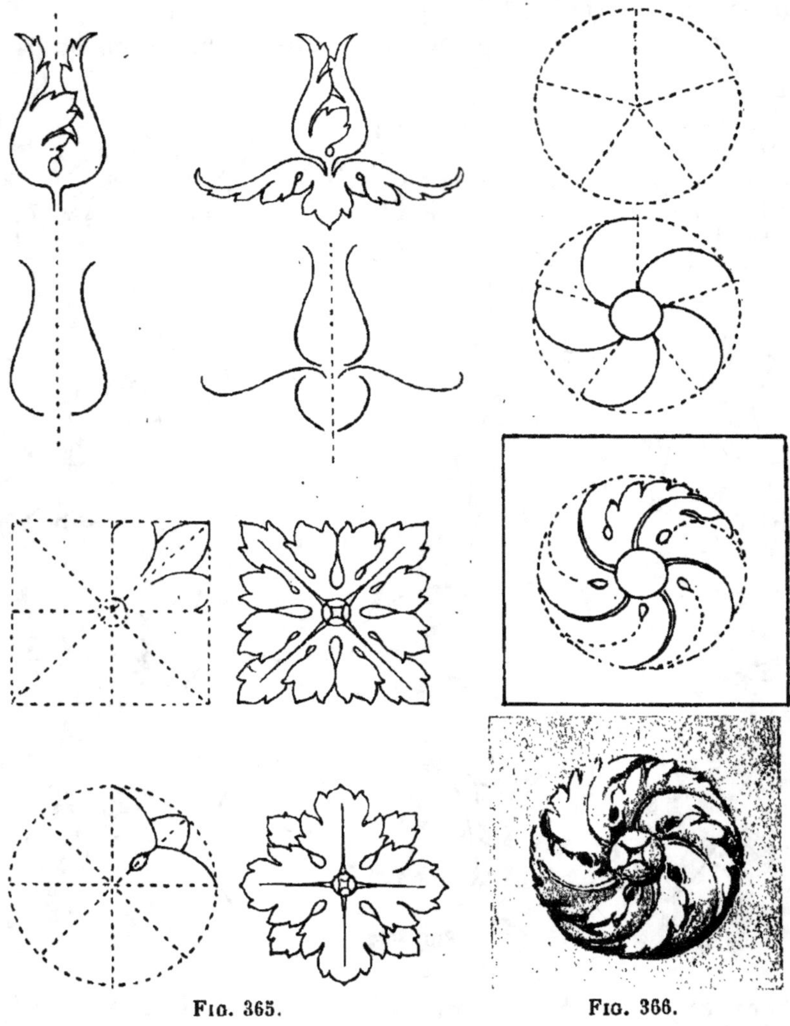

FIG. 365.

FIG. 366.

Ces motifs sont superposés à une rosace dont les rythmes élémentaires rayonnent symétriquement en mouvement circu-

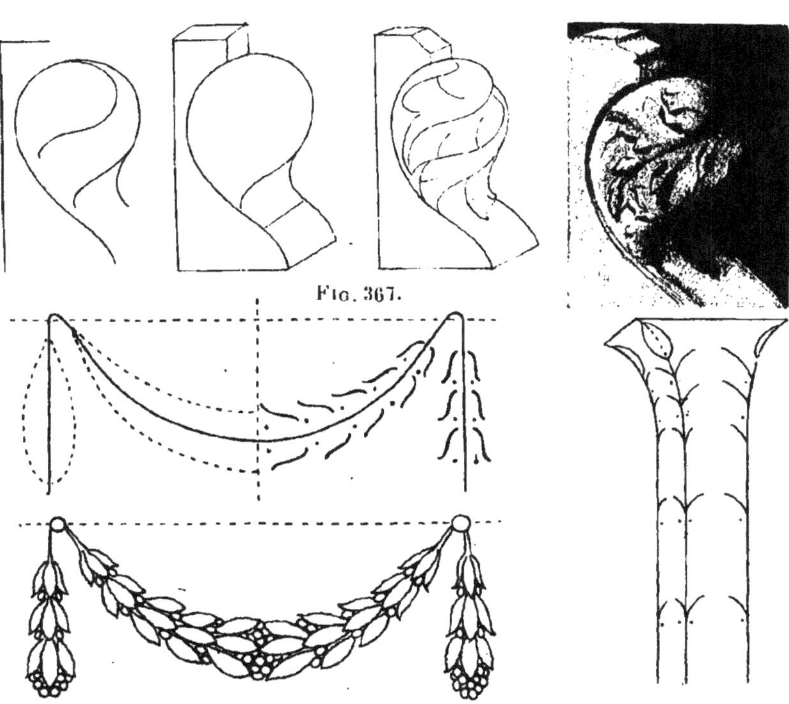

Fig. 367.

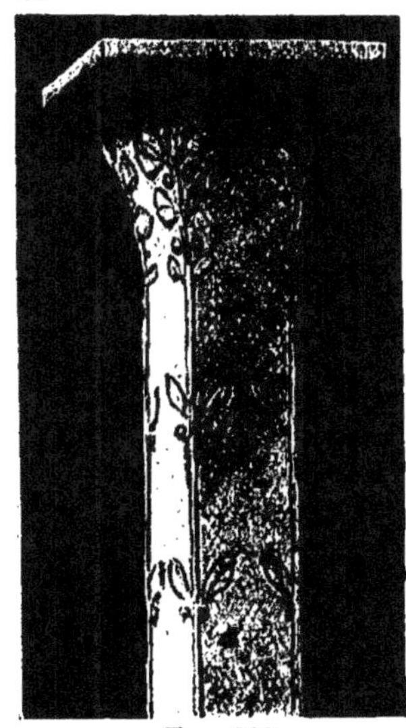

laire de huit à seize renversements. Les deux motifs centraux superposés sont encadrés par un rythme ondulé disposé en raccord à retour, dans le sens horizontal, et en raccord droit, de haut en bas, et inversement, dans le sens vertical ; ce rythme sert d'axe à une disposition de feuillages et de baies alternés, et forme, sur certains points, disposition divergente.

La bordure de base est composée de rosaces à dispositions rayonnantes et en mouvement circulaire, servant de points fixes sur les axes

Fig. 368.

de division du décor de la nappe, entre chacun desquels évolue une association de rythmes courbés et ondulés servant d'axes au même feuillage, et se développant symétriquement en mouvement courant, c'est-à-dire sans renversement, formant par cela contraste avec les mouvements à retour de la nappe.

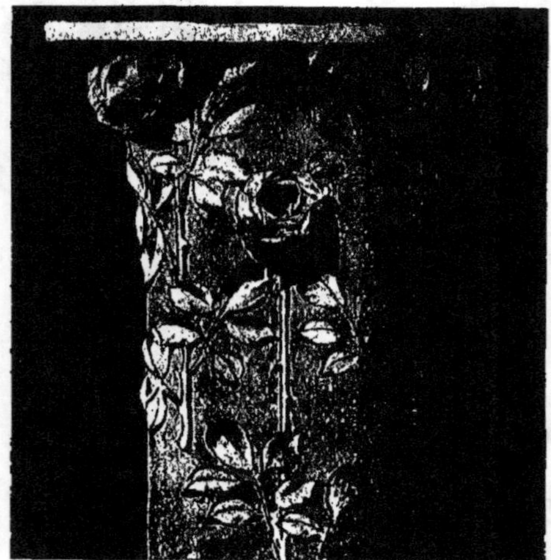
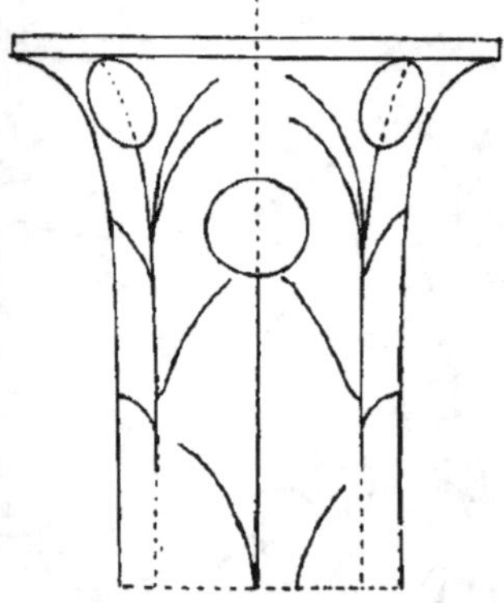

Fig. 369.

La réalisation indique une valeur unique de forme plane sur le fond.

Dans la figure 371, qui représente également une composition pour tenture murale, la disposition rythmique a lieu sur des directions linéaires indéfinies. Le motif central est formé d'une association de rythmes rayonnants, mais disposés non circulairement; la symétrie en est à renversement de 1 à 2 sur l'axe vertical central imaginaire; le raccord de répétition en nappe indéfinie est à retour dans le sens horizontal, et droit, de bas en haut et inversement. Autour de ce motif central, se développent d'autres rythmes à mouvements courbés, ondulés, contraires et divergents, dont la disposition en nappe indéfinie est à raccord simple et droit.

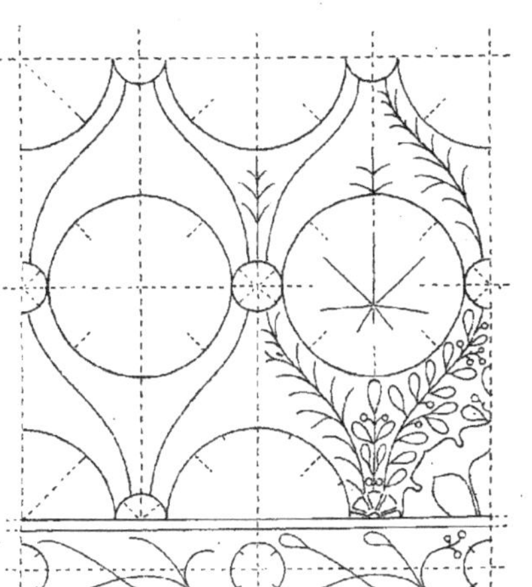

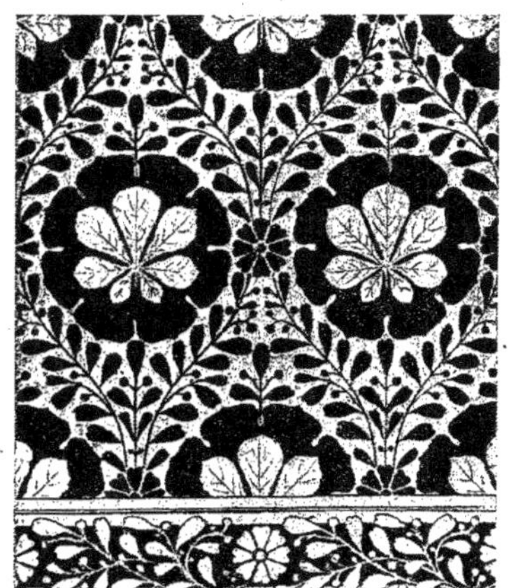

Fig. 370.

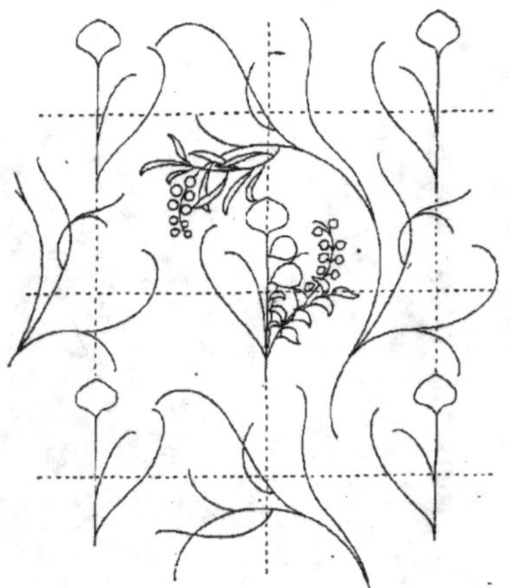 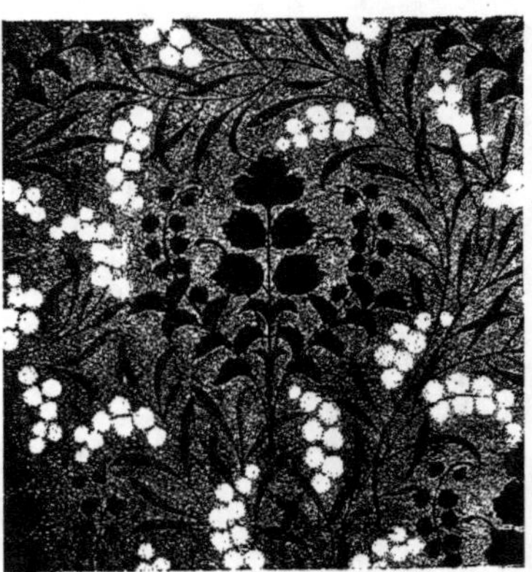

Fig. 371.

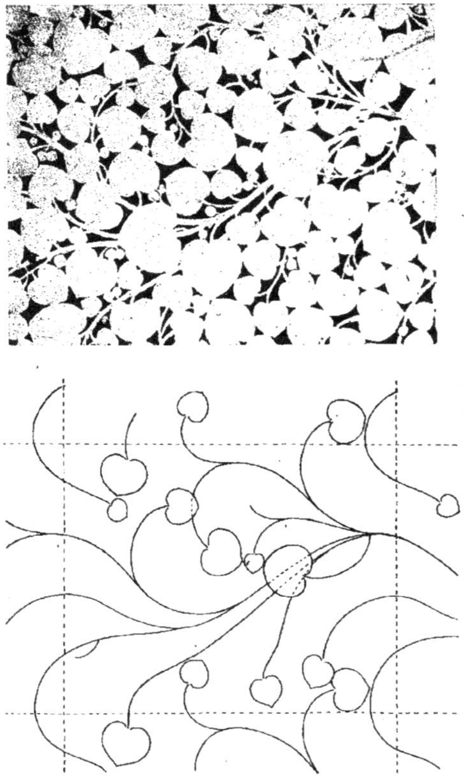

Fig. 372.

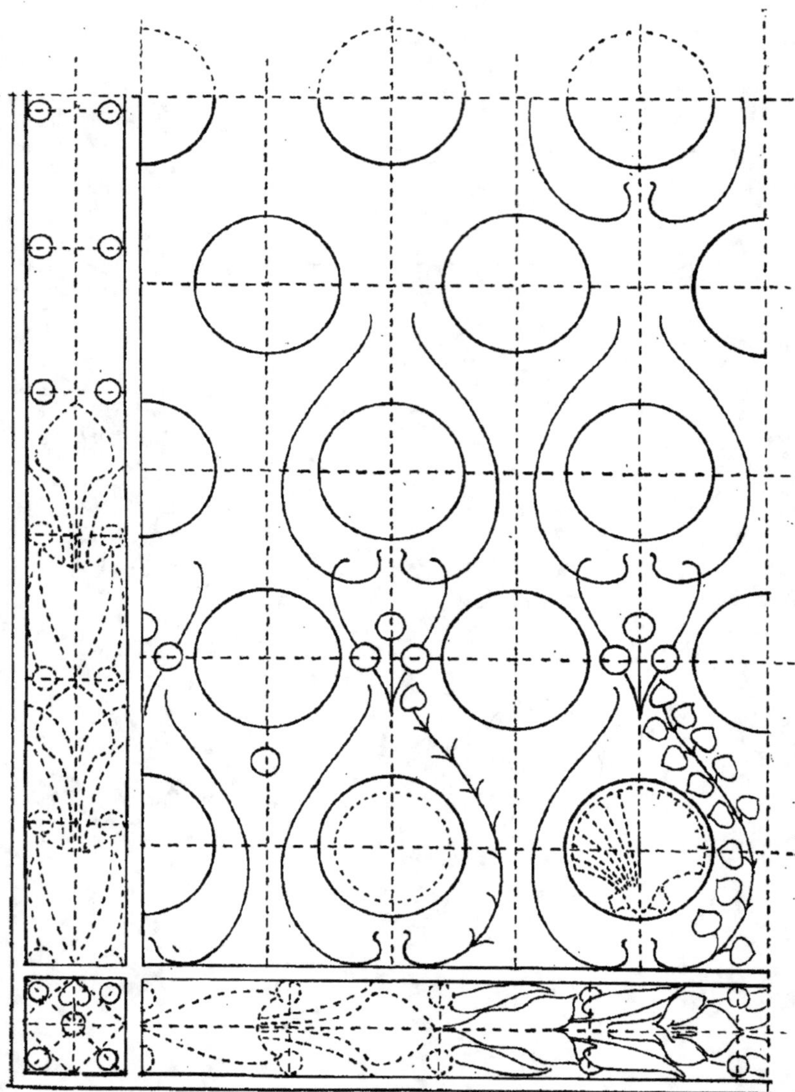

Fig. 373.

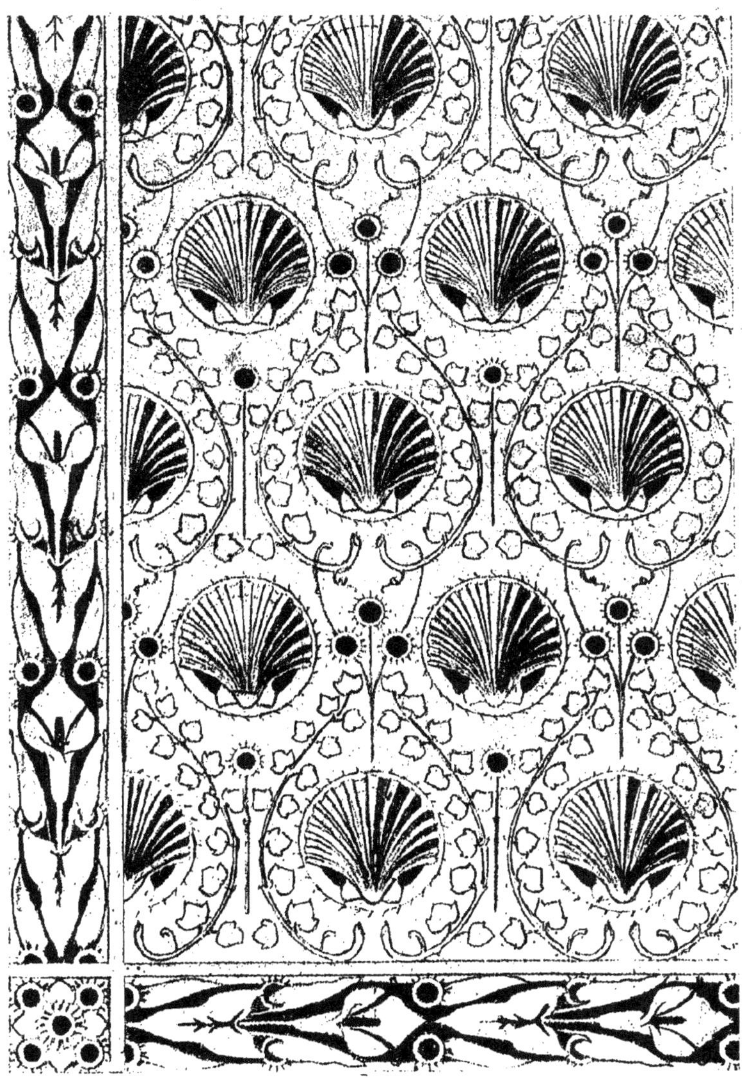

Fig. 374.

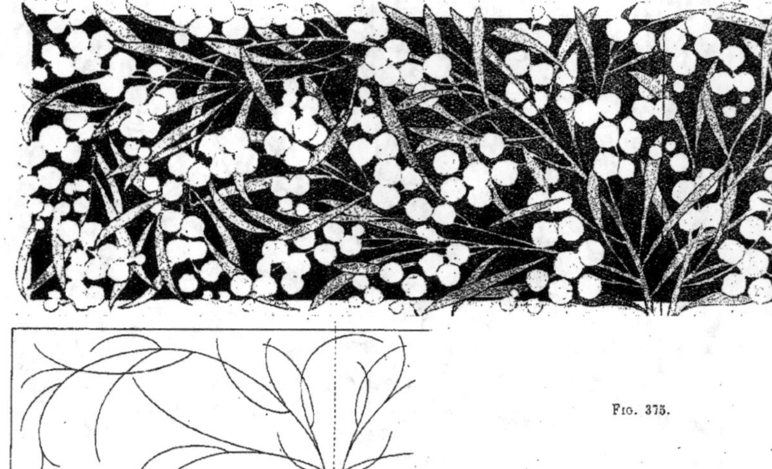

Fig. 375.

L'effet est constitué par quatre valeurs de teintes plates, une foncée pour le motif du centre, deux moyennes assez rapprochées pour le fond et les feuillages, et une claire pour les grappes de mimosa.

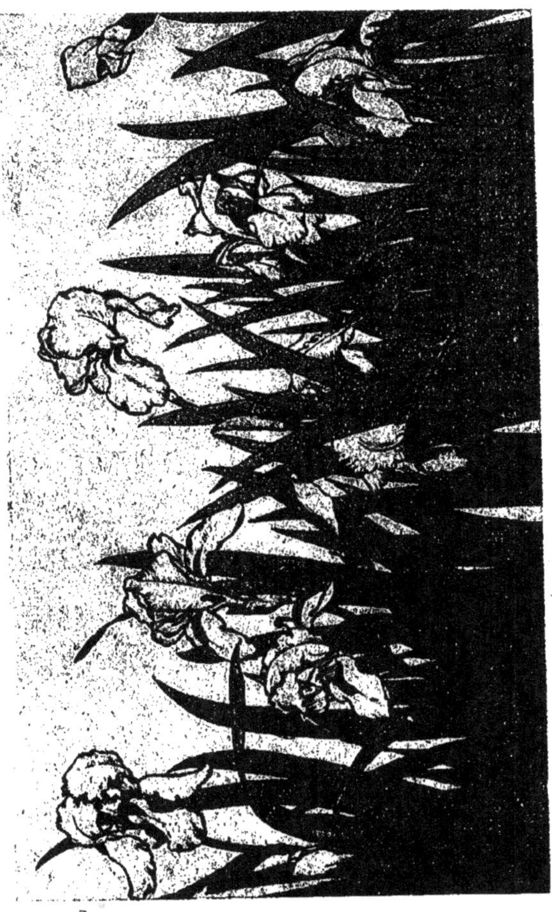

Fig. 376.

La figure 372 représente un feuillage avec baies, disposé en nappe indéfinie sur des rythmes ondulés, courbés, divergents croisés et joints, dont le raccord est simple et droit. Les motifs sont juxtaposés de façon à former un ajouré sur le fond.

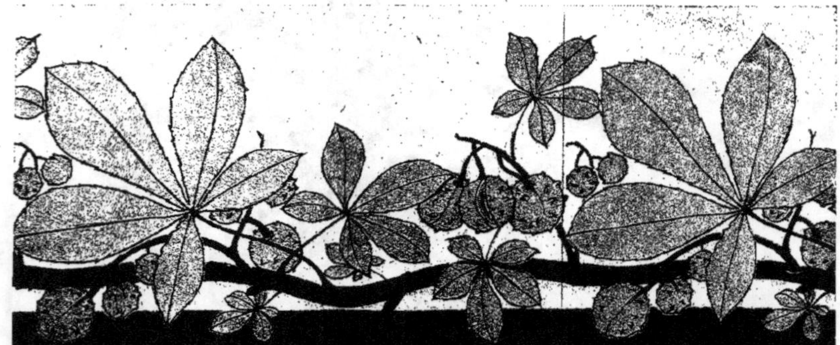

Fig. 377.

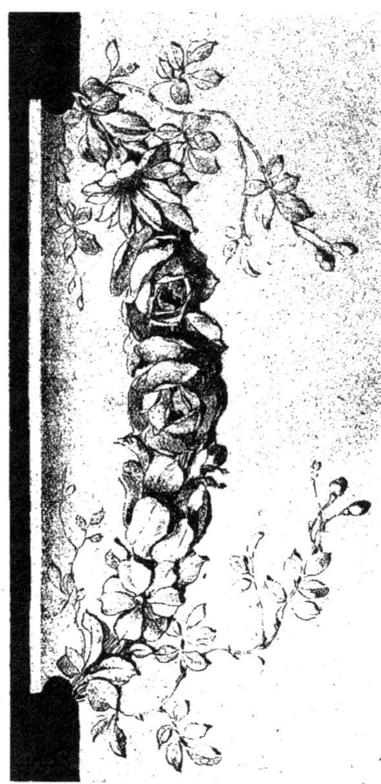

Fig. 378.

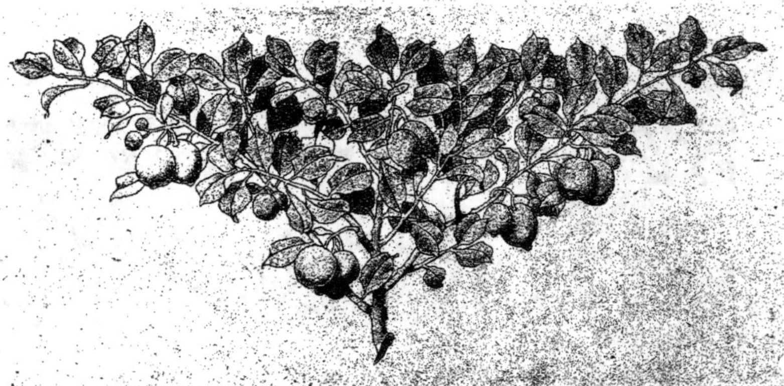

Fig. 379.

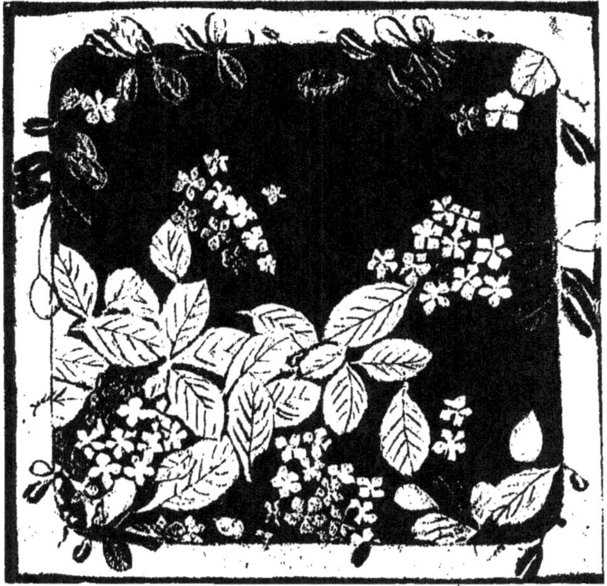

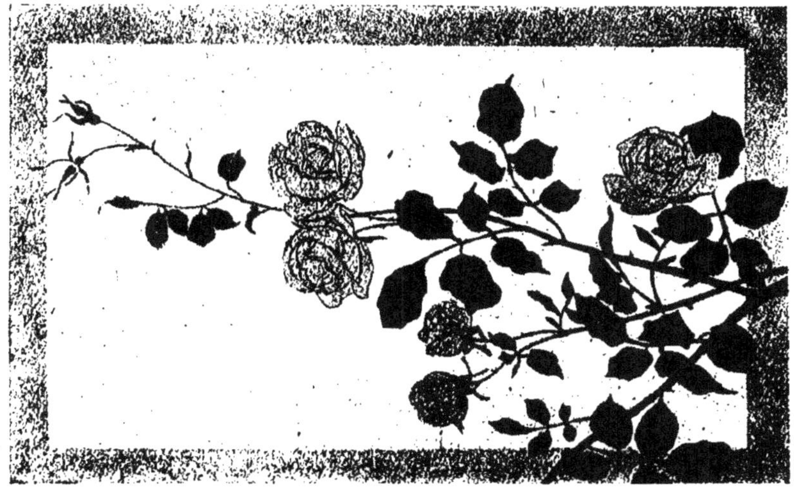

Fig. 380.

Dans les figures 373 et 374, la disposition en nappe indéfinie est symétrique par renversement de 1 à 2 sur l'axe vertical central imaginaire ; le raccord est à retour dans le sens horizontal, et droit, de bas en haut et inversement. Le sens du mouvement est ascendant aussi bien dans le rayonnement des rythmes courbés de la coquille centrale que pour les feuillages encadrants. La bordure est également symétrique à renversement de 1 à 2 sur l'axe central; le raccord est droit dans le sens ascendant.

La figure 375 est composée d'un panneau décoré d'une branche de mimosa-acacia dont les rythmes d'axes, courbés, divergents et croisés, sont symétriques par renversement sur l'axe vertical central, mais seulement symétriques en apparence d'ensemble, avec asymétrie dans les axes secondaires.

Les figures 376 et 377 représentent, l'une, une bordure d'iris, et l'autre, une bordure de branches de marronnier. Dans les deux figures, le développement rythmique est indéfini de gauche à droite et inversement, par raccord simple et droit. Le mouvement prédominant est vertical dans les iris, et horizontal et oblique courant dans la branche de marronnier.

Dans la figure 378, l'axe rythmique est à mouvement descendant, symétrique à renversement de 1 à 2 quant au principe d'ensemble, mais les rythmes de détails sont asymétriques; il y a seulement pondération des masses disposées sur chacun des côtés de l'axe central imaginaire.

Il en est de même pour la branche de citronnier de la figure 379, où la symétrie d'ensemble est fictive; les rythmes des branches évoluent dans une forme déterminée à contour limité, forme triangulaire latente.

Enfin la figure 380 montre deux exemples de dispositions asymétriques libres de rythmes naturels dans une forme déterminée à contour limité et sans aucun raccord de répétition.

LA COULEUR (¹)

L'harmonie des couleurs et les principes de composition.

L'analogie et le contraste. — La composition décorative en couleur comprend deux éléments extrêmes d'harmonie :

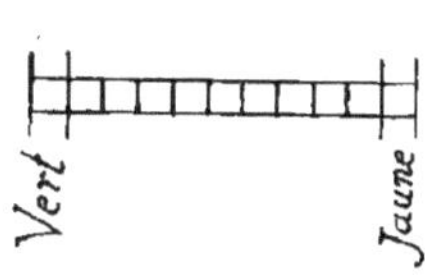

Fio. 381.

le passage d'un ton à un autre ton, par modulation des tons voisins intermédiaires, comme, par exemple, le passage d'un jaune à un vert, par une série de jaunes verts (*fig.* 381), et le passage brusque d'un ton à un autre ton éloigné par juxtaposition immédiate — comme, par exemple, la juxtaposition d'un bleu avec un jaune sans intermédiaires de verts (*fig.* 382).

Le premier élément — la modulation aux tons voisins — correspond à l'analogie des directions linéaires, et des proportions d'espaces et de contours.

Le second élément — la juxtaposition de deux tons éloignés — correspond au contraste des directions linéaires et des proportions de surfaces et de contours.

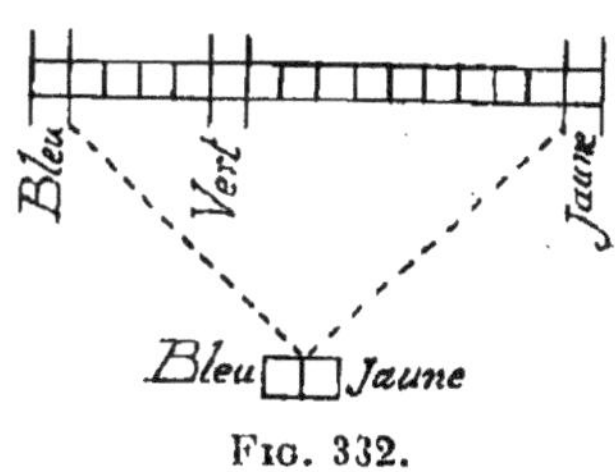

Fio. 332.

En sorte que ces harmonies d'analogie et de contraste de directions linéaires, de proportion d'espace et de contour, sont régies par les mêmes principes et se complètent l'une par l'autre, en caractère.

L'analogie la plus grande entre deux tons est formée, dans la direction horizontale, des modulations de couleurs, par deux tons immédiatement voisins — comme, par exemple, le jaune absolu et le jaune le plus légèrement orangé de droite, ou le jaune le plus légèrement vert de gauche (*fig.* 383).

<hr>

(¹) Les couleurs sont ici disposées de la même façon que dans les tableaux de la première partie, pages 42 à 52.

Dans la direction verticale des gammes de valeurs monochromes, l'analogie est également formée par les deux tons

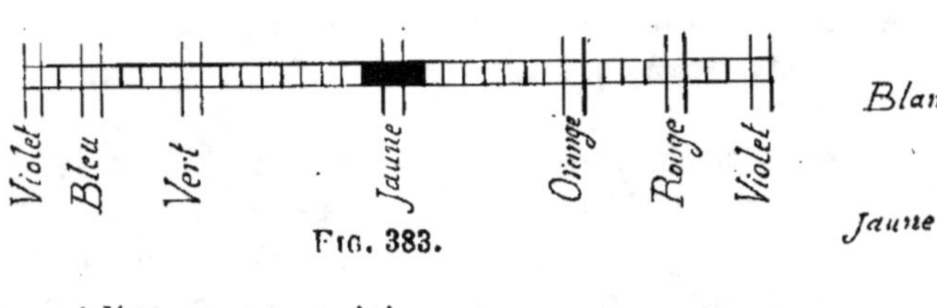

FIG. 383.

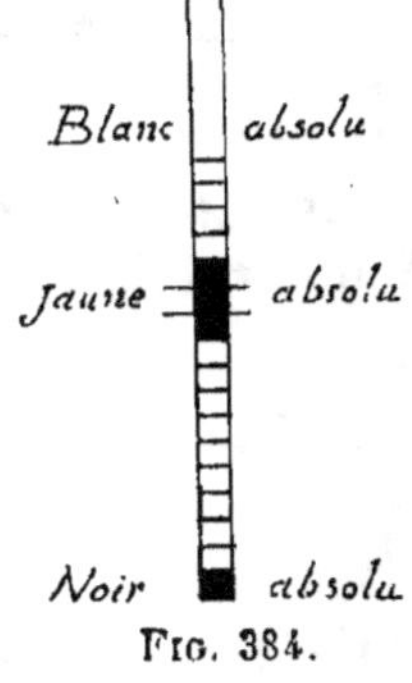

FIG. 384.

immédiatement voisins — comme, par exemple, le jaune absolu et le jaune le plus légèrement blanc en dessus et le jaune le plus légèrement noir en dessous (*fig.* 384).

Le contraste le plus grand, entre deux tons, est formé, dans la direction horizontale, des modulations de couleurs, par les deux tons les plus éloignés, comme, par exemple, le bleu absolu et l'orangé absolu ; chacun des deux tons revenant, au delà, l'un vers l'autre (*fig.* 385).

Dans la direction verticale des gammes de valeurs monochromes, ce sont également les

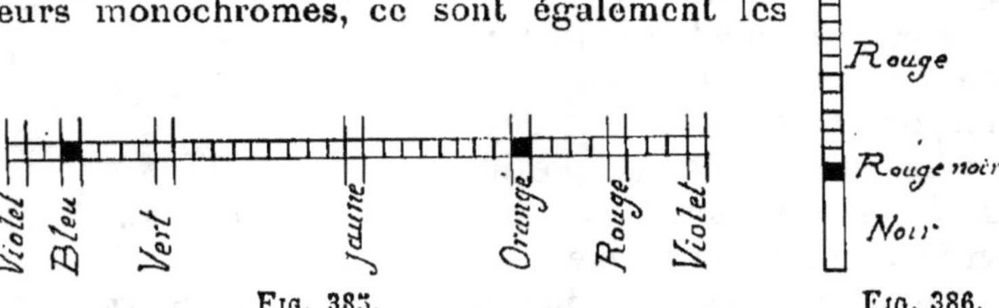

FIG. 385.

FIG. 386.

tons les plus éloignés ; soit, par exemple, le rouge le plus rapproché du noir et le rouge le plus rapproché du blanc (*fig.* 386).

L'analogie harmonique, entre deux couleurs, commence au premier ton voisin en modulation, à gauche ou à droite de la ligne horizontale de modulation des couleurs, et cesse en diminuant progressivement, au milieu de la série des tons modulant à la couleur suivante. Ainsi dans la figure 387, le jaune module en analogie à gauche, **vers le vert**, jusqu'à la moitié

de la gradation à partir de laquelle il y a dans les tons plus de
vert que de jaune ; et à droite, jusqu'à la moitié de la gradation à partir de laquelle il y a dans les tons plus d'orangé que
de jaune.

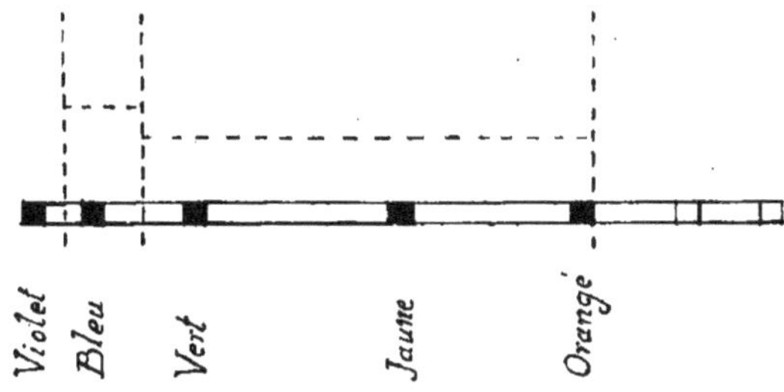

Fig. 387.

A partir de ce point, les tons ces-
sent d'être modulants, deviennent
contrastants, et le contraste augmente d'intensité jusqu'au contraste absolu.

Une couleur a donc beaucoup
plus de contrastes que d'analogies
harmoniques. Par exemple, pour quelques degrés d'analogie
jusqu'au bleu vert et au bleu violet, le bleu absolu a trois
contrastes : bleu
vert, bleu jaune et
bleu orangé, sépa-
rés chacun par une
série de contrastes
intermédiaires
(*fig*. 388).

Si, dans une dis-
position d'espaces
colorés, on abuse

Fig. 388.

des contrastes, l'harmonie générale devient violente, âpre et
fatigante à regarder, parce que l'œil subit une série de chocs
qu'il ne subit pas lorsqu'il est préparé aux changements de
couleurs par une série de tons intermédiaires de passage.

Si l'on abuse des analogies, l'harmonie générale est douce,
par conséquent reposante, mais alors monotone et manque
d'accents.

Il faut donc de préférence employer à la fois les deux principes élémentaires harmoniques de l'analogie et du contraste,
mais de façon qu'il y en ait un qui domine l'autre en intensité
et surtout en surface. C'est pourquoi nous placerons, dans
une analogie de jaune au jaune vert, un contraste violet rouge
parce que le violet est le contraste absolu du jaune, et que le
rouge est le contraste absolu du vert (*fig*. 389).

C'est pourquoi nous placerons, dans une analogie de jaune ou jaune orangé, un contraste de violet bleu, parce que le violet est le contraste absolu du jaune et que le bleu est le contraste absolu de l'orangé (*fig*. 390).

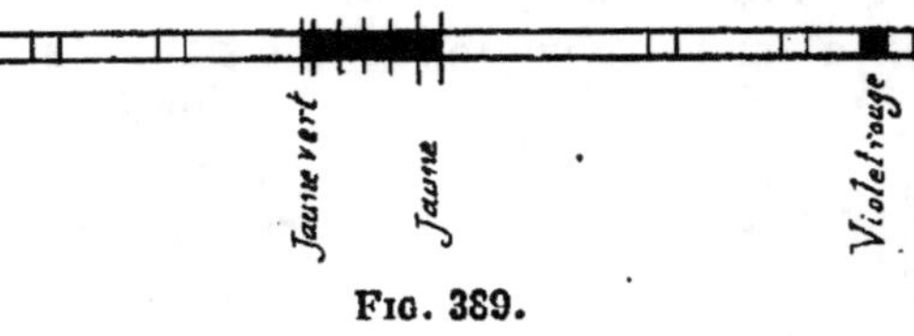

Fig. 389.

Nous pouvons procéder ainsi pour toutes les modulations et tous les contrastes.

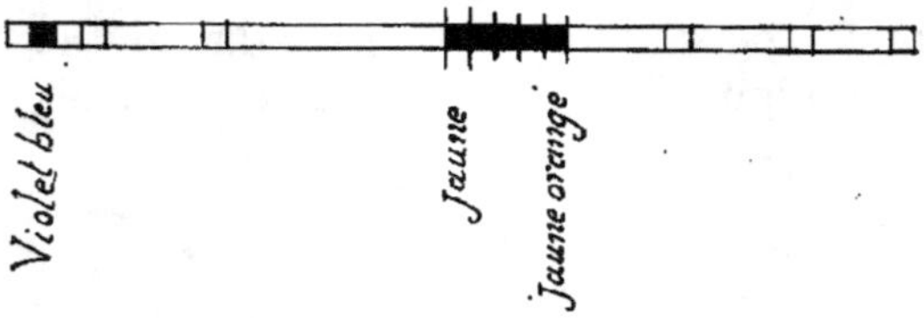

Nous placerons, dans une analogie de rouge à rouge orangé, un contraste vert bleu, parce que le vert est le contraste absolu du rouge, et que le bleu est le contraste absolu de l'orangé (*fig*. 391).

Fig. 390.

On peut également employer dans une harmonie d'ensemble la modulation des deux côtés et doubler les contrastes en conséquence.

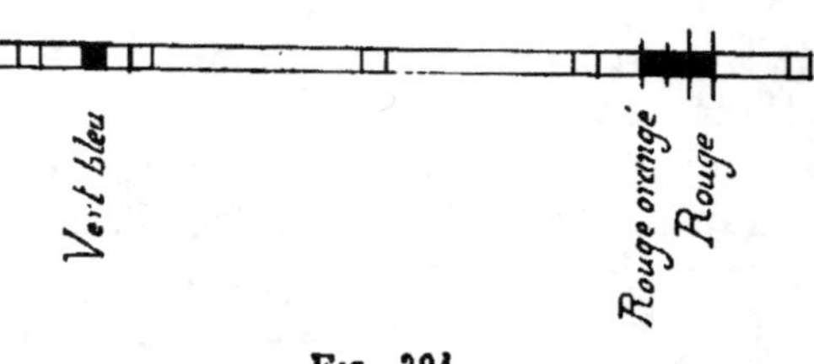

Fig. 391.

Ainsi, en modulant symétriquement du jaune au jaune orangé et au jaune vert, nous placerons symétriquement un contraste violet bleu près du jaune et du jaune orangé parce que le violet est le contraste absolu du jaune, et que le bleu est le contraste absolu de l'orangé. Et nous placerons un violet rouge près du jaune et du jaune vert, parce que le violet est le contraste absolu du jaune et que le rouge est le contraste absolu du vert (*fig*. 392).

Nous avons jusqu'ici employé les deux éléments extrêmes

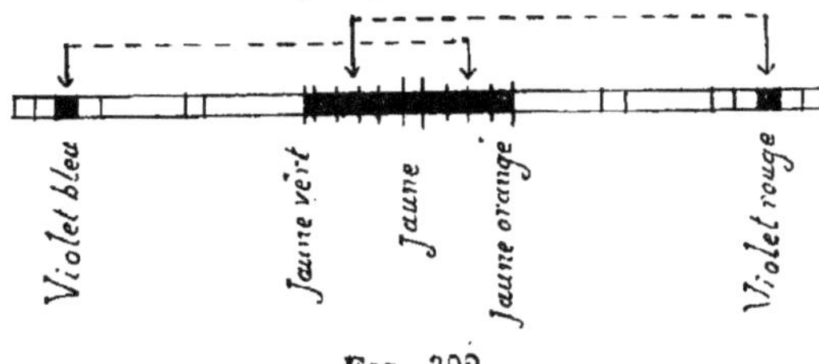

Fig. 392.

de modulation et de contraste de couleurs ; mais nous pouvons augmenter nos ressources de coloration en y ajoutant la modulation et le contraste des valeurs de gammes monochromes.

Pour cela, au lieu de choisir nos couleurs ou nos tons dans le sens horizontal, à gauche ou à droite de la tonique — ou couleur choisie comme point de départ — nous modulerons obliquement, de bas en haut et de haut en bas, d'un contraste absolu à l'autre.

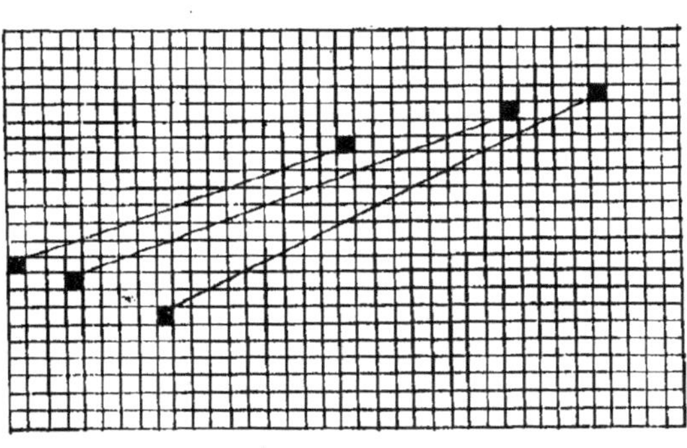
Fig. 393.

Par exemple de gauche à droite, en montant du violet absolu le plus noir au jaune absolu le plus blanc, du bleu le plus noir à l'orangé le plus blanc, du vert le plus noir au rouge le plus blanc et inversement (*fig.* 393).

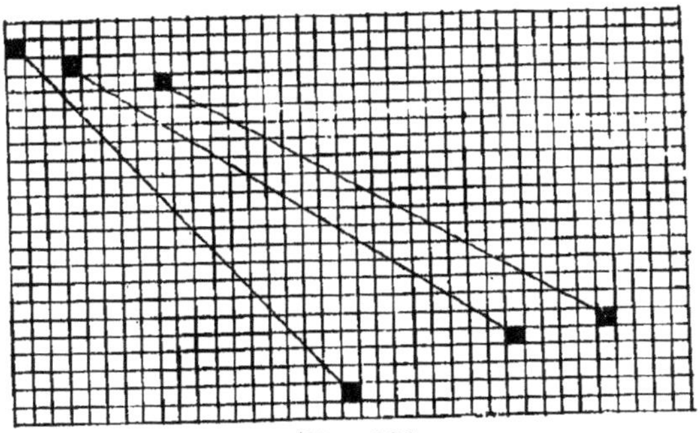

Fig. 394.

Et, de droite à gauche, en montant du jaune absolu le plus noir au violet absolu le plus blanc, de l'orangé absolu le plus noir au bleu absolu le plus blanc et du rouge absolu le plus noir au vert absolu le plus blanc et inversement (*fig.* 394).

Ces rapprochements forment les contrastes les plus éloignés de valeurs colorées d'ombre et de lumière.

Le principe est, bien entendu, applicable à toute la série des tons intermédiaires entre les couleurs mères.

On procédera, dans la recherche d'harmonies en directions obliques,

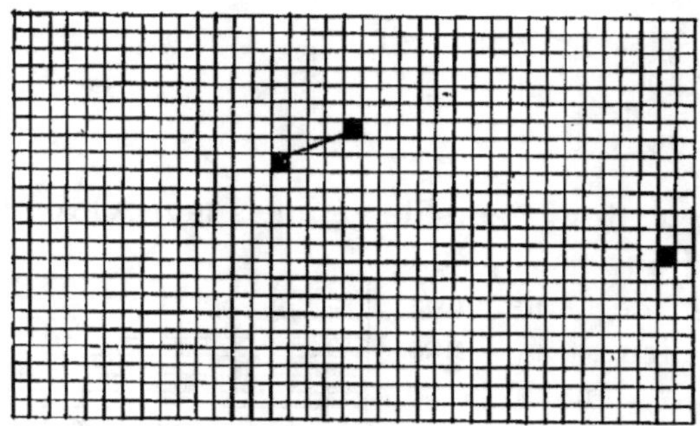

Fig. 395.

comme pour les harmonies en directions horizontales.

Si nous modulons du jaune blanc au jaune verdâtre un peu moins blanc, nous introduirons comme contraste un violet rouge noir (*fig.* 395).

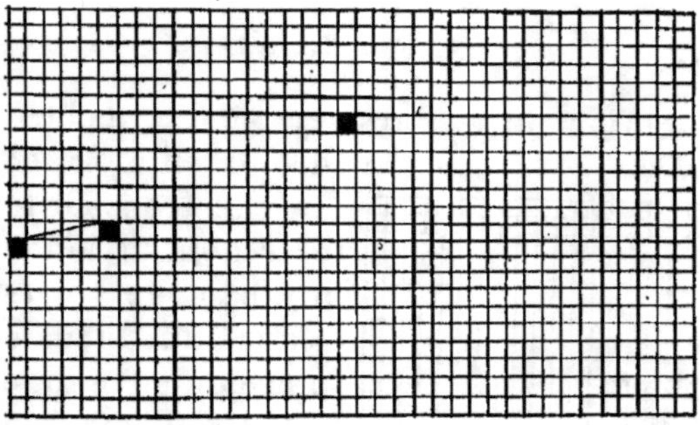

Et, inversement, si nous modulons du violet noir à un bleu vert moins noir, nous introduirons comme contraste un jaune blanc (*fig.* 396).

On peut également chercher obliquement une harmonie de faibles contrastes, et dévier sur la direction horizontale pour avoir un contraste plus violent.

Fig. 396.

Par exemple, partir d'un violet clair, passer par un contraste faible de bleu violet, atteindre un contraste plus accentué de vert jaune, et dévier horizontalement jusqu'à un ʻcontraste plus fort d'orangé (*fig.* 397).

L'orangé contraste harmoniquement avec le violet et le bleu violet par la quantité de jaune qu'il contient, et avec le

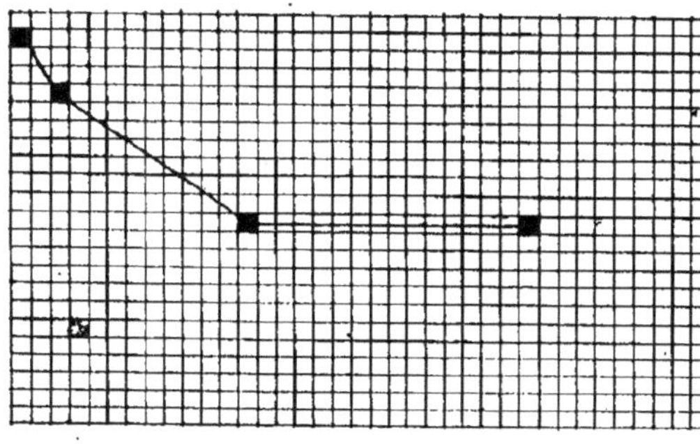

vert jaune par sa quantité de rouge. Le vert jaune contraste avec le violet par la quantité de jaune qu'il contient, et sa partie verte contraste avec la partie rouge de l'orangé.

On peut même avoir un contraste plus accentué en

Fig. 397.

descendant verticalement jusqu'à un orangé un peu noir (*fig.* 398).

Un principe de disposition des couleurs dans les différents espaces d'un ensemble harmonique se dégage de ces différents exemples de modulations et de contrastes. La proportion d'étendue des espaces colorés par des tons différents formant entre eux des analogies et des contrastes doit

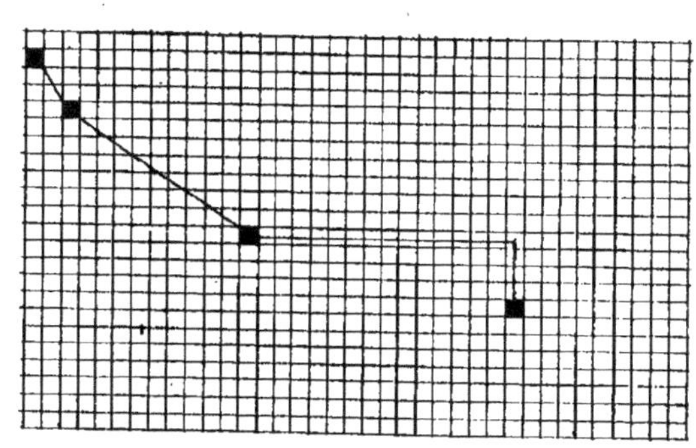

Fig. 398.

exister en rapport avec le degré d'éloignement ou de rapprochement de ces différents tons les uns entre les autres. C'est-à-dire que deux tons contrastants devront occuper chacun un espace d'autant plus contrastant en dimension d'étendue, que leur contraste de couleur ou de valeur sera plus accentué ; et

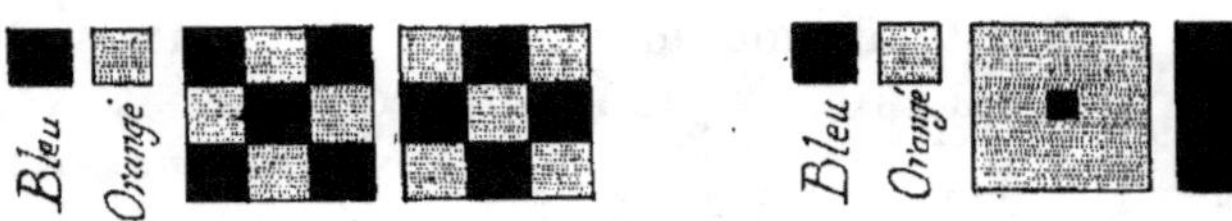

Fig. 399.   Fig. 400.

inversement, deux tons analogues en modulation devront occuper une étendue
d'autant plus égale
en dimension qu'ils
seront plus rappro-
chés en analogie
de couleur et de
valeur.

Ainsi, par exem-
ple, un damier de
contraste de com-
plémentaires est
très dur d'aspect
(*fig*. 399).

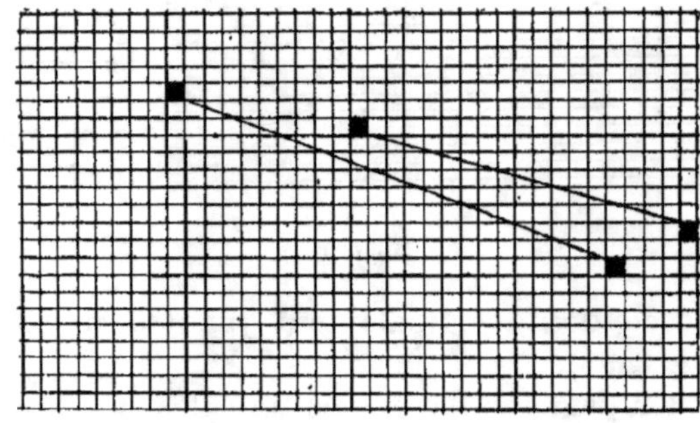

Fig. 401.

Alors qu'une disposition des mêmes contrastes en proportion d'étendue avec
les contrastes de
couleurs en rend
l'aspect beaucoup
moins brutal (*fig*.
400).

Il y a encore un
autre moyen de
rendre l'harmonie
des contrastes ac-
centués plus déli-
cate, qui consiste à
donner à chacun

Fig. 402.

des deux tons contrastants une intensité d'autant plus différente l'une de l'autre qu'ils sont plus éloignés l'un de l'autre en modulation.

C'est ainsi que le contraste d'un jaune très clair sera plus fin avec un violet un peu foncé, et que le contraste d'un rouge un peu foncé sera plus fin avec un vert clair (*fig*. 401).

Enfin le contraste sera encore plus délicat si les deux tons ne contrastent pas exactement jusqu'à la dernière limite. C'est ainsi qu'un violet foncé un peu bleu contrastera plus fine-

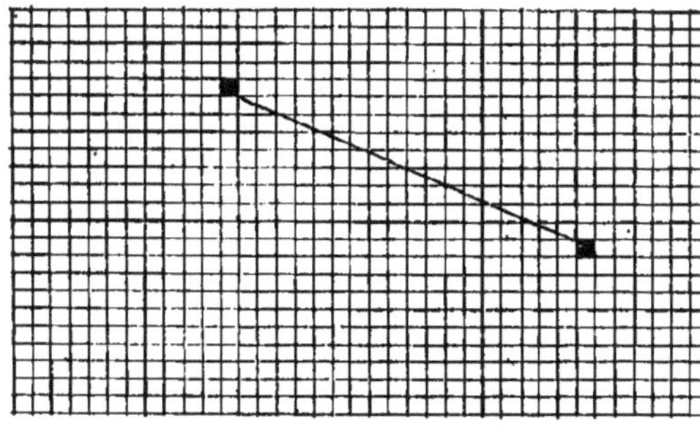

Fig. 403.

ment avec un jaune clair plutôt légèrement vert que légèrement orangé (*fig*. 402), et qu'un vert clair légèrement jaune contrastera plus finement avec un rouge foncé plutôt un peu orangé qu'un peu violacé (*fig*. 403).

Les valeurs de couleur. — Si l'on représente en noir et blanc, c'est-à-dire en valeurs d'intensités lumineuses proportionnelles, le violet, le bleu, le vert, le jaune, l'orangé et le rouge absolus (*fig*. 404), on constate que le rapport du pouvoir colorant entre les cinq couleurs n'est pas le même que celui du pouvoir lumineux. Il s'ensuit que les contrastes absolus de ces différentes couleurs

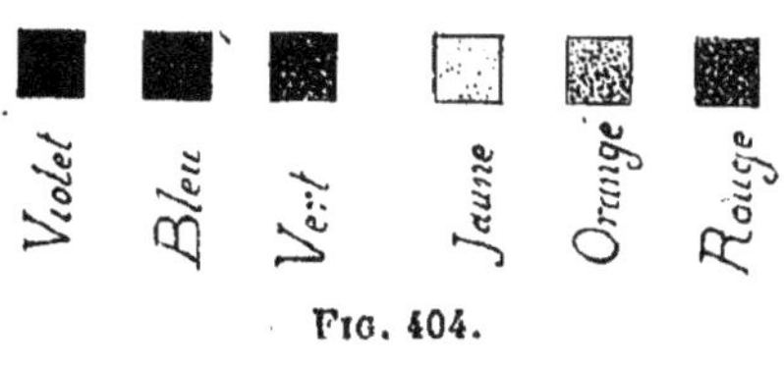

Fig. 404.

ne se trouvent pas dans le même plan visuel en raison de la différence de leur intensité lumineuse, et que leur disposition en intensité naturelle égale peut former des trous dans une composition.

Il y a peu de différence entre le violet, le bleu et le vert, et pour obtenir un plan uniforme, il suffit d'éclaircir un peu le violet et presque pas le bleu.

Mais il n'en est pas de même entre le vert et le jaune. La différence est grande ; il faut beaucoup éclaircir le vert ou foncer le jaune pour obtenir une unité de plan relative.

L'effort sera peut-être moins grand pour unifier le plan du rouge et du vert, parce que la valeur du rouge est plus rapprochée de celle du vert que la valeur du jaune.

Mais on n'arrive vraiment au plan unique qu'en noyant les deux couleurs dans une tonalité double, c'est-à-dire en faisant passer du rouge dans le vert et du vert dans le rouge ; ce qui ramène les contrastes du mode majeur à des analogies du mode mineur (*fig.* 84, première partie).

Les contrastes provoquent toujours un changement de plan, dont on ne peut éviter ou atténuer l'impression de *trou* qui en résulte, dans l'ensemble de la composition, qu'en proportionnant les deux étendues de couleurs contrastantes à l'accentuation du contraste, ainsi que nous l'avons indiqué plus haut.

En résumé, le principe de la modulation aux tons voisins convient aux colorations des surfaces d'étendues égales ou analogues, et celui du contraste des tons éloignés convient aux colorations des surfaces en opposition d'étendue.

Les tonalités. — Les tonalités, en fondant les couleurs les unes dans les autres, atténuent beaucoup les contrastes (*fig.* 405).

Pour éviter la monotonie et le manque d'accent qui en résulte souvent, il est nécessaire d'en sortir par un accent de contraste détonant ; mais ce contraste doit toujours n'avoir qu'une étendue de surface d'autant plus minime qu'il est plus accentué.

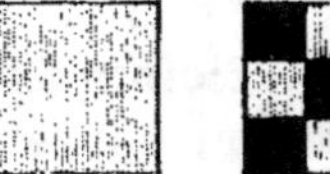

Fig. 405.

En décoration, où tout est abstrait, on peut ne pas employer, et on ne peut pas toujours employer, d'ailleurs, le principe de la tonalité.

Un autre principe d'harmonie consiste à employer la monochromie, en ne faisant usage que des valeurs d'un même ton; ou en y ajoutant un seul contraste, ce qui devient, il est vrai, de la polychromie, mais de deux couleurs seulement, et avec une seule dominant dans l'ensemble par son étendue et ses valeurs.

Il faut, d'ailleurs, pour tout ensemble d'harmonie décorative en couleur, adopter préalablement une tonique qu'il ne faut pas confondre avec la tonale, parce qu'elle n'enveloppe pas toutes les couleurs contenues dans l'ensemble. La tonale représente l'unité de lumière, tandis que la tonique représente l'unité de couleur vers laquelle doivent tendre tous les tons faisant partie intégrante d'une coloration dont elle est, à la fois, le départ et l'aboutissement.

La tonique peut dominer l'ensemble d'une coloration en étendue d'espace, et c'est en cela qu'elle donne souvent l'illusion d'une tonalité par l'influence optique qu'elle exerce alors sur les autres couleurs.

On verra plus loin, dans l'étude des applications des principes d'harmonie des couleurs aux industries d'art, que ce moyen de la prédominance en étendue de la tonique est plus facile à employer, en décoration polychrome, que celui de l'enveloppement des tons dans une tonalité.

L'étendue d'espace par laquelle la tonique domine l'ensemble de coloration peut être disposée en unité de surface ou en parties d'unité de surfaces égales ou inégales.

Si l'on veut relier un ensemble composé d'une tonique dominante avec un autre ensemble également composé, il faut, pour qu'il y ait harmonie entre les deux ensembles, que la seconde tonique soit choisie dans la modulation aux tons voisins de la première

Rapports des dispositions rythmiques linéaires des contours avec les couleurs qui les remplissent. — Le caractère rythmique des contours d'une disposition linéaire ornementale exerce une très grande influence sur l'aspect des tons choisis pour en remplir les espaces, et en modifie l'harmonie selon que ces tons sont disposés dans l'un ou l'autre espace limité par ces contours.

Soit un ensemble linéaire A composé de trois espaces de dimensions et de contours différents B, C, D. Soit trois tons E que nous disposons dans les mêmes contours de six façons différentes F, G, H, I, J, K (*fig.* 406).

Chaque disposition des mêmes couleurs dans les mêmes contours produit un aspect très différent parce que, dans chacune, les trois couleurs,

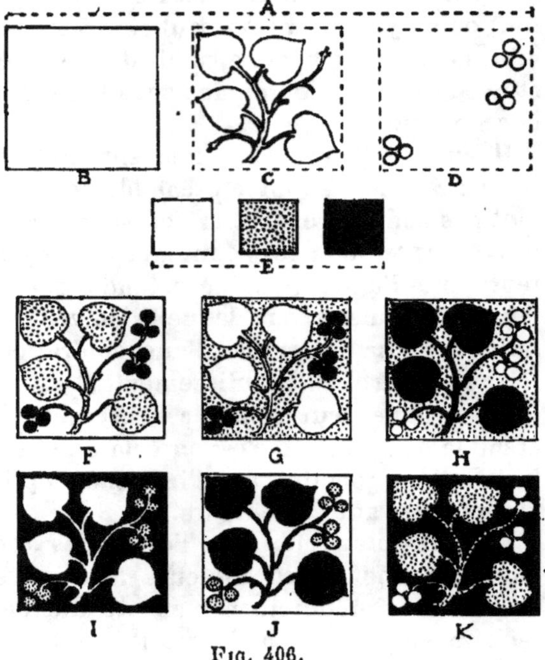

Fig. 406.

quoique invariables en tant qu'éléments colorants, varient cependant en étendue, selon l'espace limité qu'elles occupent entre chacun des contours. Or aucune des six dispositions ne nous donnera une impression d'harmonie complète, si les trois éléments se composent de trois contrastes sans aucune modulation.

Mais si nous prenons une analogie de deux tons modulants contre un seul ton contrastant, nous avons alors une base d'harmonie normale (*fig.* 407).

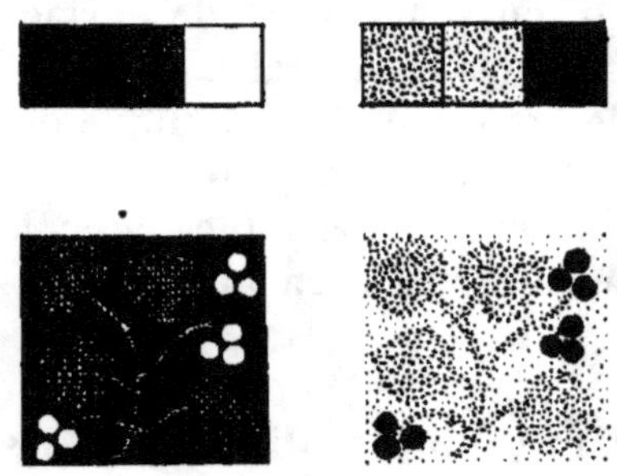

Fig. 407.

Les directions de modulation. — Nous avons vu que l'on pouvait moduler en analogie de couleurs et de tons, à partir d'une tonique choisie, dans les deux directions, horizontale, verticale et obliquement (*fig.* 408).

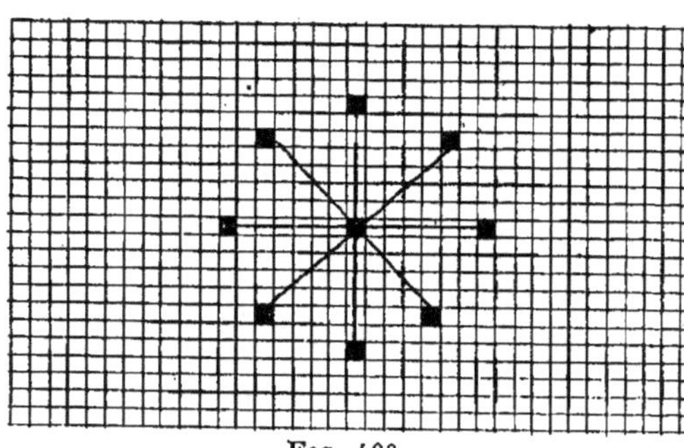

Fig. 408.

Or l'obliquité n'est pas limitée à un angle de 45°, par rapport aux deux perpendiculaires, l'horizontale de modulation des couleurs, et la verticale de modulation des valeurs monochromes.

On peut non seulement moduler dans toutes les obliquités (*fig.* 409),

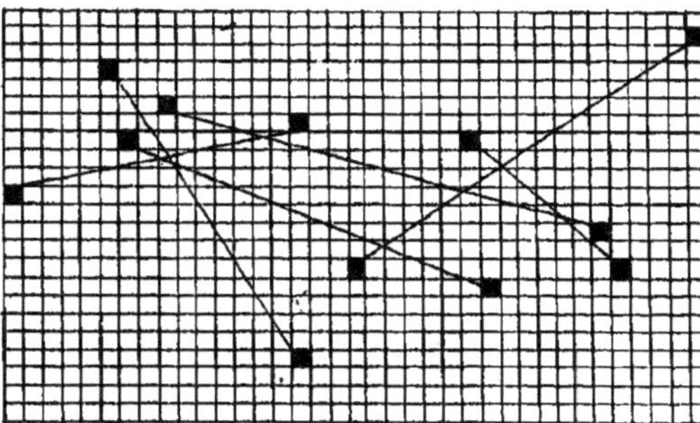

Fig. 409.

mais on peut également moduler selon tous les rythmes linéaires angulés, courbés, ondulés et volutés (*fig.* 410).

Ces mouvements linéaires rencontreront dans l'étendue de leur évolution toute une série

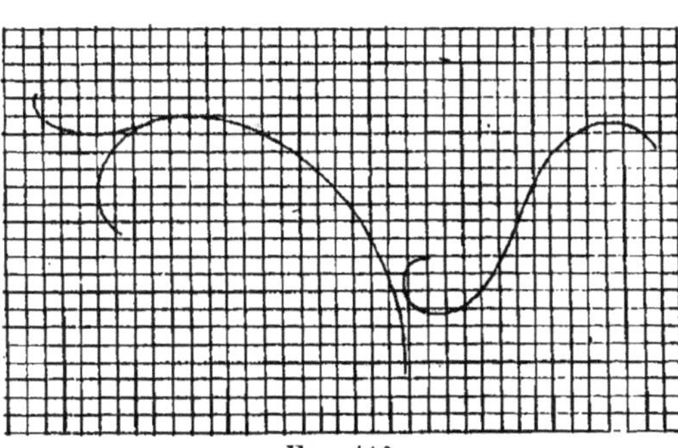

Fig. 410.

de tons analogues et une série de tons contrastants dont le rapport variera selon le caractère linéaire du mouvement choisi. En prenant le point de départ d'une des extrémités de la ligne pour tonique, on utilisera les tons sur lesquels passera cette ligne, en ayant bien soin de répartir dans les plus grands espaces de la composition les tons les plus rap-

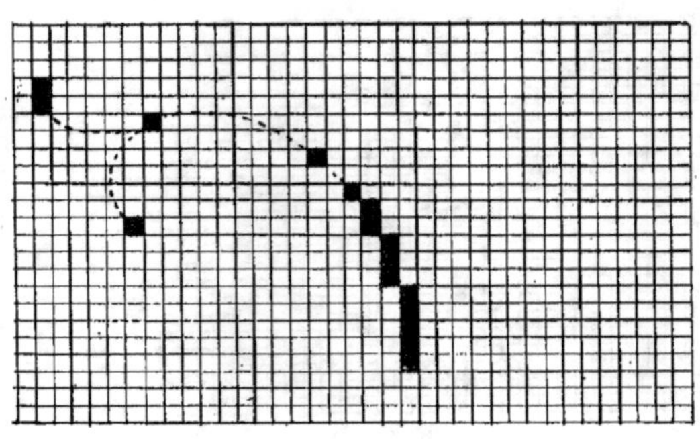

Fig. 411.

prochés de la tonique choisie — et par conséquent les plus analogues — et de répartir dans les plus petits espaces, les tons les plus éloignés de la tonique — et par conséquent les plus contrastants (*fig. 411*).

La transposition parallèle. — La transposition d'une coloration en une autre, sur les mêmes contours, se fait par le parallélisme des mouvements linéaires des modulations. Ainsi une combinaison de tonique vert jaune avec trois tons modulant horizontalement vers la droite, à intervalles conjoints, et un contraste violet à vingt-quatre intervalles de distance,

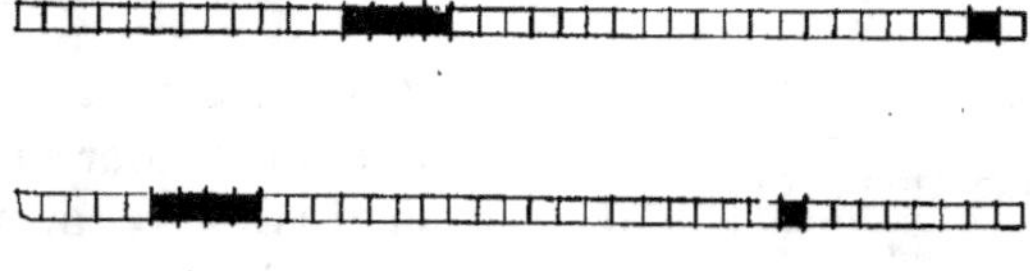

Fig. 412.

aura en transposition, comme analogie parallèle, une combinaison de tonique vert bleu, avec trois tons modulants vers la droite, à intervalles conjoints, et un contraste orangé rouge à vingt-quatre intervalles de distance (*fig. 412*).

Il importe seulement, pour qu'il y ait transposition exacte des deux combinaisons, que les tons occupent, parallèlement, la même place sur chacune des dispositions linéaires semblables du contour.

La transposition ascendante et descendante.— La transposition ascendante ou descendante consiste à reporter la modulation et l'intervalle de contraste adopté sur un autre degré de valeur de gris en dessus ou de brun en dessous de la ligne horizontale de modulation des couleurs fondamentales et des tons intermédiaires. Le principe en est très simple. Si

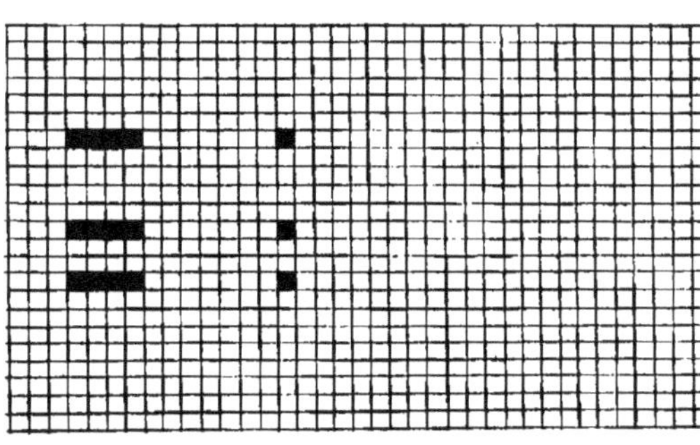

Fig. 413.

on a choisi une modulation de tonique bleue à deux ou trois intervalles conjoints et un contraste à dix ou douze intervalles, on reporte la même combinaison dans une des horizontales de gris ou une des horizontales de bruns, et, en disposant les mêmes tons dans les mêmes espaces, on obtient le même décor en même coloration plus lumineuse ou plus obscure (*fig.* 413).

La transposition symétrique. — On peut opérer aussi par transposition symétrique, c'est-à-dire en choisissant les tons parallèlement, mais en sens inverse de chaque côté de la verticale centrale de la

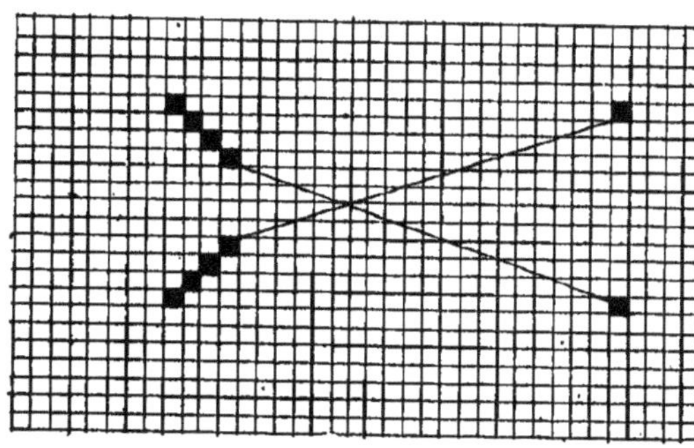

Fig. 414.

palette. Le principe harmonique est le même, mais les valeurs de modulations aux tons voisins et du contraste de ton éloigné sont interverties ; en sorte que si la modulation est claire et le contraste foncé, dans la première combinaison, la modulation devient foncée et le contraste clair, dans la seconde (*fig.* 414).

La transposition de la polychromie en monochromie. — On peut également transposer une combinaison polychromatique en combinaison monochromatique en substituant aux valeurs de couleurs des valeurs d'un même ton, correspondantes en intensité lumineuse ; et, inversement, transposer une combinaison monochromatique en combinaison polychromatique, en substituant aux valeurs monochromes d'un même ton des valeurs de plusieurs couleurs correspondantes en intensité lumineuse.

Disposition des tons par rapport à l'ensemble. — Deux ou plusieurs contrastes de tons répartis en petits espaces serrés et d'étendues à peu près égales forment une tonalité autre que celle du blanc. Ainsi un fond bleu, semé de motifs jaunes paraîtra, à quelque distance, enveloppé dans une tonalité verte.

Deux ou plusieurs contrastes juxtaposés en taches de dimensions très petites relativement à l'étendue couverte, forment un ton qui a des qualités de vibration et d'éclat bien supérieur au ton équivalent résultant des mêmes couleurs fondues les unes dans les autres ; ainsi deux tons, l'un bleu, l'autre jaune, disposés par taches très rapprochées donneront à distance un très beau vert ; un rouge et un bleu donneront un très beau violet, etc. C'est ce que l'on appelle le mélange optique.

On remarquera que deux contrastes juxtaposés donnent un ton en mélange optique, qu'ils ne donneraient pas en mélange pigmentaire. Il faut, pour obtenir le même ton en mélange pigmentaire, employer deux pigments non semblables aux deux contrastes, mais un ou plusieurs pigments donnant le ton résultant des deux contrastes juxtaposés.

Plus on multiplie, sur un objet, les surfaces de colorations différentes — non quant aux tons, mais quant au décor — plus on affaiblit sa fonction harmonique par rapport à l'ensemble auquel il est destiné. Un objet monochrome, vu à distance, fait plus d'effet, et est, par conséquent, plus décoratif qu'un objet polychrome, qui gagne, au contraire, à être vu de près et isolément. A moins cependant que tous les détails de sa coloration soient assez bien combinés en forme et en modulation pour se fondre, étant vus à distance, en une tonalité générale très caractérisée pouvant jouer le même rôle, dans l'ensemble, qu'une monochromie. Tels certains tapis et céramiques d'Orient.

Une coloration composée de trop de couleurs différentes qui restent heurtées à distance a un caractère d'instabilité. Plus, au contraire, une coloration se rapproche de la monochromie, plus elle a un caractère de stabilité.

Dans un ensemble ornemental, les motifs principaux doivent avoir un caractère déterminé de stabilité ou d'instabilité, et ce caractère déterminé par les rythmes de contours doit l'être également et parallèlement par le principe de coloration. Des contours tendant, par leurs dispositions rythmiques à affirmer leur rapprochement vers les axes verticaux de stabilité seront affirmés en caractère par une coloration se rapprochant parallèlement de la monochromie. Des contours tendant, par leurs rythmiques, à affirmer leur éloignement des axes de stabilité pour exprimer plus de mouvement, seront affirmés en caractère par une coloration s'éloignant parallèlement de la monochromie pour se composer d'un nombre de couleurs différentes progressif à l'accentuation du caractère de mouvement.

Ces deux principes peuvent se contre-balancer dans leur expression, en ce sens qu'une coloration composée d'éléments multiples différents peut atténuer la tendance d'un contour à la stabilité, et qu'une coloration monochrome peut calmer la tendance d'un contour au mouvement; mais à la condition que ces deux principes ne soient pas appliqués en contraste absolu l'un par rapport à l'autre, parce que ce serait un contre-sens qui produirait une impression indécise et par conséquent nulle en art. Il n'y aurait plus *harmonie* entre la forme et la couleur.

Au contraire, lorsqu'il y a parallélisme absolu entre l'expression d'indécision, par la disposition des rythmes de contour et le nombre de couleurs employées — comme dans l'ornementation orientale, arabe, persane et indoue, — il s'en dégage une impression très caractéristique d'indolence résultant de l'*harmonie* existant entre la forme et la couleur. La base, dans l'ornementation orientale, pour les rythmes de contours, est le carré et la circonférence ; c'est-à-dire qu'il n'y a aucune prédominance de verticalité ou d'horizontalité pouvant donner l'impression d'un contraste accentué. Aucun ton ne domine, sinon par intensité, du moins par l'étendue de la surface qu'il colore. Les formes sont distribuées en proportions d'égalité sur le fond qui n'apparaît pas plus que le décor, aucun des deux ne dominant l'autre.

Le seul contraste, dans l'art oriental, contraste absolu d'espace et de coloration, est celui des ornementations fouillées, riches en contours et en harmonies polychromatiques, avec de grandes surfaces murales unies et blanches, c'est-à-dire complètement négatives en forme et en couleur.

En résumé, il y a, au point de vue décoratif, deux types extrêmes d'harmonie des couleurs : l'un que l'on pourrait appeler le type occidental, et l'autre le type oriental, parce que ces épithètes caractériseraient bien l'origine de chacun d'eux.

Le type occidental est basé sur la prédominance, dans l'ensemble de la composition, des étendues monochromes, avec modulation partielle à quelques tons voisins, accentuée par un ou deux contrastes de tons éloignés disposés en de très petits espaces; le tout revenant toujours se résoudre — suivant quelques rythmes de direction linéaires très simples et symétriquement répétés — dans le ton de la monochromie prédominante.

Le type oriental est basé sur la répartition symétrique, en de très petits espaces, d'étendues presque égales, d'un très petit nombre — trois ou quatre, cinq au plus — de tons très contrastants, groupés sur des rythmes tournant sans cesse les uns sur les autres.

Ces deux types ont chacun un caractère très différent. Le premier donne une impression d'ordonnance calme et de netteté d'expression, quel que soit le mode choisi, de modulations majeures ou mineures. Le second donne une sensation — qui a d'ailleurs son charme — de permanente indécision, les mouvements rythmiques ondulatoires de disposition des contrastes faisant ressembler ses groupements polychromatiques à ceux des taches de couleurs que l'on voit en fermant les yeux fatigués par une grande clarté. Ce sont des rythmes d'éblouissements, dont le principe caractérise bien l'art d'Orient.

Le type oriental convient à la coloration des surfaces planes ou peu mamelonnées, exemptes de hauts reliefs et placées dans une grande clarté ou une lumière diffuse, parce que la puissante harmonie des couleurs apparaît alors exempte de la désagrégation des valeurs d'intensité de ton par les valeurs de clair-obscur. Le type occidental convient, au contraire, à la coloration des surfaces modelées en haut, demi et bas-reliefs et planes baignées d'ombres et de clartés, parce que l'harmonie des grandes étendues monochromes gagne en puissance de coloration sous l'influence des valeurs de clair-obscur.

Seulement la disposition harmonique des tons est plus délicate sur les surfaces modelées que sur les surfaces unies, parce qu'il faut tenir compte du caractère saillant ou rentrant que possède chaque ton par rapport à ceux qui l'entourent, et mettre le caractère de chacun en rapport avec celui du relief ou du creux qu'il est destiné à colorer. Ce principe dérive de celui des valeurs d'intensités lumineuses proportionnelles dont nous avons parlé plus haut à propos des valeurs de couleur. Les couleurs saillantes ont pour bases le rouge, l'orangé et le jaune ; les couleurs rentrantes ont pour bases le bleu, le violet et le vert. Mais le caractère de chacune de ces bases et de leurs dérivées est relatif. Le rouge est moins saillant que l'orangé, et le jaune est plus saillant que l'orangé. Le violet est moins saillant que le bleu, qui est moins saillant que le vert.

Le rouge violacé est moins saillant que le rouge orangé, qui est moins saillant que le jaune vert, lequel est moins saillant que le jaune pur, qui est la couleur la plus saillante après le blanc. Le blanc n'est d'ailleurs la plus saillante que lorsqu'il est additionné de jaune légèrement orangé, et il est rentrant par rapport à soi et aux tons de même valeur, lorsque, à l'état pur, il subit l'influence des complémentaires des couleurs saillantes voisines ; car on peut retenir, pour principe que la complémentaire d'une couleur saillante est rentrante, et, inversement, que celle d'une couleur rentrante est saillante.

Mais il faut tenir compte des valeurs monochromes des tons, c'est-à-dire de leur qualité de gris ou de brun d'une même couleur qui peut intervertir le caractère saillant ou rentrant d'une couleur par rapport à une autre. Un brun de couleur saillante peut devenir rentrant par rapport au gris d'une couleur rentrante.

TROISIÈME PARTIE

L'APPLICATION AUX INDUSTRIES D'ART

PRINCIPES GÉNÉRAUX DU DESSIN ET DE LA COMPOSITION DÉCORATIVE APPLIQUÉS AU TRAVAIL DE LA MATIÈRE

LA FORME

La rythmique linéaire et la forme concrète. — Il y a deux façons de considérer une forme : 1° au point de vue abstrait, c'est-à-dire en tant que combinaison ou association de rythmes linéaires n'ayant d'autre but que d'être ornementale ou décorative ; 2° au point de vue concret, c'est-à-dire quant à l'appropriation d'une combinaison ou d'une association de rythmes linéaires à la forme logique et pratique d'un objet de destination déterminée. Envisagée au point de vue de l'invention concrète d'un objet, l'œuvre de décoration, appliquée au travail de la matière, consiste à déterminer la forme logique et rudimentaire de cet objet en raison de sa destination et de la matière qui convient à sa réalisation ; et à l'affiner ensuite, pour que son contour nous donne, outre la certitude d'une utilité qui satisfasse notre raison, une impression d'harmonie que réclame notre instinct de beauté.

Il y a, dans la conception de la forme d'un objet, deux choses à considérer : la destination de l'objet, et la ou les matières dans lesquelles il sera réalisé. Ces deux considérations priment le principe d'art proprement dit, qui est soumis à celui de destination et de matière, car la destination exige une forme initiale strictement déterminée au point de vue logique et pratique, et la matière exige que cette forme se plie aux possibilités d'exécution.

Il faut se soumettre d'autant plus docilement à ces deux exigences qu'une fois acceptées elles laissent un champ beaucoup plus libre qu'on ne pense à l'indépendance du goût et du sentiment d'art. Il suffit, pour s'en convaincre, de penser au nombre prodigieux d'objets de même nature et de même destination, inventés par le génie humain, qui joignent à un caractère d'art souvent si différent des qualités identiques d'appropriation logique et pratique qui les rendent tous aptes au même emploi strictement déterminé.

D'ailleurs, si l'invention dans l'application au décor de la matière est de forme spéciale pour chaque matière et chaque industrie, elle reste, cependant, pour toutes, soumises à un principe général de composition appliquée à la réalisation qui unit indissolublement le sentiment d'art à la logique de la rationalité pratique.

Le principe d'invention subit la loi d'appropriation imposée par la matière et la destination, mais il impose, en même temps, à cette matière, la loi de Beauté de l'art, et celle de l'ingéniosité industrielle, qui ne doivent faire qu'une dans l'effort de création de l'objet.

Le principe de la génération des formes est un. Il est le même pour tous les contours d'objets quelles qu'en soient la destination et la matière. Le même rythme, la même combinaison ou association rythmique peuvent être réalisés en toutes matières par les procédés qui conviennent à chacune ; les rythmes subissent seulement les évolutions nécessaires à l'adaptation spéciale. En raison du caractère de la destination de l'objet et de la matière utile à son exécution, l'aspect des rythmes linéaires qui en composent la forme est modifié par des différences de rapports de proportion, de dimension, de direction, de disposition soit symétrique, soit asymétrique plus ou moins accentuées.

Les mêmes rythmes peuvent être employés pour un contour

de forme en pierre, en bois, en métal, en céramique, en verre, en tissus, etc. ; le même rythme peut être reproduit en sculpture, en gravure, en peinture, en tapisserie, etc.

Le même rythme linéaire, adapté aux formes de nature et de destination différentes, peut être comparé à un « leit motiv » musical, répété successivement par tous les instruments dont un orchestre dispose, et dont, chaque fois, l'effet résulte de la sonorité particulière à chaque instrument et de son étendue chromatique. En art décoratif, une matière représente un de ces instruments, et sa complexion équivaut à une sonorité et à une étendue chromatique spéciales, auxquelles on ne peut faire rendre qu'une partie du pouvoir total de composition ; or le pouvoir de la composition rythmique linéaire est général et s'étend à tous les objets et à toutes les matières. Le même rythme peut servir de base à la composition d'une table, d'un vase, d'un plat, d'une coupe en verre, etc.

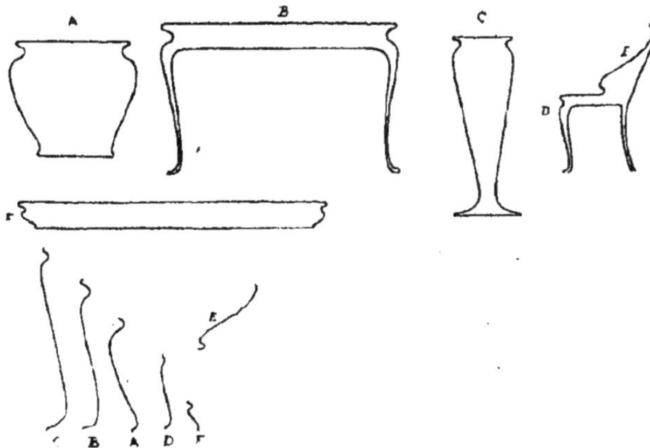

Fig. 413.

Le nombre des rythmes et des dispositions rythmiques employés dans les formes est excessivement restreint, si on le compare à celui des contours innombrables que l'on peut composer en répétant presque toujours les mêmes mouvements linéaires. Le même rythme peut produire des effets très divers par un simple déplacement des axes du contour,

une modification de proportion ou un changement de place,
et s'adapter à la forme d'objets très différents de caractère,
de dimension, de matière et de destination (*fig.* 415).

Les rythmes linéaires se trouvent dans tous les éléments
naturels, et on peut
les transposer à volonté,
et selon les besoins,
sur n'importe quel plan.
Nous montrons, dans la
figure 416, une feuille
n'ayant, comme plan,
aucune épaisseur appré-
ciable, et dont nous
composons le contour
d'un vase en élargissant
un peu l'espace limité

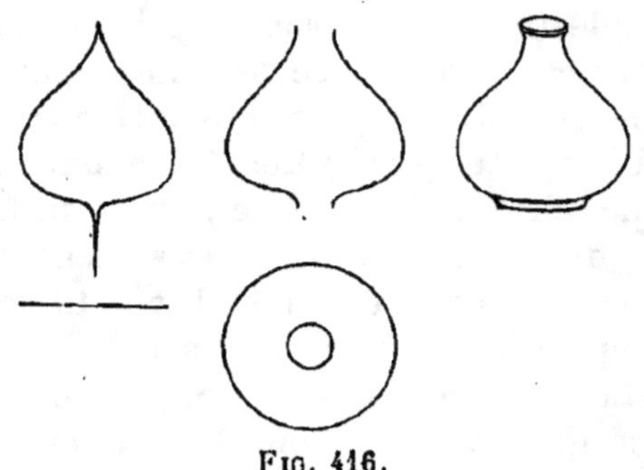

Fig. 416.

par les deux contours symétriques, et en en transposant les
deux rythmes sur un plan circulaire.

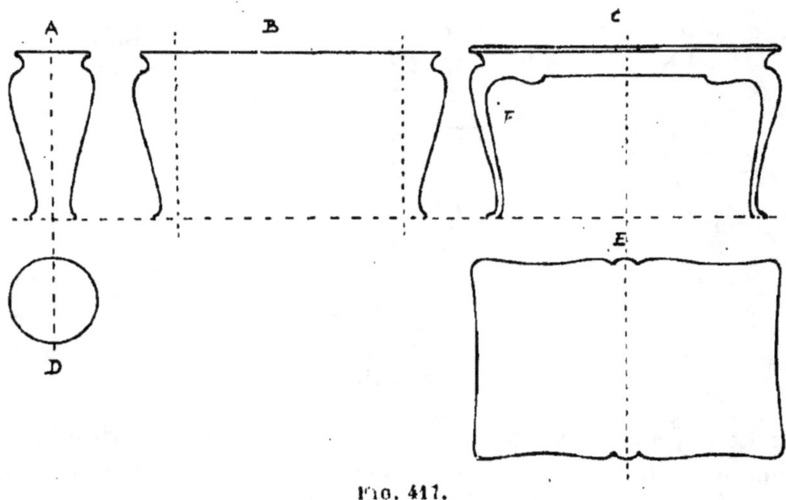

Fig. 417.

Dans la figure 417, nous représentons un profil de vase A,
et sans modification de proportion, par un simple déplacement

de l'axe vertical de symétrie, en élargissant l'espace qui sé-

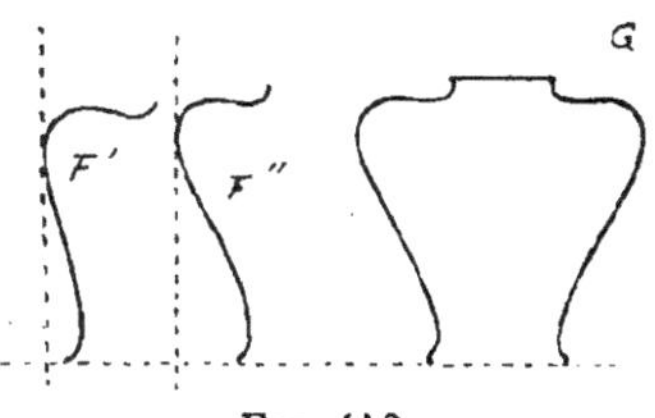

Fig. 418.

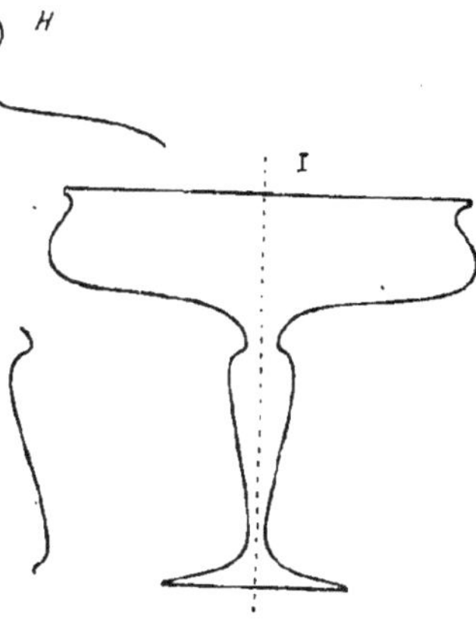

Fig. 419.

pare ces deux rythmes symétriquement renversés, nous obtenons la forme B qui est celle d'une table C, dont le plan du dessus E diffère totalement du plan D du vase; mais le rythme n'a pas changé.

Pour donner une idée des ressources que nous fournit la rythmique linéaire dans la recherche des contours, prenons le rythme F (*fig.* 417), qui complète le contour de la table; portons le en F' dans la figure 418; il suffira de modifier un peu la stabilité en F", pour en recomposer, en le renversant symétriquement, un contour de vase G.

Si nous reportons ce rythme F dans la figure 419, et si, de verticalement, nous le plaçons horizontalement, H, nous en

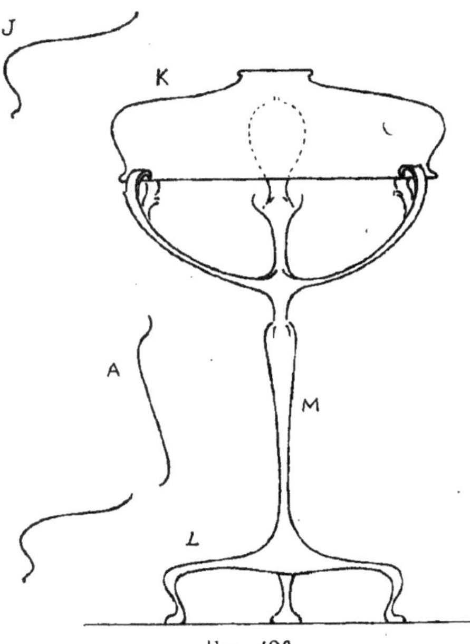

Fig. 420.

composons, en le renversant symétriquement, la coupe I à
laquelle nous donnons pour pied le rythme du premier vase
A de la figure 417, dont nous augmentons la stabilité de base
en élargissant la courbe inférieure.

Si, enfin, nous reportons le rythme F dans la figure 420, et
si nous le plaçons horizontalement à l'envers, J, en le renversant symétriquement, nous en composons l'abat-jour K d'une
lampe électrique, dont le trépied métallique de base L sera

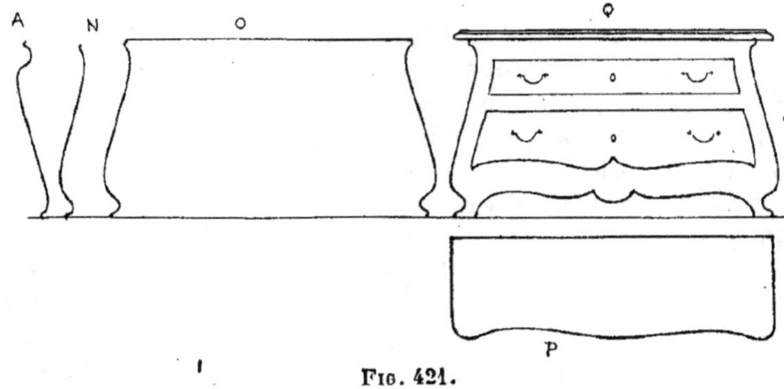

Fig. 421.

formé également avec le même rythme F, et surmonté d'une
tige M rythmée comme le vase A de la figure 417.

Si, maintenant, nous reprenons ce
même rythme du vase A (*fig.* 417), si
nous le traçons à l'envers N; en le
renversant symétriquement, et en
l'écartant de l'axe central vertical de
stabilité, nous obtenons le contour O,
lequel, adapté sur celui d'un plan P, .
sera celui d'une commode Q (*fig.* 421).

Et le contour O, disposé sur un plan
elliptique devient celui d'une jardi-
nière (*fig.* 422).

On voit, par ces figures, combien on
peut varier l'emploi d'un même rythme
sans le modifier; car, si nous avons jusqu'ici changé la pro-

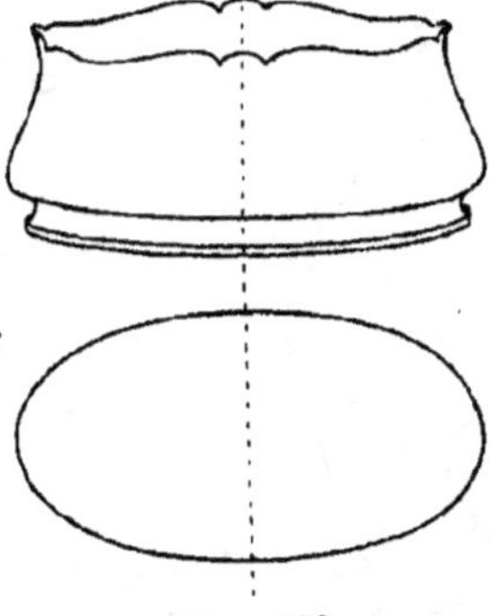

Fig. 422.

portion des espaces, nous n'avons pas encore modifié celle du rythme en lui-même.

Tous les objets usuels ont une proportion logique entre leurs trois dimensions, qui ne peut varier que très peu, parce qu'elle doit rester toujours en rapport avec l'échelle humaine. Plus l'objet est usuel, moins les dimensions et la proportion peuvent varier.

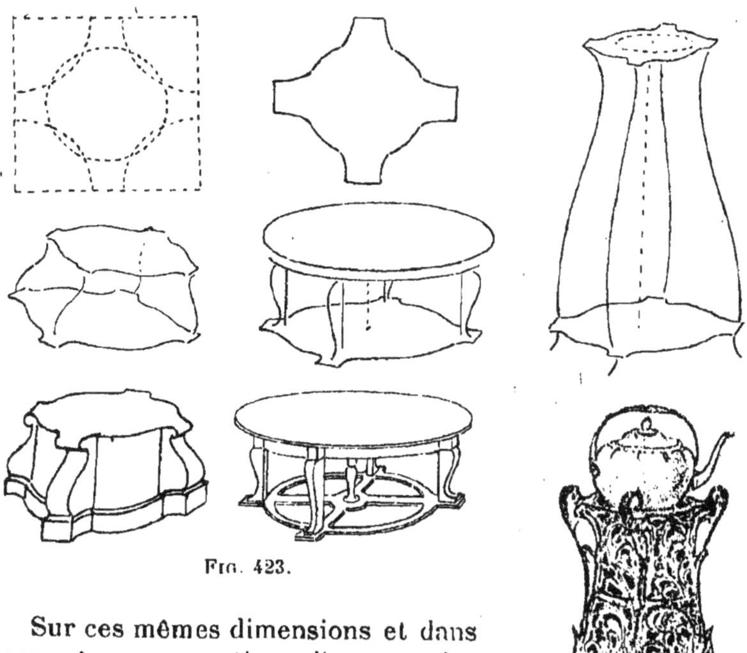

Fig. 423.

Sur ces mêmes dimensions et dans ces mêmes proportions d'espaces, les rythmes inscrits des contours peuvent être d'aspect très différent. Tous les objets usuels ou décoratifs que nous inventons sont en réalité des solides géométriques, ou des combinaisons de solides géométriques taillés et ajourés selon des rythmes linéaires angulés, courbés, ondulés et volutés, choisis en raison de la destination prévue, de la matière nécessaire à l'exécution, et du caractère d'art désiré.

Les plans des formes de plein relief résultent donc de la combinaison des plans de solides géométriques, c'est-à-dire de carrés, de rectangles, de triangles, de polygones, de circonférences et d'ovales.

La dominante linéaire de conformation doit être choisie en raison de la destination de l'objet.

Les objets devant occuper un centre avec l'espace autour d'eux peuvent avoir un plan à dominante carrée, rectangulaire, polygone, circulaire, ou ovale. Le choix de la dominante linéaire est plus ou moins imposé par la destination ; le même objet, un piédestal, par exemple, peut être carré, rectangulaire, polygone, circulaire ou ovale en plan, selon le caractère d'art que l'on désire lui donner et l'usage auquel il est destiné.

Des objets de destinations et de matières différentes, tels un piédestal en pierre, une table en bois, un appareil de chauffage en fer, peuvent s'élever sur un plan de même contour ; avec seulement les variantes de proportion, d'épaisseur et d'ajourés imposés par la destination et la matière de chacun (*fig.* 423).

Les mêmes contours de plans peuvent être utilisés pour édifier des objets de dimensions, de matières et d'usages tout à fait différents. Ainsi les plans d'une table peuvent être ceux d'une boîte, qui sera soit carrée, rectangulaire, polygone, circulaire ou ovale.

Dans d'autres cas, au contraire, la forme du plan est spéciale à la destination.

La logique de destination. — Dans l'application des principes de la composition décorative aux industries d'art, nous avons à considérer : la convenance de la matière à l'objet en raison de sa destination ; la convenance de la forme à donner à la matière choisie, en raison de ses propriétés naturelles et de la destination de l'objet ; la convenance du caractère d'art à donner à cette forme en raison des propriétés naturelles de la matière et de la destination de l'objet.

Pour composer un objet usuel, il faut donc connaître les propriétés de la matière qui devra servir à sa réalisation, et les procédés employés pour travailler cette matière, c'est-à-dire, en un mot, les métiers et les industries auxquels se rapporte l'objet. Ce sont des études spéciales qui ne pourraient trouver place en notre ouvrage ; mais, avant de les entreprendre, il est indispensable d'avoir des idées générales sur la logique de la destination des objets, et des nécessités de disposition qu'elle impose à la rythmique linéaire.

Dans la composition d'un objet usuel, les règles de logique priment celles de goût qu'elles préparent. La recherche ornementale ne doit commencer qu'à partir du moment où satisfaction a été donnée à la logique de convenance, de destination et d'exécution. Il faut d'abord trouver parmi les harmonies de rythmes linéaires, celles qui s'adaptent le plus rationnellement, en caractère, aux obligations de l'usage.

Le caractère utilitaire des combinaisons rythmiques d'un contour d'objet usuel constitue le premier élément de beauté de sa forme ; et tout ce que l'art ornemental peut y ajouter n'est que secondaire. C'est ainsi que la beauté d'une machine — car il existe une esthétique de la mécanique — résultera seulement des combinaisons de la rythmique linéaire de chacun de ses organes dont tous les contours sont uniquement tracés en raison de leur utilité stricte, sans addition de formes parasites seulement destinées à charmer les yeux.

La forme d'un objet doit être conçue en vue de sa destination ; de l'état de la matière convenant à sa réalisation, et du ou des procédés appropriés au travail de la matière choisie. Elle sera, après cela, ce que l'on peut vouloir qu'elle soit en beauté, avec le respect du principe de destination et de la faculté de matière et de procédé.

La destination implique les qualités de commodité d'emploi que la forme devra faire naître par sa conception logique.

L'état de matière implique soit celui de résistance ou de souplesse, soit celui de pesanteur ou de légèreté, soit celui d'opacité et de transparence, et doit être considéré de deux façons : en tant que qualité pour l'objet et en tant que diffi-culté pour le travail de l'exécution.

Les procédés à employer seront ceux qui permettront de travailler le plus facilement la matière en tant que formation de l'objet, et de lui conserver cette même résistance, souplesse ou légèreté, en tant que commodité d'emploi.

Le caractère de beauté de la forme résultera du sentiment qui inspirera l'artiste pour condenser en une formule d'art les obligations linéaires de contours nécessitées par la destination et l'exécution en la matière convenable.

Il y a donc trois termes de réalisation d'une composition décorative en la matière : 1° la logique de destination ; 2° la qualité de matière et d'industrie à déterminer; 3° la formule d'art à trouver en raison des deux premiers termes.

Le premier acte de l'invention décorative est donc d'établir un équilibre entre ces trois termes de réalisation. Car les rapports de ces trois termes ne sont pas les mêmes selon le caractère de l'objet qui peut être plus usuel que décoratif, ou plus décoratif qu'usuel.

Plus un objet se rapproche par sa destination de l'intimité de la vie humaine en action, plus il est usuel ; plus il s'en éloigne, plus son importance d'usage diminue et plus l'indépendance et la liberté de son caractère décoratif augmente, jusqu'au point où il n'a plus du tout d'utilité, si ce n'est celle de charmer la vue.

C'est alors qu'il n'est plus que décoratif et que son caractère ne dépend plus que de la fantaisie ou de l'inspiration créatrice de l'artiste, avec toutefois l'obligation pour cette fantaisie et cette inspiration, de s'harmoniser en conception de forme et de couleur avec le milieu ambiant. Faute de quoi, l'objet cesserait d'être décoratif en ne charmant plus les yeux.

Il y a donc, en art ornemental, deux sortes d'obligations, celle d'ordre concret de la destination pour les objets usuels, et celle d'ordre abstrait — d'harmonie linéaire et chromatique pour les objets purement décoratifs.

La soumission à la première satisfait la raison par une impression d'équilibre; la soumission à la seconde charme l'esprit par une sensation d'harmonie.

Le principe de convenance d'un objet usuel à son emploi crée quatre obligations principales auxquelles sont soumises les dimensions, les proportions et les dispositions rythmiques linéaires de ses contours. Ce sont, la capacité, le contact, la stabilité et la résistance.

Suivant la destination de l'objet, il faut établir un équilibre de capacité, de contact, de stabilité et de résistance dans les contours de sa forme. Mais il faut aussi que la complexion de la matière employée se prête à cet équilibre.

La convenance de la matière à la réalisation de l'objet, en raison de sa destination, résulte de ses qualités de force, de dureté, de rigidité, de fermeté, de résistance, de souplesse, d'élasticité, de légèreté, d'opacité ou de transparence.

Or la destination impose à l'objet des qualités indispensables de mobilité ou d'immobilité, de symétrie ou d'asymétrie, de rigidité ou de souplesse, d'épaisseur ou de minceur, de puissance ou de légèreté, d'opacité ou de transparence.

Ces qualités réclamées par la destination peuvent être obtenues de la complexion de la matière, mais aussi et surtout des procédés d'exécution qui, par leur ingéniosité, pourvoient à l'insuffisance de la matière, en lui faisant rendre, par son travail, le maximum d'utilité dont elle est capable par ces qualités naturelles.

Si ces qualités sont mal employées, la force peut devenir lourdeur, la rigidité raideur, la souplesse mollesse, l'opacité obscurité, la légèreté et la transparence fragilité. C'est-à-dire qu'une qualité de matière peut devenir un défaut si elle n'est pas utilisée avec le tact que la science seule des procédés peut développer dans l'esprit de l'inventeur d'une forme décorative d'objet usuel. Le caractère d'art profite du choix judicieux de la matière convenable, si l'artiste sait s'en servir pour ajouter de la beauté à son œuvre ; mais ce choix est d'abord déterminé par la logique de destination et d'exécution.

Les dimensions d'ensemble, la proportion des parties et la disposition des rythmes linéaires de contours d'un objet usuel dépendent donc absolument des nécessités de capacité, de contact, de résistance et de stabilité auxquelles il est rigoureusement soumis par sa destination et la complexion des matières qui le composent.

Il y a donc, en réalité, dans le contour d'un objet usuel, deux rythmes linéaires distincts, mais fondus en un seul.

Le rythme linéaire *logique* de construction, résultant de la destination, de la qualité de matière employée et du procédé d'exécution, et le rythme *décoratif*.

Le rythme logique de construction forme le galbe original comprenant les saillies, les rentrées, les hauteurs, les largeurs, les profondeurs, les épaisseurs, les angles et les courbes de contours *indispensables* en raison de la commodité d'emploi, de la complexion de matière et de la possibilité d'exécution.

Ces qualités pratiques étant obtenues par la connaissance technique de la matière et de l'industrie spéciale qui la met en œuvre, le rythme décoratif — qui n'a plus, lui, d'autre fonction que d'*orner* le rythme logique — vient s'y inscrire en saillies, en rentrées, en hauteurs et en largeurs, en profondeurs et en épaisseurs, en angles et en courbes de contours intégrants, parallèles et conséquents, qui ne relèvent, en tant qu'invention, que du sentiment d'art, mais qui, loin de contraster avec les contours du galbe logique de construction, doivent au contraire en soutenir, en préciser, et en accroître le caractère d'appropriation à l'objet.

La capacité. — Il y a plusieurs sortes de capacités : la capacité de dimension, d'enveloppe, de contenant, de contenu, d'opacité, de translucidité et de transparence, de souplesse, de légèreté, de pesanteur, etc.

Ces capacités sont exprimées par des combinaisons rythmiques linéaires spéciales à la matière et à la destination, qui les mettent en rapport avec les différentes parties d'un objet entre elles, avec les objets entre eux, avec les proportions du corps humain et selon les mouvements que l'usage des objets lui impose, et les formes du corps avec lesquelles leur destination le met en contact.

Ainsi, lorsqu'un objet est composé de plusieurs parties, les dimensions de chacune de ses parties doivent être identiques sur leurs point de raccord.

Les hauteurs d'une table, d'une chaise, d'une armoire, sont des capacités de dimension, qui doivent être en rapport d'usage avec les proportions et les mouvements du corps humain selon la façon dont il les utilise ; une armoire, une bibliothèque ne devraient contenir que des objets à la portée de la main pour qu'elle puisse les saisir sans effort. Une chaise, une table, doivent avoir des dimensions de hauteur exactement déterminées en rapport avec le corps humain, tandis que la largeur et la profondeur du plateau de la table varient selon sa destination à un usage spécial. Un rideau, un store, doivent s'adapter exactement à la proportion de la fenêtre devant laquelle ils sont destinés à être interposés.

La forme d'un vêtement doit être conçue de façon qu'il enveloppe la partie du corps qu'il est destiné à couvrir ; il en est de même pour l'étoffe d'un fauteuil. La capacité de contenant sera celle qui résultera du tracé des contours d'un flacon, d'un étui, d'un tiroir. La capacité de contenu sera celle d'un tiroir dont le tracé, en proportion de dimension avec le meuble dont il fait partie, permettra de le tirer et de le pousser commodément dans son cadre.

Dans l'art du costume, on emploie des étoffes offrant des contrastes de pesanteur ou de légèreté, d'opacité, de translucidité ou de transparence ; ce sont des capacités de matière, dont l'emploi exige une conception rythmique linéaire différente pour chacune. Une étoffe épaisse ne donne pas du tout les mêmes plis qu'une étoffe légère ; les plis du velours sont amples et lourds ; les plis de la soie sont cassants, ceux de la dentelle sont bouillonnés.

L'opacité, la translucidité et la transparence sont, pour certains objets, des nécessités de destination et d'usage. La capacité de l'objet est, en ce cas, obtenue non seulement par la qualité cherchée d'opacité, de translucidité, de transparence, de coloration naturelle ou artificielle de sa matière, mais aussi par le tracé des proportions de ses parties pleines et de ses parties ajourées. Ainsi une dentelle est plus ou moins translucide et transparente selon l'importance proportionnelle de ses parties pleines et ajourées. Les plombs ou les bois qui encadrent des vitraux de fenêtre augmentent ou diminuent plus ou moins la lumière, selon que le tracé leur donne plus ou moins d'importance en opacité par rapport aux ajourés destinés aux verres.

Les contours métalliques de support d'un appareil d'éclairage doivent être conçus de façon qu'aucune des parties de ce support ne s'interpose entre le foyer lumineux et les objets à éclairer, de façon à ne pas affaiblir la capacité d'éclairage par des ombres portées.

En résumé, la capacité est le premier état de contour et de matière que l'on doit concevoir pour rendre l'objet apte à sa destination.

Le contact. — Le second état de contour et de matière est celui de contact.

Le contact est encore, sous certains rapports de proportion, de dimension ou de forme, un genre de capacité ; mais il est surtout le rythme linéaire de cette capacité. La qualité de contact est, pour un objet usuel, la *forme* de la faculté de contenir et d'être contenu.

Il y a le contact, par prise, par enveloppement, par juxtaposition, par frottement ou glissement momentané ; contact des objets entre eux, en totalité ou en partie, ou avec le corps humain, dans ses mouvements d'usage déterminés par la destination.

Par prise, il résulte d'une action extérieure, celle des doigts ou de la main qui serrent une anse de tasse, ou un manche de cuillère ; qui prennent une poignée de tiroir, un manche de couteau ou un bouton de porte. Cette action peut être exercée par un autre objet, comme celle d'un anneau qui attache, soutient ou suspend, celle d'un crochet qui accroche. Par enveloppement, le contact résulte d'une action de l'objet sur le corps humain ou sur un autre objet. Sur le corps humain c'est, par exemple, l'action d'un vêtement dont les proportions et les dimensions seraient insuffisantes sans les contours de sa forme qui le font s'adapter, s'ajuster ou flotter sur le corps ; c'est un fauteuil dont les contours de siège, de dossier et de bras s'adaptent au corps humain qu'ils soutiennent en plusieurs parties à la fois, mais sans gêner ses mouvements.

Les formes d'un col de carafe, d'une anse, d'un manche de cuillère, d'une poignée de tiroir, d'un bouton de porte, d'une crémone, d'une reliure, sont déterminées par celles des mouvements qu'accomplissent les doigts ou la main pour utiliser ces objets. Il faut que la courbe supérieure d'une tasse soit en harmonie de capacité et de contact avec la forme et la proportion buccales.

Il y a le contact d'association pour les matières, qui détermine le tracé des contours selon le procédé et la matière choisis, tels que l'appareil et le ciment pour les pierres ; l'assemblage pour les bois ; la rivure ou la soudure pour les métaux ; la couture pour les étoffes ; le collage pour le papier, etc.

Plus un objet est usuel et mobile, moins ses contours doivent comporter d'angles, et plus ils doivent être arrondis et courbés de façon à éviter les accrocs par frottement. Il ne faut pas, par exemple, que les moulures d'un meuble soient conçues de la même façon que celle d'une architecture en pierre.

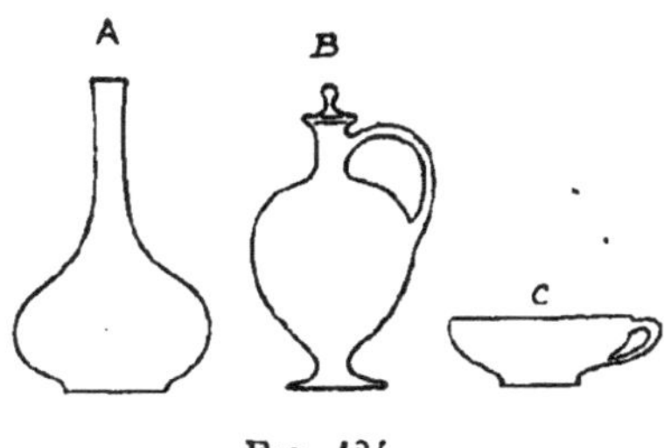

Fig. 424.

Les récipients destinés à contenir et à verser les liquides doivent être conçus avec un goulot A ou une anse de prise B et C proportionnés à la main ou aux doigts qui doivent les saisir (*fig.* 424).

Lorsque le goulot est très étroit, comme celui d'un flacon ou d'une carafe, il est à plan circulaire ; mais, lorsqu'il est large comme celui d'un broc A, d'une saucière B ou d'une casserole C, il doit être muni d'un bec (*fig.* 425).

Si le récipient est à anse, le bec doit être placé sur le même axe A ; s'il est à manche comme celui d'une casserole C ou de

certaine cafetière D, le bec doit être placé sur l'axe perpendiculaire, et à gauche,
pour que la main droite
puisse facilement verser
(*fig.* 425).

Le contact, selon la
façon dont il se produit,
détermine le choix des
rythmes linéaires du
contour, et leur disposi-
tion en proportion, en
symétrie ou en asymé-
trie.

La destination impli-
que, dans beaucoup de
cas, l'asymétrie des plans
horizontaux. Par exem-
ple, pour les objets pla-

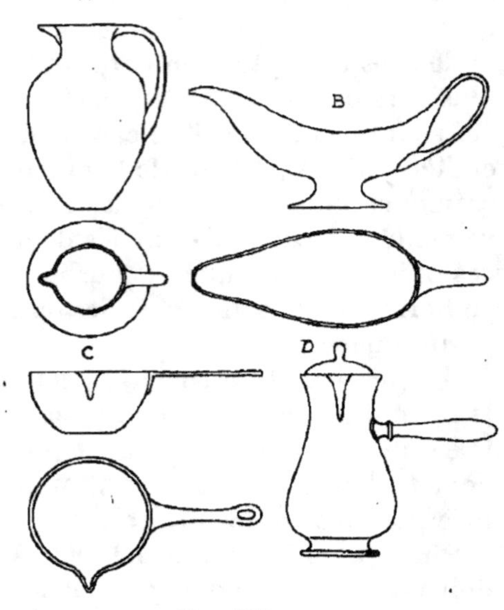

FIG. 425.

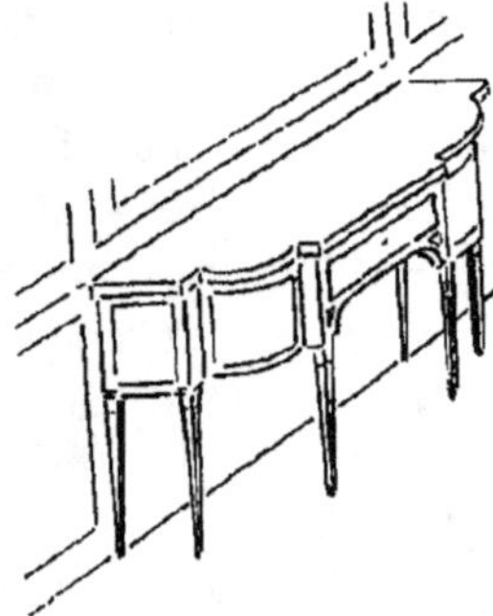

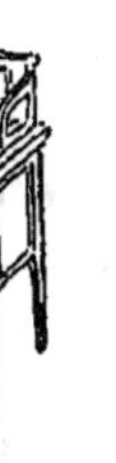
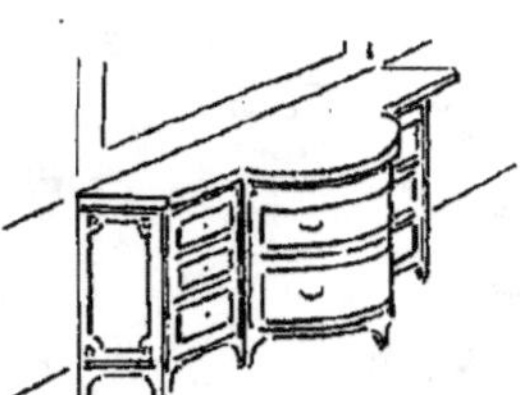
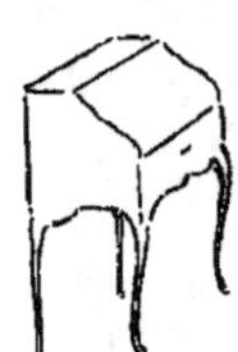

FIG. 426.

cés contre un mur, un buffet, une
commode, une armoire, une crédence,
une console ou une étagère, sont à
plans horizontaux asymétriques dans
le sens de la profondeur ; c'est-à-dire
que le fond est droit, tandis que les
côtés et la face peuvent être rythmés
à volonté (*fig.* 426).

Les objets garnis d'un goulot pour verser, et d'une anse

pour être pris d'une seule main, comme une cafetière, une
saucière, etc. (*fig.* 427), sont également à plans horizontaux
asymétriques.

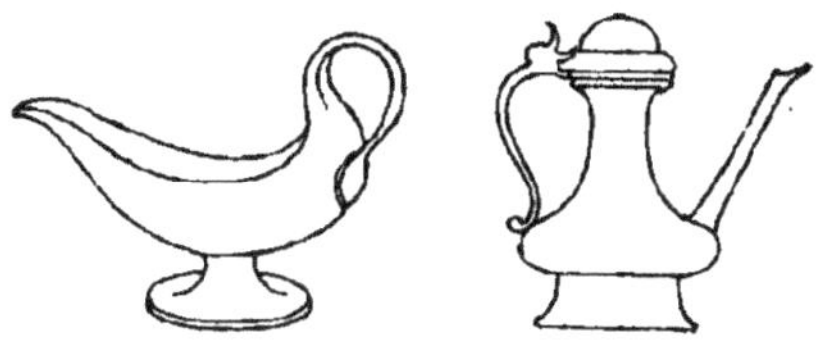

Fig. 427.

Les objets placés dans
les angles doivent être logiquement conçus à plans
triangulaires, droits sur les
deux côtés parallèles à la
muraille ; les rythmes du
contour pouvant varier à
volonté sur la ligne de base du triangle représentant la face
de l'objet (*fig.* 428).

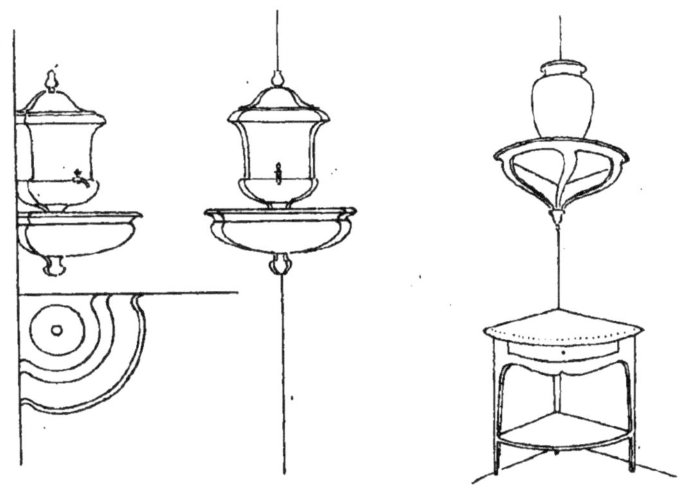

Fig. 428.

La forme à donner à un fauteuil sera celle dont les dispositions rythmiques de contour détermineront un rapport harmonique de stabilité, d'inclinaison et de courbure dans la recherche du confort, quant à l'assiette du corps qu'elle devra
envelopper pour le soutenir sans le gêner.

Il faut que le dossier et le siège d'une chaise soient conçus
dans des dimensions et des contours qui permettent de saisir

l'objet par un mouvement du bras et de la main pour le transporter, sans effort, et également, de s'y asseoir et de s'y appuyer confortablement.

C'est pourquoi les plans des sièges, dont la forme doit s'adapter au corps humain, sont également asymétriques dans le sens de la profondeur.

Les plans des chaises et des fauteuils sont, en principe, basés sur une dominante linéaire de demi-circonférence ou de trapèze.

Les grands sièges sont souvent basés sur des plans horizontaux symétriques, soit rectangulaires ou ovales (*fig.* 429).

Ces principes étant admis, le compositeur aura toute latitude pour inscrire dans les dominantes tel rythme qui lui con-

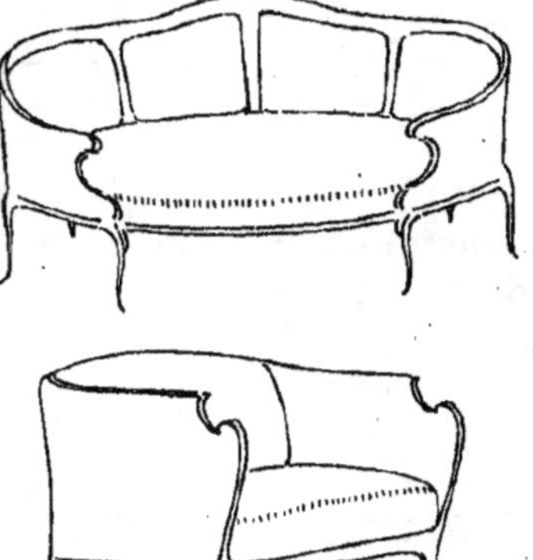

Fig. 429.

viendra, à la condition que ce rythme ne sorte pas de la dominante choisie et ne soit pas en contradiction avec l'exigence de l'usage qui est, en l'espèce, de ne pas gêner les mouvements, mais, au contraire, de les encadrer *confortablement*.

La résistance. — Il y a la résistance au poids : résistance d'une matière qui en supporte une autre par surélévation ou suspension, comme les pieds d'une table, le pied d'un vase, ou le crochet, les anneaux et les chaînes d'un lustre ; la résistance au choc de l'action — au toucher — qui est la forme moins violente et logique du choc ; la résistance par rigidité : celle d'un corps pouvant se maintenir dans l'espace par sa propre force, comme une barre de fer, qui n'a pas besoin d'être soutenue ; la résistance par tension : celle des mailles d'une dentelle, de la chaîne et de la trame d'une étoffe, etc.

La résistance d'une matière est proportionnelle à la destination de l'objet pour lequel elle est employée. La résistance du fer, dans une grille composée d'un assemblage de morceaux de fer forgés et rivés, est en proportion égale à celle du fil qui compose un assemblage de points de dentelle.

Il faut seulement donner aux deux matières les contours qui, par leurs combinaisons rythmiques linéaires, en assurent la résistance en degré de force, de pesanteur, de tension, de choc ou de toucher, que leur imposent les nécessités d'usage résultant de leur destination.

Cette résistance est acquise par la répartition des épaisseurs et des minceurs, des saillies et des rentrées, des vides et des pleins de contours, de façon que les parties fortes soutiennent et protègent les parties faibles, en raison de la nature de la matière et de sa fonction dans l'usage de l'objet. Plus les rythmes linéaires d'un contour sont ramassés en un petit espace, plus ils offrent de résistance ; plus ils s'éloignent du centre de gravité, plus ils donnent une impression de légèreté, mais moins ils offrent de résistance. La grâce de la résistance est la légèreté ; en principe, la conception d'un objet doit exiger le moins de matière possible, la rythmique des contours devant tendre à faire rendre à la matière le maximum de capacité, de commodité, de contact et de résistance, avec le minimum de matière. L'abus de la matière, dans la conception d'un objet, ne peut résulter que d'un manque de goût, si la matière est pauvre, ou, ce qui revient au même, d'un désir de luxe, si la matière est riche, et n'a, dans les deux cas, rien de commun avec l'art. D'autant qu'on a la ressource, si la matière est peu résistante, de l'associer dans ses parties faibles à une autre matière plus solide, et de créer ainsi une donnée d'art avec une raison d'ordre technique.

D'ailleurs, en art industriel, toute raison d'ordre technique devrait servir à créer une donnée d'art. Les chevilles, les écrous, les rivets, toutes les formes imposées par l'association des matières, au lieu d'être dissimulés sous un décor factice, devraient être, au contraire, prétextes à formes d'art ; ce serait de la résistance agréable à regarder. Il y a dans la résistance une partie de grâce et de beauté qu'on ne doit pas

masquer. S'il ne faut pas que l'on sente l'effort de la matière
et du procédé, on doit pouvoir jouir de l'ingéniosité industrielle qui est une forme d'art.

La stabilité. — La stabilité est l'état d'un objet maintenu
dans la position logique qu'exige sa destination par plusieurs
forces qui se contrebalancent exactement. L'équilibre de ces
forces résulte des dimensions et des proportions de contours
de l'objet, lesquelles répartissent le poids de la matière et ses
facultés de résistance selon les points de la forme où il est

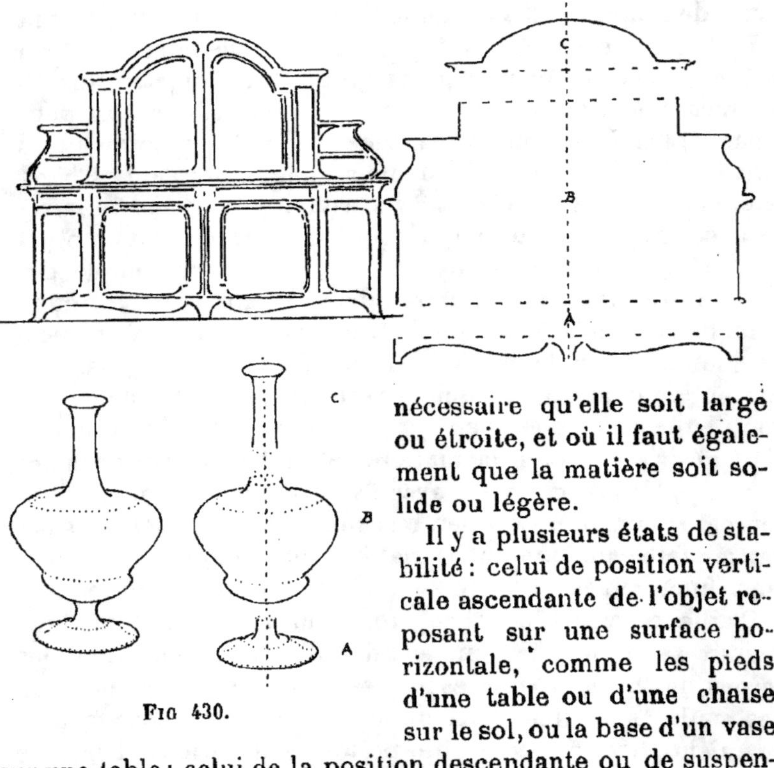

Fig 430.

nécessaire qu'elle soit large
ou étroite, et où il faut également que la matière soit solide ou légère.

Il y a plusieurs états de stabilité : celui de position verticale ascendante de l'objet reposant sur une surface horizontale, comme les pieds
d'une table ou d'une chaise
sur le sol, ou la base d'un vase

sur une table ; celui de la position descendante ou de suspension de l'objet, comme un lustre suspendu au plafond ; celui
de suspension perpendiculaire d'un objet fixé à une surface

verticale, comme une console adossée à un mur, ou une applique d'éclairage.

La stabilité verticale ascendante. — Une forme de plein relief se compose, en principe, de trois parties initiales : la base ou support A, le corps de l'objet B et sa terminaison C ; chacune de ces trois parties affecte une forme particulière en raison de la destination de l'objet (*fig.* 430).

La stabilité d'un objet résulte du con-

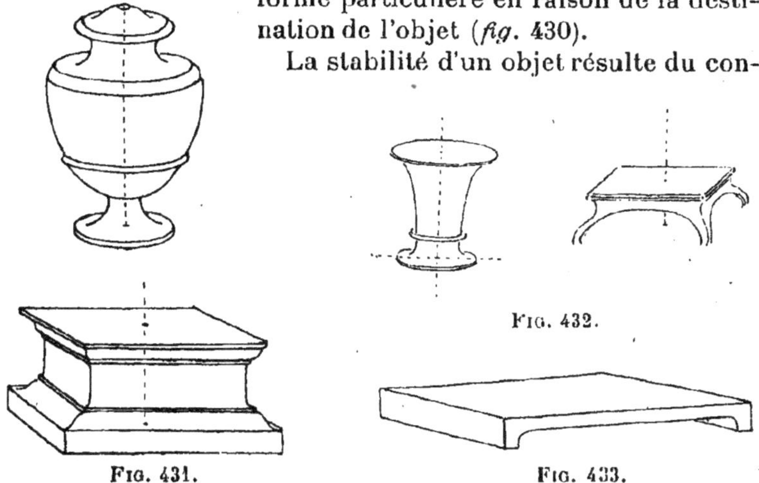

FIG. 432.

FIG. 431.

FIG. 433.

tact de sa base avec un plan horizontal et du développement de sa forme en élévation autour d'un axe vertical central imaginaire.

Le plan horizontal est, suivant l'objet, soit le sol, soit le plateau d'une table, d'un piédestal, d'un socle, d'une étagère ou d'un meuble quelconque (*fig.* 431).

Le contact de la base de l'objet avec le plan horizontal de support a lieu en totalité de cette base ou en plusieurs points seulement (*fig.* 432).

Lorsque la forme ne repose pas sur le plan horizontal dans la totalité de sa base, il lui faut, pour qu'elle soit stable, deux points d'appui au moins, mais prolongés parallèlement dans le sens d'une de ses dimensions (*fig.* 433).

Si la base est circulaire, une seule partie d'appui, mais cir-

culaire suffit. La figure **434** représente la coupe d'une assiette dont
une seule partie circulaire est en
contact avec le plan horizontal.

Lorsque les points d'appui sont
isolés, il en faut au moins trois si
la forme est circulaire ou triangulaire, et quatre si elle est quadrangulaire ou elliptique (*fig.* 435).

Lorsque la base est de très petite dimension, on ne met quelque-

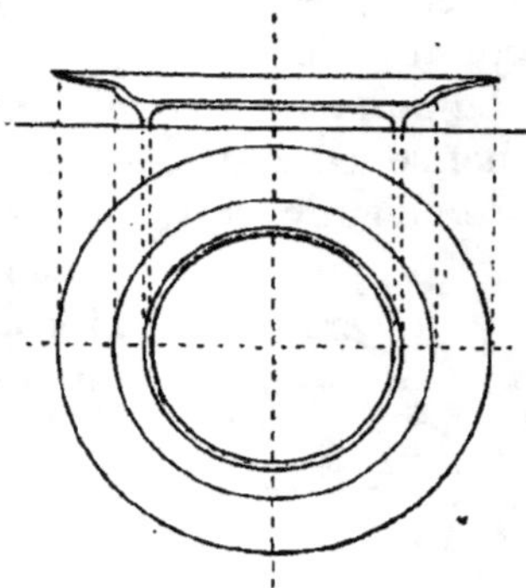

Fig. 434.

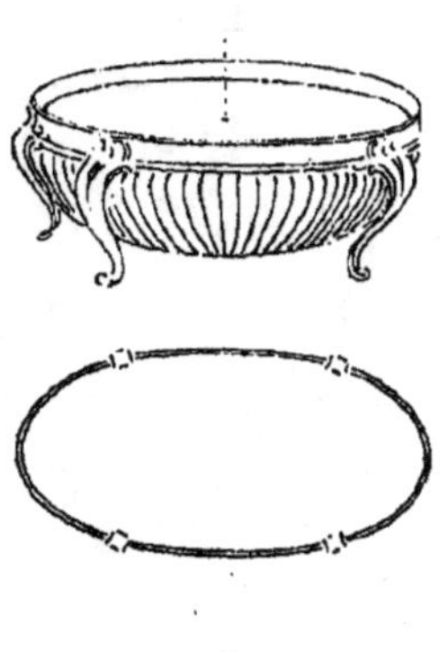

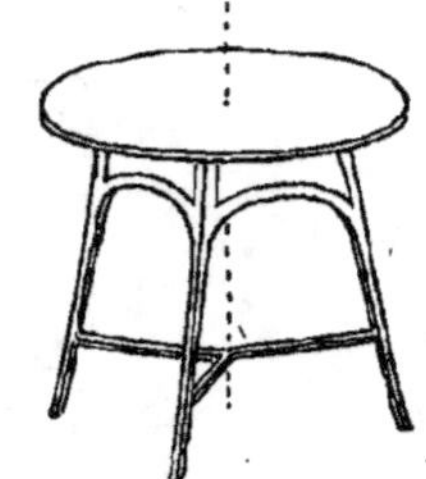

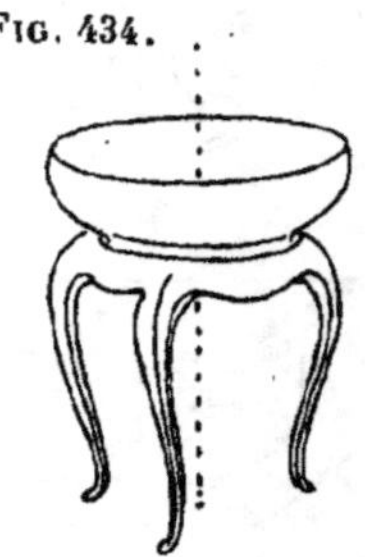

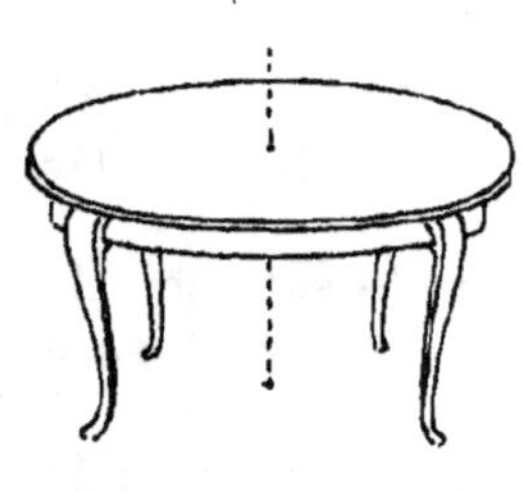

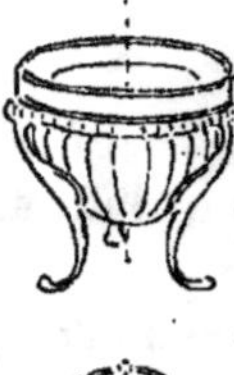

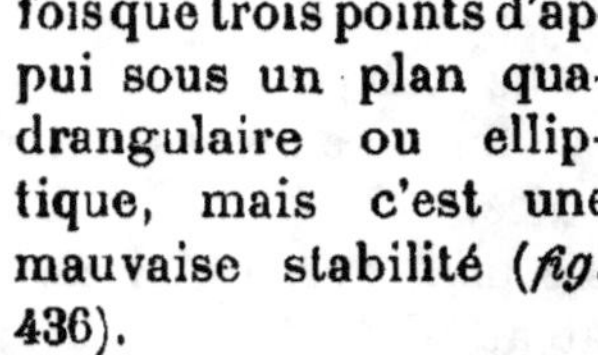

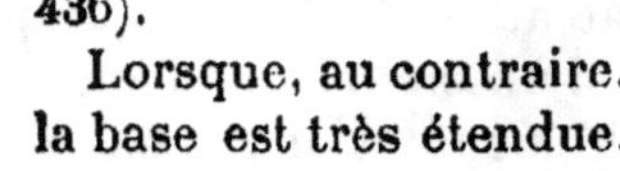

fois que trois points d'appui sous un plan quadrangulaire ou elliptique, mais c'est une
mauvaise stabilité (*fig.*
436).

Lorsque, au contraire,
la base est très étendue,

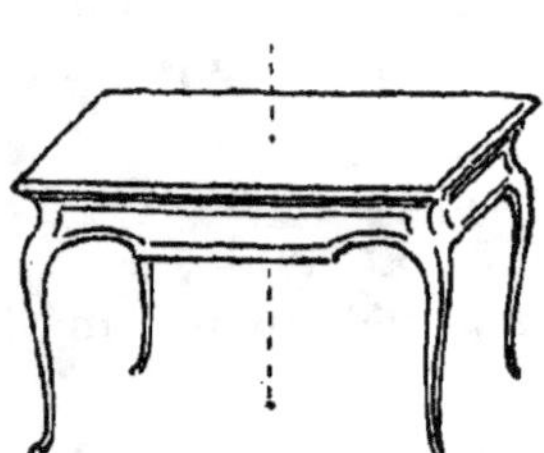

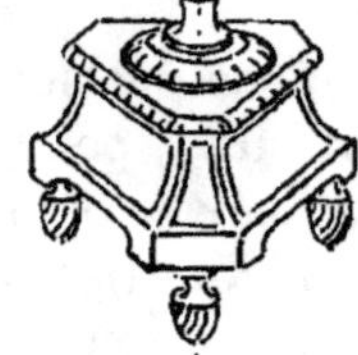

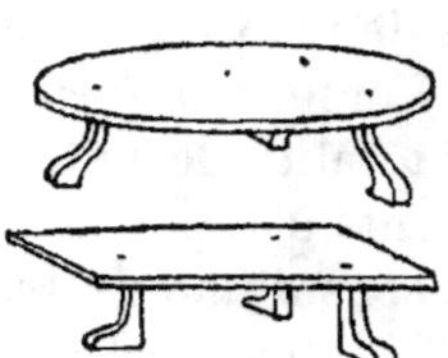

Fig. 435.   Fig. 436.

on peut la faire reposer sur six ou même huit pieds (*fig.* 437).

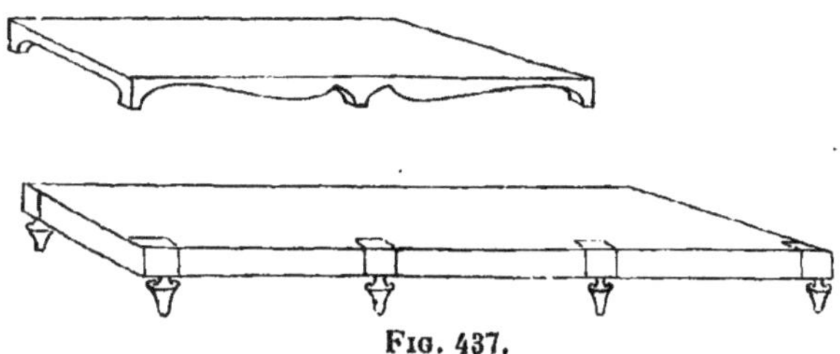

FIG. 437.

Si l'objet n'a qu'un seul pied, il doit être assez large pour assurer l'équilibre. La même disposition rythmique peut être renversée et former le contour d'un pied, qui peut être étroit à la base quand il y en a au moins trois ou quatre (*fig.* 438).

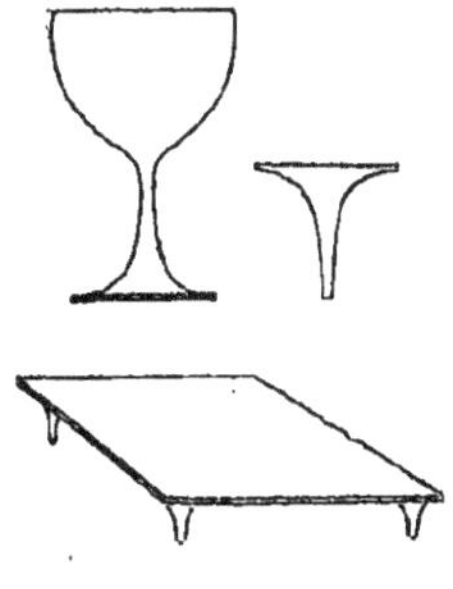

FIG. 438.

Ces points d'appui doivent être disposés symétriquement par rapport à l'axe central. Il faut les considérer comme l'ajour d'une base pleine dont ils doivent conserver les qualités de stabilité. Cet ajour a pour but de supprimer de la matière, de donner de la légèreté et du charme à la vue. Mais cette légèreté et ce charme ne peuvent être obtenus au détriment de la stabilité, et l'ajourage ne peut aller que jusqu'au point où l'équilibre des masses serait rompu si ce point était dépassé. Comme l'équilibre des masses résulte non seulement du tracé du contour, mais aussi de la force de résistance de la matière, les lois de stabilité varient selon les matières employées. C'est pourquoi il est très difficile, pour ne pas dire impossible, de fixer des règles absolues en matière d'équilibre. C'est par expérience, et en regardant beaucoup d'objets de matières différentes, que l'on peut arriver à la sensation d'équilibre et de stabilité. Car, si l'on peut se livrer à des calculs de résistance pour les matériaux de grande construction, on ne peut que se fier à l'expérience acquise et au sentiment

développé pour les formes de dimensions restreintes telles
que celles des meubles et des objets usuels. En thèse générale, l'équilibre d'un objet résulte du rapport de dimension
de son plan horizontal de base avec les plans supérieurs horizontaux de son élévation verticale. Plus le plan de base est
étendu autour de l'axe central d'élévation verticale, par rapport aux plans horizontaux supérieurs, plus la forme est *stable ;*
moins le plan de base est étendu, et plus les plans horizontaux
supérieurs sont développés, moins la forme est équilibrée.
En un mot, plus le contour vertical d'une forme s'éloigne, de
bas en haut, de son axe central, moins cette forme est stable ;
et plus il s'en rapproche, plus elle est stable.

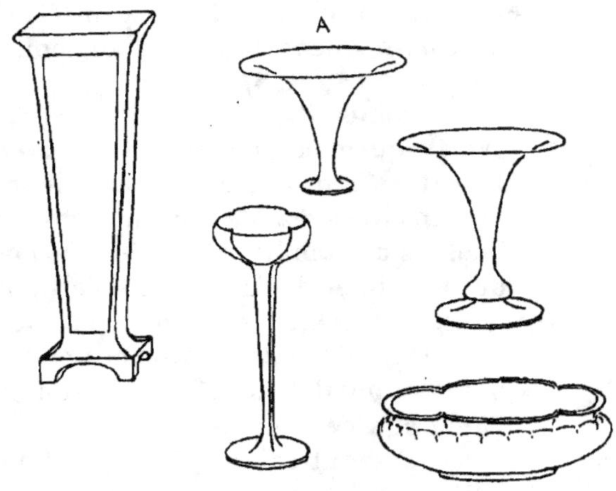

Fig. 439.

C'est ainsi que, dans la figure 439, la forme A est instable,
tandis que les autres sont stables.

La figure 440 indique trois degrés de stabilité normale : A,
ligne verticale ; B, ligne légèrement oblique de haut en
bas ; C, ligne ondulée dont la base revient à l'aplomb du
haut.

Les formes de plein relief sont, en principe, symétriques **en**

plan horizontal, et asymétriques de bas en haut en plan vertical. La symétrie en plan horizontal est une qualité de stabilité puisqu'elle équilibre la forme autour de l'axe central en en

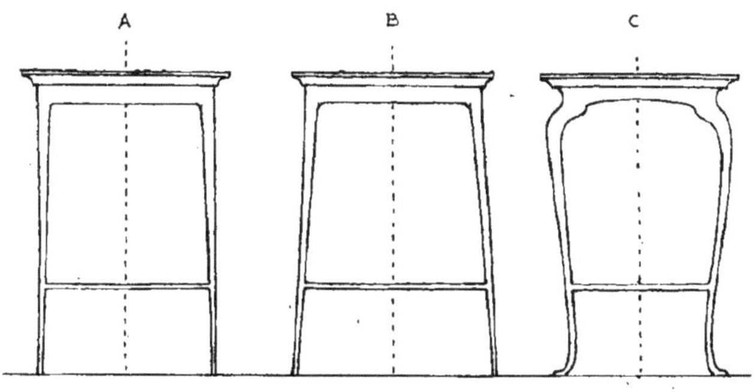

FIG. 440.

répétant identiquement les parties dans les mêmes espaces.
La symétrie dans le plan vertical de bas en haut aurait l'in-
convénient de couper la forme en deux parties égales et de
supprimer toute faculté de contraste dans le sens vertical.

Nous donnons, dans la figure 441, un des exemples rares de plein relief symétrique de bas en haut. Ce balustre n'est d'ailleurs pas, à proprement parler, une forme de plein relief, car il est, par sa fonction, encadré entre deux rampes. C'est

FIG. 441.

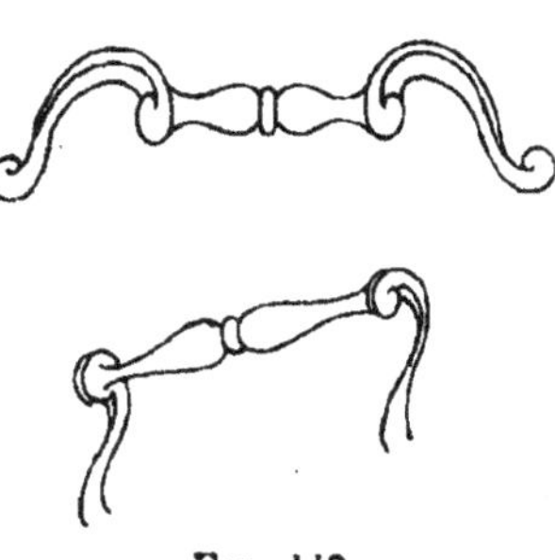

FIG. 442.

une forme de haut relief, et le principe de symétrie peut lui
être appliqué aussi bien verticalement qu'horizontalement
(*fig.* 442).

On peut constater, à ce sujet, que, si l'asymétrie de bas en
haut est une nécessité, elle est inacceptable horizontalement,

si la destination de l'objet ne l'exige pas. Dans la figure 443,

la forme A est es-
sentiellement sta-
ble sur un axe ver-
tical A ; elle est
instable sur un axe
oblique B, et elle
perd ses qualités
de stabilité sur un
axe horizontal C.
Pour lui rendre la
stabilité horizon-
tale, il faut la ré-
péter symétrique-
ment de gauche à
droite, D, car ni
l'œil, ni la raison
n'accepteraient la disposition E.

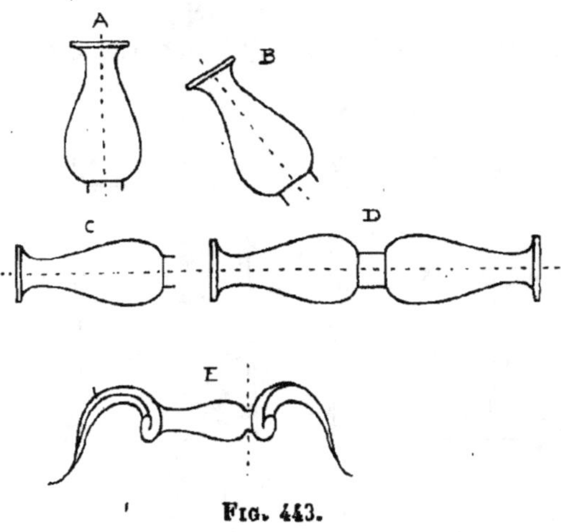

Fig. 443.

Quant à la symétrie verticale de bas en haut, il est préfé-

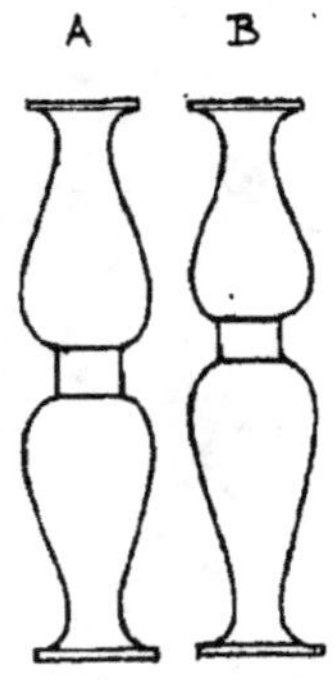

Fig. 444.

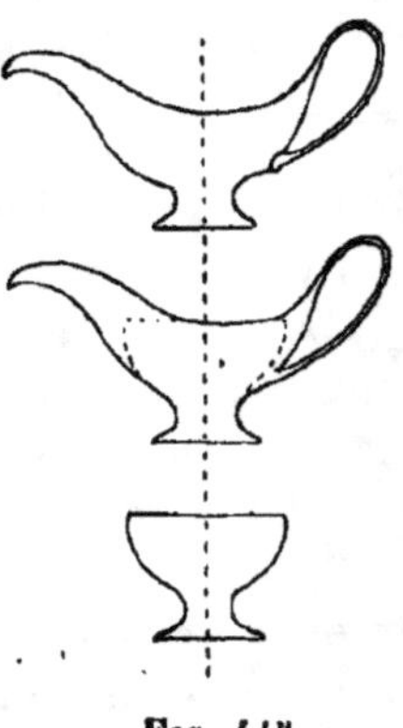

Fig. 445.

rable de ne pas l'appli-
quer absolument, et la
proportion B de la fi-
gure 444 est meilleure
que l'égalité A.

L'équilibre des objets
asymétriques est plus
difficile à établir que
celui des objets symé-
triques ; c'est par la
même méthode que l'on
arrive à le déterminer,
en répartissant les con-
tours inégaux en masses
non égales, mais équivalentes, de chaque côté de l'axe vertical de stabilité (*fig.* 445). Dans les trois schémas de fauteuil
de la figure 446, A est stable, B est instable, et le contour C
démontre que l'on peut obtenir une courbe de dossier très ac-

centuée en déterminant un aplomb entre la base du pied et

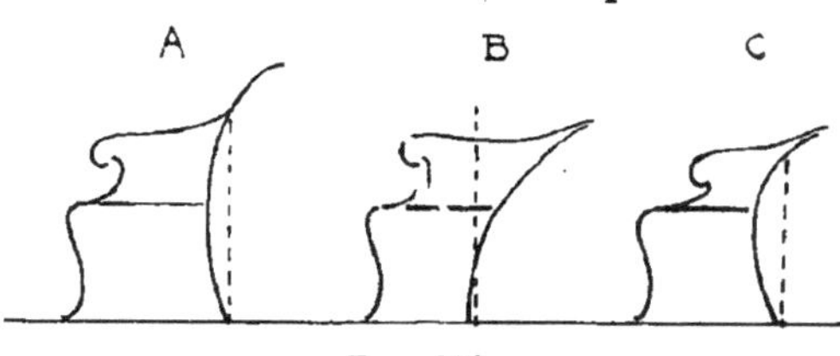

Fig. 446.

la hauteur de la courbe où s'exerce le plus la pesanteur du corps renversé.

Le contour A de la figure 447 est stable par la disposition de la courbe ondulée de son galbe sur l'axe vertical, tandis que la forme B est instable et ne doit son équilibre qu'à un subterfuge qui consiste à alourdir la base du pied avec du plomb ou de la fonte de fer, pour contrebalancer le poids supérieur.

Dans la figure 448, la forme est stable malgré la minceur du pied et l'élégance de la base, parce que les rythmes supérieurs sont légers d'abord, et ensuite parfaitement équilibrés par la symétrie de la disposition.

La stabilité par suspension. — Le principe de la stabilité par suspension est basé sur la disposition rythmique linéaire rayonnante qui répartit les points d'attache et de support de l'objet suspendu sur trois, quatre, cinq divisions symétriques, ou plus, si la forme de l'objet, ou le poids de la matière, proportionnel à la résistance des supports l'exige (*fig.* 449).

Les points

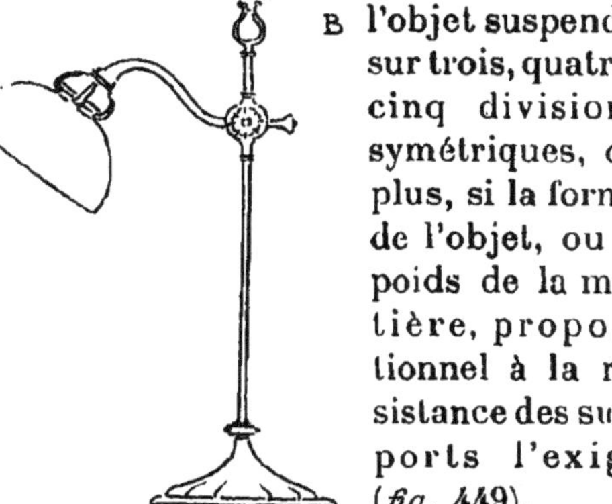

Fig. 447.

Fig. 448.

d'attache de l'objet peuvent être reliés verticalement à autant de points d'ac-
crochage, ou oblique-
ment à un seul point
d'accrochage central
(*fig.* 450).

Un seul objet peut
être suspendu par un

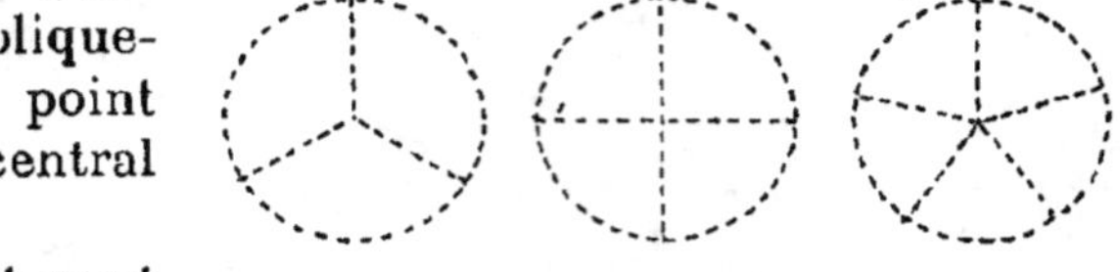

Fig. 449.

seul point d'attache central et supérieur, si sa forme et le
poids de sa matière le permettent. Deux objets isolés peuvent

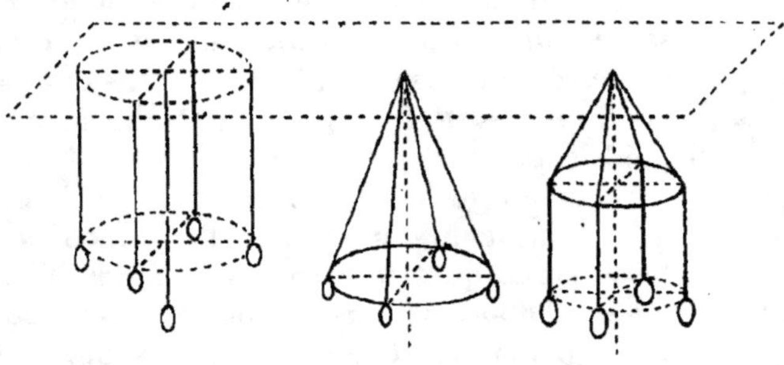

Fig. 450.

être suspendus à un même point d'accrochage, s'ils sont reliés entre eux par une tige rigide (*fig.* 451).

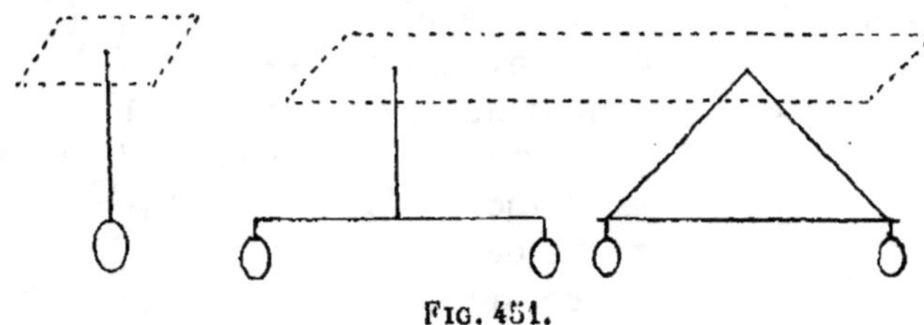

Fig. 451.

Les pieds placés à la partie inférieure des objets, dans la
stabilité verticale ascendante, sont remplacés, dans la stabilité
par suspension, par des anneaux, des crochets et des chaînes
placés à la partie supérieure (*fig.* 452).

Les crochets de suspension de l'objet peuvent ne pas être toujours placés à la partie extrêmement supérieure — qui

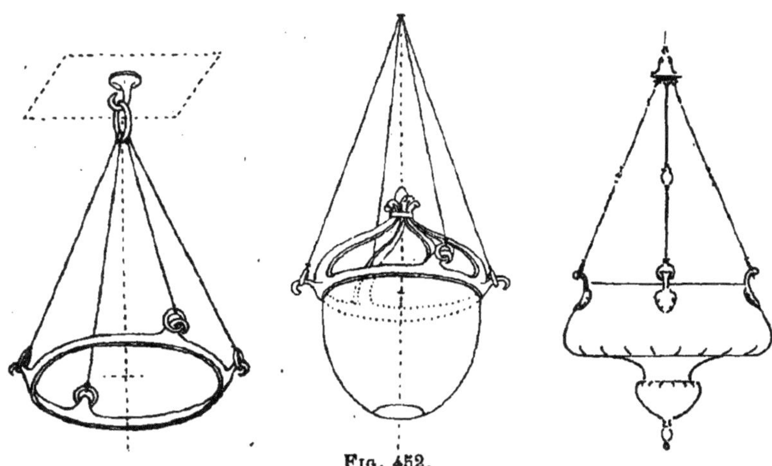

FIG. 452.

forme souvent couronnement — mais plus bas, dans la partie la plus large (*fig.* 453).

Quel que soit le nombre des crochets d'attache, la forme la plus rationnelle à donner à un objet suspendu est celle d'une dominante enveloppante ovoïde, dans laquelle on peut inscrire toutes autres formes en logique de destination (*fig.* 454).

La forme dominante et enveloppante d'attache est celle d'un cône (*fig.* 455).

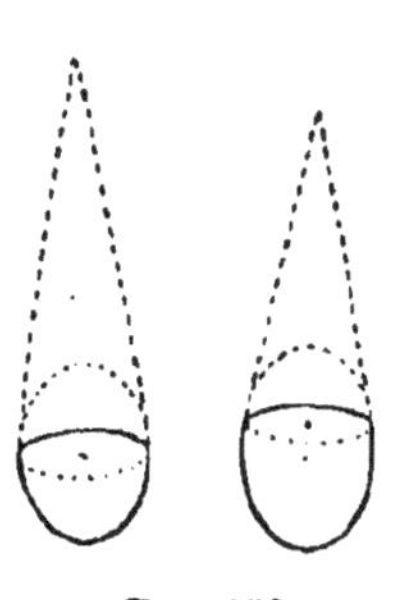

FIG. 453.

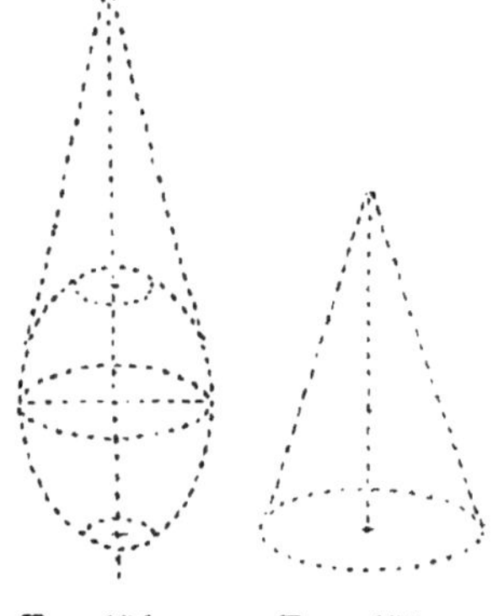

FIG. 454.   FIG. 455.

Les chaînes de support disposées sur le cône, sur un plan rayonnant, suivent, en leur disposition rythmique propre, le principe des rythmes disposés sur bandes obliques, en mouvement ascendant ou descendant.

Plusieurs objets, reliés entre eux par une tige flexible,

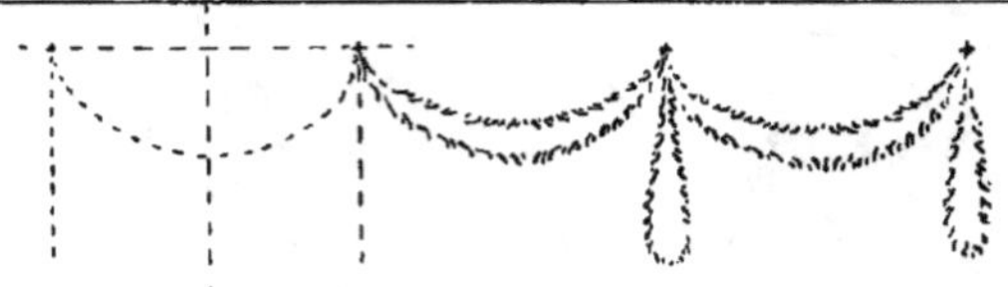

FIG. 457.

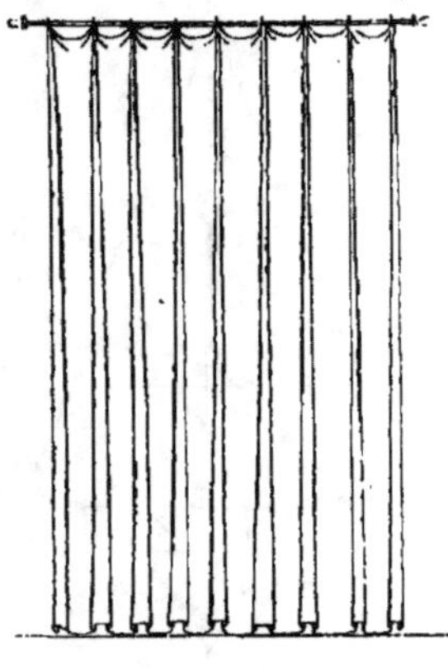

FIG. 456.

peuvent être accrochés à une surface rigide, comme, par exemple, un rideau (*fig.* 456).

On remarquera que la tige flexible s'affaisse entre chacun des points de suspension. C'est le principe du mouvement des guirlandes, dont les éléments sont disposés sur une tige flexible accrochée à deux points d'attache, placés symétriquement par rapport à la verticale centrale de stabilité (*fig.* 457).

La stabilité perpendiculaire. — La stabilité perpendiculaire a pour base de contour dominant et enveloppant le triangle rectangle. Les proportions de chacun des côtés du triangle varient selon la destination de l'objet, mais aussi et surtout selon la force de résistance de la matière par rapport au poids qu'elle a à supporter et la poussée qui se produit sur elle-même selon l'obliquité de l'hypoténuse (*fig.* 458).

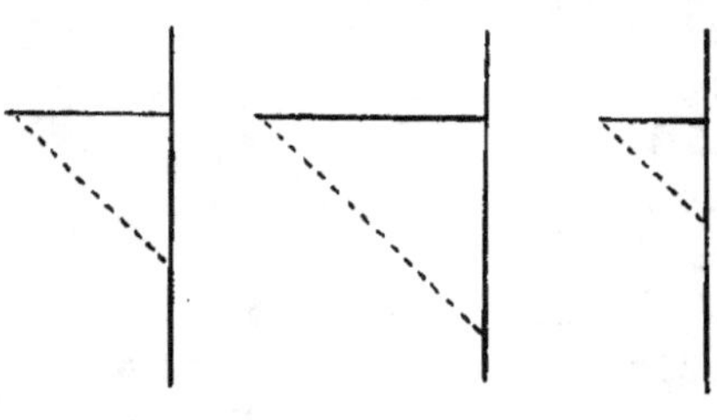

FIG. 458.

FIG. 459.

D'ailleurs l'hypoténuse peut n'être qu'imaginaire si la matière est assez résistante. Une équerre en fer, par exemple, peut se passer de

support oblique, si sa résistance perpendiculaire est suffisante
pour le poids qu'elle aura à supporter (*fig*. 459).

Beaucoup d'objets n'ont besoin, pour être perpendiculairement suspendus, que d'un seul point d'attache, lorsque leur
matière est rigide, et lorsqu'ils n'ont à supporter que leur
propre poids, comme, par exemple, une rosace ou une applique
d'éclairage (*fig*. 460).

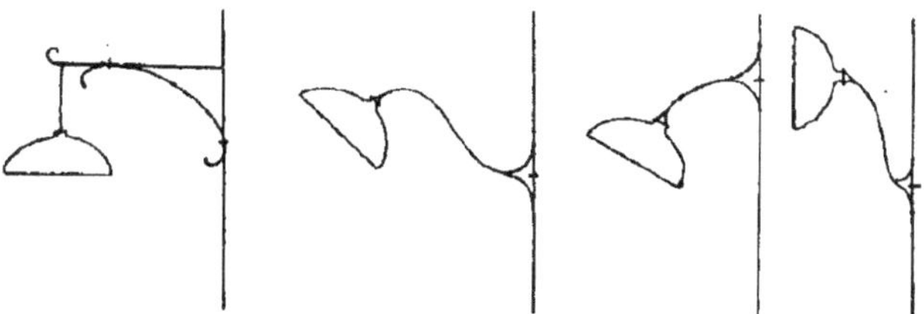

FIG. 460.

En principe, plus l'horizontale supportée s'allonge, en s'é-
loignant de la verticale supportante, plus l'hypoténuse du
triangle devrait s'allonger de façon à former constamment un

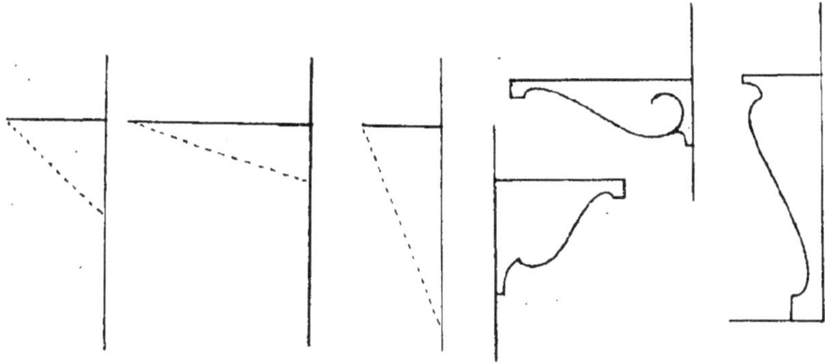

FIG. 461.

triangle à 45°, mais il n'en est pas ainsi à cause de la différence
de poids, de rigidité et de résistance des matières. Selon que
la matière offre une résistance de poids ou de rigidité, la proportion de l'hypoténuse varie d'après des données qui résultent
de calculs mathématiques, ou, plus simplement, d'une expé-

rience professionnelle spéciale à chaque industrie. La figure 461
indique les différences triangulaires que peuvent atteindre les
dominantes de contours selon la matière et la destination des
objets.

Ainsi qu'on peut le voir par ces croquis, les rythmes linéaires de caractères très différents peuvent être inscrits dans
la dominante triangulaire.

On peut également, dans certains cas, augmenter la solidité
de la stabilité perpendiculaire, en répétant la dominante triangulaire au-dessus de la perpendi-
culaire horizontale supportée. On
créera ainsi un secours de stabilité
par suspension, mais il faut pour
cela que la matière s'y prête par sa
résistance (*fig.* 462).

Nous ne pouvons que suggérer
ici des idées très générales sur la
conception d'un objet d'industrie
d'art, soumis, comme on le voit, à
des principes de réalisation technique inéluctables, dont la connaissance approfondie doit résulter

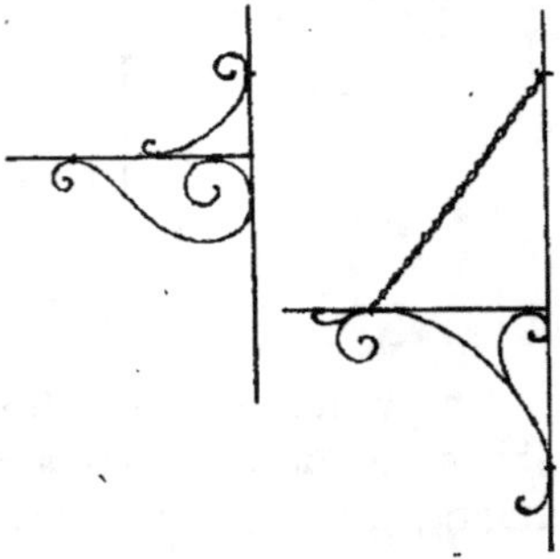

Fig. 462.

d'études spéciales à chaque matière et à chaque industrie.

Les principes de capacité, de contact, de résistance et de
stabilité ne sont pas isolés en leur application, qui est au
contraire d'ordre des plus complexes et exige une grande
expérience acquise de spécialisation. En voici un exemple.

Les contours d'une tasse sont conçus pour contenir le
liquide en quantité suffisante' selon la destination : capacité ;
pour que les lèvres puissent s'adapter au bord, afin d'y
boire commodément : contact ; pour que la courbe et la
proportion de l'anse soient en rapport avec celles des doigts
qui la prennent : contact ; pour que cette anse puisse supporter tout le poids de la tasse et du liquide contenu, pendant le temps que les doigts la saisissent : résistance ; pour
que l'objet puisse être posé d'aplomb sur la soucoupe : stabilité.

Et il faut joindre à ces facteurs ceux, non moins importants, des difficultés techniques de fabrication qui ne permettent pas toujours de donner à la forme de l'objet les contours adéquats que sa destination réclame.

Bref, il importe, avant toute idée d'art, de déterminer dans l'ordre logique et pratique de la destination, le principe de toute composition d'objets usuels. C'est ainsi que le point de départ de toute recherche d'art doit être l'indication préalable des dimensions, des proportions et des directions linéaires générales imposées par les nécessités d'usage.

En résumé, il faut rendre les dimensions partielles et totales, les rythmes linéaires des différentes parties, et les épaisseurs et les minceurs de matière, adéquats de la capacité, du contact, de la résistance et de la stabilité imposés par la destination et l'usage de l'objet.

C'est une équation dont la résolution dépend beaucoup plus de la logique de raisonnement que du sentiment d'art.

Le plus simple est de ne rien chercher à inventer sans avoir une conception très précise de la matière dans laquelle on projette d'exécuter l'objet et de ce qu'on peut en tirer pour la destination.

On ne devrait jamais entreprendre la composition d'un objet usuel sans en avoir devant les yeux la réalisation rudimentaire.

Si par exemple on veut composer un modèle de table ou de bureau, il faudrait avoir sous les yeux une table toute simple, une table de cuisine, et en observer la construction, l'assemblage des pieds, la disposition du tiroir, la hauteur, la largeur. Ces dispositions très simples *parlent* aux yeux mieux que de longues explications et donnent en quelques instants la meilleure leçon de logique qui soit.

Il faut manier l'objet pour se rendre bien compte des nécessités linéaires que sa destination impose.

Les industries.

Les industries d'art ont pour but l'exécution de tout ce qui joint à une utilité pratique un caractère d'art. Ce sont les industries de l'habitation, du mobilier, des objets usuels et du vêtement. L'art et l'industrie sont intimement liés dans la réalisation des objets appartenant à l'une ou l'autre de ces catégories.

L'habitation comprend les industries de la maçonnerie, de la taille et de la sculpture des pierres et des marbres, de la marqueterie de pierre et de bois, de la mosaïque ; de la charpenterie, de la menuiserie et de l'ébénisterie ; du plâtre et du carton-pierre ; de la fonte et de la forgerie du fer ; de la serrurerie ; de la plomberie et de la zinguerie ; du bronze et du cuivre ; de la céramique ; du verre et des vitraux ; de la peinture et du papier peint.

Ces industries, qu'on appelle « industries du bâtiment », comportent tout ce qui a rapport à la réalisation du décor *fixe* de l'habitation : sculptures et revêtements de façade ; moulurations et panneaux intérieurs, cheminées ; menuiseries des portes, fenêtres, lambris et parquets ; treillages de jardin ; rampes et grilles, crémones et serrures ; toiture ; appareils d'éclairage ; à quoi on peut donner un caractère d'œuvre d'art.

Elles sont placées sous la haute direction de l'architecte, qui conçoit l'idée d'ensemble et en coordonne les éléments de détails spéciaux à chacune d'elles.

Le mobilier comprend les industries de la menuiserie, de l'ébénisterie, de la marbrerie, du bronze et du cuivre ; de la ferronnerie et de la serrurerie ; du cuir ; de la tapisserie, des étoffes, des broderies, des dentelles et des passementeries de tenture et d'ameublement ; des tapis de pied.

L'ensemble en est coordonné par le tapissier-décorateur, dont la fonction est de créer une harmonie générale par le décor accessoire des murailles et des baies, et la disposition des unités meublantes.

Les objets usuels sont réalisés par les industries de la chaudronnerie, de l'orfèvrerie, de la bijouterie, de la céramique, de la verrerie ; de la lingerie, de la tabletterie et de la vannerie, de la reliure et de la gainerie, de la papeterie et du cartonnage.

Les industries du vêtement comprennent le costume, la fourrure, la coiffure et la bijouterie, les plumes, les fleurs artificielles et naturelles.

Il faut ajouter à la liste des objets usuels, mais sans pouvoir les considérer comme faisant partie de cette catégorie, certains objets de dimensions hors d'usage, trop grandes ou trop petites, de matières trop riches ou d'exécution trop délicate pour qu'ils puissent être d'une utilité courante, ou même quelconque, et qui appartiennent plutôt à l'art décoratif qu'à l'industrie d'art. Ce sont des objets de petite sculpture, d'orfèvrerie, de bijouterie, de céramique et de verrerie précieuses, ou des grands vases qui ne servent à rien, que l'on met sur des piédestaux ou dans des niches architecturales, dont la soi-disant destination n'est qu'un prétexte de forme spéciale qui n'a, au fond, pas d'autre but que d'être belle et de charmer la vue sans éveiller dans l'esprit l'idée d'usage.

Ceux-là ne sont pas soumis à d'autres règles que celles de la fantaisie de l'artiste créateur, quant à l'utilité ou la commodité d'emploi ; ils ne subissent d'autres lois que celles de la réalisation matérielle qui en déterminent la forme et la couleur en tant que possibilité d'exécution.

Dans cette catégorie, il faut placer les fleurs, merveilleux élément décoratif, éphémère, sans doute, mais sans cesse renouvelable, et dont l'arrangement constitue un véritable art de composition.

Tant que la fleur est en terre et en plein air, elle s'harmonise en mouvement linéaire et en coloration avec le milieu naturel ambiant et elle est belle simplement de la vie des choses ; mais coupée, transportée hors de son milieu, elle devient un élément décoratif qui doit être disposé et groupé avec d'autres selon les lois rythmiques de la forme et de la couleur. Ainsi, d'ailleurs, que la fleur artificielle, dont l'industrie n'a pour but que l'imitation exacte, et par conséquent soumise aux mêmes lois, de la fleur naturelle.

L'art de l'arrangement des fleurs est analogue à celui du tapissier décorateur qui ne crée pas l'unité décorative, mais l'harmonie générale de groupement dans la disposition des unités décorantes. Il existe dans le même ordre d'idées, pour les industries des objets d'art, des objets usuels et celles du vêtement, un art de présentation d'ensemble des unités que l'on appelle, en style commercial : « l'étalage », ou « la montre », et qui est bien aussi une application pratique des principes de la composition décorative.

Les matières.

Les matières utilisées par les industries d'art sont naturelles ou artificielles.

Les matières naturelles sont la pierre, le marbre, le bois, le métal, la terre, et quelques matières d'origine animale telles que le cuir, la fourrure, la plume, la corne, l'écaille, l'ivoire et la nacre.

Les matières artificielles — c'est-à-dire fabriquées avec des matières naturelles — sont celles de la céramique, le plâtre, le stuc, le verre, les tissus, le papier, le carton-pierre, le laque et les matières de colorations artificielles.

Chacune de ces matières typiques se divise en espèces souvent très différentes par leurs qualités et leurs propriétés, qui les font choisir et employer par les diverses industries d'art, suivant la nature, le caractère et la destination des objets à réaliser.

Les pierres sont tendres ou dures, fines ou précieuses, et, suivant leur nature, elles servent à construire des édifices ou à orner des bijoux.

La pierre tendre et la pierre dure, les marbres, servent aux constructions architecturales extérieures et intérieures, et à l'édification d'objets de dimensions moyennes s'y rapportant, tels que panneaux de revêtements muraux, statues, vases, vasques, fontaines, balustres, cheminées, marqueteries, mosaïques, carrelages, ornements, etc...

Les pierres fines sont employées pour des objets délicats et de petites dimensions, les petits vases, les camées ou les inscrutations.

Les pierres gemmes ou précieuses sont associées à l'or des bijoux.

Les bois se divisent, comme les pierres, en bois durs, tendres, fins et précieux.

Les bois durs, résistants et communs, servent à la charpenterie et à la grosse menuiserie. Les bois fins sont utilisés dans la belle menuiserie et l'ébénisterie. Ils sont, selon leur nature, débités pour les bâtis ou les panneaux. Certains bois très flexibles, comme l'osier et le jonc, sont employés pour la vannerie.

Enfin les bois précieux sont réservés pour les meubles de haut prix.

Presque tous les bois, et ils sont nombreux, sont employés en feuilles minces pour la marqueterie. Ils forment toute une palette très variée de colorations naturelles, dont on augmente le nombre — parfois bien à tort — par des teintures.

Les métaux sont beaucoup moins nombreux que les bois. Ce sont le fer, le plomb, le zinc, l'étain, le bronze, et comme métaux précieux l'or, l'argent et le platine. Ils ont chacun un emploi très distinct et spécial.

Le fer fondu sert à la grande charpente et tend de plus en plus à remplacer le bois. Le fer forgé est employé pour les grilles, les rampes, les balcons, pour les travaux de serrure-rie, d'armurerie et certains appareils d'éclairage. Le plomb a eu son heure d'art, avec les statues et les ornements de pièces d'eau ; on l'utilise pour la tuyauterie et la couverture.

Le zinc est employé dans la couverture et les objets usuels, mais il n'offre pas grand intérêt d'art.

Le cuivre est le métal de la chaudronnerie. On en fait aujourd'hui des lits et des appareils légers pour la lumière électrique.

Enfin le bronze — alliage de cuivre et d'étain — est le métal des statues, des candélabres, des cartels, des pendules et des appareils d'éclairage qui auront de moins en moins d'utilité avec la légèreté de disposition que réclame le principe de l'éclairage électrique.

L'emploi de l'étain pour la fabrication des pots et des plats de vaisselle n'a plus d'intérêt pratique.

L'argent est le métal de l'orfèvrerie, et l'or celui de la bijouterie. L'argent et le platine servent plus particulièrement de monture aux diamants de la joaillerie.

Les cuirs sont utilisés pour les sièges, la tenture murale, la reliure et la gainerie, et quelques objets usuels et de fantaisie.

La plume sert presque exclusivement à l'ornement des coiffures féminines. On les utilise parfois comme fourrure, dans le vêtement.

L'ivoire a été longtemps en grand honneur et on y a taillé des petits chefs-d'œuvre de sculpture. On l'utilise plus aujourd'hui dans la tabletterie, pour les manches de cannes, de cafetières, etc., pour les incrustations, les objets de toilette et de coiffure; comme aussi la corne, l'écaille et la nacre.

Les matières céramiques sont la terre cuite, le grès cérame, la faïence et la porcelaine.

La terre cuite recouverte ou non d'émail, est employée dans l'architecture sous forme de briques, de tuiles, de tuyaux, de carrelages; on en fait aussi des poteries.

Le grès cérame est une pâte composée d'argile et de sable que l'on garnit d'une couverte transparente et glacée, ou demi-mate, ou plus ou moins opaque. Après cuisson, cette pâte donne une matière d'aspect robuste, solide et puissante, imperméable, utilisable pour les décorations extérieures.

La faïence est une pâte cuite composée d'argile colorée et recouverte d'un émail opaque blanc ou coloré — c'est la faïence commune — ou d'argile blanche, recouverte d'un émail vitreux transparent — c'est la faïence fine. Elle a servi à fabriquer des vases, des poteries, des objets de table et de toilette, d'usage domestique, des poêles, des statues, des carrelages et des revêtements muraux.

La porcelaine est une pâte cuite, très fine et blanche, garnie d'une *couverte* transparente. C'est une matière beaucoup plus délicate que la faïence. Elle est utilisée avec avantage pour la fabrication des pièces de vaisselle et d'usage domestique ; on en fait aussi des objets d'art.

Le verre, corps opaque, transparent, opalin, incolore, provenant d'une pâte cuite, comprend la verrerie proprement dite, objets usuels, flacons de toutes sortes, coupes, gobelets, verres à boire, etc. ; les glaces, les vitres et les vitraux.

Le plâtre est un gypse calciné réduit en poudre, qui, mélangé avec l'eau, acquiert en séchant une grande dureté et sert à exécuter des moulures, des panneaux et des ornements de revêtement mural semblables à ceux qu'on sculpte en pierre.

Le stuc est un mélange de plâtre, de poudre de marbre et de colle que l'on utilise, comme le plâtre, pour les revêtements muraux. On le mélange avec des couleurs minérales pour imiter les marbres.

Les tissus sont des ouvrages de fils entrelacés, confectionnés avec le lin, la laine, la soie, le coton, les fils d'or et d'argent. Ils constituent les étoffes de drap, de toile, de velours, de satin, de taffetas, de brocart, de cretonne, de serge, de tulle, de crêpe, de reps, etc., qui ont chacune un caractère différent.

Les dentelles, les tapisseries et les tapis sont également des tissus. Les dentelles sont des tissus très ajourés; la tapisserie à des analogies avec le reps et le tapis avec le velours.

A part la tapisserie et le tapis, qui ne peuvent, en raison de leur contexture, être utilisés dans le costume et ne sont appliqués qu'à la décoration murale et à l'ameublement, toutes les matières textiles sont employées à la fois, sous des formes très peu différentes, et variant seulement en qualité de résistance, de souplesse et d'appropriation de décor, pour l'ornementation murale, l'ameublement et le costume.

L'art du tissu prend une tout autre apparence dans la passementerie. Les fils, au lieu d'être rassemblés et croisés en surfaces planes, sont ramassés et contournés, enroulés les uns sur les autres, ou tressés de façon à former des galons, des bourrelets, des crépines, des ganses, des cordons, des lacets, des réseaux, des torsades, des franges, des glands, etc., dont la façon se prête à d'ingénieuses dispositions utilisées dans l'ameublement et le costume.

Le papier est une pâte transformée en feuilles minces, ou épaisses, alors appelées carton. Les feuilles minces servent à écrire, à dessiner ou à imprimer ; les feuilles épaisses servent à la confection des cartonnages sous forme de boîte, de reliures, etc. Le papier détrempé et mélangé au plâtre et à la colle forme une pâte appelée carton-pierre que l'on moule, et dont on fait des moulurations et des ornements modelés pour le décor intérieur de l'habitation et des cadres.

Le carton peint, verni en couches minces, successives et superposées, forme le *laque* (¹), matière artificielle avec quoi on façonne des objets usuels et de fantaisie, plus particulièrement des plateaux, des boîtes, des petits meubles et des panneaux décoratifs.

Les matières colorantes artificielles sont fabriquées avec des matières animales, végétales, minérales, des argiles et des oxydes métalliques.

Elles sont employées sous forme de *peinture* sur la pierre, le bois, le plâtre, le carton-pierre, le papier et le laque ; sous forme de *teinture* pour les bois, le cuir, les plumes, quelquefois la corne, les tissus et le papier ; sous forme de *métal pulvérisé ou en feuilles minces* sur la pierre, le marbre, le bois, le métal, le cuir, les matières céramiques, le plâtre, le stuc, le carton-pierre, le verre, le papier et le laque ; sous forme d'*émail* sur les métaux, les matières céramiques et le verre ; sous forme de *couleurs vitrifiables* sur les matières céramiques ; sous forme de *patine* sur les métaux ; d'*encaustique et de vernis* sur les bois et les laques ; de vernis sur les métaux.

(¹) *La* laque est un suc résineux naturel qui sert à composer les vernis. *Le* laque est le nom donné au carton ou au bois recouverts de ce vernis.

Les procédés.

Les procédés initiaux de réalisation matérielle originale sont la taille, le découpage, la gravure, le tissage, la teinture et la peinture, le modelage et la sculpture.

Chacun de ces procédés s'applique à plusieurs matières de même nature ou de nature différente. Le travail de chaque matière nécessite l'emploi d'un seul, ou successivement de plusieurs procédés. Chaque procédé prend une forme différente selon la nature des matières et les contours d'objets à la réalisation desquels ils sont appliqués.

Chacun de ces procédés a également son pendant mécanique et industriel de reproduction : le moulage, l'estampage, la sculpture mécanique, la gravure photographique, le tissage mécanique et l'impression.

L'application du modelage prend un caractère différent selon la matière. Elle devient *sculpture* pour les pierres et les marbres, les bois, l'ivoire, la corne, l'écaille et la nacre ; *moulage* pour le plâtre, le stuc et le carton-pierre, la fonte de métaux, les matières céramiques, la verrerie en relief ; *martelage* pour le métal forgé ou repoussé ; *estampage* pour les métaux employés en feuilles minces, le cuir et les étoffes, les papiers et cartons gaufrés.

Le *moulage* est une empreinte en creux prise sur le relief du modèle. Dans ce creux on coule une autre matière liquide, comme le plâtre, le stuc, les pâtes céramiques mélangées d'eau, ou les métaux et le verre en fusion, et on obtient en relief une reproduction exacte du modèle.

Le *martelage* est le travail au marteau des métaux découpés en feuilles et battus sur des noyaux en bois ou en résine, ou dans des matrices métalliques très dures.

L'*estampage* est la compression de feuilles minces de métal entre deux matrices, l'une étant le moule en creux, l'autre le moule en relief du même modèle.

Cette opération, appliquée aux cuirs, étoffes gommées, papiers et cartons, s'appelle le *gaufrage*.

Les procédés de la mise au point du moulage, du martelage et de l'estampage ou graufrage permettent de reproduire à l'infini le même modèle initial en relief.

Les pierres et les marbres sont dégrossis, sciés, taillés, découpés, épanelés et sculptés dans la masse. Les pièces à plan circulaire sont exécutées au tour.

Les reliefs et les creux de la sculpture sont exécutés dans la matière par mensuration des reliefs et des creux sur le modèle, et report des mesures sur la matière au moyen du compas d'épaisseur, au fur et à mesure de la taille. Pour les pièces au modelé délicat, on emploie le procédé de la mise au point.

Ce procédé consiste à prendre la mesure des reliefs et des creux sur le modèle par rapport à des fils à plomb représentant fictivement les arêtes du bloc à sculpter. Ces mesures sont reportées par percement dans la matière. Plus il y a de points reportés et percés sur et dans la matière, plus la reproduction sera semblable au modèle, car il n'y aura plus, après cette mise au point, qu'à tailler la matière jusqu'à l'extrémité de profondeur de chaque point percé pour voir apparaître l'image exacte du modèle qu'on n'aura plus ensuite qu'à retoucher et à polir.

La marqueterie est un assemblage généralement symétrique de dalles de marbres de différentes formes et de différentes couleurs, retenues par un ciment sur une surface solide, plane, verticale ou horizontale, et disposées de façon que chaque dalle, par sa forme et sa proportion, représente une unité de contour et de coloration.

La mosaïque est un assemblage régulier ou irrégulier — suivant la composition — de petits cubes de marbres de même grandeur et de toutes couleurs retenus par un ciment sur une surface solide plane ou courbe, horizontale ou verticale, dont plusieurs, et souvent un très grand nombre représentent une unité de contour et de coloration.

Il y a une différence à établir entre la marqueterie et l'incrustation, quoique l'effet qui résulte de chacun des deux procédés soit à peu près le même. Dans la marqueterie, on découpe, on assemble et on fixe sur la surface ; tandis que dans l'incrustation on creuse préalablement la surface par endroits et on remplit les creux avec une matière différente. Il s'ensuit que la marqueterie peut produire des effets de surfaces égales en dimensions de contours. C'est-à-dire qu'il peut ne pas y avoir de prédominance de fond, tandis que l'incrustation produit logiquement des aspects de surfaces dominantes de la matière de fond, et des aspects de surfaces beaucoup plus restreintes de la matière incrustée.

Les bois destinés à la charpente sont équarris et assemblés selon les règles de la stéréotomie.

Les bois destinés à la menuiserie sont débités en montants, traverses et panneaux. Les parties à plan circulaire sont prises en plein bois, équarries et arrondies au tour. Les bâtis courbés sont découpés à plein bois, par fragments, chantournés, taillés, sculptés dans la masse, et assemblés selon les règles de la stéréotomie. Les moulurations sont exécutées au rabot dont l'acier est profilé selon le dessin. Le bois ajouré est découpé à la scie.

L'ébénisterie complète la menuiserie par le plaquage des bois fins et précieux découpés en feuilles minces et collés sur les bâtis de la menuiserie.

La marqueterie est une conséquence du plaquage. Le procédé est, pour le bois, le même que pour les marbres. Ce sont des bois de différentes teintes découpés en formes diverses et collés sur un fond de bois ordinaire.

La vannerie est un art du bois, mais peut être rangé aussi au nombre des tissus, car c'est un véritable entrelacement de petites branches flexibles ou de petites lanières de bois qui se travaillent comme des filets de dentelle ou de passementerie. Ces tissus sont utilisés à plat pour la garniture des sièges. Ils prennent les formes angulées et courbées des paniers, et sont soumis par là aux principes de composition de la forme en relief.

Les métaux sont taillés dans la masse ou découpés et martelés dans des feuilles minces. La plupart du temps, la masse est creuse et obtenue par fonte et coulage du métal en fusion dans un moule de sable.

Là fonte est reprise en ciselure au burin et à la lime. Ce travail est d'autant plus important que la fonte est grossière. La fonte fine, comme celle des médailles, n'exige aucune ciselure.

Le martelage se fait sur des noyaux en bois ou en résine. Les parties sont ensuite réunies par rivures, brasures et soudures.

On estampe aussi les métaux en comprimant les feuilles minces entre deux matrices, l'une étant le moule en creux, l'autre le moule en relief du même modèle.

Le *fer* subit souvent un travail spécial. Il est *forgé*. On l'emploie en barres rougies au feu et aplaties, tordues, courbées, renflées, chantournées, etc., au marteau et à la cisaille. Les fragments sont reliés, selon la disposition préconçue, par des assemblages à mi-fer, ou en tangence au moyen de rivets et d'écrous.

Dans la bijouterie, l'or et l'argent sont aussi employés à l'état de filigrane, ou fil courbé, en volute et en ondulations, soudés à jour sur un fond.

Les métaux employés dans les objets d'exécution délicate et précieuse peuvent être décorés avec des guillochis, des niellures et des damasquinures qui sont des formes spéciales de gravure et d'incrustation.

Les nielles sont des ornements gravés en creux et remplis d'un émail noir que l'on fixe à l'action du feu.

Les damasquinures sont des inscrustations d'or ou d'argent poussé dans des creux entaillés dans un métal de fond.

Le *cuir* est taillé en creux ou ciselé, ou repoussé en relief ou gaufré. Le gaufrage est un procédé analogue à celui de l'estampage des métaux. Le cuir est aussi frappé avec des poinçons en fer ou en cuivre représentant des motifs ornementaux. On intercale entre le cuir et le poinçon une feuille d'or que l'on fixe avec une colle par pression frappée. C'est ce qu'on appelle la gravure au petit fer.

On exécute des marqueteries de cuir, qu'on appelle improprement des mosaïques. Ce sont des morceaux de cuirs de différentes couleurs naturelles ou obtenues par teinture. Le procédé est le même que pour les marqueteries de marbres et de pierres précieuses.

L'*ivoire*, la *corne*, l'*écaille* et la *nacre* sont dégrossis, sciés, taillés, épanelés et sculptés dans la masse. Les parties circulaires sont taillées au tour. Ils sont aussi découpés en feuilles minces et marquetés ou incrustés.

La *terre*, le *grès*, la *faïence* et la *porcelaine* sont façonnés avant cuisson à l'état de pâte humide. Les formes circulaires sont tournées. Les autres sont coulées ou repoussées dans des moules. On rapporte sur les pièces tournées des parties moulées, en les fixant à la pâte liquide.

Le *verre*, à l'état de pâte en fusion, est soufflé dans un moule de façon à former le vide intérieur. Des ornements obtenus par étirage et torsion de la matière sont quelquefois ajoutés à la matière soufflée.

A froid, on taille à facettes les pièces de verre au moyen d'une meule. On appelle le verre ainsi façonné de la cristallerie.

Cette taille est faite selon certains principes reposant sur la qualité de transparence, de réflexion et de réfraction que possède le verre.

Les *vitraux* sont des morceaux de verres colorés, disposés comme une marqueterie, mais chacun entre deux lamelles de plomb qui contournent les formes du dessin et soutiennent les verres dans la position verticale.

Les parties fines de la forme et les modelés sont imités par une peinture monochrome exécutée sur un seul côté du verre et qui se fond dans la coloration par transparence.

On peint également sur verre incolore avec des émaux transparents. Dans le premier procédé, la composition doit être combinée de façon que la place occupée par chaque lamelle de plomb, reliée aux autres par soudures, soit logiquement motivée par les nécessités de l'exécution et l'aspect du dessin. Dans le second procédé, la division des plombs n'est subordonnée qu'à la grandeur des verres employés. Il peut n'y avoir aucun rapport entre le tracé des divisions linéaires en plomb, généralement symétriques, et le dessin, souvent libre, des parties émaillées.

Le plâtre est mélangé à l'eau en pâte plus ou moins serrée, projetée sur la surface et égalisée avec un instrument plat en bois. Les moulures sont *traînées* dans la pâte fraîche avec un profil découpé dans une feuille de zinc et fixé à une règle en bois.

Le plâtre est également taillé à sec, dans la masse, comme la pierre.

C'est ainsi que l'on tourne les modèles de formes circulaires qui servent à l'exécution des pièces en pierre, en marbre, en métal et en céramique; en général, de toutes les pièces d'étude pour le relief.

Le plâtre sert à *mouler* les modelages exécutés en terre, en cire et en plastiline pour les conserver et les reproduire.

Le tissage des étoffes se fait à la main ou mécaniquement. Le tissage est basé sur un principe d'entrelacement de deux rangées perpendiculaires de fils : l'une, placée dans le sens de la longueur, est la *chaîne*, et l'autre, placée dans le sens de la largeur, est la *trame*. Dans les tapisseries exécutées à la main, l'armature ou chaîne est entièrement recouverte par une trame de laine. Il faut autant de laines différentes qu'il y a de tons dans le modèle. Chaque laine est coupée et nouée derrière à chaque changement de ton. Les tapisseries veloutées de haute laine et les tapis sont exécutés de la même façon ; seulement chaque point, représenté dans la tapisserie par le passage d'un fil de trame sur un fil de chaîne, est alors noué en une boucle dont les bouts viennent en avant de l'étoffe et sont égalisés au ciseau. Ces travaux exécutés d'après des modèles peints à la grandeur réelle, sont des œuvres de grande patience. Ils sont d'une exécution relativement simple; mais ils exigent un véritable talent de dessinateur et de peintre parce que la reproduction n'a absolument rien de mécanique. C'est à peine si on peut reporter sur la chaîne un calque des principaux contours de la composition.

Au contraire, le tissage mécanique est très compliqué en tant que procédé, mais le dessin est reproduit sans aucune initiative d'art de la part de l'ouvrier. Il est seulement nécessaire que la composition soit spécialement disposée en vue de cette reproduction mécanique.

Toutes les étoffes se composent, comme la tapisserie, d'une chaîne. C'est entre les fils de la chaîne qu'est lancée, perpendiculairement, la navette portant le fil de la trame. Cette trame est composée de fils d'une même couleur si l'étoffe est monochrome. Si elle est décorée d'ornements polychromes, le lancé de chacun des fils des différentes couleurs s'opère d'après un dispositif de cartons percés qui ne laissent passer que le fil nécessaire à l'endroit déterminé. Ce dispositif est obtenu par un procédé qu'on appelle la mise en carte du dessin, et qui consiste en la reproduction des contours de la composition sur un quadrillé dont chaque division représente un *point* de l'étoffe. On peut ainsi compter le nombre de fils nécessaires pour remplir exactement chaque espace de même coloration et déterminer mécaniquement la place où chacun de ces fils doit passer sur la chaîne.

Comme la mise en carte n'est que la reproduction *industrielle* du dessin original de composition, celui-ci doit être combiné en vue d'une disposition régulière et symétrique des couleurs déterminée en raison d'un passage obligatoire des fils colorés en certains endroits, et de la répétition des contours par raccord. Car, si les pièces d'étoffe mesurent de grandes dimensions dans le sens de la longueur, elles sont strictement limitées en largeur ; et il faut que, dans un sens ou dans un autre, on puisse couper l'étoffe et raccorder les contours du dessin sans qu'il y ait de solution de continuité. On prend donc, comme mesure extrême de composition, la largeur disponible sur le métier, ou un sous-multiple de cette largeur, si on veut que le raccord de la composition soit plus rapproché. Comme longueur, on prend une mesure à peu près égale, ou un peu plus grande que celle de la largeur, et, dans cet espace presque carré, on combine la composition de façon que les quatre côtés se raccordent indéfiniment selon le principe que nous avons indiqué dans la théorie de la composition décorative (*fig*. 245-248), pages 128-130.

La façon dont les fils sont entrelacés constitue le caractère spécial de chaque tissu.

Les reps sont composés de deux chaînes accouplées, ce qui

donne à l'étoffe un aspect côtelé qui présente beaucoup d'analogie avec la tapisserie.

Les velours sont fabriqués sur deux chaînes, l'une forme le bâti ou chaîne de pièce, l'autre est celle de peluche ou de poil. On fait des velours *ciselés* ou *frappés* dont le dessin seul est velouté, le fond restant uni. Ces velours, souvent monochromes, semblent être de deux tons à cause de cette différence de tissu entre celui du dessin et celui du fond. Le même effet se produit sur les étoffes appelées damas, ou étoffes damassées.

Les tissus brochés sont ceux sur lesquels on fait repasser, en certains endroits, des fils qui viennent tisser l'étoffe en rehauts sur les premiers.

La dentelle est un tissu léger, à jour, à bords dentelés, exécuté à la main, soit à l'aiguille, au fuseau ou au crochet, en fil de lin, de laine, de soie, de coton, d'or ou d'argent, et que l'industrie imite par des procédés mécaniques. C'est un croisement de fils nattés, tressés, entrelacés, noués, formant une sorte de filet dont les mailles sont régulières ou irrégulières, semblables ou différentes, symétriques ou asymétriques, espacées ou rapprochées, et dont le travail est exécuté selon certaines formules adoptées qui constituent ce que l'on appelle le « point ».

Les contours ornementaux doivent être conçus selon le système de disposition textile qui caractérise chaque « point », et qui ne permet que la reproduction exclusive de certaines formes déterminées.

Chaque « point » a un caractère spécial résultant non seulement de la disposition des fils, mais encore du caractère des formes choisies et de la façon de les représenter et de les disposer.

Tantôt c'est la disposition linéaire du filet qui domine avec seulement, de distance en distance, quelques parties brodées en plein. Tantôt c'est le contraire, les motifs pleins s'élargissent, et le travail des fils s'y superpose en plusieurs épaisseurs, tandis que les filets qui les relient diminuent en espace et en importance décorative, au point de devenir parfois de minuscules réseaux réguliers qui n'ont plus qu'un aspect de fonds transparents au milieu desquels des motifs viennent s'incruster.

La *broderie* est un broché un peu plus étendu exécuté à l'aiguille sur fond tissé, soit en blanc sur blanc, soit en couleurs. On fait des broderies ajourées par endroits ; l'étoffe de fond est découpée et brodée sur les bords.

L'*application* est une marqueterie d'étoffes découpées, collées sur un tissu de fond, et cernées par une ganse ou un point de broderie.

Les étoffes monochromes peuvent être décorées avec des ornements teints. Ces teintures sont incorporées aux tissus par impression. Cette impression se fait au pochoir, à la planche ou au rouleau. Le pochoir est une feuille de métal ou de papier dans laquelle le dessin est découpé à jour. On la pose sur le tissu et l'on vaporise la couleur sur les parties ajourées. La planche d'impression est gravée de façon que le dessin soit reproduit en relief. On enduit ce relief de teinture et on imprime l'étoffe à la presse. Il faut un pochoir et une planche pour chaque ton imprimé l'un après l'autre. Le système des rouleaux est purement mécanique et permet d'imprimer plusieurs tons à la fois en faisant passer l'étoffe sous plusieurs rouleaux sur chacun desquels est gravée une partie du dessin correspondant à la coloration voulue. Chaque pochoir, chaque planche et chaque rouleau contient un *raccord* complet et exact du dessin de haut en bas et de droite à gauche.

Les papiers sont décorés en impression par le même procédé ; mais les teintures sont remplacées par des *peintures* généralement opaques.

Les cartonnages sont exécutés par coupes et contrecollages pour les parties angulées et rondes, et gaufrages pour les parties bombées. Les décors sont exécutés par impression aux encres grasses sur papier contrecollé ensuite sur le carton.

Les couleurs de *peinture* sont des poudres fines mélangées soit avec de la colle ou avec de l'huile. Autrefois on employait la cire — peinture à l'encaustique — ou le mortier de chaux.—

peinture à fresque. La peinture est opaque ou transparente, c'est-à-dire qu'elle peut cacher complètement ou laisser apparaître la contexture de la matière sur laquelle elle est étendue.

Les teintures sont des matières liquides, transparentes, et pénétrantes, qui, colorent généralement de façon indélébile, les matières absorbantes.

La décoration picturale de la céramique est très variée par suite de nombreuses colorations résultant de plusieurs palettes dont les tons, suivant leur nature chimique, cuisent à des feux de températures très différentes, produisant ainsi des aspects très divers dont on complète la richesse par des adjonctions d'or, d'argent ou de platine également fixées par cuisson.

Il y a plusieurs procédés d'émaillage. Le *cloisonné*, qui consiste à disposer sur le fond des lamelles métalliques rapportées auxquelles on a préalablement donné des contours ornementaux, et qui forment des cavités que l'on remplit d'émail. Le *champlevé*, qui consiste à creuser au burin des concavités que l'on remplit d'émail. Enfin les émaux *translucides* ou transparents qui peuvent recouvrir le métal préalablement gravé en creux et en relief, de façon qu'un seul ton d'émail produise des clairs sur les reliefs, et des foncés dans les creux. Les colorations des émaux se développent par fusion à la chaleur d'un four spécial.

Les métaux, réduits en feuilles très minces ou pulvérisés. sont, par divers procédés, étendus et fixés sur d'autres matières qui deviennent ainsi bronzées, étamées, dorées, argentées, nickelées, etc.

Les émaux sont des sortes de vernis vitreux, transparents, incolores ou opaques, ou diversement colorés par des mélanges d'oxydes métalliques. Ils sont vitrifiables ; employés en poudres fines et mélangés à un véhicule liquide, ils recouvrent la matière par fusion.

Les couleurs céramiques se composent de couleurs, de couvertes, de pâtes, d'émaux opaques ou transparents, vitrifiables et fusibles à des températures très différentes suivant les procédés.

Les patines sont des oxydes, des acides ou autres compositions chimiques, dont l'emploi sur les métaux tend à imiter les décompositions chimiques produites par le temps et les intempéries de l'air.

L'encaustique est un mélange de cire et d'essence que l'on étend sur la matière et que l'on rend brillant par friction.

Le vernis est une substance liquide, visqueuse, épaisse et transparente, formée de résines dissoutes dans l'essence ou l'alcool. On l'étend sur les matières auxquelles il donne un brillant beaucoup plus intense que l'encaustique; même incolores, l'encaustique et le vernis modifient assez sensiblement la coloration des matières mates sur lesquelles on les étend.

L'encaustique et les vernis, teintés en différentes colorations, teignent les bois et les cuirs, mais avec beaucoup moins d'intensité que les teintures liquides.

L'association des matières. — Les ressources fournies à l'art par chaque matière et chaque façon de la travailler, sont encore augmentées par leur association les unes avec les autres.

On recherche le complément des qualités demandées à une matière et à un procédé — qu'eux seuls ne peuvent fournir — dans l'association de deux matières ou plus, et de plusieurs procédés, soit dans une intention pratique de destination à un usage, soit dans un but artistique de destination décorative.

L'accroissement des qualités et des commodités d'emploi, par l'association de plusieurs matières différentes, entraîne la mise en œuvre de procédés spéciaux à chacune, dont l'action doit être communément concordante.

Dans la construction du bâtiment, les briques diversement colorées sont parfois mêlées à des pierres de diverses natures ainsi que le grès cérame, la faïence et les marbres; le bois de charpente, le fer fondu et le fer forgé; ces trois derniers éléments décoratifs de construction étant recouverts de peinture.

Les marbres, sous forme de vases et de panneaux, sont décorés d'anses, de pieds et d'ornements appliqués en bronze doré.

La richesse des mosaïques de marbres et de pierres est augmentée par l'adjonction de petits cubes sur lesquels on pose une feuille d'or recouverte d'un émail transparent.

On mêle aux marqueteries de bois naturellement colorés ou artificiellement teints, des feuilles minces d'ivoire, de corne, de nacre, d'écaille, de cuivre ou d'étain.

Le fer et le cuivre de la serrurerie sont associés aux bois de la menuiserie.

Le jonc et l'osier de la vannerie sont associés aux bois de construction des sièges.

Le cuivre repoussé est associé au fer forgé.

Les vases de porcelaine sont souvent garnis de pieds, de couvercles et d'anses en bronze doré ; les vases en grès cérame, de cercles et d'anses ou ornements parasites en fer forgé ou en argent repoussé.

Les objets en métal précieux sont parfois enrichis d'émaux.

La bijouterie associe à l'or et à l'argent les pierres précieuses, l'écaille, l'ivoire, la corne et la nacre.

Le cuir recouvre les bois des sièges, sert de tenture murale et est parfois recouvert, dans la reliure, d'orfèvreries enrichies d'émaux.

Les verreries sont quelquefois émaillées et montées en bronze, en argent ou en or.

Les vitraux sont montés dans le plomb ou dans le bois.

Les broderies de soie, les applications de velours sont fixées à des fonds de toile.

Les tissus recouvrent les bois des sièges, les murailles. Les dentelles, les guipures et les passementeries sont montées sur les moulurations des fenêtres et des portes.

Dans le costume, la dentelle, la fourrure, la passementerie, le jais sont associés au velours, au satin et au drap monochromes ou polychromes. Les métaux, les pierres et les matières parasites de la bijouterie, les plumes, l'écaille, l'ivoire des peignes, sont également associés aux étoffes du costume, ainsi que les fleurs naturelles et artificielles.

L'imprimerie associe aux papiers de tenture et du livre les colorations de la peinture à la colle et aux encres grasses,

L'art des laques associe au carton et au bois la peinture, le vernis et l'or.

Dans l'association des matières et des procédés, le principe d'utilité est étroitement lié à celui de la beauté. Une étoffe associée au bois d'un siège en augmente le confort et l'agrément pour les yeux.

Dans l'association de deux matières d'aspects différents, il faut qu'il y en ait une qui domine l'autre, en application du principe de contraste des formes, des couleurs et des luminosités.

Par exemple dans la monture en bronze doré d'un vase ou d'une coupe en porcelaine, c'est la porcelaine qui doit dominer ; dans la monture d'une pierre très précieuse dans de l'or, c'est la pierre qui doit dominer ; mais, dans un bijou métallique très étudié, la pierre ne doit compter que comme accessoire.

L'association doit être conçue de façon que les deux matières restent visibles et se fassent valoir en effet.

Le placage d'une marqueterie ou la peinture étendue sur un bois n'ont d'autre raison que d'en masquer les défauts ou les fentes, et ne sont plus considérés comme association d'art, parce qu'elles deviennent seules matières d'art, en raison du procédé.

Application des arts du dessin au travail de la matière. — Le dessin, dans l'art appliqué à l'industrie, est l'expression de l'idée première de forme plane, de forme en relief et de coloration ; idée d'ensemble et de détail d'exécution. Mais, quant à la réalisation définitive en la matière choisie, les arts appliqués à l'industrie se divisent en deux catégories : les arts graphiques et les arts plastiques.

Les arts graphiques sont ceux pour lesquels la réalisation en la matière n'exige qu'un *tracé* en dessin. Ils s'appliquent aux matières taillées, découpées et gravées, aux matières tissées, émaillées, teintes et peintes.

Le tracé en dessin comprend l'indication des contours linéaires des formes unies, en relief, droites, angulées, courbées, à plan droit ou circulaire, de toutes les formes planes ; l'indication de la taille et de l'appareil stéréotomique de la pierre et du marbre ; des moulurations traînées en plâtre et en stuc ; de l'équarrissage, de la mouluration, du tournage et de l'assemblage des bois ; de la taille et du tournage de l'ivoire, de la corne, de l'écaille et de la nacre ; de la ciselure et de la frappe du cuir et du velours ; de la gravure sur toutes les matières qui peuvent en comporter ; de la niellure et de la damasquinure des métaux ; de la mosaïque, de la marqueterie, du carrelage et du revêtement céramiques ; des vitraux ; des cloisons d'émail ; des applications d'étoffes ; des dentelles ; des décors tissés, de l'étoffe et de la tapisserie ; des décors peints et teints à la main ou imprimés sur plâtre, stuc, bois, sur les matières céramiques, la verrerie et les vitraux, les étoffes, le papier et le laque.

Les arts plastiques sont ceux pour lesquels la réalisation en la matière nécessite un procédé préparatoire plus explicatif que le tracé par le dessin, qui doit être alors complété par un *modelage* des formes à exécuter.

Ils s'appliquent aux matières sculptées, moulées, martelées, forgées, estampées et gaufrées.

Le modelage comprend l'indication des reliefs des formes moulées du plâtre, du stuc, du carton-pierre, des métaux fondus, des matières céramiques, du verre fondu et soufflé, du fer forgé et du verre filé ; des formes sculptées de la pierre, des marbres, du plâtre et du stuc, du bois, de l'ivoire, de la corne, de l'écaille, de la nacre, des métaux ciselés ; du martelage et de l'estampage des métaux en feuilles ; du gaufrage des cuirs, des étoffes, du papier et du carton.

Trois industries, quoique faisant partie des arts plastiques, échappent cependant au principe de la reproduction d'après le modelage. Ce sont celles de la draperie d'ameublement et de costume et de la coiffure. Elles exigent, tout spécialement, ce que l'on appelle le « tour de main » de l'exécutant, et un dessin suffit à la réalisation pratique de l'idée plastique.

Mais ce dessin n'est pas seulement pour la draperie, un croquis « d'idée », c'est aussi un tracé de coupe, indiquant, à plat, le développement des contours de formes de plein relief.

L'art de la draperie appliqué à l'ameublement et au costume est composé de deux éléments de principe : l'étoffe ajustée et l'étoffe drapée. L'étoffe ajustée est soumise au dessin de la coupe ; l'étoffe drapée est soumise au modelage direct, dont l'art, d'après un croquis d'idée première, pétrit la matière, comme il pétrit d'abord la glaise ou la cire, en vue d'une réalisation en d'autres matières sur lesquelles il ne peut opérer qu'indirectement, par procédés de moulage ou de mise au point.

Les plis de la draperie sont des rythmes linéaires ayant pour base de plan l'ondulation. Ils subissent, en leurs arrangements logiques et décoratifs, les lois des mêmes principes de direction linéaire et de disposition rythmique ; de proportion et de contraste, de dominance, etc.

L'étoffe d'ameublement et de costume a, comme les autres matières, ses ajourés, ses formes parasites et ses principes de disposition de l'élément décoratif, en monochromie et en polychromie, dont l'étude présente d'autant plus d'intérêt que les ressources matérielles d'art, dont disposent les industries du tapissier et du couturier, sont immenses si on les compare à celles des autres industries, toutes plus ou moins limitées.

L'art de la coiffure est essentiellement un art de modelage sur nature, dont la base est le croquis, en dessin, de l'idée première.

L'art des jardins a pour point de départ un véritable tracé architectural dans les plans duquel les arbres sont groupés *en modelage sur nature* et selon les principes de la rythmique linéaire des contours et de l'harmonie des couleurs.

L'industrie des fleurs artificielles dépend de l'imitation, en dessin, en modelage et en peinture. Celle des fleurs naturelles constitue un art de composition décorative basé sur les principes de la rythmique linéaire et de l'harmonie des couleurs.

LA COULEUR

Application des principes de l'harmonie des couleurs à l'emploi des matières colorées et colorantes. — L'application de la théorie de l'harmonie des couleurs aux travaux d'industrie d'art comprend : l'étude des colorations naturelles monochromes et polychromes des matières naturelles ; l'étude des colorations artificielles, monochromes et polychromes, des matières naturelles ; l'étude des colorations monochromes et polychromes des matières artificielles.

Elle comprend également la recherche des harmonies possibles pour chaque matière, naturelle ou artificielle, en raison de sa nature et des procédés industriels adéquats ; la recherche des associations de matières naturelles et artificielles, considérées au point de vue des harmonies de coloration qui en résultent.

Le premier élément décoratif d'une matière, en tant que coloration, est sa couleur naturelle. C'est à cet état que nous apparaissent les pierres, les briques, le plâtre et le plomb, dans la construction ; les fourrures et certains plumages dans le costume.

Les autres éléments décoratifs de coloration artificielle de la matière sont le polissage, l'encaustique, le vernis, la patine, la teinture et la peinture.

Le polissage de la matière en modifie un peu le ton naturel. C'est sous cet aspect que nous apparaissent les pierres fines, les marbres, les bois, le fer forgé, le zinc, l'étain, le bronze ; l'or, l'argent et les autres métaux précieux ; la corne, l'écaille, l'ivoire et la nacre ; le verre. Au polissage correspondent, pour les matières céramiques, l'émaillage, et pour les tissus et les papiers, le blanchiment.

Les encaustiques et les vernis incolores et transparents conservent à la matière son ton naturel, mais le modifient un peu, en fonçant généralement sa coloration et en développant son intensité.

On vernit et on encaustique les bois et les cuirs, et les peintures à l'huile.

La patine des métaux et la teinture des bois, des cuirs, de certaines fourrures, de certains plumages, des tissus et du papier, modifient la coloration naturelle de ces matières assez profondément, mais sans, cependant, la faire disparaître complètement, en raison de leur qualité de transparence. Aussi la même teinture, de même ton, ne paraîtra-t-elle pas semblable sur deux bois, chacun de coloration naturelle différente.

En général, les tissus sont teints sur fond blanc, et le fond de la matière n'exerce alors aucune influence sur le ton de teinture ; mais il n'en est pas toujours de même dans les colorations polychromes pour lesquelles on superpose quelquefois les tons de teinture. La teinture monochrome du papier a souvent pour but de masquer la matière grise de fabrication commune, en ce cas la matière du dessous modifie le ton de la teinture.

Quoi qu'il en soit, la transparence de la teinture laisse apparaître la qualité essentielle de la matière, en s'y incorporant sans changer sa nature. Les veines des bois, les points des tissus et les grains des papiers ne sont en aucune façon altérés, sous n'importe quelle coloration, par la teinture.

On peut assimiler aux teintures les vernis et les encaustiques colorés ; les colorations obtenues par les procédés des émaux translucides et transparents, au moyen desquels on décore quelques métaux, le verre et les matières céramiques ; ainsi que les couleurs à l'aquarelle avec lesquelles on peint en transparence sur le papier et les étoffes.

On peut classer dans cette catégorie les dentelles, les tissus de stores, les papiers d'abat-jour, les vitraux colorés, éléments de translucidités et de transparences qui se superposent à des colorations de matières et s'interposent entre des intensités de lumière.

La peinture opaque constitue à elle seule une véritable matière colorée et colorante, en ce sens qu'elle supprime toute action colorante de la matière sur laquelle elle est étendue. A partir du moment où une matière est complètement recouverte d'une peinture opaque, elle perd sa qualité harmonique propre en couleur et en tonalité naturelles, et devient simplement subjacente, et apte à recevoir toutes les harmonies monochromes et polychromes que l'on peut obtenir dessus par les procédés et les matières industriellement applicables.

La peinture opaque comprend les émaux opaques sur métal, sur verre et sur les matières céramiques. Ce sont des pâtes colorées dont le ton se développe au feu, et dont la matière colorante voile complètement la matière subjacente qui peut être opaque, translucide ou transparente sans qu'elle ait pour cela une action quelconque autre que celle de coloration *environnante* ou juxtaposée, modulante ou contrastante.

La peinture opaque comprend également la peinture à l'huile, à la colle, à la gouache. La peinture à l'huile comprend la peinture des pierres, du plâtre, du bois et du fer, ainsi que celle du papier au moyen des encres grasses d'impression. La peinture à la colle et à la gouache est réservée aux parties de pierre et de plâtre qui sont moins susceptibles d'être détériorées par le contact, c'est-à-dire aux plafonds et aux papiers de tenture.

On peut classer comme peinture opaque la métallisation des matières qui en fait disparaître la qualité en totalité ; comme la dorure et l'argenture des pierres, des marbres, des bois, des métaux, des cuirs, des matières céramiques, du verre, des laques, des tissus et du papier.

Nous mettons à part les procédés employés par l'art de la peinture de tableau et de panneau décoratif dont quelques-uns seulement s'appliquent aux industries d'art — ceux que nous venons d'indiquer — mais qui tous sont employés à la recherche et à l'exécution des modèles d'harmonies de couleurs pour toutes les matières.

Le métier de la peinture d'art comporte plusieurs manières d'emploi des mêmes matières colorantes dont les principales sont la peinture à l'huile, à la détrempe — fresque, colle, gouache et aquarelle — et la peinture au pastel.

Chacun de ces procédés comporte la possibilité d'expression des mêmes couleurs par les mêmes matières colorantes, mais en leur donnant un aspect différent selon la nature du véhicule employé qui constitue le caractère spécial de chaque procédé. C'est ainsi que la peinture à la colle produit des tons opaques et mats ; le pastel, des tons opaques et veloutés ; la fresque et l'aquarelle, des tons transparents, et la peinture à l'huile, des tons transparents par glacis et des tons opaques par empâtement.

Chaque matière naturelle ou artificielle représente une palette de tons plus ou moins variés et nombreux. Chacun des éléments décoratifs de coloration — polissage, encaustique, vernis, patine, teinture et peinture — constitue une palette qui a son caractère particulier, en ce sens qu'elle ne ressemble pas aux autres, parce qu'elle ne contient pas les mêmes séries de tons modulants et contrastants, de valeurs monochromes et de tonalités ; parce que ces couleurs, ces tons, ces valeurs et ces tonalités ne modulent pas normalement les unes aux autres comme dans la palette de peinture.

La palette la plus complète est celle qui est composée par les pigments servant à la peinture. C'est celle dont nous avons dressé la carte dans la théorie de l'imitation, et qui représente, en *analogie*, toutes les couleurs, tous les tons, toutes les modulations et toutes les gammes, toutes les tonalités, que notre œil peut voir dans la nature, aussi bien dans les spectacles d'ensemble que sur chaque matière considérée isolément.

C'est pourquoi nous l'avons choisie comme type de comparaison avec les autres (¹).

Toutes les industries d'art qui ont pour base de coloration les matières et les procédés de la peinture ont donc à leur disposition une palette complète et n'ont aucune excuse pour leurs harmonies souvent si pauvres. Ce sont les industries de la peinture en bâtiment, de voiture, des laques et du papier — papiers imprimés à la colle pour tentures, et aux encres grasses pour affiches et illustrations du livre.

(¹) Revoir les figures 77-86, pages 42 à 46.

On comprend que — pour des raisons commerciales très légitimes, et particulièrement pour les procédés d'impressions du papier — le nombre des tons soit limité ; cela n'indique pas, pourtant, que l'on ne conserve toute liberté de choix, puisque le procédé permet toutes les combinaisons harmoniques. Or une harmonie bichrome, c'est-à-dire d'un seul ton sur celui du fond, peut être, suivant le choix de ce ton et de ce fond, très riche ou très pauvre, sans qu'il en coûte un sou de plus ou de moins.

Un objet en fer peint perd toute sa qualité matérielle colorante de fer dans l'harmonie polychrome dont il fait partie, et devient un élément d'enluminure sur lequel on peut créer toutes les harmonies possibles par le procédé de la peinture. C'est pourquoi on peut considérer comme pure routine l'idée de le recouvrir de certains tons tendant à l'imitation conventionnelle — oh ! combien — du métal ; alors qu'on pourrait, au contraire, l'utiliser pour des harmonies polychromiques beaucoup plus étendues et agréables à l'œil. Est-il indispensable qu'une colonne en fonte de fer ou une grille de balcon, qu'on est forcé de peindre, soit colorée en gris sale ou en noir ?

Autrefois on enluminait par la peinture les pierres, qui n'avaient pas besoin d'être protégées ; aujourd'hui on attriste le fer, qui prend de plus en plus d'apparence dans la construction moderne, et que l'on est obligé de colorer artificiellement.

Après la palette de peinture, c'est celle de teinture qui est la plus riche. Sur fond blanc, la teinture peut reproduire tous les tons de la palette de peinture. Nous citerons, comme exemple, la série des tons de laine pour la tapisserie qui permet — à tort ou à raison, là n'est pas la question — de copier un tableau ou un panneau décoratif jusque dans ses finesses de ton les plus délicates. On peut donc obtenir, sur toutes les étoffes et les papiers préalablement blanchis, tous les tons désirables, en monochromie et en polychromie.

La teinture est le procédé spécial de coloration des tissus ; nous voulons dire la teinture par immersion et impression, qui non seulement sert à colorer directement des étoffes,

mais aussi à colorer les fils servant à tisser, en coloration monochrome et polychrome. Dans les procédés de tissage et d'impression de colorations teintes, le nombre des tons est limité
par les mêmes raisons commerciales que pour le papier ; mais
cette considération acceptée laisse toute liberté quant au choix
des tons.

On teint, dans les mêmes conditions, les plumes et les cuirs
blanchis.

Les matières colorantes translucides, transparentes, de
quelques métaux, de la céramique et de la verrerie, que nous
avons classées sous la rubrique des teintures — quoique, au
point de vue matière, elles soient d'une nature très différente,
mais parce que leur action harmonique de coloration est semblable — constituent, pour chaque procédé spécial d'emploi,
des palettes beaucoup plus limitées que les teintures d'étoffes
et de papiers. Si on les compare à la palette de peinture, elles
présentent chacune, dans la bande horizontale de modulation
des couleurs fondamentales et de leurs intervalles, des *trous*
énormes, c'est-à-dire des absences de tons qui rendent la
modulation normale impossible d'un ton à un autre. Il en est
de même dans les bandes verticales de valeurs monochromes
qui n'existent pour ainsi dire pas, sinon à l'état isolé. Ceci
fait que ces palettes ne peuvent constituer que des harmonies
de *plain-chant*, si nous pouvons, toutefois, nous exprimer
ainsi, dans l'espoir de bien faire comprendre notre pensée.
C'est-à-dire que l'on ne peut moduler, ou au moins très peu,
aux tons voisins, et que l'on est obligé d'associer des tons
très éloignés, en n'ayant pour ressource d'harmonie de contrastes que la proportion des étendues colorées les unes par
rapport aux autres, principe dont nous avons parlé dans l'étude
de l'harmonie des couleurs (¹).

Les matières colorantes opaques de quelques métaux, de la
céramique et de la verrerie présentent les mêmes particularités, en comparaison avec la palette de peinture, que les matières colorantes translucides et transparentes.

(¹) Pages 222 à 243.

La palette de métallisation, dorure, argenture, nickelage, cuivrage, etc., est très limitée en colorations diverses ; quelques tons d'or jaune, rouge ou vert, de vieil or et de vieil argent, autant pour le cuivre, et c'est tout.

Elle donne des harmonies très restreintes de modulation et de contraste, enrichies par le procédé qu'on appelle le brunissage à l'effet, sorte de clair-obscur métallique. La palette des patines est également très limitée ; quelques tons vert foncé et brun orangé jaune, quelquefois assez voisins du noir.

Les encaustiques, en raison de leur transparence, colorent très peu le dessous ; on peut leur donner le ton de teinture que l'on veut.

Quant au vernis, ils appartiennent à la palette de peinture opaque ou transparente dont ils peuvent avoir toute l'étendue de colorations.

Les palettes de colorations naturelles des matières sont dans les mêmes rapports avec la palette de peinture que les palettes de matières colorantes artificielles.

Les colorations des pierres sont situées, sur la palette de peinture, près du blanc, parmi les gris bleu, les jaunes verdâtres et les jaunes ocreux. Celles des granits sont situées plus bas, parmi les gris jaunâtres, roussâtres, rosés, violacés et noirâtres. Les marbres sont polychromes à trois tons environ au moins, modulants en valeurs monochromes, mais assez espacés en intervalles contrastants de couleurs, comme par exemple, des bruns rouges violacés avec des gris bleus et des blancs ocreux ; des verts noirs avec blancs ocreux ; des roses violacés avec blancs bleutés, etc.

Les bois ont des colorations unies monochromes et tachées ou veinées polychromes. Elles vont de l'unité claire, comme le ton ivoire du houx, jusqu'à l'unité noire de l'ébène, en passant par des bruns rouges, jaunes et violacés, par quelques gris ocreux, quelques jaunes verts, un violet — l'amarante — et un ou deux verts noirs.

On augmente le nombre des tons du bois en les teignant ; mais on les fait ainsi sortir de leur tonalité naturelle de matière, et leur harmonie caractéristique n'y gagne pas. Les bois naturels constituent une palette assez riche dans l'ensemble des colorations naturelles pour qu'il ne soit pas nécessaire d'augmenter l'importance de sa fonction chromatique par des moyens factices.

Les terres cuites restent dans les gris rouges et ocreux. Les cuirs, dans les ocres et les bruns jaunes; les fourrures vont du blanc au gris, aux bruns jaunes et roux, jusqu'au noir. Les plumages constituent la palette naturelle la plus merveilleusement brillante et étendue qui soit; mais chaque élément n'en renferme qu'une partie assez restreinte en modulation et en contraste; beaucoup sont monochromes.

L'ivoire est monochrome; la corne, l'écaille et la nacre sont polychromes à la manière des marbres en tant que dessin des taches, mais n'ont, chacun, qu'une seule polychromie qui ne varie qu'en valeurs monochromes des mêmes tons.

Indépendamment du pouvoir colorant, soit naturel, soit artificiel, de chaque palette matérielle par rapport aux autres, il faut tenir compte du degré de luminosité de chacune, et, ce qui est plus délicat encore, de la nature intime de la matière même, qui détermine ce que l'on pourrait appeler « le sentiment » de sa couleur.

Le même ton prend plusieurs aspects d'ordre matériel très différents, qui sont la matité, l'éclat, l'opacité, la translucidité et la transparence.

Ces aspects se décomposent eux-mêmes en autant d'aspects différents suivant la qualité propre de chaque matière.

Le ton naturel ou artificiel d'une matière change d'aspect si l'on fait subir à la matière une modification d'aspect par un procédé quelconque. Ainsi une matière mate que l'on polit ou que l'on vernit change de coloration.

En général, la coloration naturelle d'une matière est en accord de « sentiment » avec la nature propre de cette matière, et l'emploi pur et simple de cette coloration évite au compositeur des erreurs assez faciles à commettre, si l'on n'y prend garde, avec les colorations artificielles qui ne s'accordent pas toujours avec la nature intime de la matière subjacente. C'est ainsi, par exemple, que les colorations violentes de teintures, telles que celles composées de couleurs et de tons absolus, sans addition de blanc ou de noir, doivent être employées, de préférence, sur des matières riches, telles que le velours, le satin, la soie et la laine ; les couleurs chaudes, rouge, jaune, orangé et vert jaune, et les tons modulants qui en dérivent, sont beaucoup plus en harmonie avec le brillant de ces matières ; et leur aspect est de beaucoup inférieur sur la matité sèche des toiles et des cotonnades, auxquelles conviennent beaucoup mieux les harmonies de gris et de bruns.

Pour ce qui est du décor de la matière par la couleur, la première recherche d'harmonie doit consister à faire valoir la coloration propre de la matière et à ne lui en associer une autre que si son aspect est insuffisant au point de vue harmonique, ou si le procédé en rend l'addition indispensable.

Mais comme chaque matière comporte à soi seule un nombre plus ou moins grand et varié de tons, le premier état d'association est celui des différentes colorations de la même matière, tel que les marqueteries de marbres, de pierres, de bois ; les damasquinures de métal ; l'adjonction des teintures, des encaustiques et des vernis venant après pour les bois, de même que celle des patines pour les métaux.

En principe, la monochromie ou la polychromie d'une matière est plus facilement décorative que l'association, dans le même objet, de plusieurs monochromies, et surtout de plusieurs polychromies en matières différentes. Mais il n'y a rien d'absolu, et tout dépend de l'étendue chromatique de l'ensemble décoratif dans lequel cet objet doit être placé. Il est certain qu'une marqueterie composée de deux ou trois bois aura un tout autre caractère que celle qui sera composée d'ébène et d'ivoire, ou d'écaille, de cuivre et d'étain.

La faculté de coloration d'un objet est augmentée par l'association de plusieurs matières. Un objet en verre ou en matières céramiques monté en bronze ou en argent ou en or devient plus puissant d'aspect en valeurs colorées, parce que la gamme des tons qui le composent est beaucoup plus étendue. Elle s'enrichit des palettes spéciales à chaque matière et de leur faculté de modulation et de contraste.

L'association de deux matières très différentes permet, dans l'harmonie de leurs colorations, un écart de valeur très accentué, qui paraîtrait dur sur la même matière. Ainsi une boiserie blanche et une tenture rouge — harmonie qui a été très en valeur au xviiie siècle — forment un contraste très acceptable et même une harmonie agréable, alors qu'il n'en est pas du tout de même pour une étoffe rayée rouge et blanc, ou pour une boiserie peinte en blanc et en rouge.

D'autre part, un contraste très accentué, dominant dans l'association de deux matières, aide à l'harmonie de polychromies inadmissibles sans son secours de liaison.

Dans un vitrail, la lame de plomb qui cerne les verres de couleurs différentes, harmonise, en les isolant, par la valeur de trait noir qu'elle prend à contre-jour, des contrastes de tons dont nos yeux supporteraient mal la dureté d'accentuation, si elle n'était précisément adoucie par les nécessités du procédé.

En somme, l'art de l'enluminure des matières et des harmonies d'ensemble des colorations jouit des plus grandes libertés, si on le compare à celui de la forme, dans ses applications aux industries d'art.

La couleur fait partie du décor. Elle n'a de commun avec la forme que la coloration naturelle des matières qui servent à réaliser les objets, et dont il faut tenir compte si on ne la masque pas complètement par une coloration artificielle. Mais les colorations artificielles ne relèvent que des règles du décor, une forme artificiellement colorée pouvant l'être au gré de l'artiste, en n'importe quel ton choisi parmi ceux que la matière et le procédé permettent d'employer.

La couleur des matières n'a qu'une importance très limitée au point de vue logique et pratique de la destination, si on la compare à celle de la forme. Elle n'a pas de rapport direct avec la capacité, si ce n'est qu'elle fait paraître un objet plus grand ou plus petit, selon qu'elle est claire ou foncée, vive ou terne ; mais c'est une simple question d'optique, dont l'appréciation appartient, en propre, à l'art du décor. Pour ce qui est du contact, une matière foncée est moins salissante a l'usage qu'une matière claire ; les matières claires sont plus réfléchissantes que les matières foncées ; c'est ce qui fait que les étoffes claires sont moins chaudes que les étoffes foncées, abstraction faite de l'épaisseur de l'étoffe. Quant à la stabilité, il existe, nous le savons, des couleurs rentrantes et saillantes qui peuvent être plus ou moins bien choisies selon le principe de stabilité des contours de l'objet, mais cela ne l'empêche pas d'être réellement stable, et c'est encore une question d'optique. Enfin, pour ce qui est de la résistance à l'usage et à l'emploi, c'est-à-dire au contact de la lumière et des frottements multiples, c'est une question de matérialité de produit et de procédé qui n'a pas de rapport avec la qualité de couleur en soi.

On doit cependant tenir compte de ces faits quant à la logique de destination, car, en art décoratif, le principe de l'apparence reste, nous l'avons dit, toujours parallèle à celui des réalités, pour l'affirmation de l'harmonie d'utilité et de beauté.

Certaines particularités de la couleur ont un rapport peu direct avec la réalité de destination, en ce qu'elles affectent plus spécialement notre sensibilité visuelle, avec répercussion physique et morale sur notre organisme et notre cerveau.

Nous voulons parler des colorations *reposantes* des gammes et des modulations violettes, bleues et vert bleu, contrastant avec les gammes et les modulations rouges, orangées et jaunes qui donnent des sensations de force, de lumière et de gaieté ; dont l'intensité est graduée depuis le noir jusqu'au blanc ; qui sont dans notre costume l'expression de sentiments extrêmes de tristesse ou de joie ; et qui peuvent être, dans les arts de l'habitation, une ressource des plus précieuses pour la mise en harmonie du caractère des tonalités ambiantes — plus particulièrement, en l'espèce, des tentures et des boiseries — avec leur destination. C'est ainsi qu'une chambre de repos, une salle à manger de fête ou de travail, auront, chacune, la coloration qui leur convient, comme un costume doit être de la couleur qui le mettra le plus en harmonie avec l'état, le maintien et la fonction de celui ou de celle qui le porte. Dans l'ordre de la luminosité, il y a lieu d'associer encore plus étroitement à la destination, les facultés de transparence ou d'opacité ou de réflexion monochromes ou polychromes des matières telles que les verreries, les vitraux et les tissus de rideaux et de stores, qui ont tant d'importance dans l'éclairage de l'habitation. Ces impressions produites par les matières naturellement ou artificiellement colorées selon leur nature, sont indéniables, et la science des physiologistes en fait cas en les appréciant. Il y a donc lieu d'en tenir compte, dans l'invention des harmonies chromatiques et d'en appliquer le principe aux objets destinés à nous vêtir, à nous servir et à nous entourer, en harmonie physique et morale avec nos actes et nos pensées.

TABLE DES MATIÈRES

PREMIÈRE PARTIE

L'IMITATION

Enseignement du dessin préparatoire à la composition décorative.

LA FORME

LE CLAIR-OBSCUR

LA COULEUR

Les phénomènes physiques de la couleur

LA LUMINOSITÉ

LE DESSIN

MÉTHODE D'ÉTUDE

DEUXIÈME PARTIE

L'INVENTION

Principes généraux de la composition décorative.

LA FORME

La génération des formes.

La décoration des formes.

LA COULEUR

L'harmonie des couleurs et les principes de composition.

TROISIÈME PARTIE

L'APPLICATION AUX INDUSTRIES D'ART

*Principes généraux du dessin
et de la composition décorative appliqués au travail de la matière.*

LA FORME

LA COULEUR

BIBLIOTHÈQUE NATIONALE DE FRANCE
3 7502 018086604 3

TROISIÈME PARTIE

L'APPLICATION AUX INDUSTRIES D'ART

*Principes généraux du dessin
et de la composition décorative appliqués au travail de la matière.*

LA FORME

LA COULEUR

Tours. — Imp. DESLIS Père, R. et P. DESLIS, 6, rue Gambetta.

* 9 7 8 2 3 2 9 1 7 7 2 6 7 *